JN182793

DIE TEMPELLEGENDE UND DIE GOLDENE LEGENDE
RUDOLF STEINER

ルドルフ・シュタイナー

新装版

神殿伝説と黄金伝説

シュタイナー秘教講義より

高橋巖 笠井久子 竹腰郁子 訳

国書刊行会

神殿伝説と黄金伝説＊［目次］

神殿伝説と黄金伝説

Die Tempellegende und die Goldene Legende

人間進化の過去と未来の秘密の象徴的表現

—エソテリック・スクールの講義より—

1904年5月23日から1906年1月2日にかけて
ベルリンで行われた20の講義

【凡例】

一　本書はRudolf Steiner, *Die Tempellegende und die Goldene Legende* ― Rudolf Steiner Verlag, Dornach / Switzerland, 3rd edition 1991 の全訳である。

一　本文中▼を付した箇所については巻末の「編集者による註」を参照。

一　本文中†を付した箇所については章末の後註を参照。

一　訳註は（　）の中に入れ、割註の形をとった。

一　〔　〕［　］の区別については「第三版のための編集者まえがき」を参照。

第三版のための編集者まえがき

本書にまとめられた講義は、ルドルフ・シュタイナーのエソテリック・スクール[†1]の教材の一部である。シュタイナーはこれらの講義を通して、スクールにおけるエソテリックな学習に、特定の方向づけを与えようとした。

神話、伝承、伝説、特に神殿伝説と、シュタイナーが通常黄金伝説と呼んだ十字架の木の伝説のエソテリックな解釈を通して、彼は儀礼象徴学を育成しようとした。あらゆる儀礼と、イメージによる瞑想とによって初めて、真の自己認識および世界認識へ導かれる。なぜなら万物はイメージから生じたのだからだ、というのである。「イメージこそが事物の真の原因です。イメージは私たちをとりまくあらゆるものの背後に存在しています。……霊の根源について語った人びとは皆、イメージの力を語っていたのです」(一九一五年七月六日ベルリンでの講義、『人間の運命と民族の運命』*Menschenschicksale und Völkerschicksale* 全集番号一五七)。神話や伝説の中の古代の秘儀参入者たちは、これらのイメージの力を知っていた。近代人の意識がこの力を身につけることができるようになるかどうかは、イメージ言語を理念的にどの程度理解できるかにかかっている。

とりわけ神殿伝説と黄金伝説の数々のイメージは、象徴・儀礼部門にとって欠くことができないという。

それ故本書の諸講義は、とりわけそれらのイメージの解釈に費やされている。シュタイナーは、イメージまたは象徴を瞑想するためには、まずそのエソテリックな内実を概念的に理解しておくことが、現代人の意識にとって不可欠な前提になると見ていた。シュタイナーによって与えられた薔薇十字会的な修行の道には、それが必要なのである。その最初の段階は知的理解であり、第二段階で初めて、霊視的な体験をもつ。

フリーメーソンに関する発言の中で、特に注意すべきことは、シュタイナーが当時エソテリック・スクールの第二部門、すなわち象徴・儀礼部門を設立しようとしていたことである。そこでは、彼自身の霊的探求によって得られた「帝王術の新しい形式」が伝授されることになっていた。そのための準備段階として、特に重要だったのは、「帝王術」の歴史と本質を明らかにし、人類が「帝王術」の新しい進化期を前にしていること、そしてその内容が未来に何を意味するのか、を述べることだった。

これに反して、シュタイナーの後の諸講義で[†2]、フリーメーソンの現代の状況が辛辣に批判されているのは、たとえいかなる理由であろうと、オカルティズムと権力志向との癒着を彼が受け容れようとしなかったからである。第一次大戦の勃発は、世界を破滅に導きかねない政治的な利害関係のために、時代の霊的な洞察が特定の西洋的秘密結社によって濫用された結果生じたのだ、と彼に悟らせた。したがって、「人種や利害関係の違いなしに全人類に仕えるべき」、本質的に善なる存在であったとしても、もしもそれが、「それぞれの人間集団の権力基盤に」なってしまえば[†3]、有害にならざるを得なくなる、と指摘する義務を彼は感じた。

象徴・儀礼部門のために、シュタイナーがジョン・ヤーカーに代表されるメンフィス・ミスライム・メーソンと形式上関わりをもったことは、批判者たちによってしばしば誤って解釈されているが、それについては、資料集の『エソテリック・スクールの歴史と認識・儀礼部門の内容——一九〇四～一九一四年』*Zur Geschichte und aus den Inhalten der erkenntniskultischen Abteilung der Esoterischen Schule 1904—1914*（全集番号二六五）を参照されたい。

また、本書の諸講義を行った頃のシュタイナーは、まだ神智学協会の枠内で語っていたので、当時の神智学用語を使用していた。神智学協会のドイツ支部が「人智学協会」として独立した後、シュタイナーの指示によって、「神智学」という表現がほとんど「人智学」に変えられたが、本書では歴史資料の観点から、そうしていない。しかし、一九〇四年に初めて出版された基本的な著書『神智学――超感覚的世界の認識と人間の本質への導き』*Theosophie – Einführung in übersinnliche Welterkenntnis und Menschenbestimmung*（全集番号九）でシュタイナーが提示した「神智学」は、彼が後に「人智学」あるいは「人智学的立場に立つ霊学」と呼んだものと始めから同じものであった。

テキスト原文について明記しておかなければならないのは、初期の筆記録の大半がそうであったように、本書も職業的な速記者の手によるものではないということである。そのために、不完全であったり、時おり覚え書き程度のものであったりする。したがって、文章表現の不適切さや論理面の不備はシュタイナー自身の責任ではない。しかし、たとえ完全に逐語的な筆記録ではないとしても、伝えられる内容は、シュタイナーの全作品の中でも他に類のない、不可欠なものになっている。

できるだけ誤りのないテキストを用意するために、そのつどあらゆる筆記録に当り、現存する速記録はすべて検討し、そして各講義には、研究の基礎となりうるように、個別に註を設けた。本文中の角括弧［　］は編集者が挿入したが、亀甲括弧〔　〕は筆記録にあったものである。詳しい註で、筆記録の不足をできるだけ補った。また文献的な資料として、シュタイナーの蔵書から特に関連書物を巻末に引用しておいた。

ルドルフ・シュタイナー遺稿刊行会　ヘラ・ヴィースベルガー

†1――エソテリック・スクールは、一九〇四年から一九一四年夏の第一次大戦の勃発まで、三クラスあった。全集番号二六四、二六五、二六六（以前は二四五）を参照のこと。一〇年間の空白の後、一九二四年に「霊学のための自由大学」が新しいスクールとして設立された。『一般人智学協会と霊学のための自由大学の構造――ゲーテアヌムの再建』*Die Konstitution der Allgemeinen Anthroposophischen Gesellschaft und der Freien Hochschule für Geisteswissenschaft – Der Wiederaufbau des Goetheanum*（全集番号二六〇）を参照。ただしシュタイナーはその後すぐに重病にかかり、第一クラスしか作ることができなかった。第一クラスの内容は全集番号二七〇を参照。

†2――たとえば次のような講義録を指す――七巻本『宇宙と人間の歴史』*Kosmische und menschliche Geschichte*（一九一四～一九一七年、全集番号一七〇～一七四a／b）、『一九世紀のオカルト運動と世界文化との関連』*Die okkulte Bewegung im 19. Jahrhundert und ihre Beziehung zur Weltkultur*（全集番号二五四、一九一五年）、『人間の霊における現代のものと過去のもの』*Gegenwärtiges und Vergangenes im Menschengeiste*（全集番号一六七、一九一六年）、『我々の時代の社会的基本要求――変化する時代状況の中で』*Die soziale Grundforderung unserer Ziet – In geänderter Zeitlage*（全集番号一八六、一九一八年）、『いかにして人類はふたたびキリストを見出すか――我々の時代の三重の影存在と新しいキリストの光』*Wie kann die Menschheit den Christus wiederfinden? Das dreifache Schatendasien unserer Zeit und das neue Christus-Licht*（全集番号一八七、一九一八年）、『人類の進化における諸対立』*Gegensätze in der Menschheitsentwickelung*（全集番号一九七、一九二〇年）、『社会有機体のための治療諸要因』*Heilfaktoren für den sozialen Organismus*（全集番号一九八、一九二〇年）。

†3――カール・ハイゼ『三国協商――フリーメーソンと世界大戦』*Entente – Freimaurerei und Weltkrieg*（バーゼル、一九一八年）の（無署名の）序言から。

I

五旬祭——人間の霊を解放するための祝祭

一九〇四年五月二三日、聖霊降臨祭の月曜日

今日の集まりが小人数になるだろうということは、あらかじめ予想できていましたが、それでも今晩いらした方々のために、五旬祭（その年の収穫とシナイ山で神から律法を授けられたことを記念する、ユダヤの昔からの祭。キリスト教では、復活祭から五〇日目に当るこの五旬祭の日に聖霊が降臨したことを祝う聖霊降臨祭が行われる。「使徒行伝」第二章参照。）に関してお話しすることにいたしました。本題に入る前に、先日のロンドン旅行のご報告をいたしますと、秋にベザントさんがこちらにいらっしゃることがかなり確実になりました。現代のもっともすぐれた人物のひとりから話を聴く機会をもつことができるのです。

次の公開講演は、二回とも建築家会館で行われる予定です。来週は降霊術について、その次の週は夢遊病と催眠術についてです。その後、この月曜の例会がまたここで開かれます。次の週から毎週木曜日には、神智学的な宇宙論について、神智学を通して見た宇宙生成のイメージについてお話しするつもりです。この問題に興味をお持ちの方は、一般の神智学関係の文献には多分まだ書かれていない、さまざまなことがお聞きになれるでしょう。神智学の諸要素についての講義は、もう少し後で行うつもりです。

さて、私が今日お話しすることは、太古のある神秘的な伝統を基にしています。勿論、このようなテーマを今日だけで論じ尽くすことは不可能ですし、その上、皆さんは多くの点で信じられないような思いをなさることでしょう。ですからこれからお話しすることは、何ら証明されることのない、ひとつのエピソードとして受けとっていただきたいのです。

今日の人びとは、意味もわからずに、祭日を祝っています。新聞は、現代人の大多数にとって教養と啓蒙の泉そのものですが、そこには祝祭が持つ意味について何の意識もなく書かれた記事ばかりが目につきます。しかし神智学者としては、内なる意味に眼を向けなければなりません。そこで今日は、このような太古からの祝祭のひとつである五旬祭の起源についてお話ししたいと思います。

五旬祭はもっとも重要な、理解するのがもっとも困難な祝祭のひとつです。キリスト教徒にとっては、この祝祭は聖霊の降臨と結びついており、その出来事は次のような奇蹟として記されています。「キリストの一二使徒の上に聖霊が降り注ぐと、彼らはありとあらゆる言語で語り始めた」。――これは、使徒たちがそれぞれの人の心に通じる通路を見出し、それぞれの人にわかりやすいような話し方で語ることができた、ということです。

しかしこれは、五旬祭の持っているいくつかの意味のひとつにすぎません。より根源的に理解しようとするなら、もっと深く掘り下げなければなりません。五旬祭は象徴的な祝祭として、この上なく深い秘儀と、人類のもっとも聖なる霊的財宝とに結びついています。ですからそれについて述べるのは難しいのですが、少なくとも二、三の事柄について、今日は示唆してみたいと思います。

五旬祭がいったい何に対する象徴なのか、その根底に何があるのか、その深い意味は何か、このことについて書かれている▼文書は、唯一バチカン図書館にあって、厳重に保管されています。ただしそれには、五旬祭についてではなく、五旬祭が何の外的な象徴にすぎないのかについて書かれているはずです。この文書は、カトリック教会の深い秘密に通じている人か、または▼アストラル光の中で読むことのできる人以外には、誰にも読まれなかったでしょう。ただ、その写しを持っている人物がいます。彼は世界からまったく誤解されていましたが、今日、歴史研究家が彼に興味を持ち始めています。私は、彼がそれを「持っている」という代わりに、それを「持っていた」と言ってもいいのですが、それではこの人物の存在の意味がはっきりしなくなってしまうでしょう。ですから、それについて世界で唯一伝わっている写しを、▼サン・ジェルマン伯爵が今でも持っている、と申し上げておきます。

ここでは神智学的な観点から若干のことを暗示するだけにしたいと思います。まず第五根幹人類期（後アトランティス期、すなわち新石器時代以降。アトランティス期は旧石器時代）の進化、発展に深くかかわる事柄を取り上げましょう。現在の人間が持っている身体の形態は、古レムリア時代である第三根幹人類期に獲得され、さらに古アトランティス時代である第四根幹人類期に形成され続け、今日の第五根幹人類期にいたりました。▼私のアトランティスについての諸講義をお聞きになった方は、ギリシア人がまだこのアトランティス時代のなまなましい記憶を有していた、ということを思い出して下さるでしょう。

▼まず全体の関連をつかむために、第五根幹人類期の二つの流れである北方系と南方系の両世界観について知っておく必要があります。それらは人びとの心の中に密かに生き続け、互いにさまざまな仕方で争い合ってきました。その一方の流れは、エジプト的、インド的、南ヨーロッパ的世界観となって、明瞭な形で存在しています。後のユダヤ教とキリスト教の中にも、それが含まれています。他方、ヨーロッパでは、それにもうひとつの流れが混ざり合いました。それは古ペルシアの世界観の中に生きている流れです。私たちが人類学者や民族学者の言うことに耳を貸さずに、事柄にもっと深く入りこむなら、ペルシアから西

へ向い、ゲルマン人の諸領域にまで延びているその流れを、ふたたび見出すことができます。
▼私はこの二つの流れの根底に、大きな優れた精神的な直観が働いていた、と申し上げたいのです。そのひとつの直観は、太古のインドの聖仙たちの下でもっとも純粋に芽生えました。彼らの高次の存在たち、いわゆる▼デヴァ神たちの直観が彼らに現れたのです。神秘修行を成し遂げた人、この領域を研究する能力を得た人は、デヴァ神がいかなる存在であるか知っています。この純粋に霊的な存在は、アストラル的、メンタル的空間にあって、人間が三重の本性を持つのに対して、二重の本性を持っています。というのは、人間は、体と魂と霊とから成っていますが、デヴァ神の本性は私たちがそれを辿りうる限りでは、魂と霊だけから成っているからです。霊以上にもっと何かがあるかもしれませんが、そこまでは私たちの神秘修行をもってしても辿りきれません。

デヴァ神の内部は直接霊から成り立っています。魂を担った霊だからです。人間の中にあって眼で見ることができないもの、つまり人間の内部に生きている欲望、衝動、苦悩、願望といったものは、霊的な感覚を開いた人にとっては、光の現れとして知覚できる魂の力であり、私たちの魂体です。その人間にとって内界であり、肉体によって担われている魂を、デヴァ神たちのもっとも低次の体、肉体と考えることができます。インド的な直観は、主にこのデヴァ神たちの崇拝へ向けられました。インド人はデヴァ神たちをあらゆるところに見ているのです。インド人が世界現象の舞台裏に目を向けるとき、彼らはそこに創造の力としてのデヴァ神たちを見ています。この直観は、南方系世界観の根底を成しており、とりわけエジプトの世界観の中に壮大な形で現れています。

もう一方の直観には、古ペルシアの▼神秘主義が根底にあり、これもまた二重の本性だけを有する存在たち、アシュラ（アフラ）を崇拝しました。アシュラたちも霊と魂を持っていましたが、壮大なやり方で、その霊と魂の器官を包み込む肉体を育成しました。デヴァ神を信奉するインドの世界観は、このアシュラをいくらか下位のものと見做していましたが、それに対して北方系世界観を信奉する人びとは、よりアシュラに、物質界に執着しました。そのために、感覚的な現象界を物質的な仕方で支配したり、究極の技術や技法などで、現実世界を支配したいという欲望が特に発達しました。今日ではもはや、アシュラを信奉している人はいませんが、しかし今なお私たちの多くが、いくらかこの本性を内に持っています。ですから人生の物質面を追い求めたいという欲求にかられる傾向を持っているのが、北方系世界観の基本的な特質なのです。純粋に物質主義を信奉する人は、このアシュラに由来する何かを自分の本性の中に有している、というのは確かかもしれません。

そしてアシュラ信奉者の中に、独特な基本感情が生じました。それは始め、北方系のペルシアの精神生活の中で芽生えました。ペルシア人はデヴァ本性にある種の恐怖を抱きました。恐怖、畏れ、戦慄を、純粋に霊的、魂的なデヴァ神に対してもちました。その結果、ペルシア的世界観とインド的世界観の間に大きな対立が生じました。南方系のインド的世界観で、好ましくない、いくらか下位のものと見做されたアシュラが、ペルシア的世界観では賛美され、逆にインド人が崇拝の対象としているデヴァ神が遠ざけられました。ペルシア的な世界感情の中で、デヴァ本性を有する存在に対する否定的な基本感情が生じたのです。そこではデヴァ本性が避けられ、恐れられました。つまりこの世界観が崇拝しているのは、サタン＝アーリマンであり、霊的魂的な存在であるルツィフェル＝デヴァ神は、嫌悪されたのです。私たちは悪魔信仰の根源を、ここに見出さねばなりません。この基本感情は現代の世界観の中にも入り込んでいます。中世では、このような悪魔＝アーリマンがとりわけ恐れられ、憚られる存在でしたが、現代では逆にルツィフェルがはっきりと遠ざけられています。

▼前述した文書に、それに関する説明があります。私たちが、その文書の内容に即して世界進化の歩みを辿るなら、第三期、レムリア人類期の中葉に、人間が物質素材を身にまとったことがわかります。輪廻転生には始めもなく、終わりもないと神智学徒が考えるとしたら、それは間違いです。輪廻転生はレムリア期にはじまり、第六人類期の始めに終わりを迎えるでしょう。人間が生まれ変わるのは、地上の進化の特定の期間にすぎません。生まれ変わる必要のない、極めて霊的な状態が先行してあり、そしてまたふたたび生まれ変わる必要のない霊的な状態が来るのです。

最初の受肉は、第三人類期のときに、いわば処女的な状態にある人間の霊であるアートマン・ブッディ・マナスが、はじめて肉体の中に宿ったことに始まります。当時、地球の物質的な進化は、動物的な存在たちと共にまだそれほど先へ進んではいませんでしたが、動物的な存在全体は、まだ、人間の霊を受け容れるほどには、進化していませんでした。しかしそのうちの特定の一群だけは、すでに人間の霊の種子をみずからの動物的な身体の中に沈めることができるほどに発達していました。こうして人間の身体に形態が与えられたのです。

そしてその頃に受肉して人間個性となった人たちの一部が、小さな種族を形成しました。彼らは、後にいわゆる「奥義に達した者」として、世界中に散らばった人たちです。それは私たちが今日、秘儀伝授者と呼んでいる人たちのことではなく、はじめて奥義に達した人たちのことです。私たちが秘儀伝授者と呼んでいる人たちは、その当時はまだ受肉していませんでした。当時は動物的な身体に受肉することのできたはずのすべての存在が受肉していたわけではなく、そのほんの一部がそうしたにすぎませんでした。その他は、特別な理由から、受肉の歩みに逆らっていたのです。彼らはそうやって第四人類期になるまで待っていました。聖書はその時のことを、深い意味のこもったやり方でこう暗示しています。「神の子たち▼

は、人の娘たちの美しいのを見て、自分の好む者を妻にめとった」。

それまで待っていた者たちの受肉は、このように遅れて始まりました。私たちはこの一群を「叡智の子ら」と呼んでいます。彼らには、ある種の思い上がりや誇りが感じられます。奥義に達した人たちのわずかな例外については、ここでは言及しないでおきます。「叡智の子ら」がすでに第三人類期に受肉していたら、人間は今のような明瞭な意識を決して持てなかったでしょう。人間は暗いトランス意識のまま留まり、今日、催眠術をかけられた人や夢遊病患者などに見られるような意識を有したことでしょう。つまり、人間はある種の夢意識に留まってしまうところだったのです。そうなっていたら、非常に重要なものが、人間には欠けてしまったことでしょう。それは自由の感情であり、自分自身の意識、自我に基づいて、善と悪を判断することです。

創世記には、この遅れた受肉が人間の「堕罪」として記されています。その受肉した人間の姿は、先程お話ししたように、デヴァ神に対するある種の畏れによって引き起こされた感情の影響下で形成されました。そのときデヴァ神自身はまだ受肉していませんでした。デヴァ神は待っていました。そして肉体を持った人類がもう一段進化したとき初めて、その肉体を手に入れるために下降しました。そうすることで、デヴァ神がそれ以前の場合よりも、より成熟した意識を発達させるためにです。

このように、人間は自分の身体を濃縮させることで自由を得ました。なぜなら彼は、さらに濃縮した生体の中に本性が下降するようになるまで受肉を待ったのですから。ギリシア神話には、この事実についての深い意識が残されています。人間がもっと早く受肉をしていたら——とギリシア神話は述べています——、人間がまだ「楽園」にいたとき受肉していたら、ゼウスが欲した通りになっていたでしょう。ゼウスは人間を自己意識を持たない存在のままに幸せにしたかったのです。そうなれば、明瞭な意識はただ神々のみが有し、人間は自由への感情を持たずにいたでしょう。自由にみずからを高みへと発展させるために、人類の中でルツィフェルの霊、デヴァの霊は反抗し、下降することを望みました。このことが「プロメテウス伝説」の中に象徴的に表現されています。しかしプロメテウスは、その企ての償いとして、欲望のシンボルである鷲に肝臓をかじられ、極度に恐ろしい痛みを味わい続けなければなりませんでした。

人間はより深く下降したために、魔術的な技法や力によって持てたかもしれないものを、自分の明瞭な自由の意識から生じるものによって獲得し、さらに痛みと苦しみにも耐えなければなりません。このこともまた聖書に次のような言葉で記されています。「あなたは苦しんで子を産み、顔に汗してパンを食べなければならない」等々です。それは、人間は文化の助けを借りて、ふたたびみずからを引き上げなければならない、ということに他なりません。

自由の中で戦うことによって文化を獲得していく人類の代表者を、ギリシア神話はプロメテウスとして象徴化しました。苦悩する人間として、同時に解放者として、プロメテウスを表現しました。プロメテウスを解放したのは、エレウシスの秘儀を伝授されたと伝えられているヘラクレスです。ヘラクレスは秘儀参入者でした。というのは「冥府へ降りる」というのは、秘儀参入を表現する隠語だからです。冥府へ降りた者は、ヘラクレスやオデュッセウスを始めとして、人間を根元の叡智の泉へ、霊的な生活へと導こうとしたすべての秘儀参入者について、この冥府行きのことが述べられています。

人類が第三人類期に留まり続けたとしたら、私たちは今日、夢見る人間であったことでしょう。デヴァ本性によって、人間は低次の本性を成熟させました。人間が当時、傲慢にも下降したのは、必要なことでした。そして手に入れた意識の火花を、自己意識、自由な意識によって、あらためて育成しなければなりません。以前の不自由だったときには、得ようとしなかった認識をです。私たちの自由を保証しているのは、人間の本性そのものの中のあの悪魔的な反抗であり、ルツィフェル的な認識への努力なのです。この自由から私たちはふたたび霊的な生活を発展させます。この霊的な生活は、第五人類期の人間の中で、再度かきたてられねばなりません。この意識はあらためて秘儀参入者から生じるべきなのです。それは夢見る意識ではなく、明瞭な意識でなければなりません。「霊のヘラクレスたち」である秘儀参入者たちは、人類を前進させ、そしてデヴァ神の秘められた本性である霊の認識を人類に示すのですが、このことは地上生活の中で霊の認識を失った人間に、ふたたび霊の認識を与えようとする偉大な宗教創始者たちすべての努力目標でもありました。アトランティス人は高度の物質文化を有していました。そして私たちの第五人類期も、なお多くの物質生活を営んでいます。私たちの時代の物質文化の中では、鎖につながれたプロメテウスさながらに、人間は純物質的生理的な働きの中に巻き込まれています。しかし同時に、この時代において私たちの肝臓をかじる鷲という欲望の象徴が、霊的な人間によって克服されるであろうことも、確かなのです。秘儀参入者たちは、自己意識的な人類を、神智学運動を始めとする運動によって、この方向へ導き、人間が完全な自由を得て、ふたたび上昇することができるようにしようとしているのです。

霊的な生命が自己意識的な人類に流れ込んだ瞬間を、新約聖書の福音書が正確に記述しています。今日の神学が誤認している、もっとも深い意味を持つヨハネ福音書の中に、この時のことが述べられています。それはイエスが収穫感謝祭を訪れたときのことです。ここでキリスト教の創始者は、霊的な生命が人類の上にふり注いだ、と述べているのです。それは注目すべき箇所です。収穫感謝祭になると、人びとは水のあふれている泉に行き、そこで祭を行いました。それは霊性、デヴァ本性、そして霊的努力を思い起こすように人びとを促す祭でした。そのとき汲まれた水は、デヴァ神への思い出でした。イエスは兄弟たちから何度も祭へ行こうと誘われましたが、「私の時はまだ来ていない」と言って、断わりました。しかし最後は、一人で密かに行ってみました。そして祭の最後の日に、次のようなことが起こったのです。「祭の終わりの大事な日に、イエスは立って、叫んで言われた、〝だれでもかわく者は、わたしのところにきて飲むがよい〟」(「ヨハネ福音書」第七章三七節)。飲んだ者こそが、霊的生命を思い出す祭を祝ったのです。イエスはしかし、また別の事柄もそれと結びつけています。ヨハネはそれを次のように暗示しています。「〝わたしを信じる者は、聖書に書いてあるとおり、その腹から生ける水が川となって流れ出るであろう〟。これは、イエスを信じる人びとが受けようとしている御霊をさして言われたのである。すなわちイエスはまだ栄光を受けておられなかったので、聖霊はまだ下っていなかったのである」(「ヨハネ福音書」七章三八節〜三九節)。

ここでは五旬祭の秘儀、つまり人類が霊的生命であるこの聖霊を待たなければならないことが、示唆されています。人間が、霊的生命の火花を自分の内に燃えたたせることができるまでに、また人間の肉体が進化しようとみずから試みるとき、聖霊は人間の頭上に現れて、霊の目覚めるときが来るでしょう。

人間は肉体の中に入り込むまでに下降したために、霊と魂から成るデヴァ本性に対立して、三つの原則、霊と魂と体を持つようになりました。デヴァ神は人間よりも高次の存在ですが、人間のように物質的本性を克服する必要はありません。この物質的本性は霊的生命を受け容れることができるように、ふたたび変容されなければなりません。「人間の生理的意識」としての今日の肉体は、霊的生命の火花をみずからの内に自由に燃え立たせなければなりません。

キリストの受難は、人間が物質生活から出て、より高次の意識を発揮することができるためのひとつの先例です。肉体の中には低次の自我が生きていますが、それはより高次の自我が成長するためにかきたてられねばなりません。そうして初めて、生命の水が生きいきとその肉体からも流れ出すでしょう。霊が現れて、みずからを流出することができるのです。そのためには人間の低次の自我が肉体の中で死んだようにならなければなりません。

本来のキリスト的なものも、五旬祭の深い秘儀も、このことの中にあるのです。人間は始め、低次の生体の中で、願望に貫かれた意識の中で生きていました。この意識だけが、彼に目標を誤らぬ自由を与えることができたので、彼はそこで生きるはずだったのですが、しかしそれは許されず、自我をデヴァ本性へと引き上げなければならないのです。彼はみずからの内にデヴァ神を成熟させ、デヴァ神を産み出します。そうすればそれは救済の霊、聖霊になるでしょう。そのためには、地上の身体を意識して犠牲に供しなければなりません。そのためには、この「くらい地上」の、「はかない客人（まろうど）」であり続けることのないように、彼は地上的な肉体を意識して捧げ、「死ね、そして生まれよ」を経験しなければなりません。

そのようにして私たちには、復活祭の秘儀が、聖霊降臨祭の秘儀との関連の中で、初めてひとつの統一体として現れます。人類の偉大な代表者であるイエス・キリストの中で、人間の自我が低次の自我をどのように断念するのか。物質の本性をまったく変容させて、それをふたたび神々の下に戻すために、自我がどのような死を遂げるのか。キリストの昇天はその象徴です。人間が肉体を、ふたたび霊化するまでに変容させたとき、彼は霊的生命を自らの中に注ぎ込ませ、人類最大の代表者が明らかにしたように、「聖霊の降臨」と呼ばれているものを体験するまでに成熟しています。だからこそ、「あかしをするものは三つある。御霊と血と水である」と述べられているのです。五旬祭は、人類の中へ霊を注ぎ込む祝祭なのです。

進化のもっとも大きな目標が、五旬祭の中に象徴的に表現されています。それは人間が知的な生活からふたたび霊的な生活へと進んでいかなければならない、ということです。プロメテウスがヘラクレスによって苦悩から解放されたように、人間は霊の力によって解放されるでしょう。人間は物質にまで下降したことによって、自己意識を得るに至りました。そしてふたたび上昇することによって、自己意識的なデヴァ神になるでしょう。アシュラを崇拝し、デヴァ神をサタンと見做していた人びとは、内面に深く入ることを避け、この下降を悪魔的なしわざだとしました。

このことはギリシア神話の中にも、暗示されています。未熟な意識状態の代表者は、エピメテウスすなわち「後で考える人」です。彼は完全な自由を得て解放されようとはせずに、プロメテウスの敵になりました。彼はゼウスから、開けると人類に苦悩と災いをもたらすパンドラの箱を受け取ります。箱には、彼が将来、このより高次の明瞭な意識へと押し進むことができるように、最後の贈り物として希望だけが残されました。彼には解放への希望が残ったのです。プロメテウスは、ゼウス神の疑わしい贈り物を受け取ることを思いとどまるように忠告します。エピメテウスは兄弟の言うことに耳を貸さずに、贈り物を受け取ります。エピメテウスから人類が受けとるものは、プロメテウスから人類が受けとるものよりも重要ではありません。

このように、人間は二つの流れの中で生きています。ひとつの流れは自由の感情を固持し続けます。霊性を発揮するのは危険なことなのですが、それでも自由を求めています。もうひとつの流れは、ぼんやりとした暮らしと盲目的な信仰とによって充足し、人類がルツィフェル的に求め続けることに、何か危険なものを嗅ぎとっています。教会の外的形式を創始した人びとは、ルツィフェルのもっとも深い欲求を歪めてしまいました。それについての太古の教えが、秘密文書の中にあるのですが、それは隠された部屋の中で、ほとんど人目に触れることがありません。▼アストラル光の中で見ることのできるわずかな人びと以外には、何人かの秘儀参入者がそれに近づくことができるだけです。確かに危険な道ではありますが、それが高く聳える自由という目標に導く、唯一の道なのです。

人間の霊は自由であるべきで、麻痺していてはいけません。キリスト教もそれを望んでいます。救済(ハイル)や癒し(ハイレン)は神聖(ハイリヒ)なものと結びついています。霊が神聖であれば、苦悩や災いを癒し、それらから人間を自由にするのです。肉体への隷属状態から引き離され、解放されたとき、人は健康になり、自由になります。なぜなら自由な霊だけが健康なのであり、その肉体にはもはや鷲がかじりつくことがないからです。

　そのように五旬祭は、人間の霊を解放する象徴として、また自由な意識を求めて人間が戦うことの偉大な象徴として、解釈することができるのです。

　復活祭は自然界における復活の祭であり、聖霊降臨祭は人間の霊を意識化するための象徴であり、知ること、認識すること、自由を求める人びとの祭の象徴です。

　トランス意識でも睡眠意識でもなく、覚醒意識で霊界を知覚しようとする人びとによる現代の精神運動は、そのような深い意味を持つ象徴の認識を大切にします。霊界を知覚する際の明瞭な意識によって、私たちは神智学協会の中でひとつに結びついています。言葉だけではなく、霊的存在がこの協会の存在意味を保証しているのです。偉大な師たちから流れ出た霊が、今、若干の人びとの中を貫いて流れています。その人びとはこう言うのです。「私は、協会をではなく、精神運動を創始した偉大な奥義に達した人たちが、今もなお生きていることを知っています。その人たちから流れ出た霊が、私たちの現代の文化の中に流れ込み、そして未来への衝動を与えているのです」と。

　この聖霊を理解する火花を、誤って理解されてきた聖霊降臨祭の中へふたたび流れ込ませてください。そうすればそれは息を吹き返し、あらためて意味をもつようになるでしょう。意味深い世界に私たちは生きなければなりません。考えもなく祭を祝う人は、エピメテウスの信奉者として祝っています。私たちの回りにあるものと、自然の中の目に見えないものとが、私たちを結びつけているのです。自分たちがどこ中途半端で、夢見るような、私たち人間は、なぜなら私たちは、わかっていなければなりません。

に立っているのか、わかっていなければなりません。なぜなら私たち人間は、夢見るような、中途半端で、うすぼんやりとした暮らしをするためにではなく、私たちの存在すべてを自由にし、完全な意識を発揮させるために生きているのだからです。

カインとアベルの対立

一九〇四年六月一〇日

▼カインとアベルの物語の中には、オカルト的な秘密の非常に多くが隠されています。このことは先回ひと言述べておきました。今日、▼カインとアベルの関係を取り上げますが、この関係は、特別に深い秘密の比喩であり、私たちの知りうる限りでは、そのうちのほんの少しが認識できるだけです。

私たちが創世記を読みますと、その中にレムリア期以来の人類の発展を示すいくつかの事柄を見出すことができますが、たとえばアダムとエヴァおよびその子孫の物語をそのまま受けとることはできません。とりわけ創世記の中に、▼エノク書の中に、詩篇の中に、そして福音書の中のいくつかの重要な章、「ヘブライ人への手紙」を始めとするパウロの手紙のいくつか、そして黙示録の中に、秘儀参入者の文書の影響が見られます。ですから私たちは、これらの文書の中に、オカルト的な核心の部分を見出さなければならないのです。このことを考えてみてください。オカルト的などの学派においても、この核心の部分について語られてきました。思考力を働かせて聖書を読む人は、多くの事柄に気が付くでしょう。聖書の記述にいのです。

はどこにも無駄がありません。ですから読み落としのないように一字一句言葉通りに読まなければならな

▼創世記第五章の冒頭の文章を取り上げてみましょう。「これは人間の系図の書である。神は人を創造された日、神に似せてこれらを造られ、男であると同時に女に創造された。創造の日に、彼らを祝福されて人と名付けられた。アダムは一三〇歳になったとき、自分に似た、自分にかたどった男の子をもうけた。アダムはその子をセトと名付けた」。

言葉通りに読まなければなりません。人間そのものがアダムと名付けられました。神は、まだ性別の無い、すなわち無性の男であると同時に女である人間を創造されたのです。では神はどのようにそれを創造されたのでしょう。神に似せて創造されたのです。

その上、二つ目の文章は次のように記されています。「何年も何年も後に」――大変長い期間を想像しなければなりません――「アダムは息子セトを自分の似姿にしたがって生み出した」。アダム時代のはじめ、人間は神に似ており、その終わりには、アダムに似ていました。つまり、はじめの人間は、神の似姿にしたがって創造され、後の人間はアダムの似姿にしたがって創造されたのです。

ですから、私たちは最初、お互いに皆同じだったのです。そして、皆神の似姿にしたがって創造されたのです。彼らは単性生殖で繁殖しました。彼らは皆最初からの姿と同じ姿をしていて、そのために、父は息子に、孫はさらにその息子に似ていました。ではどのようにして、人間は変化し、分化することになったのでしょうか。何によって人間は異なる存在になったのでしょう。生殖において、両性に分かれたのです。息子あるいは娘は、一方では父親に、一方では母親に似ています。

人間は、もともと神に似ており、有性生殖ではなくて、単性生殖で子孫を増やしてきました。ですから、

子孫はいつも前の世代に似ています。決して混血はありません。セトの時代がきて初めて分化が生じたのですが、アダムとセトの時代の間に、別のことも起こりました。すなわち、アダムからセトへの移行が行われる前に、重要な二人の代表的人間が生まれています。アベルとカインです。この二人はアダムとセトの間の過渡的存在なのです。彼らが生まれた時代は純粋な有性生殖の特徴がまだはっきりと現れていませんでした。カインとアベルが何を意味するかということから、そのことを知ることができます。「アベル」はギリシア語の「プネウマ」を意味し、ドイツ語の「霊（ガイスト）」を意味します。そして、その性的な意味を考えるなら、それは明らかに女性的な特徴をもっています。それに対して「カイン」は、ほぼ言葉通り「男性」を意味しています。ですから、カインとアベルにおいて、男性と女性が互いに対立しています。しかし、まだ純粋な生体においてではありませんが、高次の霊的段階においては、彼らは分化に傾いていました。

　さて、以下のことを正確に捉えるようにお願いしたいのです。元来、人類は男であると同時に女でした。後になって、男の性、女の性に分かれたのです。カインの中には男性、すなわち物質的なものが働いており、アベル―セトの中には女性、すなわち霊的なものが働いています。そして分化が生じました。それは次の言葉の中に象徴されています。「カインは土を耕す者となり、アベルは羊を飼う者となった」（「創世記」第四章二節）。

「土」は、太古の言語の中では、物質界を意味することが多く、そして、物質界の三つの凝集状態は、固い土と水と空気です。「カインは土を耕す者になった」というのは、太古の意味では、「彼は物質界で生きることを学び、物質界の人間になった」ということです。これが男性の特徴でした。彼は物質界の土を耕すために、そしてまた物質界から、より高次の世界に戻るために、本質的に強く、逞しかったのです。

「アベルは羊飼いだった」。羊飼いは、神に生命を差し出すために、生命を取り上げます。羊の群れを育成するのではなく、ただそれを見守るのです。彼は、みずから努力して得た思考力を通して霊を獲得するのではなく、神自身の啓示として霊を受け取り、ただ霊を守るという霊統の典型なのです。群れの番人、神が大地に移殖されたものの番人、それはアベルです。自分自身で努力してなにかを得る人、それはカインです。カインはチター演奏その他の諸芸術のための基礎を築きました（「創世記」第四章二一～二二節）。

さて、神に対する態度においても、対立が生じました。アベルは霊を受け入れ、供物として最高のもの、霊の最も高次の実りを捧げました。もちろん、神は喜びの眼差しを供物にむけました。なぜなら、それは神自身が大地に植えたものだからです。カインはすこし違いました。彼は自分自身の思考の産物で、神に向かおうとしました。それは、神にとっては全く未知のものであり、人間が自由の中で獲得したものでした。

カインは芸術と科学に向かって努力する人間です。しかしそれは神の血筋ではありません。ひとつの深い真実がこのことによって表されています。神秘的な体験をした人は、芸術と科学が人間を自由にしたとはいえ、人間を霊にまでは導かなかったこと、それらはむしろ人間を本来の霊的なものから離反させたことを知っています。芸術は人間本来の生活の場である物質界において生じました。それは、神にとってははじめは喜ばしいものではありえません。神自身が地上に植えた霊である「煙」は、アベルから神に向かってたち昇りますが、もう一方のカインの「煙」は地上にとどまります。そこから対立が生じました。自立したものは、カインの煙のように地上にとどまるのです。

このことは、女性的なるものと男性的なるものとの対立でもあります。女性的なるものは、神の嘉（よみ）するものに感動するのです。プネウマは受胎によって得られるのです。カインにできることは、物質界での人間の労働です。これが女性的な霊と男性的な霊との対立です。この両者は原初から対立しているのです。

どの人間も、ただ物質的なだけではなく、霊的にも男であると同時に女でもあります。人間は、霊感に身を委ねる受け身の霊なのですが、その一方で霊感に働きかけて、霊感を互いに結びつけることのできる知的な存在でもあります。今この二つが分かれました。私たちはこれからも、女性的なるものと男性的なるものを象徴として見ていくつもりですが、神によって霊感を与えられるという原則はアベルの立場に立つ人たちに、つまり牧者であり祭司である人たちに受け継がれました。そしてこの原則はもう一方の人たちには受け継がれなかったのです。彼らは世界を科学的、芸術的に捉えようとする人たちであり、純粋に物質界だけに留まっていたのです。

このことは、もし人間の内部にひとつの変化が起こらなかったら、生じえなかったでしょう。人間がまだ男であると同時に女だったときには、霊的な叡知と知的な科学とに分離することは不可能だったでしょう。まず、人間が決定的に二つの性に分離したことによって、つまり人類が有性へ分化したことによって、この分離が生じました。そして、その結果脳が働くようになりました。脳は男性的に働きます。しかし、その深い本性は、女性的に働きます。人間は物質的な本性においてのみ、生産的になりうるのです。そこにおいてのみ人間は、子孫を生みます。霊は、脳に捉えられている限りは男性的であり、働きは物質界に限定されています。私たちは、カインとアベルの中にその典型的な現れをみるのです。

さて、この分離が生じたために、子孫は先祖ともはや似ていないだけではなく、分化していったのです。性がしめる役割が大きければ大きいほど、ますます分化するようになるのです。純粋な無性生殖であったなら、子孫は先祖に似て見えたでしょう。時間上の差異は、生じなかったでしょう。差異は混血によってのみ生じます。ではこの混血は、何によって可能になったのでしょう。男性的なるものが、物質界と結びついたことによってです。カインは大地を耕し、大地を変化させる者になりました。もし人類の一部分が物質界にまで下りてこなかったとしたら、この眼に見える差異は人類の中に生じなかったでしょう。しかし人間はもはや以前のように、高次の世界から生み出されたものではありません。今や、人間みずからが物質界から取り出したものを、人間の中に織り込むようになったのです。人間は、物質界で経験をつみ重ね、そこで得たもので高次の世界を理解しようとしました。そして、この物質的なるものがカインのしるしです。人間に働きかける物質界が、人間にカインのしるしを刻印付けたのです。

今や人間は完全に地上と結び付きました。その結果、カインとアベルの対立は、神々の子らと物質界の子らの対立となりました。アベル−セトの末裔が神々の子らであり、カインの末裔が物質界の子らなのです。

カインとアベルの出来事は、アダムからセトまでの間の出来事であることを理解なさったでしょう。ひとつの新しい原則が人間の中に生じたのです。それは、遺伝の原則、原罪の原則であり、先行する世代と似ていないという原則です。

しかし、神々の子らはまだ地上に留まっていました。アベルの末裔のすべてが、地上からいなくなったわけではありません。「どこに、おまえの弟アベルはいるか?」という神の問いに対して、カインが「いったい、私は弟の見張り番ですか?」と答えた時、何が地上にもたらされたのかが、見えてきます。以前の人間でしたら、決してこのようなことは言わなかったでしょう。霊的なるものに反発する知性でなければ、こんなことは言いません。今や、戦いの原則、対立の原則が、愛の原則の中に混入するようになりました。「いったい、私は弟の見張り番ですか?」。エゴイズムが生まれたのです。

地上に留まったアベルの末裔たちは神々の子らであり、神々とつながっていました。しかし、自らが地上的なものに関わらないように、注意しなければなりませんでした。そのために神々にみずからを捧げた人にとって、ひとつの原則が始まりました。禁欲という原則です。地上に自らを捧げた人たちと結び付くのは、罪となります。「神々の子らがカインの系統からでた娘たちを好きになったとき」、それは罪になるのです。

そこで、一般に公開された旧約聖書では一度も言及されたことがなく、ただ暗示されていたにすぎない一族が生まれました。この一族は、肉眼では知覚できません。オカルトの用語で、それは「ラクシャサ」と名づけられ、インド人の「アシュラ」に似ています。それは悪魔的な存在たちです。それらは本当に存在していて、人間を誘惑したので、人類は堕落してしまったのです。人間の娘たちと神々の子らとのこの「かりそめの恋」はひとつの種族を生み出しました。その種族は、特にアトランティス期の第四亜人類期のツラン人を誘惑し、人類を滅亡に導きました。しかし、人類のある部分は、新しい世界に救われました。ノアの洪水は、アトランティスを全滅させた洪水です。ラクシャサたちに誘惑された人間は、次第に消えていきました。

今述べたことは、皆さんには非常に奇妙に思われるでしょう。しかしそれを知ることは、きわめて大切なことです。あまりの重要さ故に、一般人には長い間、秘密にされていたくらいです。今でもほとんどの人の理解を超えていますが、しかしそれは真実なのです。断言できるのは、どのオカルティストも、アカシャ年代記を確信している、ということです。

ラクシャサたちは、かつて活動的かつ積極的に、人間の誘惑者として、存在していました。彼らは、ナザレのイエスの中にキリストが受肉し、彼の肉体の中に仏陀の原理が現れた時まで、人間の欲望に働きかけていました。皆さんが信じても、信じなくても、これには宇宙的な、地上界を超えた意味があるのです。

聖書には無駄な表現がありません。キリストは地獄の手前のところまで降りたのです。そこにはもはや人間は存在していなかったので、キリストは霊的存在者たちに働きかけなければなりませんでした。それによって、ラクシャサ存在たちは麻痺し、無気力の状態に陥りました。彼らは抑えつけられ、動くことができなくなりました。

このことは、ふたつの方向からの働きかけによって生じました。もしナザレのイエスの中でふたつの本性が、ひとつになっていなかったなら、それは不可能だったでしょう。イエスの中には一方では古代の修行者（チェラ）が働いていました。彼は完全に物質界に結び付いて、物質界で働くことができ、その力を通してイエスを均衡状態に保つことができました。そしてもう一方では、純粋な霊存在であるキリスト自身が働いていました。

これはキリスト教の基礎をなしている宇宙的な課題です。当時オカルトの分野において、ある事柄が生じたのです。それは人類の敵たちの追放です。このことが反キリストの伝説、すなわち反キリストは縛（ばく）についたが、キリスト原則が彼に対して働かなくなったら、ふたたび出現するだろう、という伝説に余韻を響かせています。

中世のすべてのオカルティズムは、ラクシャサの作用が生じないように努めました。高次の世界を見ることのできる人は、一九世紀の終り、一九世紀から二〇世紀への転換期にそれが起こりうることを、すでにかなり以前から予見していました。見晴らしのよい塔で仕事をし、またペストの流行の時に、救助の働きをしたノストラダムスは、未来を予言することができました。彼は多くの予言的な詩句を記しました。その中の一八七〇年の戦争や、マリー・アントワネットについてのいくつかの事柄は、すでに実現されています。ノストラダムスのその『百詩集』の中には、以下のことも記されています。「一九世紀が終わる頃、アジアのヘルメス兄弟団のひとつが現れて、人類はふたたび統合されるだろう」〔一〇・七五〕。

神智学協会は、このノストラダムスの予言の成就にほかなりません。ラクシャサに対抗することと根源的な秘儀を再び打ち立てることが神智学協会の課題です。

イエス・キリストが死後なお一〇年間地上にとどまっていたことを、皆さんは知っていますね。グノーシス派の書『ピスティス・ソフィア』は最も深い神智学の教えを含んでいます。それはシネットの『秘密仏教』よりもずっと深いものです。イエスは何度も何度も受肉しました。彼に課せられた使命は、秘儀の原則をふたたび甦らせることでした。その背後には、文化史的なあるいは物質的な事実があるのではなく、オカルティストにはよく知られていることですが、今日お話しした事実、すなわちラクシャサに対する戦いの事実があるのです。ここには重要なオカルトの大きな秘密が隠されているのです。

皆さんは、なぜそれが普通の言葉でなく、比喩的な形式で語られているのか疑問に思われるかもしれませんが、人類の偉大な教師たち、モーセ、インドの聖仙たち、ヘルメス、キリスト、初期キリスト教の教父たち、彼らは皆輪廻転生の考えの上に立っていました。そして、この比喩的な伝達の仕方はすぐれた意味をもっています。たとえばドルイド僧たちが、「霧の国」や「巨人ユミル」などについて話すとき、もちろんそれは、単なる民話ではありませんでした。ドルイド教の祭司は深い意味を知っていました。つまり今日、私が昔話としてお話しした人間霊に関する物語は、私たちの人間霊がふたたび受肉する時、真実をより完全な形で把握するための準備だということです。すべてこれらの昔話は、後になってより容易に真実を把握することができるように、霊がふたたび受肉するという前提の下で作られています。これらの昔話には、信仰ではなく認識が、輪廻転生の経験が基礎になっています。それどころか、三世紀以降の輪廻転生の否定さえも、輪廻転生の考え方を前提にした上で起こりました。なぜなら、当時の人は人間存在を、カマ・マナスのところまで引き下ろそうとしたのですから。全ての霊が少なくとも一度は受肉するようにしようとしたのです。ですからキリスト教はその後一五〇〇年間、輪廻転生についての知識をもっていませんでした。もし輪廻転生の教えをもっと隠しておきたいのなら、私たちは人間に対してふたたびこの知識を隠すことになるでしょう。それは、大きな罪になります。人類に対する犯罪行為になります。しかし一度目の隠蔽は必然的でした。なぜなら、誕生と死の間の一回限りの人生もまた、人間にとってかけがえのないものとされなければならなかったからです。

ドルイド僧とドロット僧の秘儀

一九〇四年九月三〇日（覚え書き）

パルチヴァル、円卓の騎士たち、ハルトマン・フォン・アウエなどの中世物語には、たとえ一般的には外的な意味しか理解されていなくても、神秘的な真実が隠されています。その真実の起源は、キリスト教が広まる以前の世界に、探し求められなければなりません。アイルランド、スコットランド……［欠落］に生きていたものが、キリスト教の中へ入り、そこで有機的に発展を遂げました。私たちはこの霊的生活の出発点となったある拠点へと導かれます。［ヨーロッパの］霊的生活は、スカンジナビアのある中央ロッジから始まりました。ドロットのロッジです。ドルイドとはオークの木のことです。ですから古代ドイツ人はオークの木の下で知恵を授かった、と言い伝えられています。

ドロット僧やドルイド僧は、古代ゲルマンの秘儀参入者であり、エリザベス女王の時代までイギリスに存在していました。『エッダ』や古代ゲルマン伝説の世界の中に読むことのできるすべては、ドロット教かドルイド教の寺院にまで遡ります。吟遊詩人や語り部として描かれているのは、ドルイド僧のことであり、その言い伝えはどれも、日常世界の象徴やアレゴリーなどではなく、その場合でも、もっと深い秘密を示唆しています。

たとえば、神々の希望であり、宿り木の枝でロキ神によって殺されたという、バルドゥルの伝説が知られています。光の神である彼は殺されたのです。秘儀に参入したあらゆる者が学ぶだけでなく、体験する必要のあった深い秘儀内容をこの伝説は語っています。

秘儀参入の第一幕は、「バルドゥルの死体探し」と呼ばれました。バルドゥルは死んだ後も生きていると思われていました。この死体探しによって、人間の本性が完全に明るみに出るのです。なぜなら、バルドゥルとは失われた、かつての人間のことであり、そのような人間は、今日のように激しい欲望を味わうまでには物質の中に下降しておらず、高次と低次の本性に分化することもなく、繊細でもろい素材の中に生きていたからです。バルドゥルは光輝く人間です。現実を理解しようとするなら、象徴として現れる事柄を、より高次の意味に捉える必要があります。私たちが今日物質と呼んでいるものの中に埋没していない人間が、バルドゥルです。彼は私たち一人ひとりの中に住んでいます。ドルイド僧は、自分の中にこの高次の人間を求めなければなりませんでした。彼は人間が高次から低次へ……〔欠落〕なぜ分化したのか、その秘密を学びました。

すべての秘儀参入の本質は、高次の人間をみずからの内に生むことにあります。祭司が短期間に成し遂げることを、他の人間は長い進化の果てに達成します。ドルイド僧たちは他の人間の先導者になるために、この秘儀の伝授を受ける必要があったのです。

物質界に深く下降した人間は、今や物質を克服し、ふたたび高次の状態に至らねばなりません。高次の人間の誕生は、すべての秘儀で同一の経過を辿ります。物質の中に降りた人間を、一連の経験を通して、ふたたび蘇生させなければなりません。その経験は真実のものであって、単なる感覚体験に留まるものではありません。

その経験の第一段階では、いわゆる「必然の王座」の前に導かれました。断崖の上に立ち、自分の体がいかに低次の自然界の中にあるかを身をもって知らされました。この低次の自然界の人間とは、鉱物と植物のことなのですが、現代人は今それを経験できずにいます。自然元素が体験するものを体験することができないのです。世界の中に避けることのできない強制的な力が働いているのは私たちが鉱物でもあり、植物でもあることの結果なのです。

次の段階では、動物界に存在するあらゆるものの前に引き出されました。激情や欲望から生じるすべてが、互いに入り乱れ、うねり、渦巻くのを見なければなりませんでした。それを見るのは、世界存在の裏側を覗くという秘儀参入の目的のためです。アストラル空間に渦巻くものが、肉体という莢(さや)によって隠されていることを、人間は知りません。仮象(マーヤ)のヴェールは現実の覆いであり、秘儀を授けられた者はその裏側を見なければなりません。覆いが落ちると、人間ははっきりと「観る」ようになります。それは特別な瞬間です。祭司は覆いが外されたら恐ろしいものになるであろう衝動を「覆いが」食い止めていたのだ、ということを知らされました。

第三段階では大自然を観るように導かれました。この段階のことは準備なしでは理解し難いものです。自然の中には隠された強大な力がひそんでいます。その強大な自然力は「宇宙魂」であり、「世界苦」なのですが、人間はこれまでその諸力を自分自身の苦しみとして体験してこなかったのです。

次の試練は秘儀の導師による「蛇の譲渡」と呼ばれています。これについては試練が及ぼす作用によってしか説明できません。タンタロスの伝説がそれを明らかにしています。神々に愛された者が、その寵愛を悪用するのです。人間が人間の限界を超越することは、タンタロスの災いにあるような危険と結びついています。通常、人間は自然法則に対抗できないと言われますが、自然法則とは思考内容のことなのです。脳による影のような思考だけでは何ひとつなし得ませんが、この受け身の思考の代わりに、私たちは世界事象を作り、構築する、創造的で実り豊かな思考力をも有しているのです。影のような思考は、虫のぬけがらにすぎません。そのぬけがらが［創造的な］思考内容に充たされたとき、生きた虫になります。創造的な作用力を発揮する祭司は、世界を観るだけでなく、魔術師として世界に影響を与えることができます。危険なのはそれを悪用しようとすることです。彼は……［欠落］

この段階のオカルティストは、より高次の存在者をも欺くことができます。彼は真実かそうでないかを説くだけでなく、真理を経験して、それを見極めなければなりません。それが導師による蛇の譲渡です。［霊の領域での蛇の譲渡と、物質界での脊髄の形成とは同じ意味をもっています。私たちは魚や両生類などの動物段階を経て、脊椎動物や人間の脳を得るまでに至りました。編註参照］霊の領域でも、脊椎が脳に変わります。人間はこの蛇の譲渡の段階でその過程を通過します。彼は欲望(カマ)から引き上げられ、霊の脳を獲得することができるように、霊の背骨を与えられるのです。迷宮のくねりと脳のくねりとは、霊的に同じです。人間は高次の世界の中の迷宮へ、その迷路の中へ入ることが許されます。

次いで彼の前に抜身の剣が置かれ、彼は沈黙を厳守するという堅い誓いを立てなければなりません。ここで体験したことを、秘儀を受けていない者には決して語らない、という誓いです。この本来の秘伝をそのまま伝えることは決してできません。彼［秘儀参入者］はしかし、伝説を永遠なるものの表現として物語ることができました。このような仕方で語ることのできた人は、人びとに大きな威力を及ぼしました。伝説を生み出した人は、人間の霊に何かを刻印づけます。そのように語られるものはいったん忘れられ、そのごく僅かな部分だけが死を越えて残ります。永遠の真実はもっとも長く死を越えて生き続けます。低次の科学的なもので、死を越えて存続するものはほとんどありません。永遠なものこそ、新たな受肉の中でふたたび現れるのです。

ドルイド僧は高次の領域から語りました。その語る内容が素朴なものであっても、高次の真実を表しているときには、人びとの魂の中に深く入り込みました。彼が前にしていたのは素朴な人びとでした。しかし真実が彼らの魂の中に入り込んだので、ふたたび新たに生まれ変わってくるものを彼らは身につけたのです。当時の人びとは、昔話が真実であることを体験していました。そのようにして今日の私たちの霊体が用意されました。私たちが高次の真実を理解できるのは、そのためなのです。

このヨーロッパにおける霊的生活の準備は、紀元六〇年にキリスト教に土地を明け渡すまで続きました。しかしその教えは保たれ、求める人は、当時ロッジで伝授されたものに近づくことができます。

ドルイド教の場合、祭司は剣に誓ったあとで、人間の頭蓋骨に注がれたある飲み物を飲まなければなりませんでした。これは人間が人間を越えたことを意味します。このような感情を祭司は低次の体に対して持たねばなりませんでした。肉体として生きていたものを、彼はただの容れものと見做せるほど客観的に、冷淡に感じなければなりませんでした。こうして彼は高次の神秘へ参入し、さらに高次の世界に上昇したのです。バルドゥルは……〔欠落〕。彼はきらめく剣で覆われたある巨大な宮殿に導かれました。ひとりの男が彼に向かって七つの花を投げかけました。そして天上界を体験し、ケルビーム、デミウルゴス（造物主）に出会います。――そのようにして彼は本物の太陽の祭司になりました。

多くの人は、言い伝えが太古のドロット秘儀の中で本当に生じたことを知らずに、『エッダ』を読んでいます。太古のドロット僧は人の生死を左右する、途方もない権力を手中に収めていましたが、すべては時とともに腐敗していきました。かつてはもっとも高次の、もっとも聖なるものでしたが、キリスト教が広まった時代には、その多くは退廃し、多くの黒魔術が横行していたので、キリスト教が救いをもたらしたのです。

この太古の真実を研究することだけでも、オカルティズムのほぼすべてが明らかになります。ドルイドの寺院のどの積み石も、今日のような仕方で置かれたのではなく、天文学を基準にして置かれました。扉は天の位置を基準にして作られました。ドルイド教の祭司たちが人類を人類たらしめたのです。その残照がフリーメーソンの教義の中にかすかに存続しています。

*

アストラル素材を観ることを学ぶと、
真夜中の太陽を観る＝秘儀参入の第一段階
蛇の譲渡＝その第二段階
迷宮を歩む＝その第三段階

プロメテウス伝説

一九〇四年一〇月七日

先回は、古代のドルイド教団の秘儀参入がどのように行われたのかについて、お話ししました。今日は、このことと密接な関係があるのですが、外見上は無関係に思える事柄についてお話ししたいと思います。それを通して、私たちの人類発展に対する理解を、より深化させるためにです。

▼これまでの金曜講義を聴いてこられた方はご存知のように、諸民族の伝説世界はそれぞれ深い内容をもっており、神話は秘儀の深い真実を表現しています。そこで私は今日、最も興味深い伝説の一つを取り上げようと思います。それはまた私たち第五根幹人類期の全発展に関係がある伝説でもあるのです。

神秘家は伝説世界を、三つの段階に分けて理解しています。まず、伝説は顕教的に、表面的な言葉通りに受け取ることができます。しかし伝説の逐語的理解に対する信頼が失われますと、学者は伝説を象徴的、比喩的に理解しようとします。けれどもこの二つの解釈の背後には、なお五つの他の解釈がひそんでいますから、どの伝説も七通りの仕方で解釈できます。三つ目の解釈は、伝説を特定の仕方でふたたび文字通りに受け取ります。もちろんそれにはまず、その伝説を表す言葉を理解しなければなりません。今日取り上げる伝説は、理解するのが決してたやすくありません。すなわち、プロメテウス伝説です。

Ｈ・Ｐ・ブラヴァツキー夫人の『秘密教義』第二巻のある章に、この伝説の奥深い内容について触れている箇所があります。しかし、その最も深い事柄を、印刷された書物の中で表現することは、不可能です。今日はこのブラヴァツキー夫人の『秘密教義』の記述をほんのすこし超えることができるかもしれません。

プロメテウスは、ギリシア伝説世界の中の一人です。彼と弟のエピメテウスは、タイタン神族イアペトスの末裔です。タイタン神族自身は古代ギリシア最古の神であるウラノスとその妻ガイアの末裔です。ウラノスをドイツ語に翻訳すると「天」であり、ガイアは「地」です。さらに言えば、ギリシア語のウラノスは、サンスクリットのヴァルナ（ヒンズー教の律法神、水神）と同じです。ウラノスとガイアの孫が、プロメテウスであり、その弟エピメテウスです。タイタン神族の最も若い息子であるクロノスつまり「時間」は、父ウラノスを退位させて、自らが支配権を奪い取ってしまいました。その結果、クロノスも自分の息子ゼウスによって退位させられ、すべてのタイタン神族と共に、奈落であり、冥界であるタルタロスの中に追放されてしまったのです。ただタイタン神プロメテウスとその弟エピメテウスのみがゼウスの味方でした。彼らはゼウスの側に立ち、他のタイタン神族と戦ったのです。

さて、ゼウスは、調子に乗って浮かれるようになった人類を絶滅しようとしたとき、プロメテウスは人類の擁護者になりました。彼は考えをめぐらし、人類がみずからを救い、もはやゼウスのたすけを必要としないですむように、人間に文字と技術の使用、とりわけ火の使用を教えた、と言われています。しかし、そのために彼はゼウスの怒りにふれてしまい、コーカサスの山に鎖でつながれ、長い間そこで絶大な苦しみを耐えなければなりませんでした。

今や神々の頂点に立つゼウスは、鍛冶の神ヘパイストスに女性の像を制作させました。この女性像は第五根幹人類期の外見上のすべての性質を備えていました。この女性像がパンドラでした。パンドラは人類に贈り物をするように、そしてまず最初にプロメテウスの弟エピメテウスに贈り物をするように促されました。プロメテウスが弟に、その贈り物を受け取らないように注意したにもかかわらず、エピメテウスは説得されて神々の贈り物を受け取りました。そして、たったひとつ、希望だけを残して、すべてが人類にぶちまけられてしまったのです。この贈り物の大部分は、人類にとっては苦難と苦痛でしかありませんでした。ただ希望のみが、パンドラの箱に残されたのです。

プロメテウスはコーカサスの山に鎖で繋がれ、その肝臓は大鷲に絶えずかじられていました。彼は耐え続けます。しかし自分の救済を保証するものが何かを知っていました。彼は、ゼウスの知らない、しかし知りたがっているひとつの秘密を持っていました。彼は、ゼウスが神の使者ヘルメスを送ってきたにもかかわらず、その秘密を漏らしませんでした。

さて、興味深いプロメテウスの解放の話に移ります。プロメテウスは、ただ秘儀参入者であるヘラクレスのたすけを通してのみ解放されるのです。ギリシア人ヘラクレスはそのような秘儀参入者でした。一二の功業を成し遂げたのは、秘儀参入者であることの証(あかし)です。比喩的に言うなら、それは秘儀参入のための一二の試練であったともいえます。ヘラクレスはまた、エレウシスの秘儀を伝授されたとも言われています。彼はプロメテウスを救済する力を持っていました。しかし、それにはなお誰かが神にみずからを捧げなければなりませんでした。そして、プロメテウスのためにケンタウロスのキロンが犠牲となりました。彼は不治の病にかかっていました。彼は半獣半人でした。彼は死を遂げることによって、プロメテウスを救済したのです。これがプロメテウス伝説の概略です。

この伝説の中には、第五根幹人類期の歴史のすべてがあり、そしてその中には秘儀の真実が含まれています。この伝説はギリシアでは伝説としてのみ物語られましたが、しかし、秘儀においては、この伝説は実際の事件として表現されました。秘儀の学徒はプロメテウスの運命を眼前に見たのです。その中に全第五根幹人類期の過去と未来を見なければならなかったのです。しかし、このことを理解するためには、あるひとつの事柄について知っておかなければなりません。

レムリア人類期の中ごろに、はじめて「人間発生」といわれる時が到来しました。私たちが今日人間といっている意味での人間の発生です。この人間は、私たちが「火の霧の子ら」と呼んでいる偉大な教師たちや導師たちによって導かれました。今日の第五根幹人類期の人間もまた、偉大な秘儀参入者たちによって導かれています。しかし、私たちの秘儀参入者たちは当時の人類の指導者とは違っています。

この相違を今、明確にしなければなりません。第三根幹人類期の導師たちと、私たち第五根幹人類期の導師たちとの間には、大きな違いがあります。かの人類の指導者たちである「火の霧の子ら」は、ひとつの白い同胞団と結び付いていました。しかしこの指導者たちは、以前の発展を、私たちの地球上ではなく、他の惑星上で果たしました。彼らはすでに成熟した高次の人間として、まだ幼年期にある人間に、その最初の発生の際に、その必要とする最初の技術を教えるために、地球上に下りてきました。この教育期間は、第三、第四から第五根幹人類期にまで及びました。

第五根幹人類期は、その前の根幹人類期から分離されたほんの一握りの人間から発生しました。彼らはゴビ砂漠の中で育てられ、地上を放射線状に広がっていきました。この発展に衝動を与えた最初の導師はいわゆる▼マヌたちのひとり、第五根幹人類期のマヌでした。このマヌは、第三根幹人類期に下りてきたあの指導者たちに属していました。彼はその発展を地上だけで果たしたのではなく、他からその成熟をこの地上に持ち込んだ導師たちのひとりでした。

第五根幹人類期になってはじめて、私たちと同じ人間であるマヌたち、私たちと同様に、発展を地球上だけで果たしたマヌたちの進化が始まります。当時すでに高次の導師あるいは指導者である人間もいれば、そのような高次の導師あるいは指導者になろうと努力している人間もいました。ですから第五根幹人類期の中には、以前の人類期に属している弟子たちや導師たちもいました。彼らはレムリア中期以来の人間が経験したことすべてを経験してきました。第五根幹人類期の指導者のひとりは、将来第六根幹人類期の指導を引き受けなければなりません。第六根幹人類期は、地上の子であるマヌによって導かれる最初の人類になるでしょう。もっと以前の導師たち、すなわち他の世界から来たマヌたちは、人類の指導を地上の子に委ねたのです。

私たちの第五根幹人類期の黎明期に、私たちが技術の発達と呼ぶすべてのことが、一度に生じました。アトランティス人はまだ現代人とは全く異なる生活をしていました。発明と発見はまだありませんでした。彼らは全く異なった仕方で仕事をしました。彼らの技術も芸術も、全く違っていました。私たちの第五根幹人類期になって初めて、今日私たちが言うところの技術と芸術が発展したのです。最も重要な発明は火の発明です。どうぞこのことをもう一度明確にしてください。今日の発展した技術、産業、芸術がどれほど火に依存しているかを。火なしでは、すべての技術は不可能なのです。ですから、火の発明は根本的な発明であり、すべての他の発明に衝動を与えたと言ってもいいでしょう。

また、プロメテウス伝説が生じた時代には、火は熱に関係があるすべてを意味していました。火は稲妻の原因であるとも考えられていました。すべての熱現象の原因は火から来ると思われていました。▼第五根幹人類期が火のしるしの下に生きているという自覚は、まず最初にプロメテウス伝説に現れています。ですから、プロメテウスは第五根幹人類期の代表に他ならないのです。

彼の弟はエピメテウスです。まずこの二つの言葉を訳してみましょう。プロメテウスとは「先に考える者」、エピメテウスは「後で考える者」を意味します。ここでは後で考える人間と先に考える人間という形で、人間の二つの思考活動がはっきりと分けられています。後で考える人間は、すでに世界にある事柄を自分自身に作用させてから考える人です。そのような思考は、カマ・マナス的思考です。ある観点からみるならカマ・マナス思考とは、まず世界を自分に作用させて、そして後で考える思考のことです。第五根幹人類期の人間は、今日なお主としてエピメテウスのように思考しています。

しかし、すでに存在するものを自分に作用させるのではなく、未来を創造し、発明する者、発見する者であるかぎり、人間はプロメテウスであり、先に考える者なのです。もし人間がエピメテウス的であったなら、決してさまざまな発明はされなかったでしょう。発明はまだ存在しないものを創造することによってなされるのです。まず最初に思考内容があり、そしてその思考内容が現実に移されるのです。これがプロメテウス思考です。このプロメテウス思考は、第五根幹人類期の中では、マナス的思考です。カマ・マナス的思考とマナス的思考は、二つの流れのように、互いに並行して第五根幹人類期の中に入ってきています。しかし次第にマナス的思考がより普及していくでしょう。

第五根幹人類期のこのマナス的思考は、一つの特別な性質を持っています。それは私たちがアトランティス人に眼を向ければ、理解できます。この人類はまだ生命力と結び付いた、より本能的な思考を持っていました。アトランティス人は種の力から運動の力を作り出すことができました。今日の人間が石炭の貯蔵庫に、いわば力を備蓄して、それを蒸気に変えることで機関車や荷車を前進させるように、アトランティス人は、動力に変えることのできる力を秘めた植物の種の大きな倉庫を持っていました。その力によっ

▼て、アトランティスについて記述しているスコット＝エリオットの小冊子にでてくるあの乗り物は動きました。しかしこの技術は失われてしまいました。アトランティス人の精神は、生きている自然、種の力をまだ支配できたのです。第五根幹人類期の精神は、生命のない自然の力、石や鉱物の中にあるエネルギーのみを征服できました。ですから、第五根幹人類期のマナスは、アトランティス人が生命力と結び付いたように、鉱物の力と繋がれています。プロメテウスの力はすべて、岩に、大地に繋がれています。だから「岩」であるペテロの上にキリストは教えを打ち立てたのです。それはコーカサスの山の岩と同じです。第五根幹人類期の人間は、純粋に物質界の上に、自己の発展を求めなければなりません。彼は無機的な鉱物の力に縛られているのです。

第五根幹人類期のこの技術の意味するところを、広い視野をもって考えて下さい。一体何のための技術なのでしょうか。第五根幹人類期の発明や発見のすべての力は、大局的にみるなら、物質に対する人間の個人的興味、人間のエゴイズムから生じました。そのため、人間の理解力、マナスの力が非有機的な鉱物に向けられると、非常に大きな成果を上げることができるのです。

原始の発明、発見から電話のような最新の発明、発見までを考えて下さい。いかに強大な力を、この発明、発見によって、私たちに奉仕させるようになったのでしょうか。しかし何のために奉仕させるのでしょうか。私たちは遠い国々から、鉄道や蒸気船で、何を取り寄せるのでしょうか。食料品を取り寄せます。電話を通して食料品を求めるのです。結局、人間の欲望（カマ）が、第五根幹人類期のこの発明や発見を求めるのです。このことは一度、客観的に考察してみなければなりません。そうすれば、あの高次の人間もまた、いかに第五根幹人類期の間、自分のカマが物質に満足を求めることによって、物質に繋がれてしまっているかがわかるでしょう。

秘教的にみるなら、人間の諸原則が身体の一定の諸器官と結び付いていることに気がつくでしょう。私はこのテーマについてもっと明確にお話ししたいのですが、今日は、どの器官が私たちの七つの原則と結び付いているかについて触れてみたいと思います。

まず最初に、私たちはいわゆる肉体を持っています。これはオカルト的見方をすると、顔の上の部分と関係があります。つまり鼻根です。以前の人間は、単にアストラル存在だったのですが、肉体の中に自分自身を組み込みました。その肉体構成は、鼻根の部分から始まりました。肉体は最初に鼻根から組み立てられたので、神秘家は、鼻根を本来の物質的鉱物的な存在と結び付けて考えています。

第二はプラーナ（生命力）、エーテル体です。神秘学は、それを肝臓にあてはめています。この器官はエーテル体と一定のオカルト的関係をもっています。第三は、カマ、アストラル体です。アストラル体は、胃を代表とする栄養器官を組み立てる際に、活動しました。もしアストラル体が、人間にふさわしいアストラル形姿を持たなかったら、胃を中心とする人間の栄養装置は、今日あるような形態をもたなかったでしょう。

人間について、まずその肉体的基礎を、第二にエーテル体を、そして第三にアストラル体を考察するなら、第五根幹人類期が鉱物界に拘束されている理由が理解できるでしょう。

しかし高次の諸部分を通して、人間はすでにこの束縛を脱し、より高次の世界に上昇することができます。カマ・マナスはさらに向上に努め、人体の自然基盤から脱するのです。このカマ・マナスは、自然基盤から離れる力とオカルト的に結びついているのです。このオカルト的な関係は、低次のマナスと、いわゆる臍の緒との関係です。もし人間の形姿のなかに、カマ・マナスがなかったら、胎児はこのような方法で母親から切り離されることはなかったでしょう。

高次のマナスは、心臓、血液とオカルト的な関係があります。ブッディは喉頭とオカルト的な関係があります。そして、アートマンは、人間のすべての中に含まれているアカシャとオカルト的な関係があります。

以上が七つのオカルト的な関係です。このことをふまえた上で考えるなら、エーテル体とカマとの関係が、私たちの第五人類期の最も重要な関係であることがわかります。そしてこれに加えて、私が先程申し上げたアトランティス人によるプラーナの支配——生命力とはエーテル体を貫いているもののことです——を取り上げてみますと、アトランティス人が、一段階深い所に立っていたことがわかります。アトランティス人のエーテル体はまだ外界のエーテルと根本的に繋がっており、その繋がりによって、外界のプラーナを支配していたのです。人間が一段階向上すると、仕事は一段階深くなります。これは一つの法則です。一方に上昇が起こると、他方で下降が生じなければなりません。かつて人間はプラーナから、カマに働きかけていたのですが、今やカマから物質界に働きかけなければなりません。

さて皆さん、いかに深くプロメテウス伝説が、このオカルト的関係性を象徴しているかおわかりでしょう。大鷲はプロメテウスの肝臓をかじります。カマがこの大鷲によって象徴されているのです。大鷲は第五根幹人類期の力を本当にかじり尽くします。大鷲は人間の肝臓、人間の基礎をかじります。そのように第五根幹人類期のこの力が人間本来の生命力をかじるのです。なぜなら、人間はペテロに、岩に、コーカサスに、つまり鉱物的な自然に拘束されているからです。ですから、人間はプロメテウスと似た運命を辿らなければならなかったのです。人間は自分の独自の本性を克服しなければなりません。二度と鉱物的なるものに、コーカサスに、拘束されないですむようにです。

第五根幹人類期では、人間の秘儀参入者のみが、鎖で繋がれた人間を解放することができます。人間の秘儀参入者であるヘラクレスは、プロメテウスを解放するために、みずからコーカサスに入り込まねばなりません。そのように導師は、人間を束縛から解放し、没落せざるを得ないものはみずからを犠牲に捧げなければならないのです。

まだ動物的なものと関係のある人間は、みずからを犠牲に捧げなければなりません。ケンタウロス族のケイロンがその例です。前時代の人間は、犠牲にされなければなりません。ケンタウロスの犠牲は、第五根幹人類期の発展のためには、秘儀参入者たちや、第五根幹人類期の導師たちによる解放と同様に、重要だったのです。

ギリシアの秘儀は、人々に未来を予言した、といわれています。その場合の「予言」とは、未来に起こるべきことのあいまいで抽象的な説明のことなのではなく、未来に向かって人間を導く方法、未来において発展するために人間がしなければならないことを語ることでした。発展すべき人間の力が、偉大なる神秘劇『プロメテウス』（アイスキュロスの作品）の中に表現されているのです。

ウラノス、クロノス、ゼウスは、相前後して働く三つの指導的な人間本性なのです。ウラノスは天を、ガイアは大地を意味します。第三根幹人類期、レムリアの中期には、今日のような人間ではなく、ブラヴァツキーの『秘密教義』▼でアダム・カドモンと名付けられた人間がいました。この人間はまだ性的区別がなく、まだ地球に属してはいませんでした。まだ地上の視覚器官を発達させておらず、まだウラノスに、天に属していました。ウラノスとガイアとの結婚によって、人間が生じました。そして、人間は物質の中に下り、同時に時間の中に組み込まれました。クロノス（時間）は、レムリア時代の中期からアトランティス時代の初めまでの、第二代の神族の支配者になります。指導的な本性たちは、最初はウラノス、後になってクロノスとして象徴化されました。そして、ゼウスに移っていきました。しかしゼウスはまだ、地球上ではない場で学んだ指導者のひとりでした。全ギリシアの神々がまだ不死のものに属していたように、彼もまた不死のものに属していました。

死すべき人類は、第五根幹人類期に、自立できなければなりません。この人類はプロメテウスによって代表されています。この人類はまず、人間的な諸技術、とりわけ原技術である火をもたらしました。この人類にゼウスは嫉妬しました。なぜなら、人間は第六根幹人類期を指導をするであろうような、人間自身の秘儀参入者にまで成長してきたからです。しかし、人類はみずからこのことの贖いをしなければなりません。ですからその原秘儀参入者は、まずあらゆる苦しみをみずから引き受けなければならないのです。

プロメテウスは第五根幹人類期の原秘儀参入者です。彼は叡智によってのみではなく、行為によっても秘儀参入者なのです。彼はすべての苦しみに耐えます。そして人類を次第に自由にし、鉱物的なるものから引き上げるのにふさわしく成熟したあのヘラクレスよって解放されるのです。

そのように、伝説は偉大な宇宙の真実を表しています。ですから私は最初に皆さんに言いました。第三の解釈までいった人は、ふたたび言葉通り受け取る、と。[不明な文章がつづく。編註参照] プロメテウス伝説では、肝臓が大鷲の餌食でした。これは言葉通りに受け取らなければなりません。大鷲は事実、第五根幹人類期の肝臓をかじっています。これは人間の生命力である肝臓と欲望を象徴する胃との戦いです。あらゆる個人の中で、第五根幹人類期の間は、このプロメテウスの苦しみの戦いが繰り返されます。プロメテウス伝説の中に表現されているものは、完全に言葉通りに受け取られなければなりません。もしこの戦いがなかったら、第五根幹人類期の運命は全く異なっていたでしょう。

さて、この伝説には三つの解釈があります。まず最初は顕教的で言葉通りの解釈、二番目は人間本性の戦いとしての寓意的な解釈、そして三番目はオカルト的な解釈です。このオカルト的解釈においてふたたび、神話が言葉通りに解釈されます。このような意味をもつ伝説のすべては、秘儀の学堂に由来するものであり、秘儀の学堂で人類の運命の偉大なドラマとして表現されたものの再現以外のなにものでもないのです。ドルイドの秘儀についてお話ししたときのように、バルドゥル［の伝説］は、ドルイド秘儀の内部で演じられたこと以外の何ものも表していません。同様にプロメテウスは、ギリシアの秘儀の学徒が、未来における生活のエネルギーを得るように、秘儀の内部で体験したことを表現しているのです。

薔薇十字会の秘儀

一九〇四年一一月四日

神話という、比喩的に表現された秘教上の真実は、その真実を理解するまでには成熟していない人間に、比喩として与えられたものです。その比喩は、当時の人間の原因体（カルマの原因を作る人間本性）に影響を与え、ふたたび受肉したときには、秘教上の真実が理解できるようにされました。

さて、今日は数百年前に初めて明かされ、今なおさまざまな形で生き続けているある秘教上の真実についてお話しします。

東洋である秘儀を伝授された人物が、▼一五世紀のはじめ、ヨーロッパに現れました。それは▼クリスティアン・ローゼンクロイツです。彼は、クリスティアン・ローゼンクロイツとしての生涯が終わる前に、数人に——その数は十人にも及びません——自分が受けた秘儀を、当時のヨーロッパ人に可能な形で伝授しました。薔薇十字会と呼ばれたこの小さな同胞団は、もっと大きな社会的な同胞団を通してある神話を世に広めました。

クリスティアン・ローゼンクロイツはそのとき、十分な準備ができた人間だけにわかるように、薔薇十字秘儀のもっとも深い秘密を表現しました。彼によって伝授されたこの秘密は、そのまま多くの人間に明かすことができなかったので、神話の形式をまとって伝えられました。▼一五世紀初頭に設立されて以来、同胞団の中でその神話はさまざまに語り継がれ、解釈されてきました。しかしその神話がいくら広く語られても、それを解釈することができたのは、そのための準備が整った、限られたグループだけでした。

この神話とはおよそ次のようなものでした。――あるエロヒーム存在が人間を創り、エヴァと名づけた時代のことです。そのエロヒーム自身がエヴァと結ばれ、カインが生まれました。さらに別のエロヒームまたはヤハヴェあるいはエホヴァは、アダムを創りました。アダムもエヴァと結ばれ、この夫婦からアベルが生まれました。

つまりカインは神々直系の息子であり、アベルは人間として創られたアダムとエヴァの息子なのです。神話はさらに続きます。

神ヤハヴェはアベルが捧げた供物は受け取りましたが、カインの供物は受け取りませんでした。カインはヤハヴェが直接命じて生ませた子ではなかったからです。その結果、カインは弟殺しを犯しました。彼はアベルを打ち殺し、ヤハヴェの共同体から締め出されました。そして遠い土地に行き、彼自身の一族の祖先になりました。

アダムがさらにエヴァと結ばれました。そしてアベルの代わりにセトが生まれました。セトも聖書に登場します。このようにして二種類の人類が生じました。ひとつはエヴァとエロヒームに由来するカインの一族であり、もうひとつはヤハヴェの命令で結ばれた、純然たる人間から生じた人類です。

例えばT文字（タウ）（T形文字。ギリシア語とヘブライ語の字母。古来、生命、再生、知恵、権力の象徴。古代ゲルマン神話やミトラ教にも用いられている）を発見したメトサエルや、青銅と鉄の加工を教えたトバル・カインのように、あらゆる芸術や科学を地上にもたらしたのは、カインの一族です。このようにエロヒームの直系から、芸術と科学の発展を担う人類が生じました。

ヒラムもカインの一族でした。彼は、カインの末裔がさまざまな世代を経るうちに貯えた知識や芸術、技術すべての後継者でした。ヒラムは考えられる限りでもっともすぐれた建築師だったのです。

もう一方のセトの家系からはソロモンが生まれました。彼はヤハヴェあるいはエホヴァから受け継いだ才能のすべてにおいて抜きん出ており、エホヴァの末裔の有する、宇宙の叡智、静かで明晰な叡智のすべてを備えていました。それは言葉で語ることのできる叡智でした。その言葉は聞く人の心に深く入り込み、その人の人間性を高めます。しかし直接対象に働きかけて、技術や芸術、科学の分野で実際的なものを生み出すことのできる叡智ではありませんでした。それは神から霊感として直接与えられた贈り物としての叡智であり、人間の努力で下から作り出される、激情や意志からあふれ出る叡智ではありません。そうした叡智は、別のエロヒームから直接生まれたカインの末裔に見られました。彼らはすべてを自分で作り出そうと努力する過酷な労働者たちでした。

さてソロモンは、神殿を建設しようと思い、建築師にカインの末裔であるヒラムを任命しました。その頃、聡明なソロモンのことを伝え聞いたシバの女王バルキスがエルサレムにやって来ました。彼女はソロモンの明晰で卓越した叡智と美しさに魅かれ、彼の求愛を受け入れます。彼女はまた、神殿建設のことを耳にすると、建築師ヒラムにも会いたいと思いました。そして彼に会ったとき、何気なく彼女を見やった彼のまなざしに深い印象を受け、彼女はすっかり心を奪われてしまいました。

そこで聡明なソロモンの心に嫉妬の感情が芽生えました。ソロモンはヒラムに何か仕掛けてやりたかったのですが、神殿ができあがるまで彼を生かしておく必要がありました。

そして次のようなことが起こりました。神殿はある程度できあがり、ヒラムの傑作となるべき「青銅の海」だけが残されていました。このヒラムの傑作は大海を表しており、青銅で鋳造されて神殿を飾るべきものでした。ヒラムは青銅を絶妙な仕方で調合し、鋳造の準備はすべて整いました。そこで三人の職人が仕事にとりかかりました。彼らは神殿を建設する際に、建築師には適さない、とヒラムに言われたのを恨んでいたので、青銅の海の完成を邪魔しようとしたのです。それを知ったヒラムの友人のひとりが、職人たちの企みを阻止してもらおうと、ソロモンにそのことを告げます。しかしソロモンは、嫉妬から、ヒラムの破滅を望んでいたので、そのままにしておきました。三人が、入れてはならない材料を素材に加えたので、鋳造物はすべて飛び散ってしまいます。ヒラムは燃え上がる火に水を注いで消そうとしましたが、事態をよけい悪くしただけでした。彼が鋳造の完成に絶望しかけたとき、祖先のひとりトバル・カインが姿を現しました。彼はヒラムに、火傷を負うことはないから、心配せずに火の中に飛び込むように、と言いました。ヒラムが言われた通りにすると、地球の中心に達しました。トバル・カインは彼を、本来の神性を取り戻しているカインのところに連れて行きました。そこでヒラムは火の創造や青銅の鋳造の秘密などを伝授され、さらにトバル・カインから、槌(つち)と首にかける黄金の三角形を受け取りました。彼は地上に戻ると、その槌で鋳造を修理して、青銅の海を完成させることができたのです。

その後ヒラムはシバの女王と愛し合うのですが、例の三人組に襲われて殺されてしまいます。しかし彼は死ぬ前に、黄金の三角形を泉に投げ入れておいたのです。

ヒラムの行方がわからなくなると、人びとは彼を探しはじめました。不安にかられたソロモンは、事の真相を知ろうとします。三人の職人が昔からの合言葉を漏らすのではないかと懸念されたため、親方(マイスター)たちの間で新しい言葉が申し合わされました。ヒラムが見つかったとき、最初に漏れる言葉をマイスターの新しい合言葉にしようというのです。ヒラムが発見されたとき、彼はまだ少ししゃべることができました。彼は言いました。「トバル・カインが私に告げた。私にひとりの息子が生まれるだろう、その息子に多くの息子ができ、地球上は彼らで一杯になり、私の作品である神殿を完成させるであろう」と。さらに彼は黄金の三角形のある場所を示しました。それは青銅の海へ運ばれて、この青銅の作品とともに神殿の特別な場所である至聖所に保管されました。黄金の三角形と青銅の海の二つは、このソロモンの神殿と建築師ヒラムについての神殿伝説全体の意味を理解する者だけが、見つけ出せるのです。

さてここで、この伝説の解釈に移りたいと思います。

この伝説は私たち第五根幹人類期（後アトランティス期のこと。一九ページ訳注参照）における第三亜人類期（エジプト・カルディア文化期）、第四亜人類期（ギリシア・ラテン文化期）、第五亜人類期（一五世紀以降）の運命を表しています。「神殿」は数多くの神秘同胞団の神殿、または第四、第五亜人類期の人類全体によって築かれる「神殿」であり、「至聖所」はその神秘同胞団の住居です。この団員たちは青銅の海と黄金の三角形の意味を知っています。

私たちはここで二種類の人類を問題にしています。ソロモンに代表される、神的な叡智を有する者たちと、火についてよく知っており、その扱いを心得ている、カインの子孫、カインの一族です。ここで言う火とは、物質的な火ではなく、アストラル空間に燃え上がる火、激情や衝動、欲望のことです。

ではカインの末裔とは誰のことでしょうか。カインの末裔とは、この伝説が意味するところから言うと、月紀の間にほんの少し進化が停滞していたエロヒームの子らのことです。月紀で私たちは欲望（カマ）と関わります。このカマまたは火は、その頃叡智に貫かれていました。二種類のエロヒームが存在したのです。一方のエロヒームたちは叡智と火が結婚した状態に留まらず、それを越えていきました。彼らが人間を作ったとき、彼ら自身はもはや激情に貫かれてはいなかったので、静かで明晰な叡智を人間に与えました。これが本来のヤハヴェ、あるいはエホヴァの宗教で、その叡智は激しい感情をまったくもっていませんでした。もう一方のエロヒームは、叡智が月紀の火とまだ結びついたままで、カインの末裔を生じさせました。

こうしてセトの末裔には、明晰な叡智を兼ね備えた信仰心の篤い人間が、カインの末裔には、叡智のために感情に駆られ、熱狂する、衝動的な人間が生まれました。この二つの系統の人間は、あらゆる人類と時代を通じて働きました。カインの末裔の情熱から、すべての芸術と科学が生まれ、アベル―セトの流れからは、熱狂することのない、静かな敬虔さと叡智が生まれたのです。

この二つの類型は常に存在し、私たちの根幹人類期の第四亜人類期まで続きました。

それからキリスト教が創られました。それによって、上から与えられていただけの以前の敬虔さ、カマのまったくない敬虔さは、キリストが地上にもたらした愛に浸されました。キリストは叡智だけでなく、愛の受肉した姿なのです。それは同時にブッディである高次の神的なカマ、自分のためには何ひとつ欲さず、こころのすべてを他者に捧げ尽くす、あふれ出るカマ、逆のカマです。ブッディは逆のカマなのです。

これによって敬虔な人間類型である叡智の子らの中に、熱い感情も備わった高次の敬虔さが準備されました。それがキリスト的な敬虔さです。その敬虔さが、まず第五根幹人類期の中の第四亜人類期にもたらされました。しかしこの流れ全体は、まだカインの末裔と結びつくまでには至りませんでした。彼らはまだ敵だったのです。

キリスト教がすべての人間の心を捉えていたら、人間は敬虔な愛で満たされたかもしれませんが、そこには個々の人間的な心は働かなかったでしょう。それでは強制された信仰心になり、自分の心の中にキリストが兄弟として生まれるのではなく、主人として生まれたことでしょう。個々の人間的なこころが働くためには、なお第五亜人類期全体を通して、カインの末裔が影響を与え続けなければなりません。彼らは秘儀を伝授された者たちに作用し、この世の芸術と科学の力で人類の神殿を建設するのです。

こうして第四、第五亜人類期の間、この世的な要素がますます発達し、世界史的規模で物質界が進歩しました。物質主義のこの世的な要素とともに、万人が万人と戦う、個的な利己主義が育ちました。キリスト教は存在しても、真のキリスト教はわずかな人たちのものでした。しかしこの宗教は、「神の前では皆等しい」ことを第四、第五亜人類期の人びとに教えました。これがキリストの根本命題です。しかし人間が物質主義と利己主義の虜になっている限り、これを完全に理解することはできませんでした。

フランス革命はキリストのこの教えをこの世的な意味で実行しました。「すべての人間は神の前で等しい」というキリスト教の精神は、フランス革命によって「万人は平等である」という、純粋にこの世的な教えになりました。現代はそれをより物質的なものに置きかえています。

▼フランス革命以前に、女王マリー・アントワネットの侍女であるダデマール夫人のところに、ある人物が現れ、革命の重要な場面すべてを予言し、警告しました。それはサン・ジェルマン伯爵であり、前世で薔薇十字会を設立した人物です。彼は当時、「人間はこの世的な文化から、キリスト教の真の文化へとゆっくりと導かれるべきだろう」という考えを主張しました。この世的な力は、しかし自由を、暴力的に、しかも物質的なやり方で獲得しようとしました。▼サン・ジェルマン伯爵は革命を必然的な結果と見ながらも、それについて警告を発したのです。クリスティアン・ローゼンクロイツは一八世紀に受肉したときに、青銅の海と聖なる黄金の三角形という内奥の秘密の守護者として、「人類はゆっくりと進歩すべきである」と警告しました。彼は、これから何が生じるかを見抜いていたのです。

以上、私たちの根幹人類期の第四、第五亜人類期の間に私たちが経験する進化の歩みを、内部から考察しました。人間の文化建造物である偉大なソロモンの神殿は建設されました。しかし最後の仕上げに必要なものは、まだ隠されていなければなりません。秘儀参入者ヒラムだけがそれを仕上げることができたのですが、彼は誤解され、裏切られて、殺されてしまいました。この秘密はまだ明かすことができません。それはキリスト教のわずかな［秘儀参入者］の秘密であり続けています。青銅の海の鋳造と聖なる三角形の中に秘められたままです。それはキリストの誕生以前に、非常に高次の肉体に受肉し、次のような重要な言葉を発したクリスティアン・ローゼンクロイツの秘密に他なりません。

クリスティアン・ローゼンクロイツがフランス革命の前に、どのようにしてこの言葉をふたたび口にしたか、その様子をもう少し述べさせてください。彼は「彼らは風を蒔いて、つむじ風を刈り取る」と言いました。ホセアが発して、それが記録される以前に、すでにローゼンクロイツがこの言葉を口にしていたのです。これはクリスティアン・ローゼンクロイツの言葉なのです。

「風を蒔いて、つむじ風を刈り取る」という言葉は、私たちの根幹人類期の第四、第五亜人類期の標語であり、「あなた方は人間を自由にするだろう。受肉したブッディ自身があなた方の自由と結びつき、人間を神の前で等しくするだろう。しかし霊〔風は霊＝ルアク Ruach を意味する〕ははじめ嵐になるだろう〔万人の万人に対する戦い〕」という意味です。

キリスト教はまず十字架のキリスト教になりました。十字架のキリスト教が完全にこの世的な領域、物質界の中で発展しなければならなかったのです。はじめから十字架上のキリストがキリスト教のシンボルだったわけではありません。しかしキリスト教がどんどん政治的になっていったとき、苦しみつつこの世のからだを十字架にかけられる神の子が、シンボルになりました。この象徴は、表面上は第四亜人類期の途中から第五亜人類期の終わりまで続きます。

キリスト教ははじめ第四、第五亜人類期の完全に物質的な文化と結びついていますが、その間に未来に向かう、真のキリスト教が生じます。青銅の海と黄金の三角形の秘密を有するキリスト教がです。この真のキリスト教のシンボルは、もはや十字架にかけられた神の子ではなく、薔薇が巻きついた十字架です。これが第六亜人類期の新しいキリスト教のシンボルになるでしょう。薔薇十字同胞団の秘儀から生じるこの第六亜人類期のキリスト教は、青銅の海と黄金の三角形を知っていることでしょう。

ヒラムは第四、第五亜人類期のカインの末裔の秘儀参入者の代表です。シバの女王——女性は秘教的にはいつも魂のことです——は、この世のものではない清らかさをもった敬虔さと、現実的な叡智、つまり激情を克服することでこの世と結びついた叡智との間で、物事を決定できる人類の魂を意味します。それはヒラムとソロモンの真中に立つ、真実の人間の魂の代表であり、第四、第五亜人類期においてヒラムと結ばれます。というのはヒラムは今も神殿を建てているのですから。

青銅の海は、水が青銅とふさわしく混ぜ合わされたとき鋳造されます。三人の職人はそれを邪魔して、鋳造は壊れました。しかしトバル・カインに火の秘儀を明かされて、ヒラムは水と火を正しい仕方で結びつけることができ、青銅の海は完成します。それが薔薇十字会の秘密です。静かな叡智の水が、アストラル空間の火、激情の火と結びつくときに生じる秘密です。これに黄金の三角形、アートマン・ブッディ・マナスの秘密がさらに付け加わるとき、次の時代にもたらされる「青銅」の堅い結びつきが成就するに違いありません。この三角形とそれに付随するすべてのものが、ともに第六亜人類期の新たなキリスト教の内実になるでしょう。新たなキリスト教は薔薇十字会によって準備されます。その時青銅の海として象徴化されているものが、輪廻転生とカルマの認識に結びつくでしょう。これはキリスト教に付け加えられる新しいオカルトの教えです。アートマン・ブッディ・マナスの高次の自我の秘密は、第六亜人類期がそれにふさわしく成熟したときに明かされるでしょう。そのときクリスティアン・ローゼンクロイツは、もはや警告者の立場に立つ必要はなくなり、物質界では戦いであったすべてのものが、青銅の海と聖なる黄金の三角形によって、平和を見出すでしょう。

これは未来へ続く世界史の歩みです。クリスティアン・ローゼンクロイツが同胞団を通して世界にもたらした神殿伝説は、薔薇十字会士が課題としていたものです。すなわち、信仰上の敬虔さだけではなく、外界に向かう科学も教えること、しかし外界を知るだけでなく、霊的な力をも熟知し、外界と内界の両面から第六根幹人類期につき進むことです。

マニ教

一九〇四年一一月一一日

皆さんの希望に添って、フリーメーソンのことを、これから取り上げるつもりですが、フリーメーソンについては、その元になる諸霊統の考察がなされなければ、理解できません。そのフリーメーソンがいわばその中から生じてきた諸霊統の内、薔薇十字の流れよりもさらに重要な霊統は、マニ教でした。ですから今日はまず、この実に重要な運動について、語らなければなりません。そうすれば、次にフリーメーソンにも光をなげかけることができます。

それに加えて、現在および未来の霊的生活に関する事柄もお話ししなければならないのですが、それに関しては、隠されたある事柄を引き合いに出さなければなりません。新たなる霊的生活にとって特に重要な事柄として、これまでもファウスト問題を再三折りに触れて取り上げてきました。雑誌『ルツィフェル』の第一号の中でも、ファウスト問題と関係付けて、近代の霊的運動について取り上げました。私が『ルツィフェル』の中でそう書きましたように、ファウスト問題を引き合いに出すのは、理由のないことではないのです。

マニ教との関連を考える上で、まずはじめに、三世紀頃の歴史に現れたファウスト問題から始めなければなりません。マニ教は、聖アウグスティヌスによって糾弾されましたが、この聖アウグスティヌスも、カトリックに改宗する以前は、この霊統の信奉者でした。みずからをマニと呼び、そして西暦三世紀頃に生きていたひとりの人物によって基礎付けられたこの運動は、当時西アジアの王たちが支配していたある地方から始まりました。つまり西部小アジアから始まったのです。マニの築いた霊統は、はじめは小さなセクトでしたが、次第に強大な霊統になりました。中世のアルビ派やワルド派やカタリ派は、この霊統を受け継いでいます。また後で論じる聖堂騎士団、そして――不思議な運命の糸につながれて――フリーメーソンも、その流れに属しています。フリーメーソンは、他の霊統、たとえば薔薇十字会とも結び付いているのですが、本来このマニの霊統とも結び付いているのです。マニについての表面的な物語はとても単純です。

それは次のような話です。西アジア地方にひとりの商人がいました。彼は驚くほど博識でした。彼は、四つの重要な著作を遺しました。最初は『秘儀』、二番目は『管理』、三番目は『福音』、四番目は『宝物』です。死の際に彼は、これらの著作をペルシア人である夫人に託したと言われています。夫人は、再びこれらの著作を、自分が身の代金を払って自由にしてやった奴隷に遺しました。その奴隷が、これらの著作から叡智を引き出した前述のマニであったというのです。しかし彼は、このほかにも、ミトラ教の秘儀も伝授されていました。このようにして、彼はマニ教の活動を始めたのです。

人はマニを「寡婦の息子」とも呼び、彼の信奉者たちを「寡婦の息子たち」と呼びました。マニは、自分自身をパラクレート（「ヨハネ福音書」第一四章一六節に出てくる助け主のこと）と名付けましたが、これはキリストによって人類に約束された聖霊のことです。彼は自分を、かの聖霊のひとつの受肉した形姿であると考えていたのであって、自分が唯一の聖霊であると考えていたのではありません。彼は、聖霊がさまざまに生まれてくると考え、自分をそのひとつの場合であると考えました。

彼の教えは、カトリックに改宗したアウグスティヌスによって、大変な勢いで糾弾されました。▼アウグスティヌスは自分のカトリック的見解を、彼がファウストゥスと名付けたひとつの人格に代表させたマニ教の教えと対立させました。ファウストゥスは、アウグスティヌスの敵対者です。ここに、悪の観念を持ったゲーテの『ファウスト』の起源があります。「ファウスト」という名前は、この古代のアウグスティヌスの教えにまでさかのぼるのです。

一般にマニ教の教えは、悪についての解釈によって、西洋のキリスト教とは異なるように思われています。カトリック的キリスト教の見解は、悪は神的根源からの堕落であり、元来善である霊が神から離反したことに起因する、というのに対して、マニ教は、悪は善と同様に永遠であると教える、というのです。そこには肉体の復活もなく、悪の終わりもない、というのです。始まりもなく、善と同じ根源を持ち、終わりもありません。

もしこのような方法でマニ教を学ぶならば、確かにマニ教は、非常に過激に反キリスト的であり、かつ理解不能なものと思えるでしょう。

さて、私たちは、マニ自身に由来する伝統にしたがって、問題の本質を究明したいのです。先日、お話しした神殿伝説と同じようにマニ教の伝説も、この探究に対する外的な拠り所を与えてくれます。秘儀参入と関係のあるすべての霊統は、公教的には伝説として表現されています。▼ただマニ教の伝説は、偉大な宇宙伝説であり、超感覚的な種類の伝説なのです。

それは次のように語られています。昔、闇の国の霊たちが、光の国に戦いを挑みました。彼らは、本当に光の国の境界にまでやって来て、光の国を征服しようとしました。しかし、彼らは、光の国に対しては、何もできませんでした。そこで彼らは——ここに特別な意味があります——光の国によって罰せられなければなりませんでした。ところが、光の国には悪は何もなく、善だけがありました。ですから闇の悪魔は、善によってのみ罰せられえたのでした。さて、何が起こったでしょうか。以下の事が起こりました。光の国の霊たちは、彼ら自身の国の一部を取って、これを闇の物質の国に混ぜました。光の国の一部が、闇の国と混ざったことによって、闇の国に、いわばパン種・発酵成分が生じ、それが闇の国を混乱した旋回舞踏の状態にしてしまいました。それにより、あるひとつの新しい要素が、つまり死が生じたのです。闇の国は、絶えず自分を消耗し、自分を破壊する芽を担うようになったのです。

物語はさらに続きます。このことが起こったことによって、まさに人類が生じたのです。原人は、闇の国と混ざり合うために、そして闇の国の中に存在してはならないものを、死によって克服するために、光の国から送られてきたのです。闇の国を、それ自身において克服するためにです。

この物語の中に秘められている深い考えは、闇の国は光の国によって、罰によるのではなく、寛大さによって、征服されるべきだということです。悪を追放することによってではなく、悪と融合することによって、悪を解放するのです。光の一部が悪の中に入ることによって、悪自身が克服されるのです。

私がしばしば神智学的なものとして説明した悪についての見解は、今述べたことに基づいています。悪とは何なのでしょう。それは、時と所を間違えた善に他なりません。たとえば、——私はこのことをよく例として引用しますが——次のように考えてみて下さい。優秀なピアニストと優秀なピアノ製作者がいるとします。その二人は両者とも完璧な技術をもっています。まずはじめに、製作者が楽器を製作して、それをピアニストに渡さなければなりません。もしピアニストがよい演奏家だとしたら、彼はそのピアノをふさわしい方法で使用するでしょう。そこでは、いわば両方とも善であると言えます。しかし、もしも演奏家の代わりに、製作者がコンサート会場に行き、演奏しないで、ピアノの調整をし始めたとしたら、彼は間違った場所にいることになります。すると善は悪になります。悪は間違った場所での善に他ならないのです。

ある時には非常に優れた善であるところのものが、さらに自己を保持し続けるならば、それは硬化したものになり、進歩を妨害することで善に反抗し、疑いもなく悪になってしまいます。たとえば、月紀の指導的な諸力が、その活動を排他的に行うならば、その諸力は、その後の発展にも介入し、そのことによって地球紀の発展の中で、悪を現すことになるにちがいないのです。そのように、悪は神的なるもの以外の何物でもありません。なぜなら、場違いな時の悪は、かつての時代においては、完全なるもの、神的なるものの表現であったのだからです。

私たちはマニ教の観点を、このような深い意味において把握しなければなりません。すなわち、善と悪は同じ種類のものであり、初めと終わりが同じなのです。このようにこの見解を把握するなら、マニが何を語ろうとしていたかおわかりになるでしょう。

それでは、▼なぜマニは自分を「寡婦の息子」と呼び、彼の信奉者を「寡婦の息子たち」と呼んだのでしょうか。

現在の私たちの人類期以前の太古の時代にまで遡りますと、そこでの人間が認識、知識を得るやり方は、現代とは異なるものでした。▼私のアトランティス時代についての記述や、最新号の『ルツィフェル』のレムリア時代についての記述から知られるように、当時のすべての知識は――その一部は私たちの時代にまで伝えられていますが――人間以上のものの影響を受けていました。

すでにたびたび述べたことですが、後アトランティス期におけるマヌは、全くの人間として現れますが、それ以前のマヌたちは、人間を超えた、ある種の神的存在だったのです。

後アトランティス期になって初めて人類は、レムリア中期以降のすべての時代を経験したマヌを、人間として、兄弟としてもつことができるほどにまで成熟しました。第五根幹人類期の進化の過程で、一体何が起こったのでしょうか。上からの啓示、上からの魂の支配が、次第に退き、人類は独自の道を歩むようになったのです。人類は自分自身を指導者にするのです。

すべての秘教において、魂は「母」と呼ばれました。指導者は「父」です。父と母、オシリスとイシスは、魂の中にある二つの力です。直接に流れ込む神的なるものをあらわす指導者は、オシリス、すなわち父です。魂自身であるイシスは妊娠し、神的なるものをみごもります。彼女は母です。さて、第五根幹人類期の間に、父は退きます。魂は寡婦になります。寡婦になるべきだったのです。人類は自分自身に頼らざるをえないのです。人類は自己の魂のなかに、自分自身を導くための、真実の光を求めなければなりません。魂的なものすべては、以前から女性的なものとして象徴化されてきました。ですから、この魂的なもの――今日は萌芽状態にあり、やがて完全に発展するもの――、この自分自身を指導する魂的なるものは、もはや神的な配偶者をもっていません。それでマニは「寡婦」と呼んだのです。そして彼は自分自身を「寡婦の息子」と呼びました。

マニは、自分の魂の中に霊光を求めるという人間の発展段階を準備しました。彼から由来するものはすべて、魂の中で自らの霊光を呼び求めたのです。そのことは、魂に由来しないもの、あるいは魂の自己観察から生じるのでないものに対する、決定的な反抗でもありました。美しい言葉がマニによって語られます。それはあらゆる時代の彼の信奉者の主要なモティーフでした。「おまえたちは、感覚の道で受け取る、すべての外的な啓示を捨てなければならない。外的権威が伝えるすべてを捨てなければならない。そうすれば、自分自身の魂を見るまでに成熟するであろう」。

▼これに対してアウグスティヌスは、別の原理を主張しました。――彼は、かのマニ教徒ファウストゥスに対して次のように論駁します――「もしも教会の権威に基づいていないのであったら、私はキリストの教えを受け取らないだろう」。しかし▼マニ教徒ファウストゥスは言います。「君たちは、権威に従って教えを受け取るべきではない。私たちはただ自由の中でのみ、教えを受け取りたい」。これは、自分自身の上に打ち立てられた霊光の砦なのです。それは後に、ファウスト伝説の中で大変美しく表現されました。

私たちはこの対立を、後の中世の伝説の中にも見ることができます。ひとつは▼ファウスト伝説であり、そしてもうひとつは▼ルター伝説です。▼ルターは権威ある原則の継承者です。それに対して、ファウストは反抗し、内なる霊の光に拠り所を求めます。ルターは、悪魔の頭にインク壺を投げ付けます。彼にとって、悪として現れるものは、脇に置かれます。一方、ファウストは悪と同盟を結びます。闇の国に入り込み、自ら闇の国を解放し、寛大さをもって悪を克服するために、火が光の国から闇の国に送られるのです。今述べたような方法で悪を捉えるなら、マニ教が、今述べた悪についての見解とぴたりと重なっていることに気が付くでしょう。

善と悪の共同作用をどう考えたらいいのでしょうか。▼生命と形態の共鳴からそれを説明することができます。何を通して、生命は形態に変化するのでしょうか。生命が抵抗するものを見出すことによってです。生命はいちどきにひとつの形態をとって現れるのではありません。たとえば百合の中で生命がどの様に形態から形態に変容していくのか、注意して観察してみて下さい。

百合の生命が、百合の形態を作り上げるのですが、この形態が作り上げられますと、生命は形態を克服して、後に同じ生命として、新しい形態の中にふたたび生まれるために、萌芽の中に移ります。そのようにして生命は、形態から形態に歩んでいきます。生命自身は形態がなく、自分自身を知覚しながら生きることはできません。たとえば、百合の生命は最初の百合の中にあり、続いて第二の、そして第三、第四、第五の百合の中にあります。決められた形態の中に現れる同じ生命が、あらゆる所で形をなして広がっていきます。それが特定の形態の中に現れるということは、溢れ出る生命の抑制です。もしも生命が抑制されず、あらゆる方向に向かって流れていくならば、形態は与えられないでしょう。一箇所に留まりながら、あたかも束縛されているように見えるもの、まさにそのようなものからのみ、大宇宙の中に形態が現れるのです。

常に生命は、より以前に生命として存在したものの形態として捉えられます。その例として、カトリック教会を考えてみますと、アウグスティヌスから一五世紀までの間、カトリック教会の中に生きていた生命は、キリスト教の生命です。教会の中に生きている生命とは、キリスト教のことです。いつも、この鼓動し続ける生命は、繰り返して現れます。一体形態は、どこから来るのでしょうか。この形態は、古代ローマ帝国の生命に他なりません。古代ローマ帝国ではまだ生命であったものが、形態に凝結したのです。ローマ国家の生命として、まず共和制、それから帝国という外的な諸現象の中に生きていたものは、以前のローマがローマ世界帝国の首都になったのと同じような仕方で、形態にまで硬化した生命を、後のキリスト教に委ねました。それが首都にまで姿を変えたのです。ローマの官僚が、教会の長老や司教となって継承されました。以前生命だったものは、後の高次の生命段階のための形態になるのです。

人間も丁度そのようなものではないでしょうか。人間の生命とは、何なのでしょうか。マナスとなって結実した、今日の人間の内的生命は、レムリア期の中ごろに植え付けられたのです。形態は月紀からの種子として受け継がれてきたものです。当時、月紀においては、人間の生命はカマにまで進化していました。現在、カマは人体であり、形態です。常に前の時代の生命は、後の時代の形態なのです。

形態と生命の共鳴作用は、同時に他の問題を引き起こしました。すなわち、善悪の問題です。前の時代の善が新しい時代の善と結び付くならば、善と悪の問題になるということです。このことは、前進する力と、抵抗する力との共鳴作用以外のなにものでもありません。それは同時に、物質現象、つまり眼に見える存在になる可能性でもあるのです。これは、鉱物的、固体的大地の中に生きる我々人間存在のことでもあります。一方には前進する力としての内面生活があり、もう一方では以前の時代の停滞した、生命を抑制する形態に凝縮した身体があるのが人間存在だというのです。これはまた、マニ教の悪についての教えでもあります。

さらにこの観点から、次のように問うことができます。マニは、何を欲していたのか、そしてパラクレートであり、聖霊存在であり、寡婦の息子である、という彼の発言は、何を意味しているのか。それは、次のこと以外の何ものをも意味していません。みずからを通して、みずからの魂の光に導かれ、外的形態を克服し、それを霊に変容する、そのような第六根幹人類期を彼は用意しようと欲していたのです。

▼マニは、薔薇十字会を超える霊統を創造しようとしたのです。薔薇十字会の流れよりも、さらに先にすすむひとつの流れをです。マニのこの霊統は、キリストの教え以来準備されてきた第六根幹人類期にまで及びます。まさに、未来の第六根幹人類期に、キリスト教は初めてその完全な姿を現すでしょう。そのとき初めて、キリスト教が本当にそこに存在するのです。内的なキリスト教的生命そのものはすべての形態を克服します。その生命は、どんな外的なキリスト教の中にも流れていき、さまざまな信仰のすべての形

態の中で生き続けます。

内的なキリスト教的生命を求める人は、どこにでもそれを見出すでしょう。それは、さまざまな宗教体制の中で形態を創造し、形態を破壊します。外的な表現形態の中に、同じものを探すことが重要なのではなく、表面下のいたる所にある内的生命の流れを感じることが大切なのです。

しかし、これから創造しなければならないのは、第六根幹人類期の生命のための形態です。その形態は、より以前に創造されなければなりません。なぜなら、形態があらかじめそこに存在しなくてはならないからです。キリスト教的生命がその中に流れ込むことができるためにです。この形態は、そのような機構、そのような形態を創造する人間によって準備されなければなりません。それによって、第六根幹人類期の真のキリスト教的生命が、その中に生きる場所を得ることができるようにです。

この外的な社会形態は、マニの意図に発したものであり、マニが準備した小さな集団から始められるのでなければなりません。それは外的な機構形態でなければなりません。すなわち、その中にキリスト教の火が、正しく点火される共同体でなければならないのです。このことからわかるように、このマニ教は、まずとりわけ外的生活を純粋に形成するように努めるのです。なぜなら、未来のためのふさわしい器を用意する人間たちを、今生じさせるべきだからです。

だから、無条件に純粋な信念と、無垢な心に重要性を置いています。カタリ派は、一二世紀に流星のようにあらわれた宗派でした。カタリは「純粋」を意味するゆえに、彼らはみずからをそう呼んだのです。彼らは生活態度や道徳的行為に関して、純粋であるべき人たちでした。彼らは、純粋な器であるべき共同体を作るために、内的にも外的にも、浄化を求めなければなりませんでした。これはマニ教が達成しようと努める目標です。内的生命の育成は、それ程問題にされません。生命は、別の仕方でも流れ出ます。それよりも、より外的な生命形態の育成が問題なのです。

さて、第六根幹人類期に眼を向けてみましょう。そこでの善と悪は、今日とは全く異なった対立を見せるでしょう。第五周期になると、人びとそれぞれの作り出す外的容貌は、それまでカルマが作り出してきたものの直接的な表現となるでしょう。その表現は、この状態の先触れのように、第六根幹人類期において、人びとのこころの内部に立ち現れてくるでしょう。カルマが悪を過剰に生じさせるとき、こころの内部に悪が、はっきりと立ち現れてきます。人間は、一方では内的に非常に強い善をもち、愛と善に天賦の才を持った存在であり続けるでしょう。しかし、他方まったく反対の存在にもなり得るのです。悪は、偽装することなく、多数の人間の中に、もはや隠れることもない信念となって存在します。悪人は、悪を特別に価値のあるものとして自負します。すでに今日、多くの天才的人間の中に、第六根幹人類期の悪、あるいは悪魔的力に対する喜びが現れています。たとえば、ニーチェの言う「金髪の野獣」は、その一つの前兆です。

この純粋悪は、鉱滓のように、世界発展の流れから棄てられなければなりません。それは第八領界の中に突き落とされるでしょう。今日私たちは、善を通して悪と意識的に向き合わなければならない時代にきています。

第六根幹人類期は、寛容でもって悪を可能なかぎり、進化の継続する流れの中に引き入れるという使命をもっています。そのとき悪は世界の中に、悪魔的な姿で現れるでしょうが、その悪に対して反対しない霊的流れも生じるでしょう。寡婦の息子たちの継承者の中で、悪がふたたび進化の中に組み込まれなければならないという意識、戦いではなく、寛容でもって悪を克服しようとする意識が、確かなものになっていくに違いありません。力強くこれを準備するのが、マニ教の使命です。この霊統は、なくなることがないでしょう。さまざまな形態をとって現れるでしょう。それは、さまざまに考えられうる形姿をとって現れますが、今日それについて語る必要はないでしょう。それがもし、単に内なる信念の育成に関わろうとするだけなら、この流れは、そのあるべき姿を達成しないでしょう。それは、共同体の形成、とりわけ、平和、愛、悪に対しての〔戦いを通してではなく〕無抵抗を原則として、その普及に努めなければなりません。なぜなら、形なく生き続ける生命のための形態・器を生み出さなければならないからです。

さて、『神の国』の中で教会の形態を創造した、カトリック教会のもっとも優れた精神であるアウグスティヌスは、なぜ現在のための形態を創造したのに、未来を準備する形態に対して強烈な敵対者にならなければならなかったのでしょうか。そこには、ふたつの極が対立しています。ファウストゥスとアウグスティヌスです。アウグスティヌスは、現在の形態の教会を設立します。ファウストゥスは、人間そのものの中から未来の形態を感じ取るための感覚を準備しようとします。

これは、西暦三、四世紀に起こった対立です。この対立はまだ続いていて、聖堂騎士団、薔薇十字会、アルビ派、カタリ派等に対するカトリック教会の戦いの中にそれが現れています。これらはすべて、外の物質界では根絶されましたが、それらの内的な生命はさらに活動しています。後になって、この対立は、すこし弱まってはいても、まだ激しい形で、西洋文化自身から生み出された二つの流れ、すなわち、▼イエズス会〔アウグスティヌス主義〕とフリーメーソン〔マニ教〕となって現れています。この戦いを導いた高位のカトリック教徒とイエズス会士は、すべてを十分に意識しているのに対して、マニの霊統の中で、この戦いを導いている人々のもとにおいては、このことがほとんど意識されていません。ただ運動の先端に立つ少数の人たちだけがそれを意識しているのです。

▼そのように、イエズス会とフリーメーソンは、後の諸世紀になっても対立しています。これは、古い霊

統の子どもたちです。ですから、イエズス会でもフリーメーソンでも同じように、古くからの流れの中にあるような同じような秘儀参入の儀式を続けているのです。イエズス会における教会の聖別式には、次の四つの位階があります。世俗的侍者、学者、霊的侍者、誓願者。本来のオカルト的なフリーメーソンの聖別式の位階も、これと似ています。それらは、互いに並行して流れていますが、しかし全く異なった方向を辿っているのです。

霊学の観点から見たフリーメーソンの本質と課題　第一講

一九〇四年一二月二日

今日は、フリーメーソンのさまざまな儀式と結社について、お話ししようと思います。勿論、その領域はあまりにも広く、非本質的なことが際限なく付随するので、もっとも核心的な部分だけしかお伝えできません。

▼薔薇十字会について述べたとき、ヒラム・アビフの神殿伝説についてお話ししましたが、その神殿伝説の中に、あらゆるフリーメーソンの基礎を見てとる必要があります。▼フリーメーソンの秘密のすべてが、この神殿伝説の中で語り尽くされています。この伝説は、ある種の創世記であり、人類の進化論でもあるのです。ですから、この神殿伝説の特質を、もう一度私たちの魂の前に呼び起こしてみましょう。

あるエロヒーム存在、つまりある神的な造物主のひとりがエヴァと結ばれ、それによってカインが生まれました。すると別のエロヒーム——エホヴァまたはアドナイ——が、第三根幹人類期の原初の人間とされるアダムを創りました。このアダムがエヴァと結ばれ、アベルが生まれました。ですから、人類には二つの起源があります。エロヒームとエヴァの直系であるカインと、神に作られた人間アダムとエヴァの直系である、本来のエホヴァ人間、アベルです。

神殿伝説を基にした創世記はすべて、エホヴァではないエロヒーム並びにその後裔である火の子ら――カインの末裔を神殿伝説ではそう呼んでいます――につながるあらゆるものに、エホヴァが敵対心を抱き、カインと彼の種族、アベルと彼の種族との間に争いの種を蒔いたことに始まります。その結果、カインはアベルを殺しました。神々の賜物としての存在と、すべて自分で作り出す存在との、原初の敵対関係です。アベルは神エホヴァに動物を捧げ、カインは大地の産物を捧げました。このことは、カインの種族とアベルの種族との対立として、聖書にも描かれています。カインは、厳しい労働によって人間に不可欠な産物を大地から獲得しなければならず、アベルは、すでに生きているもの、生き物として用意されているものを取りました。カインの一族は、いわば生命のないものから生命あるものを生み出し、アベルはすでに生命を吹き込まれた、生きているものを取りました。神は、アベルの供物は受け取りましたが、カインの供物は受け取りませんでした。

このように、カインとアベルによって二種類の人類が性格づけられています。一方は、神によって用意されたものを取り、もう一方は大地を耕し、生命のないものから生命あるものを得ようと努力する自由な人類です。神殿伝説を理解し、この伝説の意味において生きようとする人は、カインの末裔を後者の人類であると考えます。最初の建築師であり、鍛冶と道具の神であるトバル・カインや、神殿伝説の主人公のヒラム・アビフまたはアドニラムなど、人間のあらゆる芸術と科学を作り上げた人びとは皆、カインの一族です。そのヒラムが、賢者で有名なソロモンに召されました。ソロモンは、賜物として神から叡智を吹き込まれたアベルの子孫です。こうして賢者ソロモンと、努力して叡智を手にした自由な労働者ヒラムとの対立が、ソロモンの宮廷で再燃したのです。

ソロモンは、シバの女王バルキスを自分の宮廷に呼び寄せました。彼女が来たとき、彼女は、彼が黄金と象牙でできた彫像ではないかと思いました。彼は神々から人類に贈られた、何かの記念碑のように、女王バルキスの前に現れたのです。彼女は、ソロモンの神殿の偉大さに驚き、建築師にも会いたいと思いました。そして会ったとき、建築師が彼女に向けた何気ないまなざしで、彼女はヒラムの真の価値を見抜きました。たちまちソロモンはヒラムに嫉妬心を抱きます。それが特に激しくなったのは、女王バルキスが、神殿建設に携わるすべての労働者を呼び集めて欲しい、と言ったときでした。ソロモンは、不可能だと言ったのですが、ヒラムがその願いを聞き届けました。彼がある丘に登り、神秘的なT（タウ）文字を示すと、そこへあらゆる労働者が急いで駆けつけたのです。女王の願いは叶いました。

このためソロモンは、ヒラムを迫害する者を斥（しりぞ）けなくなりました。シリアの石工、フェニキアの大工、ヘブライの坑夫がヒラムに敵意を抱いていました。というのは彼らは、ヒラム・アビフから親方（マイスター）同志の合言葉を決して教えてもらえなかったからです。合言葉を知っていれば、職人たちは独立して働けるはずでした。それは、知るのにふさわしいとされる者だけに伝えられる秘密です。彼らはヒラムに何かをしかけようと決意したのでした。

ヒラム・アビフが、彼の傑作である「青銅の海」を鋳造しようとしたとき、その機会はやってきました。液体の動きが、型の中におさめられなければなりません。波立つ海の姿が生きいきと、巧妙に、堅い型の中で固定されるはずでした。それが重要なのです。しかし三人の職人が鋳型に何かを仕掛けたために、液体は型の中に留まらず、型を越えてまわりに流れ出しました。ヒラムは水を加えて火を止めようとしましたが、溶けた金属が空中に飛び散り、火の雨となって恐ろしい勢いでまた降ってきたのです。ヒラムは何もできませんでした。突然、ヒラム！　ヒラム！　ヒラム！という声が鳴り響き、その声が、火の海に身を投げるように、と命じました。彼はそれに従って、地球の中心点、原初の火のところまで深く沈んで行きました。そこで二人の人物、祖先であるトバル・カインとカイン自身に出会います。カインは、光の天使、ルツィフェルの光に照らされていました。トバル・カインはヒラムに、あらゆるものを修復できる魔法の槌を与えて言いました。――「おまえにひとりの息子ができるだろう。彼は博学な民族に取り巻かれ、おまえは、火を通して叡智に満ち、思慮深くなったその人びとの祖先となるだろう」。――そして青銅の海は修復されました。

その後、ヒラムは町の外で、女王バルキスと再会しました。彼女は彼の妻となりますが、彼はソロモンの嫉妬と、例の三人組の復讐を払いのけることができませんでした。三人はヒラムを打ち殺します。マイスターの合言葉が彫られた三角形だけは、ヒラムが深い泉に沈めたので無事でした。彼は埋められ、墓にアカシアの枝が植えられました。その枝が、ソロモンに墓の場所を明かしました。三角形も発見されましたが、密封されて埋められました。その場所を知っているのは、ただわずかな人びと〔二七人〕だけです。［申し合いの結果］死体を発見したときに初めて漏れる言葉が、新しいマイスター同志の合言葉になりました。その新しい合言葉が、フリーメーソンの合い言葉になったのです。彼らがフリーメーソンの起源を、この神殿伝説に、すなわち第五根幹人類期の秘密を伝える永遠の記念碑としてソロモン王が神殿を建てた日々に帰しているのは、ある意味で正当なことです。

ここで私たちは、人類がフリーメーソンから何を学び取ることができるのか、知っておく必要があります。これはそうたやすいことではありません。フリーメーソンの複雑な加入式について、少しでも聞いたことのある人の多くは、こう言うでしょう。「加入式として行われることは、たまらなく陳腐で、くだらないものではないか」。

私は今皆さんに、ヨハネ・メーソンの加入式を披露しようと思います。誰かがヨハネ・メーソンの会員になろうと決心した、と考えてください。そこには徒弟、職人、親方(マイスター)の三つの位階があります。その上にはオカルト的な認識に通じる、より高次の位階があります。私は皆さんに、ある人がどのようにして徒弟の位階に迎えられるのか、お話ししようと思います。初めてフリーメーソンの神殿に導かれるとき、彼はまず同志の看守によって暗い部屋に入れられます。そこで考えにふけさせられるために、数分間一人にさせられます。その後、身につけている金や銀、その他すべての金属類がはぎとられ、服の膝のところが破かれて左足の靴の踵を踏まれます。そのまま、同志の集まっている別の部屋に連れて行かれると、首に紐がかけられ、胸をはだけさせられて、その前に光る剣が突きつけられます。こうして彼はマイスターの前に進み出ます。マイスターは、まだ入会する気持ちを持ち続けているかどうか尋ねた上で、厳粛に警告します。

引き続く準備段階では、靴の踵が踏まれた意味などが説明されます。彼は三つの事柄を捨てなければなりません。この三つをまだ持っているときには、決してフリーメーソン員にはなれません。彼にこう申し渡されます。「好奇心から何らかの位階に至りたいのなら、すぐにこの館を去れ」、二番目は、「おまえのあらゆる過ちと欠点を認識することを厭うなら、すぐにこの館を去れ。」、三番目は、「人間に関するどんな不平等に対しても超然としていられないのなら、すぐにこの館を去れ」。この三つの事柄が、もっとも厳しく要求されます。

そしてある種の枠が彼に突きつけられ、そこに体ごと投げ入れられます。同時に気味の悪い音がするので、最悪の気分で枠を通り抜けるとき、地獄に落ちるのだ、と大声で言われます。また倒れる瞬間、落とし戸が閉められて、自分がひどく不思議なところにいるような感じにさせられます。さらに肌に小さな引っ掻き傷がつけられ、血が流れます。その時、まわりに立っている人たちが、水が流れるような音を起こすので、たくさんの血が流れたように思わされます。次に、マイスターが三回槌で叩きます。以後ロッジの中で見聞きしたことは秘密である、ということを、もっとも厳粛に受け止めなければなりません。何らかの秘密を漏らしたら、フリーメーソンに属していることが、彼に渡される飲み物のように変化するでしょう。それは、ある時は甘く、そしてある時は苦いのです。精巧にできた容器に入っていて、ある時は甘く、そして容器を回すと苦くなります。それは裏切った結果、どうなるかということの象徴なのです。

この後彼は、わずかに明るい部屋の中にある階段の前に連れて行かれます。それは動く階段で、実際はほんの少し降りただけなのに、非常に深く降りたように感じます。落ちるときと同じで、わずかしか落ちていないのに、深い泉に落ちたかのように思うのです。その階段の前にいると、それは彼にとって重要な段であると告げられ、目隠しされます。そして同志である看守に、言葉が掛けられます。「同志の看守よ、志願者がフリーメーソンに加入するのにふさわしいと思うか」。看守が肯定すると、また尋ねられます。「加入に際して、彼のためにお前は何を望むのか」。「光です!」と答えます。志願者の目隠しがはずされると、そこは明るい部屋です。そして重要な質問が出されます。「おまえは自分のマイスターを知っているか」。彼は答えて、「はい。マイスターは黄色い上着を着て、青いズボンをはいています」と言います。青いズボンは、位階を表します。すると彼は徒弟集団の三つの符号である、合図、手の握り方、合言葉を教えられます。合図は象徴であり、オカルト的な合図に似たやり方で……［欠落］。手の握り方は、人と挨拶を交わす特別なやり方で、職人とマイスターとでは異なります。合言葉もまた位階によって違います。私には《合言葉》を口にする資格はありません。

こうして志願者は、徒弟集団に入ることを許可されました。加入に際して、彼はまた尋ねられます。「おまえは何歳か」。彼は、「まだ七歳になっていません」と答えます。――彼はまだ徒弟集団の七年間をやり遂げる必要があるのです。そうして職人の位階へと進みます。

マイスター集団に昇格できるまでになったら、秘儀参入はいくらか難しくなります。重要なのは、神殿伝説で起こったことが、その人にも実際に生じるということです。マイスターになろうとする者は、ロッジのある部屋に導かれます。そこで彼は棺の中に横たわり、建築師ヒラムの運命を辿らなければなりません。そして彼に、合図、手の握り方、合言葉が伝えられます。合言葉とは、ヒラムの死体が見つかったときに、マイスター同志の合言葉として話された言葉です。マイスターの合図は非常に複雑です。それは多くの型と動きでできています。

フリーメーソンのマイスターは、「寡婦の息子たち」と自称しています。マイスターの共同体は、直接マニ教から派生しているのです。▼フリーメーソンとマニ教との関連については、後でお話しします。

フリーメーソンの使命は、私たちの第五根幹人類期全体の使命と結びついています。皆さんは、今日の合理主義的な人間として、私が徒弟の秘儀参入についてお話ししたさまざまな行為や儀式のすべてを、馬鹿げていて、まやかしで、喜劇じみていると思われるでしょう。しかしそれは違います。私がお話ししたことは皆、表面的で象徴的ですが、太古に行われていたオカルト的な秘儀の、つまりアストラル界で生じた出来事そのものの模写なのです。フリーメーソンで象徴的に行われている出来事は、アストラル界の秘儀の神殿で生じていることとです。マイスターへの秘儀参入、棺に横たわることなどもまた、高次の世界で実際に生じています。フリーメーソンでは、それがただ象徴的に行われているのです。

「いったい何のために?」と、尋ねられるかもしれません。フリーメーソン員は、高次の世界との関連を保つように、物質界で意識的に活動しなければなりません。皆さんが、より高次へと導く象徴に価値を置く共同体にいるのか……［欠落］かでは、相違があります。フリーメーソン員は、通常の人間と多分思考は同じでしょうが、感情は異なります。感情は象徴的な出来事と結びついており、アストラル界の特定のリズムに応じています。ですから、そのような感情が呼び起こされるか否かが、重要なのです。

身につけた金属類を取り外す最初の行為は、人間が自分で作り出したもの以外は身につけるべきではない、という意味です。象徴の持つ意味の深さに気づいた者が、そのような感じを抱くことが大切なのです。ズボンの膝を破かれたことも、ずっと記憶に留めておかなければなりません。それは、全裸で人類の前に歩み出るように、人生に身を置くべきである、ということです。靴の踵を踏むことは、フリーメーソンの中で優秀であっても、まだアキレウスの腱を持っている、という意味であり、それもいつまでも覚えていなければいけません。後に続く行為はすべて、鋭く磨かれた冷たい剣が胸の上に置かれたときに呼び起こされる恐ろしい感情と特に関連しています。長い時間をかけて、その感情がある暗示にまで強まると、重要な瞬間に、冷静でいるべきだ、ということが思い起こされます。冷静さはそのようにして、暗示にかけられるのです。どんどん締められる首の紐は、自分の行為に完全に責任を負う、という象徴です。どんなときにも意識をはっきり保つことが、落とし戸や階段などで暗示されています。しかしそれらは本来アストラル界で生じている事象なので、秘儀ではまったく別様に行われています。

そして徒弟は、誓いを立てなければなりません。部屋は弱い炎でわずかに照らされているだけで、すべては恐ろしく、不気味です。「私は、この誓いがあらゆることに影響し続けることを願います。以後ロッジの中で私に伝えられたことは、言葉や合図や握り方など、何によっても決して漏らさないことを誓います。もし私が何かを漏らすようなことがあれば、それを知った同志に喉を掻き切られ、舌を引き抜かれてもかまいません」。これが徒弟の立てる誓いです。職人の誓いはもっと激しく、胸を切り開き、心臓を剝ぎ取り、鳥にくれてやってもかまわない、と言います。マイスターの誓いは、再度口にすることができない程ぞっとするものです。

これらは、アストラル体に特定の感情のリズムを呼び起こすためにあります。その結果、人間の霊が直観的な仕方で影響を受けるのです。直観を通して霊に作用することが、太古の――フリーメーソンは実際、太古のものです――フリーメーソン的な秘儀参入の本来の目的でした。

フリーメーソン員は、古くは本物の石工であり、あらゆる石工の仕事をしていました。彼らは、ギリシアでは神殿その他公共建築の建築師でした。そしてディオニュソスの神殿と、公共の建物を建てるために働いた人びとという意味で、ディオニュシアクスと呼ばれていました。彼らは、エジプトではピラミッドを、古代ローマ帝国では都市を、中世には聖堂とカテドラルを建設しました。一三世紀からは、教会からも独立して仕事をしました。その時から、フリーメーソンという言葉がはじめて拡がりました。それ以前は、彼らは宗教的な共同体のために働く、建築師だったのです。

彼らがピラミッドや秘儀の神殿、そして教会を建設した、ということから考えていきましょう。特に皆さんがヴィトルヴィウスを読まれるなら、かつての建築術の学び方が、現在のものとはまるで違うことがすぐにおわかりになるでしょう。今日のように、物事を計算によって学ぶのではなく、直観的に得たものが象徴で表され、伝えられました。皆さんが雑誌『ルツィフェル』で、レムリア人がどのように建物を建てたのか、彼らが建築術をどれほど自由に扱うことができたか、お読みになれば、当時の建て方について少しは見当がつくでしょう。太古の時代のやり方は、今日ではもはや真似できません。中国やバビロニア、アッシリアの建造物に、私たちは驚嘆し、賛美します。しかし、彼らは私たちの時代の数学を知らなかったのです。エジプトのメーリス湖は、工学技術の素晴らしい所産です。それは人造湖で、水が貯められ、その水が必要に応じていくつかの人工の水路を通って国中に引かれます。それは、今日の工学技術で作られたのではありません。そしてまた、古い建造物に組み込まれた音響効果の素晴らしさは、今日の建築技術ではまだ再現できません。つまり太古の建築師は合理的、理性的な方法だけでは建てることのできない、直観的なやり方で建てたのです。

この建築技術全体は、全宇宙の認識と関係しています。たとえばエジプトのピラミッドの寸法は、宇宙空間の寸法、つまり星々の間の距離に関連しています。宇宙空間のあらゆる星位が、そのような建造物の中で模造されました。宇宙の穹窿と個々の建造物とが関連しているのです。私たちが星々を単に感覚的に見るのではなく、直観的に見るとき、より高次の、律動的な状態が明かされます。その秘密に満ちた律動を、太古の建築師は建造物の中に組み入れました。というのは彼らは宇宙に基づいて建てたからです。

先住諸民族の中には今日もなお、私たちのものとはまったく違う医術が見られます。それと同じようにして当時、建築方法が伝えられました。私たちは、悟性で教育されますが、それらの民族では、特定のオカルト的な力を育成することで医者になります。私たちの行っているような教育で医者になるのではありません。そのような医者は、神経質で大げさに痛がる現代の文化人をぞっとさせるような、肉体的な訓練に従わねばなりません。快感や痛みに無感覚になることで、同時にオカルト的な力を発達させるのです。太古では、天体を観測して崇高な象徴を読み取る偉大な力、「帝王術」と呼ばれたその偉大な力を、アストラル体を育成することで獲得することができました。

これで皆さんは、フリーメーソンとは何だったのか、そしてなぜ本来の使命から離れなければならなかったのか、おわかりになったでしょう。世界が合理主義的になったとき、フリーメーソンは、その意味をある程度失ったのです。第四根幹人類期のときにはまだ意味がありました。しかし第五根幹人類期のフリーメーソンは、その意味を失わざるを得ないのです。

今、フリーメーソンはもはや石工ではありません。今は誰でも入ることができます。オカルティストにとって象徴は、現実の意味を持ちます。単なる象徴や模像には意味がありません。現実であり得る象徴だけが、力に変容します。直観力を自由にするように人間の霊に作用する象徴は、本物です。今日メーソンは、あれこれの意味ある象徴を持っている、と言います。しかしオカルト的な象徴は、人間の意志を捉え、アストラル体に入り込むべきものです。私たちの文化が知性の文化になった分、フリーメーソンはみずからの意味を失いました。

▼マニ教との関連について……［欠落］。▼第四段階から始まり、さらに高次の位階は、九〇まで、九六位階まで続きます。下位の三段階は、高次の位階の中に徐々に退きました。その名残りが、今なおフリーメーソンにある、「ロイヤル・アーチ」（徒弟・職人・親方(マイスター)の上に位置する第四の位階）と呼ばれるものの中に残っています。その光の側面と、陰の側面については、後でお話しするつもりです。

霊学の観点から見たフリーメーソンの本質と課題　第二講

一九〇四年一二月九日

先回に続いて、フリーメーソンについて、お話ししたいと思いますが、今日の私は、これまで論じてきた資料、あるいはこれから論じるであろう資料に対するときとは、少し異なった立場に立つつもりです。なぜなら、私は、事柄の本性に基づいて話そうと思っているからです。私は、ここで予め次のことを強調しておかなければなりません。▼フリーメーソン員ではない私は、フリーメーソンについて、神智学的観点からのみお話しすることができるということ、実際のフリーメーソンについては、フリーメーソン員でなければ、本当のことは語れないということです。しかし、その会員はそうしようとはしないでしょう。いろいろな理由から、論ずることが可能ではないのです。皆さんは、私の話すことを、その辺を考慮して受け取ってください。

私は、フリーメーソンの最も深い本質は、その会員のみが語ることができる、と言いましたが、そのような会員は、多分ヨーロッパ大陸には一人もいないのです。皆さんには変に思われるでしょうが、そうなのです。フリーメーソンは、一八世紀以来、全く特異な状態にあります。ですから、先回私が説明したすべては、もしフリーメーソンが、まだ一六、七世紀のようであったなら、多分そのようであったであろう、という意味に理解して頂きたいのです。しかし、現在は一六、七世紀と同じではないので、フリーメーソンは、いわば正しい内容を失った殻のような状態にあるのです。フリーメーソンは、生命のある植物というよりは、なにか他のものから生じた殻、あるいは外皮のようなものになってしまい、化石化した植物にたとえられるようなものになっています。

通常の、いわゆるヨハネ・メーソンは、これから取り上げる事柄を、全く考慮しようとはしていません。三つの位階——徒弟、職人、親方(マイスター)——から成るこのヨハネ・メーソンは、一五三五年のケルン憲章から始まります。それは、今日では、高次の教養、修行に関して、互いに刺激し合うための組織、会員相互の支え合い、活気付け合いのための組織になっています。もっとも、この最初の三つの位階は、フリーメーソン本来の三つの位階の名残りにすぎず、以前の様に、今日も行われたとしたら——行われることはないのですが——先回私が申しましたような仕方で、徒弟、職人、親方(マイスター)に秘儀が伝授されたでしょう。秘儀が伝授されることが、本来は絶対的な規則だったのです。しかし、ほんの少しの人しかこの規則の存在を知りません。そしてさらに少しの人のみが、この規則の意味を知っているのです。私がお話しした、アストラル界に及ぼす儀礼の作用のことは、ヨハネ・メーソンには全く知られていません。

さて、大英帝国だけでなく、ドイツのヨハネ支部にも、私があげた三つの位階があります。それらは実際すべて、私が述べた状態にあります。しかし、この三つの位階の中には、象徴を通して、奥深い叡智を見極めるという可能性が与えられています。有名なフリーメーソン員が、かつて自分の神智学的意識を暗示させるような仕方で、フリーメトソンの支部会員の前で話をしました。彼はフリーメーソンの支部の中で、当時使用できた神智学用語をもって話をしたのです。この会員とは、ゲーテのことです。もし、私が、支部会員のために書かれた、このフリーメーソン員の詩から、二節を読んだら、神智学徒として皆さんは、すぐに驚くほど神智学との類似を見出すでしょう。

高みから
霊の声が呼ぶ
導師の声が呼ぶ。
「善なる力をみがくのを
おこたってはならない」

永遠の静けさの中で
冠が編まれる。
働くものに豊かさをもって
報いるために、
希望という冠が編まれる。

そこでのゲーテは、マイスターたちについて語っているのです。彼は支部の内部で話しています。支部の中で彼の回りに座っている人たちは、言葉の深さについてなんの知識も持っていません。彼は、そのことを知っていましたが、フリーメーソン支部の象徴に取り巻かれている環境がアストラル体に作用するバイブレーションを引き起こすことも知っていました。それによって会員たちが、特定の作用を受けることを知っていたのです。このことを知っているメーソン員はほとんどいない、ということがわかっていても、今日もなお、こういう環境は大切にされているのです。

最初の三位階をこえて、より高次の位階にまで導かれる人は、より多くの知識をもっています。第四の位階は、ロイヤル・アーチの位階です。この位階の特徴は、深い意味のある特定の「集会」にあります。とりわけ、新しい会員に秘密が伝授される集会では、一二名のいわゆる「仲間」以外は決して出席できません。この一二名は、オカルト結社の場合と同じように、結社自身をではなく、そこに働いている霊的諸特性を代表しているのです。この一二名は、個人であってはならず、特性を代表していなければなりません。

一二人が代表する、最も重要な特性の第一は、「ゼルバベル」と呼ばれます。ゼルバベルは、太陽のような導き手です。この特性から、他の者に光が流れます。ゼルバベルは、最も賢くなくてはなりませんし、神秘学の本質と意味に通じていなければなりません。しかし今日のロイヤル・アーチの位階においては、そのような事は稀です。私は、ふさわしい一二人がいるという最も稀な場合に生じうるような理想を語っているのです。

それから、ゼルバベルと共に参事会を構成している大司祭ヨシュアと預言者ハガイが続きます。次に第一と第二の主賓、次に共に書記であるエズラとネヘミアが来ます。次が、屋根ふき職人あるいは門番、そして、いわゆる「低い客」たちと続きますが、一二人以上になることは決してありません。この一二の数は、黄道一二宮の一二の座を表しています。全体は、黄道一二宮を通る太陽の運行を表していなければなりません。このことは、私がお話ししたように、フリーメーソンが大聖堂等の建築物の中に秘められた天文学的な宇宙法則の模倣から出発していることを思い出させます。

集会所は――いつもその様でなくてもいいのですが――、四角い部屋で、天井は青く、星々で覆われた、星空を表した丸天井です。儀式の際の参加者の配置は、はっきり決っていなければなりません。最後に入場する人たち、すなわち、新入者たちは、北の方に立ちます。なぜなら、未だ熱を担いきることができないからです。東には、ゼルバベルが立ちます。西には、大司祭ヨシュアと預言者ハガイが立ちます。そして、南には、一本のザイルでつながれている人たちが立ちます。彼らは、各々三回り同じザイルを自分に巻き付けています。三、四〇センチの間隔をおいて、ザイルは次の人に巻き付けられ、そのようにして続いていきます。

▼このフリーメーソンの第四の位階は、より高次の位階の最初のもので、ある地域では今日もなお、神殿伝説の本当の意味を教えています。この位階に導かれる者は、三つのカーテンを通過しなくてはなりません。三つのカーテンの通過のそれぞれの際に、モーセの書の一定の詩句の秘密の意味が、彼に伝えられます。三つ目のカーテンを通過したとき、彼にT（タウ）文字の秘密が伝授され、そして、第四の位階に該当することを認識させる、いわゆる、聖言、マイスターの言葉が語られます。とりわけ最初の授業では、フリーメーソンがどのくらい古いのかが明かされます。ヨハネ・メーソン員は、普通このことを知らされません。もし彼らがそれを聞いたとしても、それについて全く理解できません。つまり、▼フリーメーソンの歴史は、次のような仕方で話されるのです。

最初の真のメーソン員は、アダムでした。彼は、最初の人間であり、楽園から追放された時、幾何学の特別の知識を所有していました。また、最初の人間として、直接光の血統をひいているので、最初のフリーメーソンになったのです。しかし、メーソンの真の深い根源は、人間の発生以前にあります。その根源は光の中にあり、光は、人類に先立っています。

このことには、非常に深い意味があります。そしてそれを理解できる人のために、神智学の叡智がこの世の発生を、最初の根幹人類期から第三根幹人類期までにわたって、描いています。フリーメーソンの中で、これを受け入れる人は、たいへん有意義なものを受け取ったのですが、そのような場合はほとんどありませんでした。なぜなら、フリーメーソンは、今日退化してしまっているからです。そうなったのは、一六世紀以来、フリーメーソンの本来の意味が理解されなくなったからです。つまり、神殿は偉大な天体の模型であるべきであり、ドームの音響効果は天体のハーモニーを再現するべきである、という知識が失われたのです。

この根源的な直観は、次第に失われていきました。そして、一八世紀の前半、イギリスでデザギュリエ▼がフリーメーソンを再び統合した当時、言葉を文字通り解すべきであり、工事が本当に重要であり、フリーメーソン員が、天界の法則に従って、地上のではなく天上の比率を用いて、教会、神殿、高層建築物を建てることができた、というような事について、人びとはもはや正しい知識をもっていなかったのです。

フリーメーソンの中にあったこの霊的直観と再現能力は、失われました。語る言葉が特定の仕方で反響する建物の中で話すのは特別のことだ、という意識は失われました。中世において大聖堂を建てたのは、偉大なフリーメーソンたちでした。彼らは、司祭の話す言葉が正しい仕方で壁に反響して、会衆のすべてが意味深い振動の海に漂うことが、肉体の耳にとってよりもアストラル体にとって、より大きな意味がある、ということを自覚していました。これらはすべて失われました。否、近世においては、失われなければならなかったのです。フリーメーソンの場合、以前意味していたものの殻のみが今日残っている、と私が話した意味はここにあるのです。

ヨハネ・メーソンの三つの位階の他に、「高位メーソン（ホッホグラーデ）」があります。すなわち、大英帝国、アメリカ、イタリア、エジプトの大ロッジ、とりわけメンフィス・メーソンと呼ばれる▼「オリエント・メーソン」は、かなり完全なこの「高位メーソン」をもっています。▼ドイツにも全世界のフリーメーソンと関係のある、メンフィス・ミスライム・メーソンの一部門があります。ただドイツのヨハネ・メーソンの内部では、「高位」の本来の意味がほとんど意識されておらず、「高位」を全く無意味なことと見做しています。それ故、ドイツのグラントリアン（「高位メーソン」の最高位のこと。この位階をもつフリーメーソンを特に「大東社」とも言う）は、本来のヨハネ・メーソンのみをフリーメーソンと認めるように強制されているのです。

それに関連して、ドイツとイギリスあるいは大英帝国のフリーメーソンでは、大きな相違があります。大英帝国のフリーメーソンでは、▼一八一三年の寛容条約によって、三つの位階をもつヨハネ・メーソンと「高位」の間に一種の和解が生じました。その結果、徒弟としてヨハネ・メーソンに入り、そして、第四、第五、第六の位階、つまり「高位」に上がることができます。イギリスではヨハネの位階を、一つの位階として評価しています。そのようなことは、ドイツではありません。ドイツのメンフィス・ミスライム結社のグラントリアンは、三つの下の位階に働きかけます。ドイツの高位メーソン員になるためには、最初の三つの位階を取得していなければなりません。彼はまた、少なくとも、一八位階まで休まずに上らなければなりません。ドイツのヨハネ・メーソン員は、オカルト的な修行をしなければ、「高位メーソン」に至るのを許可されることはないでしょう。

このオリエント・メーソン（高位メーソン）は、オカルティズムにおける段階的な修行の道なのです。そしてこれらの高次の位階はロイヤル・アーチに属しています。この修行では、一八から二〇位階まで、ある種のアストラル的修行を積みます。次に、メンタルの修行がきます。その修行は、メンタル界を生きるように導くのです。これは、六〇から七〇の位階にまで至ります。そして、最高の修行、あるいは最も深いオカルト修行に入ります。それによって、大東社（グラントリアン）の九六位階にまで進むことができます。

ドイツでは九六位階にまで進んだ人は、ほんのわずかです。しかしいずれにしても、すぐにお話しするように、今日のフリーメーソンで、かつてのフリーメーソンから受け継いでいる人は、ごくわずかです。もっと興味深いのは、九六位階を取得した人が、例外無くフリーメーソンの修行を通過したのではないこと、全修行過程を修了した人は全くいないことです。しかし、高い位階を持った何人かの人がいます。彼らには、第三、第三三、第九六位階が授けられています。しかし、彼らはそれを、フリーメーソンの修行で得たのではなく、他のオカルト結社で得たのです。そして、フリーメーソンの中で、自分たちの修行がフリーメーソンの救済のために効果的であると、納得しているのです。もし誰かが九六位階を持っていたとしても、彼はそれをフリーメーソンの中で体得したのではありません。フリーメーソンにとっては、他のオカルト修行が大切なのです。

この意味において、▼メンフィス・ミスライム儀礼のグラントリアンが出した宣言は、ひとつの理想的文書として受け取らなければなりません。ここで皆さんにそれを読み、いくつかの説明を加えたいと思います。ここに述べる事柄を、実行され得るものであるかのように取らないでください。今日、メーソン員のための修行規則の責任をとろうとする人は——第九六位階の人も含めて——誰もいないということに、はじめから注意を促しておきます。なぜなら、誰も自分でその規則を実践していないからです。

《我が結社の高位メーソンの秘密について。グラントリアンの宣言》

我々の結社の最高位の秘密の一つは、しかるべき準備をした兄弟に、真のソロモン神殿を人間の中

に打ち建て、「失われた言葉」をふたたび見出す具体的な方法を提供することである。すなわち、我々の結社が、秘儀を受けた選ばれた兄弟を、この地上の生活で、純粋な不死が証明できるところにまで導くことである。

これがもっとも重要な点です。次に重要なのは、すべてのオカルト諸派に言えることですが、霊を降ろしたり、心霊実験をしたりしないということです。心霊実験は厳しく禁じられています。

この秘密は、真のフリーメーソンの秘密の一つであり、我々結社の高位が専有している秘密である。それは、真のフリーメーソンすべての父たちにあたる、東方の賢者たちの口伝によって、我々に伝えられた。我々もまた、更に口伝によって伝えていくであろう。

これが、オカルト結社のやり方なのです。

もちろんこの秘密を獲得するための実習の成果は、その実習を受ける人次第である。

泳ぎを習いたい生徒が、水に入って、自分で手足を動かそうとしないなら、どれほどすぐれた水泳指導を与えても、何の役にも立たない。画学生に絵画上のどんな指導を与え、どんな烈しい色調を描いてみせたとしても、もし彼が、自ら絵筆を取って、色の配合に心を使おうとしないなら、何の役にも立たない。その人は決して芸術家にはならないであろう。

この秘密を見出した兄弟たちは、それを自分で獲得した素晴らしい財産として守り通した。そして、一般の人に誤解されたり、嘲られたりしないように、それを象徴の中に隠した。

この象徴は、今日のフリーメーソン員には、もはや判読できません。それは、勝手に選びとられた、外的な象徴なのではありません。たとえば、「図に描いて説明しましょう」と言うときの教授の描く黒板絵のようなものではないのです。

この象徴は、自然の手になる事物そのものから取り出されているのです。それをはっきり見分けて読むことのできる人は、事物の内面と結びつきます。それはその人を、事物そのものの中に導きます。そこにあるのは事物そのものであり、単なる象徴なのではありません。しかし今日のフリーメーソン員の中には、誰も事物そのものに至るような指導を与えることのできるものがいないのです。

これらの象徴は、勝手に選ばれた図像ではない。偶然に起因するものでもなく、神と人間の本性に基づいている。我々はそれらを、原像として考察しなければならない。しかし、形、器、儀礼、象徴そのものを内容だというのではない。むしろこれらの中に霊的内容を見つけ出そうとするのである。

これらの言葉は……［欠落］を指し示しています。なぜなら、象徴自身が事物を表現しているからです。

そして、我々が霊的内容を見つけて、それを自分の内に受け入れた後で、その霊的内容から、形、器、儀礼、象徴の必要性を知るようになる。

それ故、我々の高位メーソンは、兄弟に、人間の不死を証明してみせてくれる。

高位メーソンは、正しく機能する限り、そうすることができるでしょう。

思考する人間が存在して以来、不死は大きな憧れであったし、今日もなおそうである。人間は、この世を真に幸福に過すためには、死後の生活を確信できなければならない。だから、すべての宗教や学派の秘儀は、この問題を最も大きな使命として取り扱ってきた。もちろん教会もこの問題、つまり〝失われた言葉〟あるいは〝失われた永遠の生命〟の解決に従事している。しかし教会は、求める人に対して、いつも恩寵の道を指示する。自分自身で獲得すべきもの、もしくは獲得されるものとしてではなく、贈り物として、そうするのである。けれども、我々の結社では、一人ひとりの探究者のために、具体的な方法によって、自己意識的な仕方で、宇宙意識や根源的な創造力と、すでにこの人生において、結び付く可能性を与える。

この方法こそが、死の門を通してのみ開かれる霊界への認識と、その霊的合一とを可能にしてくれるのです。

以上のことから皆さんは、次のことを学ぶでしょう。フリーメーソン主義の中には、本来宇宙のもっとも深い思想が存在していたこと、そして空虚な殻のような今日のフリーメーソンの中には、もはやそれが存在していないということです。それは一体なぜなのでしょうか。

神殿伝説に表されている工匠メーソンの感覚は、すべての直観的認識と同じように、失われなければなりませんでした。なぜなら、第五根幹人類期の人間は本質的に知性的存在になったからです。世界の中で直観は暫く停止しなければならなかったのですが、フリーメーソン主義の方法は、まさにこの直観的認識だったのです。

どうぞヴィトルヴィウスを読んでください。そして、本当に象徴的な建築法を学んでください。しかし、そうすることができるのは、直観力のある人だけです。

今日では、この象徴的理解は、合理主義に取って代わられています。知性が暫くの間、人類の本質的な発展段階を形成しなければならないのです。なぜなら、自然の偉大な諸成果が、その間、人間の創造活動の全体の中に組み込まれなければならないからです。

このことの意味がおわかりでしょうか。それは、全鉱物界が、今の私たちの進化周期の間に、私たちの進歩発展の中に取り込まれる、ということを意味しているのです。人間が次第にみずからの霊性で、全自然をもう一度組織化するのです。これが「青銅の海」、つまり鉱物的自然のすべてを組織化するということなのです。

人間が工場で働くということは、〔みずからの霊性を〕鉱物的自然の中へ組み入れるということでもあります。機械というものは……〔欠落〕

そのように人間は、本当にみずからの霊性で鉱物界全体を作り変えます。この自然の改造、鉱物界の改造は、私たちの周期が終わる時に、完成するでしょう。そのとき鉱物界はまったく違ったものになるでしょう。そのとき人間は鉱物界に自分自身を完全に刻印付けているでしょう。たとえば、時計の中の金属がそうなっているようにです。次にふたたび新しい周期が始まるとき、鉱物界は吸い込まれ、消滅してしまうでしょう。

この領域での発展を完了させるために、今日——一六世紀以来——人類が獲得したこの思考方法全体は、原子にまで働きを及ぼさなければなりません。知性による思考が原子を捉えた時、フリーメーソン主義はふたたび活気を取り戻すことができます。最初の段階では、外的形態が捉えられます。次の段階では、鉱物の原子にまで思考を働かせて、原子の中に生きているものを利用し、それを全体の仕事の中に役立たせるのです。

言うまでもなく、今日——おそらく五年位前から——人間の思考は、自然の力を原子のレベルにまで追究するようになりました。この問題に精通するには、電気のさまざまな在りようを究極のところまで追究していかなければなりません。

これに関して▼イギリス首相バルフォアー氏の行った、今日の我々の世界観についての談話は、全く外的な暗示にすぎませんでしたが、興味深いものでした。［新しい電気理論について］彼が話したことは、非常に重要です。そこでは、人間の思考の発展にとって限りなく重要な転換期についての暗示がなされています。彼は、ある程度までそのことを自覚していて、ある箇所でもそれについて語っています。

この談話を通して、自然科学的意識の中にひそむ未来への萌芽が見えてくるのです。▼オカルティストはこのことを一八七九年以来、知っていました。それ以上のことは言えませんが、そうだったのです。オカルティストはこの転換期が生じるであろう、と思っていました。すなわち、新しい出発点が原子から、鉱物的、物質的世界全体にまで及ぶであろうということをです。それは、第六根幹人類期に、世界の中に生じるでしょう。そしてそれによってフリーメーソンがふたたび甦るのです。

オカルティストは、フリーメーソンの中に、全く奇妙なもの、前例のないものを感じています。実際、フリーメーソンは、太古の制度をもっています。フリーメーソンは、ほぼ一〇〇の位階をもち、非常に専門化された区分を保持している最も古い伝承なのです。たとえその実質がほとんどまったく失われており、ヨーロッパにおけるフリーメーソン員の誰もが、それについて正しい概念をもてずにいるにもかかわらずです。しかし、だからこそ、この殻の中に新しい内容を満たすことが必要なのです。事実がここにあり、そしてそれが、ふたたび甦ろうと待っているのです。

*

《これに続く話し合いからの覚え書き》

メンフィスのフリーメーソン、東方結社、大東社（グラントリアン）。ある▼オカルティストの会議において、オカルト教義を公開すべきであるか否か、について協議された。それによって、二つの方向が生じた。一方は左翼で、自由思想的、もう一方は右翼で、保守的であった。

霊学の観点から見たフリーメーソンの本質と課題　第三講

一九〇四年一二月一六日

高位メーソンについて述べるのは重要なことです。その教科には特別の課題が見出せるからです。近いうちに、そのいくつかを取り上げてお話ししようと思います。ここでは、主にメンフィスとミスライムが合体したと言われている特別な儀礼を取り上げます。このメンフィス・ミスライム儀礼の位階は多く、九五もあって、グラントリアン――特にドイツのグラントリアンと、イギリスとアメリカのグラントリアン――の最高位が通常、第九六位階であることは先回お話ししました。これらの位階のおよそ八〇位階の終わりまでは、これから説明するような仕方で分けられています。

八七位あたりからオカルト的な位階が始まりますが、これには真実のオカルティズムに身を捧げる者しか参入できません。この位階すべてを実際にやり遂げた人、またはオカルト的なフリーメーソンの修行をやり遂げた人は、大陸にはきっといないだろうと、私は思っています。しかしそれは、フリーメーソンにとって都合の悪いことではありません。なぜなら、まず課題が存在すべきだからです。そうすれば、実現されるべきことが、いつか実現されるでしょうから。

　ここで、フリーメーソンのさまざまな系統と特徴について、ほんの概略ですが、お話ししておく必要があります。まず、あらゆる高位メーソンの源にいる、ある人物のことを考えなければなりません。彼はさまざまな名で呼ばれ、また非常に誤解されてきました。とりわけ一九世紀の歴史家たちに誤解されています。オカルティストが、生涯どんな困難な状況に陥るのか、彼らにはまったくわからないからです。その人物とは、わずかな人にだけ認められていた、悪名高いカリオストロのことです。高次の秘儀に参入したオカルティストだけが、▼いわゆるカリオストロ伯爵のうちに秘められた個性、その真実の姿を知っていました。彼はロンドンで、フリーメーソンを新しい次元に引き上げようと試みました。というのは、フリーメーソンは一八世紀の終わりには、私が以前述べたようなところにまで落ち込んでしまっていたからです。ロンドンでは、そのときうまくいきませんでした。彼は次にロシアで、そしてハーグでも同じことを試みましたが、どこでも、ある特定の理由から、うまくいきませんでした。

　しかしリヨンでは、そこに住んでいたフリーメーソン員たちと共に、オカルト的な「フィラレート・ロッジ」を設立することに成功しました。そのロッジは「勝利する叡智」ロッジと呼ばれました。ロッジの目的はカリオストロによって告知されましたが、それについて現在読むことができるものは、何もわかっていない人びとによって書かれたものだけです。ですから、暗示的なことが言えるだけです。

　カリオストロには二つのことが問題でした。一つは、いわゆる賢者の石を合成することであり、二つ目は、神秘の五角形、神秘の五芒星形の意味を知ることでした。私はここで皆さんに、この二つの事柄が持つ意味を、ただ示唆することしかできません。人は嘲笑するかもしれませんが、これは単なる象徴ではなく、事実に基づいたものなのです。

賢者の石の目的は、▼人間の寿命を五五二七歳まで延ばすことである、とカリオストロは述べました。これは無信論者には馬鹿げたことに思えるでしょう。しかし特別の修行によって、肉体によらずに生きることを学ぶと、本当に生命を永遠に延長することができるのです。ただ、奥義に達した人は通常の意味での死に遭遇しない、と考える人は間違った想像をしています。また、奥義に達した人は煉瓦に当たらないし、当たっても死なない、と考えるのも間違いです。もちろん奥義に達した人なら、自分でそうしようとしたときにしか、そういうことは起きないでしょうけれども。ここでは肉体的な死が問題なのではありません。次のことが問題なのです。

賢者の石を認識して、それを取り出すことに習熟した人の肉体的な死は、彼にとって表面的な出来事にすぎません。他の人にとって、死は、人生の大きな節目を意味する現実の出来事です。しかし、カリオストロが弟子たちに望んだような仕方で、賢者の石を使うことを心得ている人にとっては、死はただの見せかけの出来事にすぎません。死は人生に、特別重要な節目というものを決して作りません。奥義に達した人を見守っている人びとにとってのみ、死はそこに存在しています。そしてその人びとが、彼は死んだ、と言うのです。彼自身は、しかし実際にはまったく死んでいません。もっと正確に言うと、彼は決して肉体によって生きているのではないのです。つまり通常、死の瞬間に肉体に突然生じるあらゆる経過を、生きている間に徐々に生じさせるのです。死ぬ時に起こるはずのすべての経過を、彼の肉体はすでにやり終えています。肉体なしで生きることをとうに身につけたので、彼にはもう死は生じえません。レインコートを脱ぐように肉体を脱ぎ捨て、新しいレインコートを着るように、新しい肉体を身にまといます。

これで、少しおわかりになったでしょう。肉体的な死を意味のないものにする賢者の石が、カリオストロの教えのひとつです。

二つ目の問題は五芒星形の認識でした。これは人間の五つの体を、それぞれ区別する能力です。誰かが、肉体、エーテル体、アストラル体、カマ・マナス体、原因体、と言うとしたら、それはただの言葉にすぎないか、せいぜいは抽象的な概念です。それだけでは、まだ何も始まりません。今日生きている人間は、肉体のことを、通常はほとんど知りません。五芒星形を知って初めて、五つの体のことがわかります。肉体を客体として持つとき初めて、肉体を認識できるのであって、肉体の中にいる間は、肉体を認識できません。五つの体が客体になったということが、そのような修行をやり終えた人間と、普通の人間とを区別します。普通の人も、この五つの体の中で生きています。しかし彼はその中に存在しており、そこから出て、この体を外から観ることはできません。せいぜい、自分の下半身を眼で見下ろすか、または鏡で見るか、できるだけです。カリオストロの弟子たちが、その方法を遵守していたら、薔薇十字会員が至った学堂に到達するはずでした。薔薇十字会員の目的も彼らと同じであり、結局は皆一つの学堂に属していたのです。それは、五つの体が単なる概念に留まらずに、現実的なものになるように導いた、ヨーロッパの奥義に達した偉人たちの学堂でした。この二つ目の認識は、「五芒星形の認識」と「道徳的な再生」と呼ばれています。

私は、カリオストロの弟子たちがこれをやり遂げなかった、と言おうとしているのではありません。全体として、彼らはアストラル体を理解するに至りました。カリオストロは、アストラル体の見方を教えることに、非常に長けていたのです。破局に襲われるずっと前に、彼はリヨンの学堂以外にも、パリ、ベルギー、ペテルスブルクその他ヨーロッパの二、三箇所に、学堂を設けることに成功しました。後年、それらの学堂出身者のうち少なくとも何人かは、高位メーソンの一八、一九、二〇位まで達した人びとに、基本的な認識を与えることができました。ともかくカリオストロ伯爵は、ローマの牢獄で生涯を終える前に、ヨーロッパのオカルト・メーソンに重要な影響を及ぼしたのです。世間は、カリオストロに対して、本当は何一つ判断を下すべきではなかったのです。カリオストロについて話すのは、一般的に言って、アフリカのホッテントットが高架鉄道について話すようなものであって、カリオストロの一見非道徳的な行為が、世界の出来事とどのように関連しているのか、他人には洞察できなかったのです。そのことを以前にも私は述べたことがあります。

フランス革命はオカルティストたちの秘密の会合から生じたのであり、その流れを遡ると、奥義に達した人たちの学堂にまで至るだろう、と以前申し上げました。

メーベル・コリンズの小説『フリッタ』を理解するのは困難かもしれません。彼女は、ある奥義に達した人が、秘密の場所で世界のチェス盤を前に、どのように駒を動かし、大陸のいわばカルマを、小さな単純な地図の上でどのように決めたのかをグロテスクな仕方で描きました。しかしその描き方を、そのまま真実であると言うわけにはいきません。『フリッタ』で述べられていることは歪められた模像であり、実際はもっと壮大な仕方で事が運ばれています。

フランス革命は、実際こうした事情の中から生じました。よく知られているのは、ダデマール伯爵夫人が書いた本に載っている話です。フランス革命が勃発する前に、サン・ジェルマン伯爵が、マリー・アントワネットの侍女であるダデマール伯爵夫人を訪ねました。彼は女王に願い出て、王に謁見しようとしたのです。しかしルイ一六世の大臣が、サン・ジェルマン伯爵に敵対していたので、彼は王に近づけませんでした。彼は女王に、どんな大きな危険が待ち受けているか、非常に厳しい口調で、かつ詳細に述べました。しかし残念ながら、彼の警告は重視されませんでした。彼はその時、「風を蒔く者は、つむじ風を刈り取る」と言いました。これは真実を踏まえた偉大な言葉です。さらに彼は、この言葉を自分はすでに数千年前に口にし、キリストはそれを繰り返して言ったのだ、と語りました。この言葉は、第三者には理解できません。

そしてサン・ジェルマン伯爵は正しかったのです。私は実際にあった、二、三の事柄だけを付け加えようと思います。▼皆さんは、サン・ジェルマン伯爵について書かれた本でお読みになったと思いますが、彼は一七八四年に、もっとも高位に昇進したドイツのフリーメーソン員のひとり、▼ヘッセンの領主の宮廷で亡くなりました。彼は、サン・ジェルマン伯爵が死ぬまで面倒を見ていました。▼しかしダデマール伯爵夫人は回想録の中で、一七八四年より大分年月が経ってから彼が現れ、そのずっと後まで合わせて六回も彼に会ったと述べています。▼実際、彼は一七九〇年、ウィーンで数人の薔薇十字会員の前に現れました。そしてそこで語ったことも真実でした。彼は、自分が八五年間東洋に引きこもるであろう、そして八五年後にふたたびヨーロッパで活動するであろう、と言ったのです。八五年後の一八七五年は、神智学協会が設立された年にあたります。こうした事柄はすべて、ある仕方で関連し合っているのです。

ヘッセンの領主が設立した学堂でも、賢者の石と五芒星形の認識という、二つの事柄が重要でした。彼によって当時設立されたフリーメーソンは、いくらか弱まりながら、今も存続しています。今私がお話ししたこのフリーメーソン全体は、エジプト儀礼のメーソン、メンフィス・ミスライム儀礼のメーソンと呼ばれています。この儀礼を成立させたのはミスライム王です。彼は東方のアッシリアから移ってきて、エジプトを征服した後で、エジプトの秘儀に参入しました。このことはなお古アトランティスに由来する秘密です。そのときから伝統はずっと続いています。新しいフリーメーソンは、当時エジプトで設立されたものの継続にすぎません。

個々の事柄に話を進める前に、高位メーソンは、通常のヨハネ・メーソンとは内的にもまったく異なるものだということをお話ししたいと思います。通常のヨハネ・メーソンは、ある種の民主主義的な原則の上に立っています。この原則に則って認識内容を取り扱うときには、集まった「兄弟」たちは、当然、主として自分の意見を主張し合います。しかしオカルト的な真実とは、各人がそれについて意見を述べることができるようなものではありません。オカルト的な真実とは、それを知っているか、知らないか、だけです。三角形の内角の和が一八〇度ではなく、七二五度であるなどとは、誰も言えません。

人が集まって話し合うとき、どんな高次の事柄についてであっても、通常は自分の意見を言い合います。しかしこの場合、このやり方は欺瞞に基づくものであって、三角形の内角の和が何度であるか知らない人が意見を述べるのと同じで、当を得ていません。三角形の内角の和についてはあれこれ議論できないように、高次の真実についても議論はできません。何も土台がないのなら、認識する事柄について民主主義の原則を用いるのは不可能です。段階を追って真実を認識できるという点で、高位メーソンはヨハネ・メーソンから区別されます。認識した者が、もはや異なる見解をもつことはありません。認識したか、していないかです。九六の位階には、確かな根拠があるのです。

高位メーソンの頂点には、いわゆる「絶対の至聖所」と呼ばれる位階があり、それはメーソンで「グラントリアン」と呼ばれているものと同じです。グラントリアンは、本来のオカルト的認識を所有していて、道を知っており、またメーソンの宣言文で使われる言語を知っていて、「東方の賢者」の声を聞くことができます。この位階に到達したとき、賢者たるマイスターの声を聞き取ることができるのです。それまでの彼は、特定の知識と、さらに特定の内的資質、内的特性を自分のものにするように努力し続けなければなりません。その特性は、通常の市民的な徳のようなものではなく、もっと内密で意義深いものです。ここで問題になっているすべてに「関して」言えることですが、神智学の書物に記された理論や実践は基礎的なものにすぎません。高位メーソンの理論的な内容は、一般に伝えられる神智学の領域をはるかに越えています。何をどこまで普及させることができるのかは、奥義に達した人たちの判断に委ねられています。彼らはある程度まで認識を普及しようとしていますが、すべての認識を広めることは不可能です。

人びとは、次の時代の発見を知れば、非常に驚くことでしょう。発見が早すぎれば、人類に不幸をもたらすことになりかねません。神智学協会は、そのような不幸に備えて準備するという使命を担っています。たとえば私が最初に述べた、賢者の石についても、そのことが言えます。賢者の石は、今日よりも、アトランティス諸民族の時代にもっと広く知られており、死を克服できるというのは、当時では普通のことだったのです。

私はこうした事実をまだ印刷したくありませんでした。ですから雑誌『ルツィフェル』のアトランティス時代の記述では、まだ伝え得ないところの前で、ピリオドを打っています。すべてを語り尽くすことはできません。『神智学評論』誌には、非常に進歩した霊媒の側から、まったく同じ事柄がやや別の形で書かれています。アトランティス時代に死を克服していたことは、個人の記憶の中に刻み込まれているだけで、勿論本人は覚えていません。しかし、その時代に受肉していた人の多くが、今ふたたび生まれ変わり、自らの記憶に従って、そのような認識へと導かれています。このことはまず、医学上驚くべき発見を生じさせるでしょう。人びとは、自然科学的な医学がそのような発見を成すのだ、と思うでしょう。しかし本当は、アトランティス時代からの記憶によってそこへ導かれるのです。

次の時代になれば、機が熟し、いくつかの事柄について話すことができるようになるでしょう。今は、段階を追って認識から認識へと進むことが必要なのです。今日ミスライム・メンフィス儀礼をふたたび復活させようとしている人びとは、正当にもこの段階を追った昇級を重視しています。このことが次の時代になって、また失敗に終わったとしても、その失敗には正当な理由があるのだ、と思ってはいけません。ある重要な人物が、アメリカ・ミスライム運動の頂点に立って、その昇級を確実に保証しています。それは優秀なメーソン員である、ジョン・ヤーカーです。

イギリスとドイツの場合、どのような人物がそれを引き受けるのか、今述べるのは困難です。皆さんは、そのような事柄が該当者の人物次第であること、ドイツの運動でも――ドイツの運動が、このことに関与する必要があるのなら――そうしなければならないことは、おわかりでしょう。本当のオカルティストたちがこのことに関与するときには、いろいろな立場から包括的に関わるべきなのです。皆さんはこのような事柄に、いつでも関与することができるわけではありません。マイスターたちも、そのようなことを定めるときは、大きな包括的な原則に従ってそうする必要があるでしょう。

皆さんがドイツのミスライム・メンフィス派がどういう動きをしているか耳にされるとき、その動きが、未来に向けて意味を持っているとは信じないでください。それは、いつかはいい絵をはめることのできる額であるにすぎません。ドイツのミスライム教団は、今日イギリスとドイツで実際の指揮を執っているロイスという人物の監督下にあります。この方向で、有名なカール・ケルナーも活動しています。著述家としては、フランツ・ハルトマンがミスライム儀礼のためにもっともよく仕えています。ですから、いろいろな文章を通して、あちこちから皆さんに向かって、この運動が働きかけているのです。

私はここで問題となることについて、ただ概括的に特徴づけることしかできません。ミスライム儀礼の教科は四つあって、その異なる四つの教科、または学科によって、第九六位にまで達することができるのです。四つの学科の第一番は、いわゆる象徴的教科または、象徴的学科です。これによって、特定の象徴を事実として認識するのです。人類の中に周期的な運動となって特定の作用を引き起こす、オカルト的な自然原則が教えられます。

第二の教科、または学科は哲学的なもので、エジプト的・ヘルメス学的な教科です。この教科は、より理論的です。第三の教科は、いわば神秘的なもので、より内的な成長を基にしています。それが正しく適応されれば、何よりも賢者の石のふさわしい取り扱いに、つまり死の克服に至ります。このことは、先回私が皆さんにお読みした宣言文の中にも暗示されていて、フリーメーソンではそれぞれの人が不死を確信できる、とありました。しかし、カバラで言うように、大切なのは、それを求めるか、否かなのです。第四の教科はカバラ的なものです。カバラは世界秩序の原則を、真実と現実の中で認識することにあり、十の根拠が……［欠落］

四つの道のどれによっても、ミスライム儀礼によって、より高次の認識へ至ることができます。しかし今日、本当に責任を持って誰かを導くことができる人は、フリーメーソンの中にはきっと一人もいないでしょう。というのは、まだ過渡期の状態にあるので、自分たちだけですべてやり通したわけではなく、これから生じることのための枠を作っているにすぎないのですから。この枠がオカルト的な知識で満たされることは可能です。オカルト的な知識が、そこにある型に注がれなければなりません。世界の中に型があることが重要なのです。皆さんが溶けた金属を持っていても、何の型もなければ、それをどろどろのまま流してしまう以外、何もできません。霊的な流れもそのようなものです。霊的な金属を流し込むことのできる型がそこにあることが重要なのです。このことは「青銅の海」で象徴化されています。今はただかろうじて認められるだけですが、公に形姿を獲得するときが来れば、はっきり認識されるでしょう。

▼先回、私はイギリスの首相バルフォアーの演説の一部を読みました。太古にオカルト的な認識であった事柄が、今日では物理的な真実になっている、ということでした。皆さんがブラヴァツキーの『秘密教

義』をお読みになると、物理学者が今次第に気づきつつある、電気について記述されている箇所を見つけられるでしょう。しかしそれは、本来の問題への予感にすぎません。問題は、物理的な原子です。四、五年前まで、オカルト的ではない、あらゆる外的な学問は、原子とは空間を満たす質量である、と誤解していました。今日、この物理的な原子は、作用力だと認識され始めています。原子と電力は、氷の塊と水の関係と同じだ、ということに気づいたのです。水が凍って氷になります。氷になった水も、水です。このように、▼原子は凍った電気に他なりません。このことをふまえて、数年前まで多くの科学雑誌に書かれていた原子についての記事に目を通して、それを馬鹿げていると思った皆さんは、正しい立場に立っているのです。ここ最近になってやっと物理学は、原子を正しく考えることができるようになったのです。それは氷の塊と水の関係と同じです。氷は凍った水です。原子は、濃縮された電気です。バルフォアーの演説を、私は非常に重要だと考えています。

それは……［欠落］一八七五［一八七九?］年以降、公にされましたが、オカルティストには、もう数千年も前から知られていた事実です。原子が濃縮した電気だということは、今知られ始めたところです。しかし、ここでまた次のことが問題になります。それでは電気とは何か、です。これはまだ知られていません。電気の本質をどこに求めたらいいのでしょうか。電気の本質は、何らかの外的な実験や外的な見方では見つけられません。ある特定の次元においても観ることができるなら、電気が人間の思考内容とまったく同じものである、という秘密が見えてきます。人間の思考内容と電気は本質的に同じであり、一方は内側から、他方は外側から考察されているのです。

電気とは何かを知っている人は、凍った状態で原子を形成する何かが、自分の思考の中に存在しているのを知っています。ここに、人間の思考から原子への架け橋があります。小さく濃縮された単子、濃縮された電気が、物質界の建築石材なのです。人間が、このような思考内容、電気、原子についての、もっとも根源的なオカルト的真実を認識した瞬間に、未来にとって、そして第六根幹人類期全体にとってのもっとも重要な事柄を、知るようになるでしょう。そして思考内容のもつ力によって、原子を使って未来を築くことができるようになるでしょう。

このことが数千年来オカルティストによって作られてきた型に、ふたたび流れ込ませるべき霊的な流れになるでしょう。人類は知性を完全に発達させねばなりませんでした。本来の内的な作業を度外視しなければならなかったために、それは莢になり、型として残りました。そして今、正しい認識が、そこに流れ込まなければならないのです。

オカルトの研究者は、真実を一方の側から獲得し、物理の研究者は別の側から獲得します。メーソンが、かつて石工や、聖堂・神殿建築から生じたように、未来の建設事業は、極小の建築石材である、濃縮された多量の電気で始められなければなりません。この事業を新しいメーソンは必要とするでしょう。そのとき産業は、もはや今のような在り方をすることができません。まだ……［欠落1］[†1]が知られていない間は、産業は混沌とし、純粋な生存競争を目指して努力し続けるでしょう。……［欠落2］[†1]、ベルリンで辻馬車に乗って街を走っている誰かが、モスクワに災害を生じさせる、ということも可能になるかもしれません。誰一人として、その人間が惹き起こしたのだとは考えないでしょう。無線の電信はその始まりですが、私がお話ししたのは、未来のことです。可能性は二つだけです。産業と技術が今までのように混沌としたまさらに進んでいきます。そしてこのような事柄を手中にしたものが大きな災害を惹き起こすか、それともメーソンの道徳的な型の中にそれを流れ込ませるのかの二つです。[†2]

*

質問：なぜカトリック教会は、フリーメーソンをこれほど敵対視するのでしょうか。

答え：カトリック教会は、未来に生じるであろうことを望んでいません。▼教皇ピウス九世はフリーメーソンに参入し、クレルモンの集会で、イエズス会とフリーメーソンとを結びつけようとしましたが、成功せず、そのために両者の昔からの敵対関係がそのまま残ってしまったのです。現代のイエズス会員も、このことはあまり知りません。聖職者であっても、何が問題なのかわからないのです。本当の聖職者は……［長い欠落］。

トラピスト（厳律シトー会の修道士）も沈黙していなければなりません。というのは沈黙することによって、次の生まれ変わりで、感激的に語ることができる重要な能力を得ることを知っているからです。これは勿論、再生を認識することによってしか理解できません。

†1——速記文字原稿ではここは「［欠落］」になっているが、普通文字で書かれた写し書きのひとつに、次のような文が補われている。1［思考内容としてこの莢の中に流し込められなければならないもの］、2［それを知るときは］

†2——この最後の文は、マリー・シュタイナー・フォン・ジーフェルスの覚え書きによると以下のようである。「この事柄は、今までの産業と技術のように、さらに混沌として進むのか、それともメーソンが目標とするように調和的に進むのか、のどちらかです。後者なら、もっとも高次の進化に達するでしょう」。

秘密結社の基礎をなす外展と内展

一九〇四年一二月二三日

私は今まで、秘密諸派と秘密結社について一連の講義を行ってきましたが、別の問題に入る前に、神秘学上の結社についてのこの連続講義を、今日のテーマをもって終えようと思います。▼一週間後に、教会暦のクリスマスと、クリスマスほど盛大に祝われない新年の祝日、および一月六日のエピファニアの祭について、すなわちクリスマスに関連する事柄について、お話しする予定です。今日は締めくくりの講演をいたします。

一体、このような神秘学上の結社の深い意味は、そして宇宙進化との関連におけるその究極目的は、どこにあるのでしょうか。もし私だったら、こう答えるでしょう。結社はすべての宇宙存在がそうであるように、進化を遂げて行くが、その際の進化の仕方が問題なのだ、と。私たちが進歩したいと望むとき、そのためのさまざまな修行が必要です。皆さんは、ハタ・ヨガやラージャ・ヨガその他の修行について、また人びとに秘儀を伝授するさまざまな秘密結社について聞いてきました。

宇宙の進化はすべて、秘密結社などなくても達成されうるはずだ、と言う人がいるかもしれません。しかし、私はそのことについて次のように答えます。――きっと、この講演の流れの中で、理解していただけると思いますが――このような結社がなければ、うまくいかないのです。たとえば、二週間前に私が皆さんの前で読みましたフリーメーソンの宣言を、公開の場で取り上げることは不可能です。

一般に、不死性を理解することは、神秘学に結び付かない限りは、不可能です。もちろん、神秘学の諸成果は、多種多様な仕方で世の中に浸透しています。特に諸宗教の中に、神秘知識の大部分が生きています。そして宗教共同体に関わっている人は誰でも、この知識を受けとっており、完全な不死にあずかる準備をしています。しかし完全な意識をもって不死を具体的に体験することと、霊界との結び付きを感情で受けとめることとは、少し違います。

皆さんは誰でも、今まで非常に数多くの人生を生きてきました。しかし、すべての人が、今まで数多くの人生を生きてきたことを意識している訳ではありません。皆さんが次第にこの意識を獲得していけるかどうかは、自分の人生を完全な意識をもって生きるかどうかに懸かっています。

神秘知識の意味は、輪廻転生を曖昧に感じ取らせることにあるのではなく、完全に明晰な意識をもって、それを認識させることにあるのです。そこには、ひとつの大きな法則が働いています。それはこれからの意識の進歩を左右するような法則です。すなわち、人間が自分のために高次の意識に到達しようと努めているだけでは、意識を進化させることはできない、という法則です。これは、見かけ上は、パラドックスめいた命題です。しかし、自分の意識の進化を意図することなしに達成できた事柄だけが、意識の進化に役立つのです。

たとえばこんな例を考えてください。ある建築家が家を建てるときに、その家を、自分自身のためにではなく、自分とは全く関係のない理由から建てるとします。見たところ、多くの人が自分のためには働いていません。しかし、実際はやはり自分のために働いています。

弁護士を取り上げてみましょう。見かけは依頼人たちのために働いています。仕事の一部分においては、自分のことを考えないでいられます。しかし、核心の部分では、生活費を稼いでいるのです。

すべての仕事が、自分の生活費のためにあるかぎり、仕事が生計を立てるための手段であるかぎり、霊的所有はその分だけ、否応なしに、失われていきます。それに反して、客観的なもののために役立たせられたもの、他の存在と結び付けられたものは、すべて未来において私たちの意識を発展させるのに役立っています。それは全く明らかなことです。

フリーメーソンは、もともと人びとにこのことを強く主張してきました。自分の暮らしには役に立たず、関係のないような建物を建てなさい、と。

かつての善きフリーメーソンからの最後の遺産は、ある種の慈善事業です。今日でも――秘密知識や太古の叡智が失われた後でも――たとえ形骸化してしまったとしても、この事業を通して人間性の理想が表現されているのです。無私の働き――これがフリーメーソンの特質なのです。本来フリーメーソンが行ってきたことは、人類のために、客観世界のために、働くように会員たちに促すことでした。

現在私たちは、鉱物的な周期を生きています。私たちの使命は、この鉱物世界に人間自身の精神を浸透させることなのです。このことをよく考えてみてください。家を建てるとき、私たちは採石場から建築用石材を採ってきて、家に合わせてその石の寸法を整えます。そのとき、私たちは石の素材を人間精神と結び付けています。

機械を製作するとは、その機械の中に人間の精神を組み込んだということです。個々の機械は壊れ、粉砕され、何の痕跡も残らなくなるでしょう。しかし、機械を製作したことは、痕跡として残ります。その事実は原子の中にまで入っていきます。

どの原子も人間精神の痕跡を担い続けます。ある原子が機械の中に存在していたかどうかは、どうでもいいことではないのです。機械の中に存在したことによって、その原子は変化させられました。この変化は、二度と失われることがありません。

一方、原子を変化させたことによって、私たちの精神は鉱物界と結び付きました。それによって人間の意識一般に特定の方向付けが与えられ、その結果、鉱物以外の世界にも大きな影響を与えることになりました。

ですから、すべての神秘学は、人間が自分を除外して無私の態度で行動しなければならないことを認識しています。そうすれば、人間は最大限に意識を高めることができるのです。そのことをはっきりと意識していた人たちは、無私であるために、自分の名が後世に伝わらないように配慮しました。

その一例が『ドイツ神学』です。誰がそれを書いたのか、誰も知りません。扉には、ただ「フランクフルト人」とだけ記されています。著者は、自分の名が推察されないように配慮したのです。彼は、自分の名誉や名声を求めることなく、客観世界の中に何かを組み込みました。

だからこそ、マイスターたちは、歴史上著名な人物ではないのです。彼らは、必要な時には、歴史上の著名人に受肉しますが、しかしそれは、ある程度まで犠牲行為なのです。彼らの意識は、もはや彼ら自身のためにあるのではありません。名声を保持しようとするのは、それだけですでに自分のための働きなのです。

このことを理解するのは困難ですが、次のことはそれを表しています。――フリーメーソン員は、自分の行為ができるだけ多く、大聖堂の中や社会制度の中に埋もれているように、あるいは自分の行為が慈善事業の中に生かされるようにと願っています。なぜなら、無私の行為こそが不死性の基礎だからです。不死性は、外の世界でなされた無私の行為の結果です。特に偉大な行為である必要はありません。もしも誰かに無私の態度で一ペニヒを贈るとすると、その行為は同じように不死性につながります。無私である分だけ不死性に至るのです。無私というのは極めて稀なことです。たとえば、快感を得させる慈善行為は、非常に利己的でありえます。慈善はしばしば利己的な興味から生じます。階下に住む貧しい人がクリスマスのための肉を持っていないのを知って、その人に少し分けてあげたいと思い、そのことによって、自分の行為を正しいと思うならば、その行為は正に利己的です。

中世の人は、多くの聖堂や絵画に関して、誰が建てたとか、誰が描いたとかとは言うことができませんでした。私たちの時代になって初めて、個人の名前と偉大な価値とが結び付くようになりました。以前の時代は、個人の名前にはほとんど価値をおきませんでした。より霊的な時代だったからです。霊的な時代は真の現実を志向し、私たちの時代は、見せかけの現実を志向します。だからこそ名を残そうとするのです。

以上、私は、秘密結社にとって何が大切だったのかを申し上げました。人は自分の名を完全に隠して、自分の行為を結果の中に生かそうとしました。

さて、秘密の核心がおわかりになったでしょう。何かを隠すということはあまり重要ではありません。自分がそこに関与していることを秘密にしておく、ということが大切だったのです。

自分の関与を秘密にしておく人は、その結果不死性にあずかるのです。ですから次のような法則が成り立ちます。「お前が世界のために捧げただけのものを、世界はお前の意識のために報いる」。これは、最も大きな宇宙法則の一環なのです。

私たちは皆、魂と霊を持っています。この魂と霊は、いつか最高の完成段階に至るために存在していいます。しかし私たちは、物質体が存在する以前に、すでに存在していました。最初の受肉以前に、私たちは存在していました。物質界に受肉した状態で、私たちはヒュペルボレイオス人とポラール人の時代に存在していました。しかし、それ以前の私たちは、純粋に魂的存在でした。魂的存在として宇宙魂の一部分であり、霊としては普遍的な宇宙霊の一部分でした。宇宙魂と宇宙霊とは私たちをとりまいて広がっていました。現在の自然界のようにです。今私たちのまわりに、鉱物界、植物界、動物界が存在するように、私たちのまわりに、魂の世界、霊の世界が広がっていました。そしてその当時、外にあったものが、今の私たちの魂です。私たちは、はじめ外にあったものを、内在化したのです。今の私たちの内面は、かつては外に広がって存在していました。そして今、私たちの内なる魂になったのです。そして霊もかつては、そのように広がっていました。

そして、今私たちの周りに広がっているものは、私たちの内的生命になるでしょう。現在の鉱物を、私たちはいつか自分の中に取り込みます。鉱物界が内面になるのです。植物界も取り込まれて、私たちの内面になるでしょう。自然の中で、私たちをとりまいているものは、私たちの内面となって現れるのです。

さて、このことは最初の例と関連しているのです。私たちは自分自身のためにではなく、他の人たちのために教会堂を建てます。もしそれを大きく、美しく、素晴らしく建てるとすると、私たちは大きい、美しい、素晴らしい世界を自分の内面にすることができます。高次の自己のためにすることは、利己的ではありません。それを自分のためだけにするのではないからです。高次の自己は、万人の高次の自己と結び付いています。ですから、それは同時にすべての人のためでもあるのです。

フリーメーソン員はこのことを知っていました。フリーメーソン員は、鉱物界を霊化する建築の仕事に従事する時——「建てる」とは鉱物界を霊化することに他なりません——この作業がいつかは自分の魂の内実になるであろう、と知っていたのです。これは重要なことです。神はかつて、私たちのために自然を創りました。それが、鉱物界、植物界、動物界となって私たちをとりまいています。

私たちはこれらの恩恵を受け取りますが、これらのために何もしてあげられません。私たちは自然を自分のために使用することができるだけです。しかし、私たちが世界の中で制作するものは、私たち自身の未来の姿を表現しているのです。

私たちは鉱物界を知覚します。鉱物界から作り上げるものは、私たちの未来の姿です。植物界から作り上げるものも、同様に私たちの未来の姿でしょう。動物界や人間界についても同様のことが言えます。皆さんが慈善事業を起こしたり、そのために貢献したりするとしたら、そうすることが皆さんの姿になるでしょう。そして、外から魂の中にふたたび吸収するものが何もないとしたら、魂は空虚なままでしかないでしょう。ですから、人間は、自然の三つの領域、いや四つの領域——人間もその領域のひとつですから——を可能な限り霊化させることができなければなりません。外界のすべてに精神を持ち込むことが、すべての時代の秘密結社の使命でした。

なぜそうでなければならないのでしょうか。読み書きを習い始める子どものことを考えてください。まず道具類が子どものまわりに置かれます。今日、子どもは読み方を習い始めます。まだ彼の中には何も生じていません。先生がいて、絵入り読本がそこにあります。

さて、学ぶとは、そのように外にあったものが、子どもの中に入るということです。そうすれば、子どもは読むことができるようになります。自然についても同じことが言えます。まわりに広がっている自然を、後で私たちは自分の中に持ち込みます。私たちの魂は宇宙魂に由来しています。宇宙魂がまわりに広がっていたとき、私たちはそれを吸収したのです。私たちの霊もまた、そのようにして宇宙霊から吸収されました。このように、自然は私たちによって吸収され、私たちの中で作用力として働き続けます。

すべての進歩が、内展と外展に起因するというのが、秘密結社の基礎となっている根本的な考え方です。内展は吸収で、外展は流出です。この両者の間ですべての存在の状態が交替していきます。今、私たちは自然を見、聞き、嗅ぎ、味わい、そうすることで自然を吸い込んでいます。私たちの見るもので、痕跡を残さずに通り過ぎてしまうものはありません。いつか眼は失われ、対象もなくなるでしょう。しかし、私たちの見たものは残るのです。

今は、このような事柄を理解すべき時代なのです。最近私が申しましたように、私たちは理解が原子の中にまで及ぶような時代に向かっています。世間一般の考え方においても、原子は電気の運動以外の何物でもない、と理解するようになるでしょう。思考内容もまた、原子や電気と同じ成分に由来しています。実際に、第五根幹亜人類期の終わる前までには、人間は原子に働きかけるところまで進むでしょう。まず、思考内容と原子を仲介する素材性を捉えることができたら、すぐに原子へ働きかけができるようになるでしょう。原子の作用の仕方がすべて解明されます。そうなったとき、ここで電波を発して、他の特定の所に特定の仕方で情報を伝えること、つまり無線で電報を打つことができるように、私がここに立ち、持っているカバンの中のボタンを気付かれずに押すことによって、たとえばハンブルクのような遠く離れた所にある対象を爆破することができるようになるのです。思考内容と原子とが同じ成分から成り立っているというオカルト的真実が、実際生活の中で利用される時が来るでしょう。

もし人類が無私にまで到達していないとしたら、以上のような状況において何が起こるかは、想像を絶します。無私を実現することによってのみ、人類を破滅の淵から引き戻すことが可能なのです。今日の私たち人類期の滅亡は、道徳の欠如によってもたらされるでしょう。レムリア人類期は火によって、アトランティス人類期は水によって滅亡しました。私たちの人類期は、万人に対する万人の戦争、悪、人間相互の戦いによって滅亡するでしょう。人間は相互の戦いでみずからを破滅させるのです。その戦いは絶望的な様相を呈することでしょう。それは他の滅亡の在り方よりもっと絶望的です――なぜなら、人間自身が自分で罪をその中に担わざるをえないでしょうから。

ほんの一握りの人たちが救われて、第六根幹人類期に移行していくでしょう。この少数の人たちは、完全な無私に達した人たちです。他の人たちは必要な無私には向かわず、物質的な自然力を研究し利用することに、あらゆる洗練した技巧を駆使します。彼らは万人の万人に対する全面戦争を開始するでしょう。そして、それが私たちの人類期の滅亡の原因をつくるのです。

特に第七亜人類期において、この万人の万人に対する戦争は、最も恐ろしい仕方で荒れ狂うでしょう。地球全体をある種の自動制御装置をもった電気機械に変化させることによって、途方もなく強大な暴力が生み出されるでしょう。あるひとつの方法で――それについては語ることはできませんが――一握りの人びとが守られるでしょう。

皆さんは今、私が先回お話しした時よりも、より明確なイメージをもつことができたと思います。なぜよい形式が求められるのか、なぜフリーメーソンが無私に応じる建造物を建てなければならないと考えるのか、ということについてです。混沌から抜け出るよりも、かつての善き形式をもって未来に移行し、新しい人類期のほんの一握りの人間になる方がより容易だからです。

今日、人は無内容な形式主義をすぐに嘲笑します。しかし、形式そのものは大きな意味をもっているのです。それが私たちの進化の構造に適応している限りにおいてはです。しかし、いずれにしても、人間の魂を進化させることが必要なのです。

次のことをよく考えてみてください。私たちは第五根幹人類期の第五亜人類期にいます。私たちは第五根幹人類期の二つの亜人類期をこれから経験しなければなりません。それから第六根幹人類期の七つの亜人類期と第七根幹人類期の七つの亜人類期をさらに辿っていかなければなりません。未来の発展は、合わせて一六段階あります。この一六段階を人間はこれから通過していかなければなりません。未来のこの一六段階で起こりうる事柄を今経験できる人は、秘儀の伝授を受けた人です。その秘儀の位階の高さは、未来の人類期の秘密の深さに対応しています。

私たちの地球紀には七つの根幹人類期があり、各々の根幹人類期は七つの亜人類期に分かれます。ですから合わせて四九の状態があります。次の宇宙期にも再び四九の状態が生じます。そのように、今、私たちが未来の発展段階の秘密を研究するためには、その未来の特定の段階にすでに至らなければなりません。もともとフリーメーソンの高位は、人類の未来の発展段階のどれかの表現以外の何ものでもありません。

実際、フリーメーソンには非常にすぐれたものが与えられています。すなわち、ある位階に達した人は、未来に対してどう関わらなければならないかを知っていました。ですから、ある種のパイオニアになれたのです。彼はまた、より高次の位階の人は、より多くの働きをなすことができる、ということを知っていました。段階に従ったこの位階の役割はとてもすぐれています。なぜなら、それは事実に対応しているからです。

このフリーメーソンの型の中に、これから新しい知識内容を注ぎ込んでいくことが非常に大切なのです。

そうすれば、フリーメーソンはふたたび真の精神に浸透されるようになるでしょう。しかし、内容と型がひとつに結ばれなければなりません。今日はまだ、私が述べたような状態にあります。位階はありますが、誰もその位階に到達できないのです。にもかかわらず、位階があるということは不必要なことではありません。未来においては、位階がふたたび生きかえるでしょう。

第五亜人類期は純粋な知性の人類期であり、利己主義の人類期です。私たちはいま利己主義の頂点にいます。知性はもっとも利己主義的です。知性は私たち亜人類期の特徴です。私たちは知性を通して以前存在していた霊性にまで高まらなくてはなりません。……［欠落］

そのためにもっとも必要なのは、人間がエゴを克服することができるようになることです。人間は自分のエゴをではなく、無私の行為を基準にすべきなのです。行為と、行為によるエゴの克服、これが最も大切なことです。エゴは行為の中に隠してしまうべきです。これが位階の第一段階です。すなわち、カルマからエゴを取り除きます。それによって、カルマがエゴに立ち戻ることができないようにするのです。国家、人種、血統、身分、宗派、すべてこれらの事柄は、人間の利己主義に関わっています。人間は、これらすべてを克服したときはじめて、利己主義から自由になれるでしょう。

アストラル体は、自分の国家、人種、時代に見合った色を示しています。しかし、万人の万人に対する戦いの時代には、各人のアストラル体の中のこの基本色をまず消し去る必要があります。神智学協会は、会員がアストラル体の特定の色を調和させるために働いています。アストラル体は、この基本色に関して同じ色になるべきなのです。特定の素材がこの基本色を形成します。……［欠落］

この調和を実現するためには、実際、血のにじむような戦いが必要です。それは、経済戦争として、搾取戦争として、金融、産業戦争として、暴虐として現れます。その場合、時代は次第に一定の装置によって、人間集団を動かし、強制するようになるでしょう。個人がますます人間集団に対して力をふるうようになるでしょう。なぜなら、進化の歩みは、民主制の方向にではなく、血なまぐさい貴族制の方向に向かうからです。個人がますます権力を獲得するようになるでしょう。生活習慣が高貴なものにならなければ、この上なく残酷な状態に至らざるをえないでしょう。アトランティス人に水の破局が襲った以上に、残酷な状態に陥るでしょう。

II

かつて失われ、今再建されるべき神殿
——それと関連する十字架の木の伝説または黄金伝説　第一講

一九〇五年五月一五日

今日は神秘学で通常、「かつて失われ、今再建されるべき神殿」と呼ばれている重要なアレゴリーと取り組むつもりです。神秘学を学ぶときにそのような象徴から始められるのはなぜか、これまでの講義で詳しくお話ししてきました。その際、神智学のことをほとんど知らないか、まったく知らない人びとに、非常に誤解されているある主題にも触れなければなりません。神智学と実践は表裏一体でなければならないことを理解できない人びとがいるので、神智学とあらゆる生活実践との関連を述べなければなりません。なぜなら、かつて失われ、今再建されるべき神殿をテーマにするときには、もっとも日常的な活動にも触れなければならないからです。

その場合の私は、生徒にトンネルの設計をさせようとする教授の立場にあるかのようです。トンネルを作るのは極めて実用的なことです。トンネルは簡単に作れる、と言う人がいるかもしれません。山の片側から反対側に出るまで、穴を掘り続ければいい、と言うのです。しかしそう考えるのが愚かなことは、誰にでもわかります。ところが他の生活領域になると、必ずしもわかるとは限らないのです。トンネルを作るためには、まず高等数学を習得しなければなりません。さらに技術上の諸問題を学ぶ必要があります。実用工学や、水準測量術なしに、山の中を一定の方向に掘り続けることはできません。それから、地質学の基礎知識やさまざまな岩石層、山中の水脈や金属鉱脈の向きなども知らなければなりません。このような予備知識なしにもトンネルができるとか、普通の石工だけでトンネルを掘ることができる、などと考えるのは愚かなことです。

通常の生活の見地から人間社会の建設に着手できると思うのも、同じように愚かなことです。しかしこのような愚行が、多くの人によってだけでなく、数知れない本の中でも犯されています。今日では、社会的な制度や国家をどうしたら最上の仕方で改革できるかを知り、そしてそのための処置を講じることが誰にでもできる、と皆が思い込んでいます。ほとんど何も学んだことのない人が、もっともよい社会形態はどのように形成されるべきかについて詳しく本に書き、自分にも改革運動を起こす能力がある、と思い込んでいます。このようにして、あらゆる領域で改革運動が生じます。しかしそこでなされていることはすべて、槌と鑿(のみ)でトンネルを貫通させようとしているのと同じことです。

これらはすべて、世界を支配している偉大な法則が霊的な働きから生じるのを知らないことに由来するのです。私たちの時代の本当の不幸は、国家や社会の機構を作るための偉大な法則を知らないことにあります。そしてその法則は、トンネルを作るときと同じように、社会機構のもっとも必要な、もっとも日常的部分を作るために、まず知っておかなければならないものなのです。トンネルの建設では、あらゆる自然力の相互作用をまず心得ていなければならないように、社会改革を志す人も、社会の相互作用の法則を知らなければなりません。魂から魂への働きかけに心を配り、霊の領域にまで至らなければなりません。

そのために神智学は、生活の中の実際活動を根底に据えなければなりません。生活実践こそが神智学なのです。神智学の原則から生活実践へ向かう人だけが、社会生活上有効な働きをすることができるのです。
ですから神智学は人生のあらゆる分野に入り込まなければなりません。政治家、社会改革家は、神智学という基盤も原理ももっていません。ですから今日のあらゆる政治活動、あらゆる社会活動は、洞察力のある人にとっては、非常に中途半端ですし、まったく混乱しているのです。この分野に通じている人にとって、今日の社会改革家たちが行っていることは、石を切って積み上げれば、ひとりでに家ができる、と信じているのではないかとさえ思えるのです。しかしまず家の設計をしなければなりません。社会生活上の事柄はひとりでに形成される、と主張しようとする人にも同じことが言えます。神智学の法則を知らずに、社会を改革することはできません。

このように設計図に従って働こうとする立場を、フリーメーソンと呼びます。中世のフリーなメーソンは、どのように建てるべきか、聖職者と話し合って契約を結びましたが、彼らの望んだものは、外的な生活を――ゴシックの大聖堂と同じく――宇宙の偉大な霊的構造の似姿にすること以外の何ものでもありませんでした。ゴシック大聖堂のことを考えてみてください。その細部は数千にも及んでいますが、大聖堂そのものよりもはるかに包括的であるひとつの理念に従って建てられています。色とりどりのステンド・グラスを通して陽の光が内部空間にさし込むように、神的な生命がひとつの完全な統一体の中に流れ込むのでなければなりません。そして、中世の説教者が説教壇で聴衆に向かい、教会堂にさし込む光さながらに、神の光が聴衆の心に入り込むように語るとき、その言葉によって生じた心の振動が、偉大な神的生命と共鳴したのです。そして大聖堂そのものの中で、霊的な生活から生まれたそのような説教の生命が、生き続けたのです。同じように、外的な生活全体が地球の神殿に、宇宙の霊的な構造全体の模像に、作り変えられなければならないのです。

時代をさらに遡っていくと、まさにこうした思考や態度のあり方こそが、人類にとってはもっとも古いものであることに気がつきます。私のいう態度がどんなものであるかを、例を挙げてお話ししましょう。私たちの時代は、人間が相互に混沌とした作用を及ぼし合い、それぞれの人が、自分の考えていることをしようとする時代です。この時代に、祭司国家の時代が先行していました。私は度々、私たちの第五根幹人類期の亜人類期について述べてきました。その第一亜人類期は古インド文化期、その第二はペルシア・メディア文化期、その第三はバビロニア・アッシリア・カルデア・エジプト・セム文化期、その第四はギリシア・ラテン文化期です。私たちは今第五文化期にいます。

個々の人間の賢さを基にして文化を築いたのは、第四、五亜人類期が初めてです。一人ひとりの人間の賢さが古い祭司文化を打ち負かしたことの偉大な記念碑として、▼ラオコオン群像があります。真実と叡智をめぐり、また未来に生じるべき事柄をめぐって、古い祭司文化が世俗文化に打ち負かされたのです。その様が、賢さのシンボルである蛇に巻きつかれた祭司ラオコオンの姿を通して描かれています。第四亜人類期が第三亜人類期を克服したのです。もうひとつのシンボルは、▼トロイアの木馬の伝承です。賢明なオデュッセウスが作らせた木馬によって、トロイアの祭司文化が崩壊しました。

トロイアの太古の祭司文化から古代ローマ国家が生じたことを、アイネイアスの伝承が物語っています。アイネイアスはトロイアのもっとも優れた戦士でしたが、その後イタリアに移り、その子孫が古代ローマの基礎を築いたのです。息子アスカニウスはアルバ・ロンガを建設しましたが、今ではヌミトルとアムリウスまでの一四人の王の名前が残されています。ヌミトルは弟のアムリウスに王位を奪われました。アムリウスはヌミトルの家系を絶やすために、その息子を殺し、娘のレア・シルウィアをウェスタの女祭司にしました。そしてレア・シルウィアがロムルスとレムスの双子を生んだとき、二人をティベリス河に投げるように命じたのですが、赤ん坊は救われ、雌の狼の乳を飲んで育ち、王家の牧者ファウストゥルスの教育を受けました。

ローマの七王の名は歴史上、ロムルス、ヌマ・ポンピリウス、トゥルス・ホスティリウス、アンクス・マルティウス、タルクィニウス・プリスクス、セルウィウス・トゥリウス、タルクィニウス・スペルブスとされています。

▼リウィウスは、これら最初の七王たちを現存した人物と考えていましたが、今日の歴史家たちは、この七王が現実には存在していなかったことを知っています。つまり伝説上の人物なのですが、しかしこの伝承の背後に何があるのか、歴史家たちはまったく考えていません。この伝承の背後には、次のようなことがあるのです。

祭司国家トロイアは、祭司のためのコロニー、アルバ・ロンガ〔▼アルバとは祭司服のこと〕を築きました。それは祭司国家としてのコロニーでした。そしてその最後の祭司王家アムリウスによって新しい祭司文化が生じましたが、その文化はその後、世俗的な文化に取って代わられてしまいました。歴史はこの祭司文化については、何も語っていません。最初期ローマ史の祭司文化を覆うヴェールは、神智学によって取り払われるのです。

▼七人のローマ王は、私たちが神智学で知っている七つの原理に他なりません。人間の生体が七つの部分――▼ストゥーラ・シャリラ、リンガ・シャリラ、カマ・ルーパ、カマ・マナス、高次のマナス、ブッディ、アートマン――から成っているように、当時作られた社会有機体の組織も、七つの部分に分けて考えられたのです。社会有機体の組織は、あらゆる自然の基礎を成す七の数の法則に従って築かれるときにだけ栄え

ることができます。虹も、赤、橙、黄、紫、緑、青、藍の七色です。同じく音にも、基音、二度、三度、四度、五度、六度、七度の七音があります。そしてこのことは、宇宙全体に及んでいるのです。

ですから古代叡智の守護者にとっては、人間社会の構造が同じ法則に従っているのは当然のことでした。七王とは、厳密な摂理に従った七段階、七分節のことです。そのようにして当時、歴史時代が始まったのです。摂理が定められ、それについての律法が書き留められました。もしこの順序が逆になったら、無意味だったでしょう。本当に摂理がはじめに存在したのです。世界史が、厳密な摂理に従って進んでいることを、皆知っていました。自分が第四期の第三節にいるなら、これとこれを範としなければならない、と誰でも知っていたのです。

そのように古代ローマもはじめは祭司国家であり、文化の基礎理念としての摂理は、「シビラの書」（古代ローマの巫女シビラによって書かれた予言書）と呼ばれる文書に記録されていました。その文書は、七の法則に従った時代区分を基礎にした原初の摂理そのものであり、ローマ帝国の初期にも、まだ必要に応じて参照されました。

社会の基礎構造が人体を雛形にしていたのはそれほど不合理なことではありません。今日では、肉体を低いものと見做す傾向があります。肉体をさげすんで見下します。しかしそれは正しくありません。というのは私たちの肉体は、私たちのもっとも高貴な部分だからです。骨のほんの一部でも見てください。大腿骨を観察してみますと、それがいかにすばらしく組み立てられているかがわかります。最小のエネルギーを使って最大の支持力を発揮するという課題に、最高の技術者といえどもこれほど見事に応えることはできないでしょう。人間の肉体全体が、そのように完璧に構成されているのです。肉体は、考え得る限りでの最高の完全さに達しています。心臓は、生涯にわたって、ほとんど毒になるものしか受けとっていないにもかかわらず、見事な仕方で機能しています。解剖学者は、人間の心臓についていつも最大限の驚嘆をもって語ります。とりわけアルコール、紅茶、コーヒーなどは、心臓に考えられないくらいの攻撃を加えています。しかし心臓は、高齢になるまでこれらに耐えられるように作られているのです。

この肉体というもっとも低次の体は、最高度に完全ですが、高次の体であるエーテル体やアストラル体はそれほど完全ではありません。アストラル体は、欲望、情熱、願望によって肉体に攻撃し続けるのです。そして第四に、本来赤ん坊である自我が続きます。自我はさまよう鬼火であり、肉体がすでにずっと以前から持っている規則を、未来にようやく得ることができるのです。

社会の構造を打ち建てるためには、基礎を強固にするものがなければなりません。ですからロムルスの伝承は、第一の原則である最初のローマ王をクイリヌス神として天上に引き上げています。第二の王ヌマ・ポンピリウスは第二の原則であり、社会秩序に対応しています。彼は一般的な生活のために法をもたらしました。第三の王トゥルス・ホスティリウスは情熱に対応しており、彼の統治下で神的な自然に対する攻撃――不満、争い、戦争が始まりましたが、それによってローマは大きくなりました。第四の王、アンクス・マルティウスの下で、カマ・マナスから生じる芸術が始まりました。

さて、四つの下位の原則そのものから、より高次の第五、第六、第七の原則を生じさせることはできません。このこともローマ史に描かれています。第五のローマ王タルクィニウス・プリスクスはローマ社会の構造から生まれたのではなく、より高次のエトルリア文化からローマ文化へと移し入れられたのです。第六の王セルウィウス・トゥリウスは、人間の進化の法則である第六分節、ブッディに対応しています。ブッディはみずからの感覚的物質的な対応物であるカマを統禦することができます。それは法の基準を表しています。第七の王タルクィニウス・スペルブスはもっとも高貴な原則ですが、社会秩序の崇高さ、高邁さを維持できないために、滅亡しなければなりませんでした。

ローマ史は、世界のすべての他の構造体と同じように、国家構造にも摂理が根底にあることを表しています。世界はひとつの神殿なのです。社会生活も神殿のように組み立てられ、形成されていなければなりません。また神殿のように柱も必要です。偉大な賢者たちがこの神殿の柱なのです。このようなローマ史の精神は、原初の叡智に貫かれています。この叡智は、単に学ぶものではなく、人間社会の中に打ち立てられるものです。ローマ史においては、七の原則が正しく扱われました。その知識と叡智のすべてを受容する者だけが、社会の建設に取り組むことができます。人間があれこれの部分からどのように構成されているかを観察するだけでは、神智学徒としてなすべきことをほんのわずかしか果たしていないことになるでしょう。いや、［日常の中で］神智学の原則を実行するとき初めて、私たちは神智学徒としての義務を果たすのです。生活の中のどんな手や指の動きも、どんな歩みも、霊の表現です。それがわかれば、私たちは失われた神殿を建てることができるのです。

しかしそれには私が最近お話ししたことのある、宇宙法則の偉大さと統一性とを少しでも理解することがいかに必要であるかを自覚しなければなりません。家を建てるときに、全体的な設計図ができてから石を積み上げるように、私たちが習慣的に思考するときにも、全体から個へ向かう叡智が生きていなければなりません。私たちの世界を混沌とさせないためには、こうした要求が出てこなければなりません。どんな歩みも、どんな行為も、霊界への刻印づけなのです。だから、法則が宇宙を支配していることを、神智学徒はよくわきまえています。それを踏まえて、私たちは神殿を建設します。私たちが行おうとすることは、法則通りでなければならない、これが神殿建設の意味です。

人間が、偉大な宇宙神殿の中に自らを組み入れるべきであるという知識は、人類からますます失われてしまいました。今日では、私たちの中に法則が生きていること、為すことすべてが宇宙の法則に支配されているということを、人間はまったく知らずに生まれ、死んでいきます。私たちの現代という時代そのものが「失われた時代」なのです。なぜなら、人間が法則に従って生きなければならない、ということを人びとは知らないでいるのですから。

それゆえ太古の賢明な祭司たちは、霊界の偉大な法則を少しでも新しい文化の中に採り入れるための方策を考え続けました。生活の多くの分野に、ゲームにさえも、法則的な秩序を秘密裏に組み込んだのは、偉大な賢者たちのいわば策略だったのです。トランプやチェスその他のゲームのルールの中に、私が法則的な秩序と称したものの模像を、たとえおぼろげでも、見ることができます。トランプをするとき、ルールを知らなければ、うまくいきません。これは実に、偉大な宇宙法則の模像なのです。

カバラのセフィロート（ユダヤの神秘思想、カバラにおいて神の働きを一〇の放射として表現した図形）やさまざまな分野での数による秩序の原則は、トランプの組み合わせ方の中にも見出されます。人間がせめて遊びながらでも叡智の模像を持てるように、ゲームの魅力の中にまで偉大な法則をこめることを、賢者たちは心得ていました。少なくともトランプを興じることのできる人は、現在の受肉をまったく無駄にしていません。これが偉大な賢者たちの、時代の流れの歯車に密かに干渉するやり方です。人びとに、偉大な法則に従うべきだ、と言うだけではだめですが、気づかないところに法則をこめれば、この態度の一滴でも人間の中に流し込むことができます。こう考えれば、「失われた神殿」という偉大なアレゴリーの中に何が象徴化されているかを、イメージできるでしょう。

フリーメーソンを代表とする秘密結社において、「かつて失われ、今再建されるべき神殿」に関する事柄が「神殿伝説」としてまとめられました。神殿伝説は非常に意味深いものですが、今日のフリーメーソンはそれについて通常は何も教えられていません。フリーメーソン員は今では、会員以上の人間とたいした違いはないでしょうし、一般には新しく会員になっても、その会員としての生活にとりわけ多くのことが持ち込まれるわけではありません。しかし神殿伝説を自分の中に生かすことは、大いに役立ちます。というのは神殿伝説を理解すれば、自分の思考を特定の仕方で育成することができるからです。思考を法則的に育成することが大切なのです。この神殿伝説とは次のようなものです。

かつて、エロヒームのひとりがエヴァと結ばれて、カインが生まれました。別のエロヒームであるアドナイまたはエホヴァ＝ヤハヴェはアダムを創り、そのアダムもまたエヴァと結ばれて、アベルが生まれました。アドナイが、カインの一族とアベルの一族の間に争いの種をまいたために、カインはアベルを打ち殺しました。しかしアダムとエヴァはさらに結ばれて、セトが生まれ、セトの一族が生じました。

このようにして人類に二つの系統が生じました。一方はエロヒームの原初の子孫であるカインの末裔であり、火の子らとも呼ばれています。彼らは生命のないものから新たなものを生み出した人びと、人間の技術によって土地を耕し、大地を作り変えた人びとです。カインの子孫のひとりであるエノクは、石を切り、家を建て、社会を組織して、市民社会を築く術を人間に教えました。同じ子孫であるトバル・カインは、金属を加工しました。建築師ヒラム・アビフもこの一族の出です。

アベルは家畜の番人でした。彼は既成のものを遵守し、世界を変えようとはしませんでした。一方の系統は世界をそのまま保持しようとし、もう一方の系統は技術によって、生命のないものから生命のあるものを新しく作り出そうとします。これは人間の間に常に存在する対立です。この火の子らの祖先は、プロメテウスの伝説として描かれました。火の子らは、世界を神殿に作り変えるために、宇宙思考を身につけ、そこから叡智と美と善を取り出して、世界の中に生かそうとする人たちなのです。

ソロモン王はアベルの末裔であり、自分で神殿を建てることはできませんでした。彼には技術が欠けていたのです。そのために彼は、カインの末裔である建築師ヒラム・アビフを呼び寄せました。ソロモンは神のように美しかったので、シバの女王が来たとき、彼女は彼を黄金と象牙でできた彫像ではないか、と思いました。彼女は彼と結ばれるために彼のもとを訪れたのでした。

エホヴァは「形態の神」とも呼ばれます。生命のないものから生命のあるものを現出させるもう一人のエロヒームとは反対に、生きるものに生命的力を与える神です。未来は誰のものでしょうか。それは神殿伝説の重要な問いです。人間がエホヴァの宗教によって発展したら、すべての生命は固定した形態の中では死滅するしかありません。これを神秘学では「第八領界への移行」と呼んでいます。しかし今や、人間が自分で、死せるものに生命を与えなければならない時がきたのです。それは既成のものに頼らずに、自分で形態を創り出す、カインの末裔によって可能となります。カインの末裔は、宇宙をみずから構築するのです。

神殿を見たシバの女王が建築師は誰かと尋ねたとき、人びとはヒラムだ、と告げました。彼を見た彼女は、彼こそが自分に定められた本来の人物だ、とすぐに悟りました。ソロモン王は嫉妬から、マイスターになる能力のない三人の職人と結託して、ヒラムの最高傑作である「青銅の海」に不正な手を加えさせようとしました。この最高傑作は鋳造されることになっていました。人間の霊が金属と結びつくようにです。その三人の職人とは、シリアの石工、フェニキアの大工、ヘブライの坑夫です。彼らは水を加えて鋳造を妨げ、陰謀は成功しました。すべてが飛び散ってしまったのです。建築師は絶望して、灼熱した火の中へ身を投じようとしました。そのとき地球の中心から声が聞こえました。それはカイン自身の声で、全体が修復できる神的な宇宙叡智の槌がここにある、とヒラムに呼びかけ、そして槌を手渡しました。

人間がアストラル体を受け取った状態のままにしないで、霊をそのアストラル体の中に組み入れるのです。これを今ヒラムが実現します。しかし彼は生命を狙われます。

ここまでお話しした伝説を通して示唆したかったのは、既存のものでは満足せずに、物質界を新たに築き上げるということが人間の使命であり、さらには、原初のオカルト結社でこのことが思想として生きていたということです。世界を悠久の霊性の反映にするために、叡智が生命のない世界に流れ込んで、行為になったのです。

叡智と美と力、これがあらゆるフリーメーソンの基本的な三つの基本的な言葉です。外界を霊性の衣装に作り変えることが、その使命なのです。▼今日のフリーメーソン員はそのことを理解せず、人間は自分固有の自我に従って働くべきだと信じています。「中世の石工はフリーなメーソンではなかった」と主張することが、特別賢いことだと思っているのです。しかし石工はいつも賢明でした。というのは、外的な建造物は霊的なものの模像であり、直観的な叡智で築かれた宇宙の神殿の模像であるべきだったからです。

この考えが、以前は偉大な建築物の根底にあり、それが細部にまで及んでいました。

知性よりも叡智の方が優っている、ということを、例を挙げてお話ししようと思います。ゴシック大聖堂の素晴らしい音響効果に注意してみましょう。今日の知性ではそれについての深い知識が失われているために、もはや模倣できないのです。

有名なエジプトのメーリス湖は人間精神による傑作であって、自然湖ではありません。水量が十分あるときに水を貯めておいて、渇水時に国全体に送水できるように、賢者の霊的直観によって作られた人工湖です。それは運河工事の傑作でした。

神的な諸力は、まず自然を創造し、次に同じ叡智で人間を作り上げ、さらに人間がその同じ叡智で、神殿を作るのです。私たち一人ひとりでどれだけのことができるのかが問題なのではなく、ただ叡智によってのみ人類の神殿が築かれる、と知ることが大切なのです。

街を行きますと、靴屋があり、その隣に薬局、次にチーズ屋、そして散歩用のステッキを売る店があったりします。私たちが何も買う気がないとき、それらは私たちにとって何の関係もありません。私たちが感じ、考え、知覚するものを、近代都市の生活は何も生かそうとしてはくれません。中世ではまったく違っていました。当時は道を歩けば、住民の暮らしのスタイルや住民の性格が現れている家々の正面が眺められたのです。それぞれのドアの錠前が人間精神にふさわしく、愛情をこめて作られていました。たとえばニュルンベルクのような街を歩いてみますと、当時の姿が今でも見られます。反対に、近代の抽象化した都市を考えてみますと、もはや何ひとつ人間に関わろうとはしていません。それは以前の霊的な時代から徐々に移行してきた唯物的な時代の混沌とした産物なのです。

人間はかつて神々が形成した自然から生じました。そのようにすべては偉大な宇宙建造物、偉大な神殿に組み込まれていました。神的な本性たちが、最後に人間の肉体を作り上げるまで、この神殿を築き続けたことを、かつては地上のどんな事物も示していました。しかし高次の原則〔こころの諸力〕が、人間を占有すると、無秩序や混乱が世界に入り込みました。願望、欲望、情熱が宇宙神殿に無秩序をもたらしたのです。かつて神々が自然を創ったように、より高次の、より見事な仕方で、人間の意志がふたたび法則性について語るようになって初めて――人間が神をみずからの中に生じさせ、神のように神殿を作ることができて初めて――人間は失われた神殿をふたたび取り戻すでしょう。

神殿を建てることのできる人だけが、そうするべきだと考えるなら、それは正しくありません。いや、非常に多くのことを知っている場合でも、こころざしが問題なのです。正しいこころざしを持って、社会的、技術的、そして法律的な改革へと向かうなら、「かつて失われ、今再建されるべき神殿」の作業に取り組み始めることになるのです。しかしそのようなこころざしをもつことなく、善意だけを頼りに改革を始めるなら、さらに混乱を起こすだけです。なぜなら個々の石は、全体の構想に適合しなければ、何の役にも立たないからです。全体に対するこころざしを持つことなく、個々だけを見る限り、司法、宗教その他を、改革しようとしても、ただそれを崩壊させるだけです。

ですから神智学は、ただの理論ではなく、世界中でもっとも実用的なものなのです。神智学徒は世界に何も働きかけない隠者だ、と考えるのは間違いです。神智学的な基盤の上に立って社会改革に着手することができるなら、願うことのすべてがずっと早く、ずっと確実に達成されるでしょう。実際、それぞれの社会運動に対して誰も何も言わなければ、それらは個別に狂信へと駆りたてられるしかないのですから。改革へのあらゆる個別的な努力——平和の使徒運動、禁酒主義者、菜食主義者、動物保護者等々——は、すべてがともに歩むとき初めて役に立ちます。それらは一致して神殿全体へ向かう大きな普遍的な運動としてのみ、その理想像を持つことができるのです。

これがかつて失われ、今再建されるべき神殿のアレゴリーの根底にある理念なのです。

＊

《質疑応答の覚え書き》

質問：この点、カインの末裔とアベルの末裔はどうだったのでしょうか。

答え：カインの末裔は未成熟で、アベルの末裔は成熟し過ぎています。アベルの末裔は、死んだ後、より高次の領域に行くでしょう。アベルの末裔は太陽の系統で、カインの末裔はもっとも成熟した月の系統です。

質問：なぜこのような多くの神秘的、メーソン的な集まりが形成されたのでしょうか。

答え：すべての高次の作業は、ただ人の結びつきの中でのみ成されます。アーサー王の円卓の騎士は、通例一二人から成り立っていました。

質問：アルベルト・シェッフレの著書をご存じですか。

答え：▼アルベルト・シェッフレは社会学に関する本を書きました。彼の記述は、フリーメーソンのロッジから生じるものよりも、ずっとフリーメーソン的です。

かつて失われ、今再建されるべき神殿

――それと関連する十字架の木の伝説または黄金伝説　第二講

一九〇五年五月二二日

今日も失われた神殿についての若干の考察をします。

▼ソロモン神殿は、最も偉大な象徴として考察されなければなりません。まずはじめに、この象徴を理解することが大切です。皆さんは聖書から、どのようにその神殿が生じたかご存じでしょう。そこでは単なる象徴ではなく、実際に外的な真実を問題にしています。とはいえ、同時に、そこには世界史的な深い象徴が表現されています。そして、神殿を建てた人びとは、表現すべき事柄を明確に知っていました。

なぜ神殿が建てられたのでしょう。それについての聖書の言葉の一つひとつは、とても意味深い象徴的な表現なのです。この建築は、一体どのような時代に造られたのかを考えなくてはなりません。神殿とは何なのかを、まず聖書の言葉から考えてみましょう。ヤハヴェはダヴィデに向かって、「私の名前のための家」と語りました。すなわち、「ヤハヴェ」という名前のための家です。「ヤハヴェ」という名前は何を意味するのでしょうか。

古代のユダヤ教では、聖なる名前「ヤハヴェ」は、ある一時期、明確に意識されていました。それは何を意味するのでしょうか。子どもは、ある時期から、「私」という言葉を使用するようになります。それ以前の子どもは、自分をもののように思っています。他のものの名をあげるように、自分のことも客観的な名前で呼びます。後になって初めて、子どもは「私」という言葉を使うことを覚えます。偉大な人物たちにとって、人生で初めて「私」を体験し、初めて「私」を意識した瞬間は、とても重要でした。ジャン・パウルは自分のこの体験をこう語っています。幼い彼は、ある時農園の納屋のそばに立っていました。そのとき初めて、「私」を体験したのです。彼にとって、この瞬間があまりにもはっきりしており、厳粛だったので、「秘められた聖域のように、私は自分の最も深い内奥を覗き見た」のです。

人びとは多くの人類期を経て進化して来ました。そしてアトランティス期までは、すべての人が自分を客観的に捉えていました。人間が自分自身を「私」と言えるようになるまでに進化したのは、アトランティス人類期においてです。古代のユダヤ人たちは、それをひとつの教えとしました。

人間は、自然の諸領域を通って来ました。一番最後に、自我意識が人間の中に芽生えました。アストラル体、エーテル体、物質体、自我は、合わせてピタゴラスの正方形を造ります。ユダヤ教は、これに神的な自己を付け加えました。神的な自己は、下からの自我とは反対に、上から私たちの所に下りて来ます。そこで、四角形から五角形が生じました。ユダヤ教では、民族の主神をそのように感得しました。だから名前を言うことは、聖なることであったのです。他の名前、たとえば、エロヒームとかアドナイという言葉は、ますます普及していきましたが、「ヤハヴェ」という名前は、塗油の秘蹟を授けられた祭司のみが、至聖所で唱えることを許されました。ソロモンの時代になって、古代ユダヤ教は、ヤハヴェという名前の聖性に、すなわち、人間の裡に宿ることのできる「自我」にまで達しました。ヤハヴェの要求は、人間自身を聖なる神の神殿にすることでした。今や、私たちは神性についての新しい見解を得ました。それは、人間の胸の中に、人間自身の最も奥深い聖域に隠れている神を、道徳的な神にすることです。身体は最も聖なるものの偉大な象徴になったのです。

さて、人間は神の家なのですから、このことの外的な象徴も造られなければなりませんでした。神殿は、人間固有の身体を象徴していなければなりません。ですから、ヒラム・アビフのような建築家たちが呼ばれました。彼らは、人間自身に神の創造力を与えることができるような諸技術に精通していました。聖書の中の二つの情景が、このことと結び付きます。▼一つはノアの方舟で、もう一つはソロモンの神殿です。この二つは、ある意味で同じであると同時に、根本的に異なってもいます。

ノアの方舟は、人間を今日の存在状態の中に救い出すために造られました。ノア以前の人間は、アトランティス期、レムリア期に生きていました。その頃の人間はアストラルの海を超えて地上の岸辺に達することのできる舟をまだ造ってはいませんでした。人間はアストラルの海からやってきたのです。ノアの方舟はそこを超えて、人間を運んできたのです。方舟は、無意識的な神的な力が造った建物を表しています。▼方舟の寸法は人体の寸法の比率と同時に、ソロモンの神殿の寸法の比率とも一致していました。

人間はノアの方舟から成長しました。そして今、みずからの霊、みずからの叡智、ソロモンの叡智によって造られた家で、より高次の自我を担わなければなりません。

▼私たちが、ソロモン神殿に入っていきますと、その入口からしてすでに特徴的です。四角形は古代のひとつの象徴でした。今日の人間は、四つの本性の状態から、五分節化された人間として、五つの本性の状態に進みました。五分節化された人間は、高次の自己を自覚しています。内なる神殿は、五分節化された人間を包むようにつくられています。方形は神聖です。正面、屋根、側柱が五角形を作りだしています。

人間が四つの本性から目覚めるなら、つまりソロモン神殿の中に入るなら、この神殿内部の最も重要な所に一種の祭壇のように置かれている聖櫃（せいひつ）が見えます。ユダヤ人が律法を納めた聖櫃という至聖なるものの上には、二つの守護霊のように飛んでいる二つのケルビームが見えます。まだ下にまで降りていない第五の原則は、二つの高次存在であるブッディとアートマンによって守られなければならないからです。それは、人間のマナスへの進化の始まりです。

内部はすべて黄金で張り巡らされています。なぜなら、以前から黄金は叡智の象徴だったからですが、その叡智が今、マナスの段階へ入っていきます。棕櫚（しゅろ）の葉は平和の象徴です。この平和の象徴は、人類の一時期を意味していて、後に現れるキリスト教をこの場合は表現していました。当時は神殿の指導者たちがそれを大切に保存し、後世のために取っておいたのです。

後に中世になって、聖堂騎士団▼の中で、ソロモン神殿の理念があらためてよみがえりました。彼らは、神殿についての考え方をヨーロッパに持ち込もうと望んだのです。しかし当時、聖堂騎士団は理解されませんでした〔大師ヤコブ・フォン・モレイへの敵対〕。聖堂騎士団を知ろうとするなら、人類史の深みにまで眼を向けなくてはなりません。訴訟記録に見られる聖堂騎士団への非難は、大きな誤解によるものです。当時、聖堂騎士団員たちは、次のように言っていました。「今まで私たちがしてきたことはすべて、救世主キリストが望まれたことへの準備である。キリスト教の未来には、新しい使命がある。私たちは、中世の様々な分派に、とりわけ人びとに、その未来を用意させる、という使命をもっている。その未来とはキリスト教が、新たなる光の中に甦るときであり、救世主が本来望んだ未来である。私たちはキリスト教が第四亜人類期に現れたのを見た。第五亜人類期には更に発展するだろう。しかし第六亜人類期に初めて、復活の栄光を祝うことができる。それを私たちは準備しなければならない。そして人びとの魂を、最も高いものの名前が附された真の、純粋なキリスト教となりうるようにしなければならない。
エルサレムが中心とならなければならない。そしてそこから全世界に、キリストと人類の関係についての秘密が流れていかなければならない。象徴として神殿に表現されていたものは、生きた現実にならなければならない」。

聖堂騎士団員に対して人びとは非難し、彼らは太陽礼拝、星礼拝を行った、と弾劾しました。しかし、その背後には偉大な秘儀があるのです。ミサ聖祭は、かつて大いなる秘儀そのものでした。ミサは二つに分かれました。そのひとつはすべての人が参加を許される小ミサで、これは衰退してしまい、多くの人が離れていきました。そこで大ミサが生じました。これは、オカルトの修行をやりとげることを望み、「小道」を歩むことを望んだ人びとのためのものでした。この大ミサでは、使徒信条の祈りから始めました。それから、全世界の中におけるキリスト教の普及が語られ、キリスト教がどのように世界史の大きな歩みに関わってきたかが示されました。

地球の諸事情はいつも今日と同じではありませんでした。地球はかつて、太陽と月とに結び付いていました。太陽は次第に分離していき、地球を外から照らすようになりました。さらに月も分離しました。そのように、かつての地球は、人類にとって全く異なった居住地だったのです。当時の人間の肉体は、今とは全く異なっていました。地球上での人類の生活は、地球から太陽と月が分離した後、まったく違ったものになりました。初めて死と誕生が生じ、初めて輪廻転生が現れたのです。人間の自我性、個性が身体の中に下りてきて、絶えることなく転生を続けていきました。それはいつかふたたび終わり、地球はまた太陽と結び付くでしょう。そして、人間は進化を、太陽の上で遂げていくことでしょう。人間が太陽と一緒になって生きていく段階があるのです。そういう諸事情は天空上の太陽の歩みと無関係ではありません。

宇宙の中で生じるすべてのことは、それに続く状態の中で、もう一度短く繰り返されます。第一、第二、第三根幹人類期における人類期の発展も、繰り返されました。それから人間が肉体に宿るようになりました。第二根幹人類期から第三根幹人類期までの間に太陽が、第三根幹人類期の時に月が分離しました。地球はふたたび太陽が地球に結び付く第六根幹人類期まで進化し続け、それから新たな時代が始まります。その時の人間は、はるかに高次の段階に到達しており、もはや受肉を繰り返さないでしょう。

進化の歩みについてのこの教えは、宗教的にはノアの方舟の話の中に現れています。未来に起こるべきことが、この教えの中に先取りされていました。太陽と地球との再合一は、地上でのキリストの出現として予告されています。このような教えは、過去に生じた事柄が、しばらくした後に、繰り返されることを教えています。ですから、教えは未来のための予告なのです。諸民族の意識の進化は、個々の亜人類期における太陽の運行と関係があります。黄道一二宮を描いてみますと、天空上の太陽の運行が理解できるようになります。

第三亜人類期から第四亜人類期への移行が、牡羊座もしくは子羊座と関係していることは、ご存じですね。アッシリア・バビロニア時代の特徴は、牡牛座として要約されています。それ以前のペルシア時代は、双子座で示されて、さらに時代を遡ると、サンスクリット文化の時代の蟹座に行き当たります。

春の始まる日に、太陽が蟹座の中を昇った時代は、人類の方向転換期になりました。アトランティス大陸が沈み、第五根幹人類期の最初の亜人類期が生じました。この転換は蟹座によって示されました。次の時代は、双子座の中で太陽が昇る時に始まります。牡牛座の中に太陽が昇る時、歴史は西アジア・エジプト文化期にまで進みます。太陽がさらに進むと、ギリシアの伝承の牡羊あるいは子羊と関係のある第四亜人類期が始まります〔金羊毛の皮をとってくるアルゴノート伝説〕。初期のキリスト教でも、救世主を子羊と表現していました。キリストは、自分を子羊と呼んでいます。

▼さて、第一亜人類期から第四亜人類期まで進んできました。太陽は天空を進み、今や危機の瞬間に立っている現在の私たちは、魚座に入っています。これから、人びとが内的に浄化されて、自分が聖なるもののための神殿になる第六亜人類期がやってきます。その時、太陽は水瓶座の中に入るでしょう。本来は私たち自身の霊的生命の外的な表現であるにすぎない太陽は、そのように天空を運行します。春のはじめの太陽が水瓶座の中に昇ったら、太陽の秘密のすべてが明らかになるでしょう。

大ミサは、そのように進行します。秘儀参入者でない人びとは、そこから引き離されていました。とどまった人たちには次のように話されました。種として始まったキリスト教は未来においては、まったく異なったものを実としてもたらさなければなりません。そして水瓶座を意味しているヨハネは、芥子粒のようなキリスト教を種として蒔きました。アクエリアスあるいは水瓶座はヨハネのことに他なりません。ヨハネは、人間が火によるキリストの洗礼を受ける準備のために、水による洗礼を施しました。新しい「ヨハネ・アクエリアス」が来るということを、秘儀の深みの中で聖堂騎士団員は告げられました。そのヨハネ・アクエリアスは、古いヨハネをまず証しします。そして、新しいキリストを告知して、そのキリストが神殿を再建する偉大な時の到来を人類に告げることを示します。

さらに続けて聖堂騎士団員は言いました。「現在の人間は未だ偉大な教えを理解するほど成熟していない。私たちはまだ水で洗礼を施す洗礼者ヨハネのための準備を、人びとにさせなければならない」。

十字架が、聖堂騎士団に入団しようとする人の前に置かれました。彼は言われました。「おまえは、後でこの十字架を理解するために、これを今否定しなければならない。岩であるペテロのように、まず主を否定しなければならない。教えを否定しなければならない」。これは未来の聖堂騎士団員のための前修行

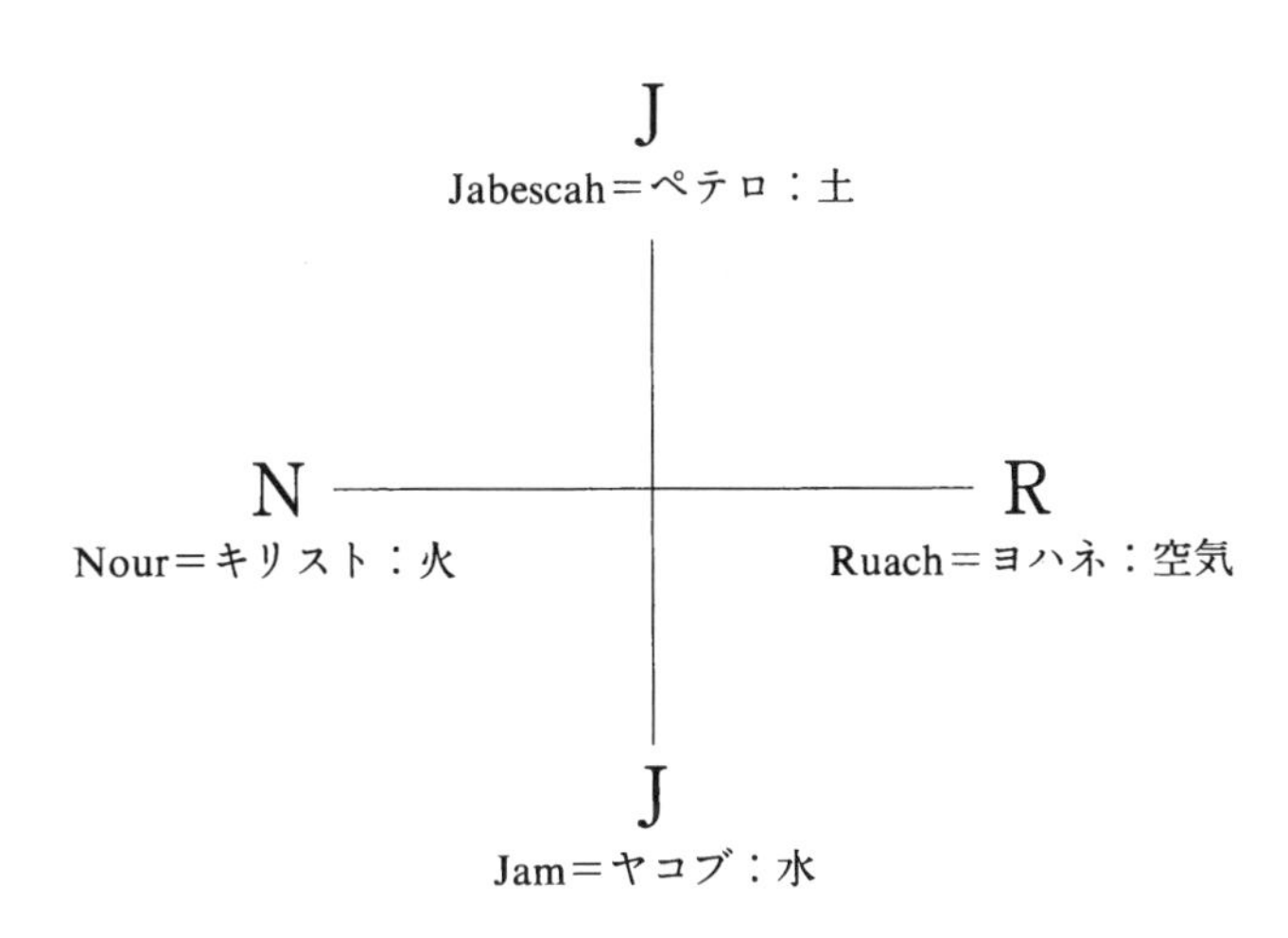

でした。ペテロの段階の教えを、もう一度しっかりと捉えてみましょう。

▼ほとんどの人が十字架上の文字を正しく解釈できません。▼プラトンは次のように言っています。「宇宙魂が宇宙体の十字架にかけられている」。十字架は四つの元素を象徴していました。植物界、動物界、人間界は、四つの元素で構成されています。十字架にはつぎのように記されています。Jam＝水＝ヤコブ。Nour＝火、火はキリスト自身を示します。Ruach＝空気は、ヨハネを象徴しています。四つ目のJabeschah＝土、岩は、ペテロを象徴しています。十字架の文字は［三人の］使徒の名前の文字と同じであり、一方「J.N.R.J.」によってキリスト自身を言い表しています。「土」は最初にキリスト教がもたらされるべきところであり、人間が高次のものを包むために、目指すべきあの神殿のことです。しかし、この神殿は……［欠落。編註を参照］

二回「雄鶏が鳴く」というのは、人間の低次の自我の象徴であると同時に、高次の自我の象徴でもあります。一回目に「雄鶏が鳴く」のは、人間が物質の中に下りてきた時です。二回目は人間がふたたび上昇する時、つまりキリストを理解した時であり、水瓶座が現れた時です。これは第六亜人類期のことです。その時の人間は、あるべき自分を理解するでしょう。ソロモン神殿が表しているものを完全に実現した時、人間自身が「ヤハヴェ」のための神殿となった時、自我はある段階を超えたことになるでしょう。

しかしそれ以前に人間は、浄化の三つの段階を通過しなければなりません。自我は三重の仕方で包まれています。最初はアストラル体に、第二はエーテル体に、第三は物質体に包まれています。

アストラル体の中にいる時に、私たちは初めて神的自我を否定しました。一度目の雄鶏の鳴き声は、人間の三重の覆いによる三重の否定です。人間が三つの体を通りぬけた時、自我にとってキリストが最大の自己実現の姿であると思えた時、雄鶏が二度目に鳴きます。

キリストを本質的に理解するために自分で努力すること、これは、まずペテロの段階を通り抜けることですが、この深い考えを、当時の拷問にかけられた聖堂騎士団員たちは、だれも審判官たちに理解させることができませんでした。ですから、聖堂騎士団員たちは、あたかも十字架を否定したかのように受け取られたのです。

聖堂騎士団の秘儀において、こうしたすべてが騎士に示された後、長い髭をたくわえ、威厳のある姿をした神的存在の象徴的な形姿が、彼に示されました〔父の象徴〕。人間が進化し、自分の導師を得た時、人間を導くことのできる人びとが存在するようになった時、人間の前に指導する父の言葉として、師が立つでしょう。その師は、人間をキリストの理解に導きます。

それから聖堂騎士団員たちは言われました。「あなたがたがこれを理解したなら、宇宙の偉大な神殿を共に建てることができるまでに成長するでしょう。大いなる建造物が、私たちの本来の深い自我のための、また私たちの内なる聖櫃のための住居になるように、あなたがたは、すべてに関して互いに協力しなければなりません」。

これらの事柄をすべて見通すようになりますと、ひとつの大きな意味を持った像が浮かんできます。魂の中でこの像が生命を得られるようになった人は、次第に人類神殿のこの建造物を用意するあの偉大な師たちの弟子に成長するでしょう。そのような大きなイメージは、魂の中で力として作用します。そして、それを通して私たちは魂の中で、生きいきとした生命に導いてくれるような浄化を体験するのです。

聖堂騎士団に現れたこの中世的な特徴は、アーサー王と聖杯の騎士との二つの円卓の中にも見ることができます。古い世俗の事柄は、アーサー王の円卓の中に見られましたが、キリスト教的騎士団の本質的な霊性は、聖杯の秘密を守った人びとの中で準備されねばなりませんでした。中世の人びとがキリスト教の中に生じる権力と外的形態とについて、いかに客観的にかつ冷静に考えていたかということは、大変興味深いことです。

聖堂騎士団の教えを辿ると、その中心に女性崇拝があります。この女性的なるものとは、神的なソフィア、神的な叡智のことです。マナスとは第五番目の原理であり、生じるべき人間の霊的な自己のことです。神殿はそれのために建てられねばなりませんでした。ソロモンの神殿の入口の五角形が、人間の五つの存在部分を表しているように、この女性的なるものは、中世の叡智を特徴づけています。ダンテは、「ベアトリーチェ」によって、この叡智を表現したかったのです。彼女をこのような観点から見た人だけが、ダンテの『神曲』を理解できます。ですから聖堂騎士団、キリスト教騎士団、聖杯の騎士団等々に表現される象徴と同じものを、ダンテの作品の中に見ることができます。起こるべき事柄のすべては、すでに以前から偉大なる秘儀参入者たちによって準備されていました。彼らは、未来に起こるべき事柄を黙示録のような方法で語っています。そうすることによって、来るべきことに対して魂の準備をしたのです。

伝承によると、世界の始まりに二つの流れがありました。エロヒームのひとりとエヴァの間にもうけられたカインの末裔、世俗の子ら。彼らによって偉大な芸術、諸学問が発展しました。それは、一度追放され、それから五番目の原理が世界に生じた時、キリスト教によって聖なるものとされました。もう一方の流れは、神の末裔の流れです。彼らは、第五の原理を理解するように人間を導きました。アダムが彼らを創りました。その神の末裔であるアベル―セトの子らが内的に創ったものを、今や覆いつつむために、カインの末裔が呼ばれたのです。

聖櫃の中には、聖なる名前「ヤハヴェ」が匿されています。しかし、世界を作り変えなければならないこと、至聖なるもののための覆いを造らなければならないこと、それはカインの末裔によって果たされなければなりません。神は人間の身体を創りました。その中で、人間の自我は花開き、そして、まず神殿は壊されます。人間がまず自分の中に、情熱の海を乗り越えていく家を建てるなら、自分のためのノアの方舟を造るなら、人間は自分自身を救うことができます。この家を、人間はふたたび建てなければなりません。カインの末裔は、外の世界に、神の末裔は、内的世界にその家を建てなければなりません。

▼私たちの人類期の始めに、すでにこの二つの流れの影響が現れてきました。……［欠落。編註を参照］

私たちはソロモン神殿を未来において期待すべきものとしてとらえ、神智学をその準備のための契約として理解するとき、はじめて神智学の意味がわかります。旧約に代わって、新約を用意しなければなりません。旧約は、神が人間神殿を創造する創造神との契約です。新約は、人間自身が神的なものをとりまく叡智の神殿を建てるという契約です。人間がふたたび叡智の神殿を建てるのは、自我が物質から自由になった時、地上での安らぎの場を見出すためなのです。

そのように、聖堂騎士団が人類に与えたいと望んだ象徴と教えは、意味深いものでした。薔薇十字会は聖堂騎士団の後継者に他なりません。彼らは聖堂騎士団と同じ事を望みましたが、神智学もそれを望んでいるのです。これらすべては、人類の偉大な神殿で働いているのです。

かつて失われ、今再建されるべき神殿
――それと関連する十字架の木の伝説または黄金伝説　第三講

一九〇五年五月二九日

《十字架の木の伝説とソロモン神殿の宇宙史的な意味》

キリスト教について、そしてキリスト教の現在と未来の発展についてはすでにお話ししたので、今日は十字架の象徴の意味を――歴史的にというより、事実として――考えます。

十字架の象徴が、キリスト教では非常に広範囲にわたる象徴的な意味をもっていることを、皆さんはご存じでしょう。そこで今日は、この十字架の象徴とソロモン神殿の宇宙史的な意味との関連に照明を当ててみたいと思います。

▼十字架をめぐる物語全体については、聖伝説と言われるものがありますが、そこには十字架の形や普遍的な宇宙象徴としての十字架についてよりも、キリスト者の語る特別な十字架、キリストがはりつけにされたあの十字架そのものについて書かれています。しかし十字架は、すべての人間にとっての象徴であり、キリスト教だけでなく、あらゆる民族の宗教観や宗教的な象徴として存在するものです。ですから、人間

全般にとって意味のあるものでなければなりません。しかし今日取り上げたいのは、キリスト教の中で、十字架の象徴がこの根源的な意味をどのように持つようになったのか、ということです。

十字架に関するキリスト教の伝説は、次の通りです。

十字架の元の木は、ただの木ではなく――伝説によれば――本来は、「生命の樹」から出た若枝であって、最初の人間であるアダムのために切り取られました。アダムの息子セトが、この枝を大地に植えると、その若木から三本の枝が伸び、それらは絡み合ってひとつに合生しました。後にモーセが、この木で有名な杖を作ったと言われています。

伝説ではこの同じ木が、ソロモン王のエルサレム神殿にも関係しています。神殿を建てる時に、この木は重要な支柱に使われるはずでした。しかしそのとき奇妙なことが起こります。その木は神殿にまったく納まろうとしないのです。そのため神殿にはめ込まれずに、橋として河に架けられ、シバの女王が来るまで、あまり問題にされませんでした。女王がそこを渡ったとき、彼女はその橋の木の由来を見抜いたのです。さらに、河を越えるためにこちら岸と向こう岸の二つの世界の間に架かるこの橋の木が、どのような意味をもっているのかにも、最初に気づきました。こうして救済者がかけられる十字架が、この木から作られたのです。そしてこの木のさまざまな遍歴が新たに始まりました。

この伝説では、人類の起源と進化が問題になっています。アダムの息子セトが生命の樹から若枝を取って植えると、そこから三本の枝が伸びます。この三本の枝は、自然の永遠の力である三つの原則アートマン、ブッディ、マナスを表します。それらは一体となって、あらゆる生成と進化の基盤である、あの三位一体を形成します。カインに殺されたアベルの代わりになったアダムの息子セトが、この枝を大地に植えたというのは、非常に特徴的なことです。

一方にはカインの流れ、他方にはアベル—セトの末裔の流れがあります。カインの末裔は外界に働きかけ、とりわけ学問と芸術を育成しました。アベル—セト一族の末裔は、人間本性の本来の霊性を育成する、いわば神技術で神殿は建てられました。彼らは、外界から神殿に石材を運び入れる者たちです。彼らの子らです。この二つの流れは、常にある種の対照を成していました。一方で、人間のこの世的な行為や、人間らしい快適さ、生活の外面に役立つ学問が発展し、他方では、人間のより高次の特性を進化させる働きが生じます。

ここではっきりさせておかなければならないのは、聖十字架伝説では、学問と技術によって宇宙神殿の単なる外的な建築作業と、人類神殿全体を聖なるものにするための、敬虔な宗教行為とを厳密に区別していることです。言わば実用だけに用いられてきた建物を神の家にするという高次の使命がこの人類神殿に与えられることで、同じ外的な建物が人類の高次の使命を育成する霊性の覆いになるのです。

力が神的な徳を求める努力に、外形が美に、人間の外的な交わりに仕える言葉が、神的な叡智に役立てられることによって、つまりこの世的なものが神的なものに変えられることによって、初めて神殿は完成します。叡智と美と力の三つの徳が、神的なものの覆いになるとき、人類の神殿は完成するのです。この伝説のもつ意味で考えるなら、そのように捉えることができます。

ですからこの伝説の意味では、キリスト・イエスが出現するまで、二つの流れが地上に存在していたことになります。一方は、キリスト・イエスを通して地上に降りた神の言葉を、後の人びとが受け入れることができるように、この世の神殿を建て、人間の行為を刻印づけた流れです。神の言葉が地上に出現するための棲家が、用意されなければなりませんでした。

それと並行して、神的な働きそのものが第二の流れの一種の支流として発展しなければなりませんでした。カインの系統という、この世的なものを用意した人間の子らは、神的なものを育んだアベル—セトの末裔である神の子らから——両者が結婚によってひとつに結ばれるまで——、区別されていました。キリスト・イエスが、この二つの流れをひとつにしたのです。

キリスト・イエスは、神殿を三日で新たに築くことができましたが、彼が現れるまで、それはまず外界に建てられなければなりませんでした。一方の側にカインの末裔の流れがあり、別の側にはアベル—セトの末裔の流れがあります。神の子が二つを結びつけて、二つの流れをひとつにしましたが、そうできるように進化の準備をしたのは、両方に分かれていた彼ら自身でした。このことを、聖伝説は深い意味のこもったやり方で表現しています。

セトは、アダムのために生命の樹から取った枝を大地に植え、三本の枝に分れたその木を栽培しました。この三本の枝に分れた木とは何を意味するのでしょうか。それは、低次の原則の中に植え込まれた人間の高次の三重の本性、アートマン、ブッディ、マナスの三位一体に他なりません。

しかしはじめ人間の中では、この三重の本性にヴェールがかけられています。さしあたって人間は肉体、エーテル体、アストラル体の三つの体を、本来の神的な三位一体アートマン、ブッディ、マナスの外的な覆いとしています。ですから肉体、エーテル体、アストラル体の三位一体を、アートマン、ブッディ、マナスという、高位の諸力の外的な表現として捉えなければなりません。芸術家が外的な形態を生み出し、理念を色で表現するように、この三つの覆いも芸術作品のようなものです。そして高次の原則は、その芸術作品の理念のようなものです。そう捉えるとき、この三つの体を何が生かしているのかが、ある程度イメージできると思います。

このように、人間の自我は、物質的、エーテル的、アストラル的な覆いの中に住んでいます。自我はこの三重の体的本性を変化させ、それによって三つの高次の原則が、ふさわしい棲家を地上に得て、地上を我が家のように感じられるようにしなければなりません。旧約はそのために結ばれました。旧約とは、カインの一族の技術を通して、人間の末裔をこの世にもたらすためのものでした。彼らによって、肉体、エーテル体、アストラル体に役立つ、あらゆる外的なものが作られねばならなかったのです。このあらゆる外的なものとは、何でしょうか。

肉体を満足させ、快適にさせるために技術を駆使して作られたものすべては、さしあたって肉体に仕えます。人間の共同生活に関わる社会的、国家的な制度や組織、食物と生殖に関するものは、生命体を築くために働きます。そして、アストラル体に作用するのは、衝動や情熱を整え、アストラル的本性を統御して、より高次の段階へ高める、道徳や倫理の領域です。

カインの末裔は、旧約全体を通じて、この三段階の神殿を築きました。私たちの外的な設備でできた神殿――ここでは住居や道具、社会的・国家的組織や道徳制度を考えることができます――は、人間本性の低次の部分に仕えるカインの末裔の建造物なのです。

神々の子らとその弟子、後継者たちが率いる、もうひとつの流れが同時に働いていました。その流れから、神的な宇宙秩序に仕える者たち、契約の聖櫃に仕える者たちが現れました。彼らは、この世に仕える者たちから離れて独自の流れを歩むものたちです。彼らは、特別な立場にありました。ソロモン神殿が建てられたとき初めて、契約の聖櫃がその中に置かれました。他のすべてのものは、この聖櫃に従って、その回りに並べられたのです。かつてこの世的だったあらゆるものは、契約の聖櫃が人類にとって意味することを、外的に表現する建造物になりました。ソロモン神殿こそ、契約の聖櫃という魂にふさわしい容貌を表現した建造物なのです。

人間の外的な三つの体は、生命の樹によって活気づけられ、生命を与えられます。そうするのは神々の子らの仕事でした。このことが、後にキリストの十字架に使われた、あの木材として比喩的に表現されています。十字架は、最初に神々の子らに与えられました。彼らはそれで何をしたのでしょうか。十字架の木のもつ深い意味とは何なのでしょうか。十字架の木のこの聖伝説には、限りなく深い意味がこめられているのです。

いったい人間は、地上で進化を遂げる際に、どのような使命をもっているのでしょうか。人間は今与えられている三つの体を、一段階ずつ高めていかなければなりません。肉体を一段高次の領域に引き上げ、エーテル体やアストラル体も一段ずつ引き上げることが、人間に課せられた進化です。私たちの三つの体を、神的な宇宙秩序全体の高次の三部分にすることが、進化の本来の意味なのです。

まず人間に与えられた物質領域よりも、他の領域は高次にあります。物質本性に従う人間は、どの領域に属しているのでしょうか。進化の現段階では、鉱物界に属しています。物理的、化学的、鉱物的な法則が、私たちの肉体を支配しているのです。けれども、人間の知性も、鉱物界に属しています。というのは、人間の知性で理解できるのは、鉱物界だけだからです。

生命そのものは、まだ理解されていません。だからこそ、公認の科学は、生命を否定するのです。現段階での科学は、死せるもの、無機的なものだけしか理解しません。そして、死せるものを最高に厳密な仕方で理解しています。ですから人体をも、生命のない、鉱物的なものとして捉えています。人体を、化学の実験材料と同じように死せる産物として扱い、レトルトに素材を入れるように、人体に他の素材を注入するのです。たとえ医者でも、現在の物質科学で教育された医者は、人体が機械でしかないかのように、人体のあちこちを手術します。

つまり鉱物界の段階を生きている私たち人間は、人体と二重の関係にあります。まず肉体を担って鉱物界で存在しています。そしてその鉱物界を単なる知性で理解しています。これは人間にとって必要な通過段階なのです。

しかし単なる知性ではなく、霊的な直観力を信頼するならば、私たちの生命のない体が、未来において生命になろうと働いていることがわかるでしょう。肉体的な本性が未来に行うべきことを、私たちの科学は、あらかじめ今準備しなければなりません。私たちの科学は、近い将来生命化されて、地上の生きものを、生きものとして捉えるようにならなければなりません。人間の思考こそが未来を準備するのです。これはより深い真実を表しています。「今日考えたことに、おまえは明日なるだろう」、という古インドの格言は正しいのです。

宇宙の全存在は、死んだ物質からではなく、生きた思考から生まれます。氷が水の成果であるように、目に見える物質は生きた思考の成果なのです。物質の世界は、いわば凍った思考なのです。

私たちは、生命を思考することで、物質の世界を、高次の元素へ生命化させなければなりません。鉱物を生命的なものに引き上げ、人間本性全体の思考内容を作り変えるとき、私たちの科学は死んだ物質の科学ではなく、生命の科学になるのです。私たちはこれによって、はじめは理解するだけでも、後には実際に最下位の原則を、次の領域へ引き上げるのです。このようにして私たちは、人間本性のどの部分をも——エーテル部分も、アストラル部分も——一段階引き上げるのです。

神智学用語で「三つの元素界」（第一元素界、第二元素界、第三元素界のこと。『神智学』参照）と呼ばれるところに、かつて人間は存在していました。そこは私たちが今生きている鉱物界の存在する以前の諸領域です。私たちの科学は鉱物界に終始しています。三つの元素界は役割を終えた段階ですが、鉱物界を土台とする三つの高次の領域、植物界と動物界と人間界は、今これから始まるところです。

人間のもっとも下位の原則は、現在鉱物界を生きています。しかし今後は、この高次の三領界を生きなければなりません。人間の物質的な本性は、現在、鉱物界に住んでいますが、後には植物界に住み、さらにもっと高次の領界にまで上昇します。私たちの物質的な本性は、現在、鉱物界から植物界への過渡期にあり、私たちのエーテル的な本性は、植物界から動物界への過渡期にあり、また私たちのアストラル的な本性は、動物界から人間界への過渡期にあります。さらに私たちは、叡智界から萌芽を与えられています。この私たちの固有の本性だけは、アストラル的本性から抜き出ており、以上の三つの領界を越えて、神の領界に入っています。

このように人間は向上し続けます。しかし眼に見える設備や建物がこれを可能にするのではありません。私たちの中の目覚めた生命自身は、ただ外的な石材を積み上げるのではなく、形成し、成長しながら働くのです。この生命の力が進化に働きかけます。まず人間のもっとも内なるものを捉えなければなりません。人間の宗教生活が、生命化されなければなりません。カインの末裔は、旧約の間、その準備として、人間本性の下位部分のために働きました。また契約の聖櫃の守護者である預言者たちは、そのために未来を預言的に暗示したのでした。しかし今や神自身が、神殿の至聖なる存在として、神殿そのものの中に住まうために、契約の聖櫃の中に、魂の中に下りて来ることになったのです。

さまざまに変化させていく、この生命的な諸力、つまり自然を生きいきと変容させる生命力は、すでに最初の人間アダムに、生命の樹から与えられました。そして、外的な建造物に取り組まなかった神の子らであるアベルとセトの末裔に委ねられました。今この諸力は、キリスト教によって、すべての人のものになりました。二つの流れは互いに結びつくことになったのです。そして今では、単に鉱物の力を組み立てるのではなく、生きいきとした内的生命に満たされた外的なもの、神殿や家や社会制度が必要である、と考えることこそが、キリスト教なのです。

今まで述べたように、人間の下位の本性を高次の本性に引き上げるための最初の試みは、ソロモンの神殿でした。その入口には、偉大な象徴である五角形が見られました。人間は第五の原則に向かって努力すべきである、つまり人間本性は下位の原則から高次の原則へと進化し、それぞれの肢体を高貴にすべきであるというのが、この五角形の意味です。

ここで私たちは十字架のもつ深い意味に至ります。十字架は象徴として、キリスト教の中で、第五の原則に向かって努力すべきだという、あの原則的な意味を表すようになりました。十字架とは何でしょうか。人間の本性が目ざす三領域、植物界、動物界、人間界のことです。人間は現在、鉱物界の中で生きています。植物、動物、人間が鉱物界に属しています。すべての叡智の宗教が述べているように、人間の魂的・霊的本性は、万有魂の一部分なのです。たとえばジョルダーノ・ブルーノは、それを宇宙魂と呼びました。宇宙魂を大きな海と考えるとき、個人の魂は、その海の一滴のようなものです。すでにプラトンは、「宇宙魂が宇宙体の十字架にかけられている」、と語りました。

人間の中で自己を語る宇宙魂は、今では鉱物界に拡がっていますが、鉱物界を超えて、三つの高次の領域へと高まらなければなりません。そのためには、次の三つの周期でも、植物界と動物界と人間界に受肉しなければなりません。

第四周期（地球紀）とは、人間の魂が鉱物界に受肉する時期のことであり、第五周期（木星紀）は植物界に、第六周期（金星紀）は動物界に受肉する時期なのです。そしてようやく第七周期（ヴルカン星紀）で、人間の魂は人間界に受肉します。そのときの人間は、まったく神の似姿になるでしょう。それまでの人間は、まだあと三回、宇宙体を自分のからだにしなければなりません。

このような人間の未来に眼を向けますと、未来は、植物素材、動物素材、人間素材という三重の素材性または物質性として現れます。この人間素材は、私たちが現在有する素材性ではありません。現在は鉱物素材であり、人間は今、地球紀という鉱物周期にやっと至ったところなのです。

もっとも下位の領界が人間界になったとき初めて、もはやそれより下位の本性がなくなります。人間がみずからの生命力で全存在を救済したとき初めて、人間は、神が憩う第七周期に至るのです。そこでの人間は、みずから創造者となるのです。人間が神の似姿になったときが、天地創造の第七日目です。これが天地創造の諸段階なのです。

現存する植物、動物、人間は、それらの本来あるべき姿の萌芽にすぎません。今日の植物は、人間進化の次の周期で高次の栄光を現すものの、比喩的な暗示にすぎません。そして人間も、動物性を克服し、それを脱ぎ去ったときには、ただそれを暗示するしかないような何かになるのです。そのように植物界・動物界・人間界は、人間がこれから歩まなければならない三つの素材世界なのです。これらは人間の宇宙体であり、魂はこの宇宙体にはりつけにされているのです。

ここで、植物と動物と人間の間にある相違をはっきりさせておきましょう。植物は人間の正反対の像です。私たちが植物を人間の正反対の像として、つまり逆転した植物本性として人間を捉えるのは、非常に大事なことです。外面的な科学は、そのような事柄には関わらずに、事柄が外部感覚に現れる通りに受け取ります。しかし神智学の観点に立つ科学は、事柄の意味を、進化全体との関連で考察します。▼なぜなら、ゲーテが言ったように、どんな事柄も、比喩としてのみ受けとることができるからです。

植物は根を大地の中に張り、葉と開花器官を太陽に向けて広げます。現在の太陽は、かつて地球と結びついていたときの力を、みずからの内に持っています。事実、太陽は、私たちの地球から分離したのです。太陽のあらゆる力は、かつては地球を貫いていたのです。その当時は、太陽の力が地球の中で働いていました。植物は、今でもその花冠を太陽の力に向けることで、太陽の力が地球と結びついていた、あの時代をまだ求め続けているのです。太陽の力とは、植物のエーテル力のことです。植物は、生殖器官を太陽に差し出すことで、太陽との深い親和性を示しています。植物の生殖の原則が、神秘的な仕方で太陽の力と結びついているのです。それに反して、大地の暗闇に入り込んでいる植物の頭部は、地球と親和していま す。地球と太陽は、進化の中で対極にあるのです。

人間は逆転した植物です。植物は太陽に生殖器官を向け、頭を下へ向けています。人間の場合はまったく逆で、頭を上へ、高次の世界へ向けて、霊を受け容れます。そして生殖器官を下に持っています。動物は、植物と人間の間のちょうど真中に位置し、半分だけ向きを変えて、植物と人間の縦の線に対して、いわば横木を作っています。動物は、背骨を水平の方向に持つことで、植物と人間によって作られた線と、十字に交叉しているのです。植物界が下向きに、人間界が上向きに、そして動物界が水平に成長することを考えますと、植物界・動物界・人間界で、十字架ができます。

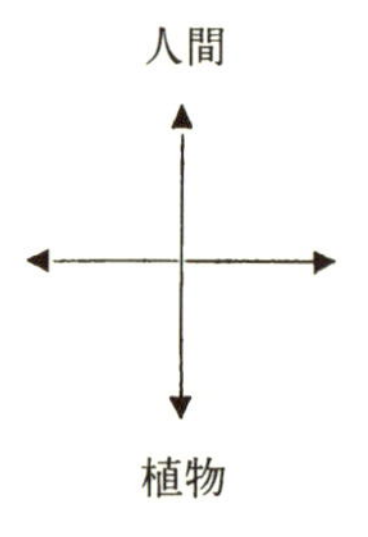

これが十字架の象徴です。

十字架は、これから人間が歩むべき、三つの生命領域を表します。植物界・動物界・人間界は、いちばん身近な三つの素材界です。鉱物界からあらゆるものが生じます。それは現在の地球の基盤です。動物界は植物界と人間界の間をいわば堰き止めています。植物は、人間の一種の対称像です。同時に人間の生活、物質生活と植物のいとなみとは、最上の親和関係を作り上げているのですが、このことを深く説明するには、非常に多くの時間を要しますので、今日はただ次のように示唆するだけに留めておきます。

人間が生命活動を維持するためには、植物が養分としてもっとも適しています。なぜなら、地球の物質的な生命活動にもともと親和したものを摂取するからです。太陽は生命力の担い手であり、植物は太陽の力に向かって成長します。そして人間は、植物の中に生きている太陽の力を、自分の生命力と結合させなければなりません。そのように人間の養分は、オカルト的には、植物と同じなのです。動物界は堰き止め、押し返します。そして新たな始まりを作るために、十字架型に、進化の継続を中断するのです。

人間と植物は対を成しながら、親和しています。しかしアストラル体となって現れる動物的なものが、生命のこの二つの原則と交叉します。人間のエーテル体は、高次の段階においては、死に服さない不死の人間のための基盤を与えるでしょう。エーテル体は現在ではまだ、死後すぐに人間から離れます。しかし人間が完全になり、内から浄化されればされるほど、エーテル体は持続力を獲得し、死滅しなくなります。エーテル体の働きはすべて、不死性に役立つのです。進化の方向が自然に、生命に導かれるようになればなるほど——それは動物的な生殖作用や感情の激しさに向かうのではありません——、人間は不死性を獲得するようになるのです。

動物的な流れは、人間の生命を遮断します。それは生命の流れを妨害するために不可欠な停滞でした。

人間が長い間動物と結びついていなければならなかったのは、この停滞のためでした。しかし人間はそうしたことからふたたび自由になり、生命の流れに向かわなければなりません。

私たち人間が生を受けたとき、ただちに三種の生命の力が与えられました。このことは、アダムの息子セトが生命の樹から若枝を取り、神々の子らがそれをさらに栽培するという伝説によって象徴化されています。その枝は、将来高められるべき三重の人間本性です。そしてモーセはこの生命の樹から杖を作りました。このモーセの杖は外的な法そのものです。しかしこの外的な法とは何でしょうか。

外的な建造物を建てる人が、設計図を作るとき、紙面上で法に従います。外的な法が存在するのです。その設計図に従って外界で石材が切られ、積み上げられます。ある国家建設のもとになる法も、外的なものです。人間はモーセの杖の下に置かれています。恐怖や褒賞への期待から律法に従う人も、外的な法に従っているだけです。

そしてまた、科学をただ外的に考察する人も、外的な法だけに従っています。外的な法以外、彼に何があるというのでしょう。私たちが知っているあらゆる科学法則は、そのような外的な法なのです。この法に従うだけでは、高次の人間本性への架け橋を見出せません。モーセの杖である旧約の律法に従うだけです。

しかしこの外的な法は、内的な法の手本となりえるでしょう。人間は、内的に法に従うことを学ばなければなりません。人間の場合、内的な法が生きる衝動にならなければなりません。内的な法によって、外的な法に従うことを学ばなければなりません。

設計図を仕上げる人ではなく、内的な衝動から神殿を建てる人が、内的な法を現実のものにするのです。魂が石組みの中へ入っていくのです。国家の法にただ従うのではなく、それを生命衝動にする人が、内的な法の下に生きるのです。なぜならそのような人は、自分の魂が法とひとつになっているからです。恐怖や、褒賞のために律法に従う人が、道徳的な人なのではなく、それを愛しているからそれに従う人が、道徳的な人なのです。

法を内的に受け入れない限り、人間を束縛し、強制するモーセの杖が法の中に存在する限り、法は旧約として存在します。その後、パウロの言う恩寵の原則が人間の上に降りて、法から自由になる可能性が与えられました。それは、法と恩寵を区別するパウロの深遠な解釈です。法が愛に満たされるときが、愛が法とひとつになったときが恩寵なのです。このようにパウロの解釈は、法と恩寵とを区別しました。

さて、十字架伝説をさらに辿ってみましょう。木は、ソロモン神殿の支柱に適さなかったので、二つの岸を結ぶ橋にされました。これはひとつの準備でした。契約の聖櫃は神殿の中にありましたが、肉となった言葉（キリストのこと）がまだ存在していなかったのです。

橋として河の上に置かれた十字架の木が、神殿にとって重要なものであることを、シバの女王が最初に見抜きました。それはあらゆる人間の魂の意識の中に生きるはずの神殿にとって重要な木だったのです。

そこで、救済者が架けられる十字架に、同じ木が使われました。この世的な流れと、霊的な流れを合流させるキリストそのものが、生きた十字架になっているのです。だから彼は、十字架の木を背負い、その木がまるで生きているように背負うのです。彼はみずからが橋の木と一体になっています。だから、死んだ木を引き受けることができるのです。

人間は、今ではより高次の自然の中に入っています。かつては下位の自然の中で生きていました。キリスト教の意味で、人間は現在、高次の自然の中で生き、下位の自然である十字架を異質のものとして、内なる生命力によって担います。今や宗教がこの世の生命力となり、外界の生命は終わり、十字架が完全に木になります。外の体が、内の生命力の乗りものになるのです。かくして、十字架を背中に担う、という偉大な秘儀が成就しました。

▼偉大な詩人ゲーテも、メルヒェン『緑蛇と美しい百合姫』の中で、美的にまた深い意味をこめて、橋の理念を表現しています。彼はそこで、蛇が生きたまま、橋のように河の上に横たわることで、ひとつの橋を作らせます。深い秘儀を伝授された者はすべて、同じ象徴を同じ事柄のために用います。

以上で、十字架の聖伝説のもつ深い内的な意味を知ることができました。キリスト教によって成就され、世界がキリスト教化されることによって、後の時代にますます成就されるべき転換がどのように準備されたのかを見てきました。人間は十字架を自分自身の象徴として認識しなければなりません。十字架が、外的な三つの体の似姿である限り、その十字架は死滅しなければなりません。そして低次の三つの領域と高次の三つの領域の間に、つまり流れに分断されている両岸の間に、外的な結びつきしか作ることができないのです。十字架の木はソロモン神殿の支柱にはなりえなかったのです。人間がみずからを犠牲にして、十字架を担うことができるようになったとき初めて、二つの流れは結合することができるのです。

そのためにキリスト教会堂の平面は、十字架の象徴となっているのです。生きた十字架が神殿建造物の中に、密かに組み込まれて、表現されているのです。しかしあの二つの流れ、一方の神的な生命の流れと、他方のこの世的な鉱物の流れは、十字架に架けられた救済者の中で、ひとつに結ばれました。そのとき、高次の原則は救済者自身の中に、低次の原則は十字架の中に存在します。そしてこの両原則の関連が有機的な、生きたものになるべきことを、使徒パウロがとりわけ深遠に表現しました。私たちが今日検討したことを知らなければ、使徒パウロの文書は理解できません。人間と法の間の対立を引き起こした旧約が終わらなければならないことは、パウロには明らかでした。人間が法と結ばれ、法を背中に担うとき初めて、内なる人間本性と外なる法との間の矛盾はなくなります。そしてキリスト教は目標に達するのです。「罪は律法によってこの世にやってきた」というのは、パウロの深遠な言葉です。罪はいつ、この世に存在するのでしょうか。法が存在し、それが犯されるときです。しかし法が人間の本性と結びつき、人間の行為が善であるとき、罪は存在しえません。十字架の法が自分の中に生きないで、外にあるとき、人間は十字架の法に対立しています。ですからパウロは、十字架上のキリストを、法を克服し、罪を克服するものと見たのです。十字架の木にかかること、法の手に陥ることは、呪いです。罪と法は、ともに旧約に属し、法と愛は新約に属します。旧約と結びついているのは、否定的な法であり、新約の法は、生きている肯定的な法です。法と自分の生命とを一致させた人は、旧約の法を克服した人です。その人はまた法を聖なるものにしたのです。

このことは「ガラテヤ人への手紙」にあるパウロの言葉にも見られます〔第三章一一～一三節〕。「律法によっては誰も神の御前で義とされないことは、明らかです。なぜなら、〝正しい者は信仰によって生きる〟からです。律法は、信仰をよりどころとしていません。〝律法の定めを果たす者は、その定めによって生きる〟のです。キリストは、私たちのために呪いとなって、私たちを律法の呪いから贖い出してくださいました。〝木にかけられた者は皆呪われている〟からです」。

パウロは、この「木」という言葉を、私たちが今問題にしている考え方と結びつけています。このように私たちは、偉大な秘儀参入者が語った事柄に、ますます深く入り込まなければなりません。私たちは、神の高みへ上ることによってキリスト教に近づくのであって、私たちの要求や、神を遠ざける現代の唯物的な知性にキリスト教を合わせることによって近づくのではありません。事実、キリスト教は、秘儀伝授から生じました。私たちは、キリスト教を現代の知性に近づけなければならないなどとはもはや考えずに、神を遠ざける唯物的な知性をふたたびキリスト精神にまで高めるとき、測り知れない深遠なものがキリスト精神に含まれていることを理解し、信じることができるのです。現代の知性がキリスト精神を理解するためには、鉱物的な死せるものから、生ある霊的なものへ高まらなければなりません。「新しいエルサレム」という考え方を得るために、以上のことをお話ししました。

＊

《質疑応答》[†1]

質問：この伝説は、非常に古いものなのでしょうか。

答え：秘儀の中で、この伝説はすでに完成していましたが、書き留められてはいませんでした。アンティオキアの秘儀は、アドニスの秘儀でした。そこでは磔刑、埋葬、復活が、秘儀伝授の模像として祭られていました。そこにも、マリアとマグダラのマリアとして後に再現された、女性たちの十字架の下で嘆く姿が登場します。その姿は、アピスの秘儀とミトラの秘儀、そしてオシリスの秘儀にも見出せる、ひとつのヴィジョンと結びついています。そこではまだ黙示的だったものが、キリスト教において成就されるのです。ヨハネが黙示録の中で未来について語ったように、古い諸啓示は新しい伝説に姿を変えるのです。

＊＊＊

この伝説は中世に由来するのですが、すでにグノーシス派の中で詳細に書き留められていて、そこでは、さらなる十字架の遍歴も述べられています。しかしそれは中世の伝説でも暗示されているのです。中世の伝説は秘儀に至る道を、ほとんど明らかにしていません。しかし私たちはそれらの伝説の由来を逆に辿ることができます。この伝説は、アドニスの秘儀とアンティオキアの伝説に結びついており、そこでは磔刑と埋葬と復活が内的な秘儀参入の外的な模像になっています。また嘆く女性たちも登場し、オシリス伝説と非常に似た、ひとつのヴィジョンと結びついています。この伝説の中で黙示的であるものすべてが、キリスト教において成就されています。シバの女王は本当の叡智を知っている、深い洞察者です。

†1――最初のテキストはザイラー、二番目はリープシュタインの覚え書きによるものである。

かつて失われ、今再建されるべき神殿
――それと関連する十字架の木の伝説または黄金伝説　第四講

一九〇五年六月五日、聖霊降臨祭の月曜日

《かつて失われ、今ふたたび獲得されるべき言葉のアレゴリー――聖霊降臨祭に関連して》

いわゆる「かつて失われ、今ふたたび獲得されるべき言葉」についての形象もまた、この時間にお話ししようとするアレゴリーと象徴に属しています。かつて失われ、今ふたたび獲得されるべき神殿については、すでにお話ししてきました。このテーマは、聖霊降臨祭の象徴的な意味と若干関係していますので、かつて失われ、今ふたたび見出されるべき言葉についての、今日の簡単な考察は、このテーマとより良く結び付いてくれると思います。すでに一年前に、今日お話しする事柄について講義したことがあります。しかし皆さんのうちの何人かは、前年の講義を聴いていないかもしれませんので、この事柄について、あらためてお話しするのも無意味ではないと思います。とりわけこのような問題に関しては、繰り返し考えるごとに、ますます徹底して論じることができるのです。前年に言えなかったことのいくつかが、今日は言えるかもしれません。なぜなら、私たちはそれについて勉強してきたからです。

聖霊降臨祭は、教会やフリーメーソンにおいて、「かつて失われ、今ふたたび獲得されるべき言葉」の象徴と関連しています。ですから私たちは、聖霊降臨祭の問題を通して真に深いキリスト教の秘儀に触れるのです。私たちはここでもう一度、先週お話しした、賢者ソロモンの使命とキリスト教の真理の未来的な意味について、これまで以上に根本的に取り上げることになります。

聖霊降臨祭は人間の最も内的な本質に関わっています。この考え方は、原始キリスト教の中にはまだ残っていましたが、さまざまに異なった西洋の教会の中に生き続けているキリスト教からは、次第に失われていきました。聖霊降臨祭は毎年、人間の解放を、あるいは人間の魂の自由を、あらためて人間に思い出させる祝日です。

人間はどのようにして自由に到達したのでしょうか。つまり、どのようにして善と悪を区別して、自由に善あるいは悪を成就する可能性に到達したのでしょうか。人類は今日の発展段階に到達する以前に、長い進化の過程を辿り、そして今その中間点を通り過ぎました。私たちの人類期に先立つアトランティス人類期のおよそ中期に、人類の進化全体の中間点があります。今の私たちは、すでに中間点を超えた所にいます。ですから私たちは、後半期における最初の伝道者、▼上昇する曲線上の最初の使者なのです。アトランティス期までの人類は、下降する曲線上で、下降方向の進化の途上で、物質生活の最も深い所にまで沈んだのですが、今はふたたび霊的進化の方向に向かっています。

地球進化の中間点以前の人間は、善悪を選択する自由を持っていませんでした。下位の自然界では、善と悪について語ることができません。鉱物が結晶したいのかどうかについて語ることは滑稽です。そのための条件があれば、鉱物は結晶します。同様に、百合が花を咲かせたいかどうか、あるいはライオンが、他の存在を食ったり殺したり自由に行いたいかどうかを問題にすることも滑稽です。人間の進化段階になって初めて、選択の自由について語れます。善と悪を区別する判断力は、人間だけに与えられているのです。そして、人間がどのようにしてこの判断能力を得たのかは、聖書の偉大な象徴の中で、はっきりと語られています。それは、悪魔、あるいはルツィフェルがエヴァの前に現れて、認識の木の実を食べるように説得し、誘惑したという堕罪の象徴の中でです。これによって選択の自由が人間にもたらされました。そして、人間は進化の後半の道を歩み出したのです。

鉱物の場合も、植物の場合も、動物の場合も、善と悪が問題にならないのと同様に、宇宙進化の中間点以前の人間の場合も、自由と善と悪を問題にすることができませんでした。もうひとつ別の事柄も、このことと関連しています。

すべての神秘学は、今日の私たちの世界を、「愛の宇宙」と言い表します。「叡智の宇宙」が、この「愛の宇宙」に先行していました。このことの深い意味を考察してみましょう。

▼宇宙論的に見ると、月紀の進化が地球紀の進化に先立っていました。そのもっと以前は太陽紀であり、さらに以前は土星紀でした。人間は土星紀、太陽紀、月紀という三つの進化の相を通過してきました。私たちの地球は今まで三つの周期を通過してきたことになります。その中で地球は、最初の周期では土星進化を通過し、二番目の周期（太陽紀）に土星進化を繰り返し、三番目の周期（月紀）に土星進化と太陽進化を繰り返しました。各々の周期は、惑星が、非常に精妙な素材性である心的素材の中で発展することから始まります。地球は、第四周期、すなわち今日の地球紀を始めたとき、そのような素材の中にありました。地球紀はまずふたたび、先立つ三つの▼周期を繰り返しました。すなわちアルーパ状態において土星紀を、ルーパ状態において太陽紀を、そしてアストラル状態において月紀あるいは月の周期をです。

このように私たちの地球は、今日の物質的密度に達する以前に、かつてのアストラル状態をもう一度通過したのです。このアストラル状態を、「叡智の宇宙」と呼ぶこともできます。地球紀には、七つの人類期があります。ポラール人類期、ヒュペルボレイオス人類期、レムリア人類期、アトランティス人類期、そして私たちのアーリア人類期です。第六、第七人類期もやがてやってくるでしょう。それから、地球は、ふたたびアストラル状態に入っていくでしょう。この諸人類期は、地球上での物質進化の七つの周期を意味しています。

同様にかつてのアストラル期も、七つの相前後する進化の過程を辿りました。しかしここでは、人類期という言い方はできません。その当時生きていたものの形を、人類と呼ぶことができないからです。それは、全く異なった形態をとっていました。神秘学の言葉では、この先行するアストラル期を、「叡智の王国」と名付け、その諸形態を、七人の叡智の王たち、ソロモン王家の七人の王たちが支配した、「叡智の七つの周期」と呼びます。なぜなら、この七つの周期の各々に、ソロモンに受肉した魂と似た魂を持つ存在が生きていたからです。この「叡智の宇宙」は、本来の地球の宇宙である「愛の宇宙」にとって代わられました。

さて、私たちは、地球形成の間に何が生じたのか、よく知っていなければなりません。地球が形成され始めたとき、太陽も今日の月も一体となっていました。この二つの天体と地球は一つに結び付いていたのです。

まず太陽が地球から分離しました。そしてそのことにより、地球上の全生命が異なったものになりました。以前、死は存在していませんでしたが、今や死が生じました。細胞から構成された植物の形態におけるような死が、今や生じたのです。植物が単一の細胞から成りたつものである限り、次のものが生じる時に、崩壊は生じません。しかし、一つの有機体が全体として構成されているときは、事情が異なります。

この有機体は、部分に分かれ、個々の部分は、もはや生命全体ではありません。太陽が地球から離れたとき、死が初めて生じました。月が分離したレムリア人類期の中頃、性の分離が生じました。月の分離は、両性具有存在を、男の部分と、女の部分とに分けました。人間は、現在あるような形姿を持つに至りました。

最初に太陽が、次に月が分離したこの宇宙的に重要な二つの出来事の間に、何が起こったのでしょうか。それを明確にするために、次のことを考えてみましょう。当時、地球は非常に希薄ではありますが、物質的な存在だったのです。それが次第により濃縮していきました。地球上で人間がもった最初の物質は、エーテル物質でした。今のガスよりもっと精妙な存在でした。

現在、地球上では、三つの物体が区別されています。固体、液体、そして、以前は「空気」と呼ばれていたガス体です。神秘学では、さらにエーテル状態を四つに分けています。第一は熱エーテルで、これは物体が熱で浸透されるように作用します。二番目は光エーテルで、三番目は化学エーテルです。これは、原子が決まった数の法則に従って混ざり合うように作用します。つまり原子の親和力です。四番目は自然エーテルあるいは生命エーテルです。この四つのエーテル状態が地球を生かしているのです。地球ははじめ、この諸エーテル状態の中で進化を遂げました。それから地球は、このエーテルよりも一層濃縮していきました。この濃縮化は、レムリア期に初めて生じました。以前は、今日の物質的地球とは全く異なる諸力をもったエーテル状の地球でした。

このエーテル状の地球には、さまざまな力が働いていました。植物も、動物も、人間もすべての存在が、その最も深い内面で、この諸力の働きを受けていました。エーテルは、神秘学の用語で「言語」あるいは「宇宙言語」と呼ばれているものの働きを受けているのです。私はエーテルと「言語」と言われるものとの関係を、秘儀参入の過程において、皆さんに明らかにすることができます。ご存じのように、人間は、肉体、エーテル体、アストラル体、そして本来の自我から成り立っています。エーテル体は、もし人が、「物質的な身体は存在していない」という暗示を自分自身に与え、それによって身体を透視することができたならば、眼にみえるようになるでしょう。しかし、今日の人間は、物質的な身体に直接作用を及ぼすことができません。最小の血球さえも動かすことができません。物質的な身体を支配しているのは、高みにある宇宙的な諸力なのです。人間も未来においては、そうすることができるでしょう。人間が、自分の物質的な身体の諸力を支配できるようになるなら、つまり唯物主義者が、自然の諸力と呼んでいるものを支配できるようになるなら、その時彼は神になったといえるでしょう。しかし今日の人間にこのことを認めたとしたら、人間を偶像として崇拝することになります。物質的な身体に影響を及ぼすことができるのは、高次の存在者たちだけなのです。

もし人間が、熱エーテル物質を支配できるなら、すべての物質をも支配できます。もし人間が、人間の肉体を支配できるなら、その他の物質界をも支配できます。この支配力を父の力、もしくは「父」と呼びます。人間におけるそのような父の諸力を「アートマン」と呼びます。ですから、アートマンは物質に結び付いている力なのです。

人間の第二の構成要素であるエーテル体は、「子」の原理、あるいはロゴス、言葉に対応しています。アートマンが肉体に作用するように、エーテル体は「ブッディ」によって、内的に形作られ、「子」の原理によって振動の中に置かれるのです。

人間の第三の構成要素はアストラル体です。私たちはまだ、アストラル体を支配することができません。しかし、ほんの少数の人が、今日すでにアストラル体を支配する力をもっています。彼らは、内面からアストラル体を支配できる度合いに応じて、「マナス」をもった人と呼ばれます。

レムリア期の中頃に、人間はアストラル体に働きかけ始めました。レムリア期の始まる頃の、つまり両性具有の人間を考察すると、その身体が外側から作られていたことに気づきます。レムリア期の中頃から、人間は自分でアストラル体に働きかけ始めます。人間が自分の自我で働きかけるもの、義務や掟によって、むきだしの欲望や情熱を克服するために行うことのすべては、アストラル体を高貴化するのに役立ちます。もしアストラル体が、自我の働きに完全に従っていたなら、もはやそれをアストラル体とは呼びません。それはマナスになっているのです。アストラル体が完全にマナスに変容したら、人間はエーテル体に働きかけて、エーテル体をブッディに変え始めることができます。人間がそこで働きかけているのは、個体化された言葉に他なりません。それをキリスト教的神秘学では、「子」あるいは「ロゴス」と呼びます。アストラル体がマナスになると、それは「聖霊」と呼ばれます。そして、肉体がアートマンになると、それは「父」と呼ばれます。

人間という小宇宙で生じることは、外なる大宇宙の中でも生じました。この宇宙の秘密は、秘儀参入のときに演じられました。つまり、人間においてははるか遠い未来において生じるであろうことが、演じられたのです。

エジプトの秘儀では、アストラル体を自我で完全に導くことができる者のみが、秘儀に参入できました。そのような人が秘儀の祭司の前に立ったのです。彼は、肉体への影響力はもっていませんでしたし、エーテル体への影響力ももっていませんでした。しかし、彼のアストラル体は彼が自分で創り上げたものでした。さて、このような秘儀参入者に対して、エーテル体と物質体に作用する力が示されました。肉体が無気力な状態に置かれました。三日三晩この状態に留まらなくてはなりませんでした——そしてその間に、エーテル体は肉体から引き離されました。秘儀参入を受ける人は、すでに支配することのできているアストラル体を、エーテル体に作用させることができるようになったのです。これが、三日間の埋葬と、聖霊に浸透されたエーテル体の復活の内実でした。そのような秘儀参入者を、ロゴス、あるいは「言葉」を賦与された人間と言いました。この「言葉」とは、アストラル体の中に組み込まれたマナス、すなわち叡智に他なりません。もしも予めアストラル体が叡智に浸透されていなかったら、叡智は決してエーテル体の中に入っていくことはできなかったでしょう。

地球にとっても同じことです。全地球がアストラル的になる以前は、叡智に浸透されることができませんでした。エジプトにおける秘儀の状態は、地球紀に直接先行するアストラル状態に相応しています。それは、叡智の宇宙です。そこには、すべての叡智が宇宙的存在たちによって組み込まれています。このすべての叡智が地球の中に組み込まれたので、太陽と月が地球から分離した後、より高次の領域からふたたび何かが組み込まれるようになります。同じ経過が、人間の中で秘儀参入に際して成就したように、大宇宙の中でも成就しました。

アストラル状態の地球は、七回、ソロモンのやり方で賢者たちに支配されました。それから、地球は外側から自身をエーテル体でつつみ、地上の物質を結晶化し、構成しました。そして「言葉」が、地上の物質の中に深く埋葬されました。しかし、この言葉はふたたび甦らなければならないのです。これは、ディオニソス神話の美しい意味でもあります。

地球紀の先行者の聖なる叡智は、私たちのあらゆる地球存在の中に組み込まれています。このことを可能なかぎり深く理解しようと試みてください。各人の人間が持っているエーテル体を考えてみましょう。もしエーテル体を霊能者が見るなら、それはおよそ肉体のような形をとっています。人間が死ぬと肉体は溶解します。エーテル体も溶解します。肉体は物質界に、エーテル体は宇宙エーテルの中に溶解するのです。しかしこのエーテル体は、以前のアストラル状態においてエーテル体に移し入れられた叡智によって、人間にとっては非常に精巧に造られています。

死後、このエーテル体は飛散します。内側から造られたエーテル体だけが、生命をもち、永遠に残るのです。この修行者のエーテル体は、死後も溶解しません。今日の文化人が死ぬと、しばらくエーテル体は維持されますが、それからそのエーテル体は溶解します。修行者のエーテル体は、留まります。神界を修行者が断念するのは、修行者がアストラル界に留まり、そこで自分のエーテル体を利用することができるからです。普通の人の場合は、生まれてくるたびに、新しいエーテル体が形造られます。それが形造られるのは、神界においてです。修行者が内側から造り上げたエーテル体は、もはや失われませんが、宇宙叡智によって外側から造られたものは、ふたたび溶解します。それは、植物と動物のエーテル体についても言えます。今日の人間エーテル体は、地球がアストラル状態にあったとき、その地球に流れ込んだ宇宙的諸力から造られています。アストラル状態の地球の中に見出される叡智は、ディオニソス神話の中に表現されています。

さて、レムリア期に濃縮化が達成されなければなりませんでした。この時期に、父の原理が組み込まれなければならなかったのです。父の原理は、地球の素材性を自由に処理できる究極の原理です。そこに組み込まれたものは、深く物質界の中に隠されつづけます。まず、聖霊がアストラル物質の中に埋め込まれました。それから、アストラル物質と結び付いた霊が、エーテル物質の中に埋め込まれました。それが子です。それから、物質的な濃縮性を支配する父がきます。そのように三重の段階を踏んで大宇宙は形成されます。聖霊、子、父です。そして人間は、自身で向上するように努力しながら、聖霊から子を通って父にまでいきます。これはすべて、地球紀の進化の中で、摂理のもとに生じました。レムリア期までの唯一の出来事は、外的進化でした。それから三位一体が、物質進化の中に入ってきました。アーリア期には、かつて成就され、段階的に繰り返されてきたことが宗教として文化の中に現れました。

私たちの時代はアーリア根幹人類期の第五亜人類期であり、その前には四つの亜人類期が先行しました。第一の亜人類期は古インド亜人類期です。この尊敬すべき古亜人類期は、聖仙たちによって導かれました。彼らについて、私たちはわずかなことしか知りません。彼らの宗教については、「ヴェーダ」によって知ることができます。聖仙たちの教えは、今日言われているよりも、はるかに偉大であり、力あるものでした。今日ヴェーダに残されている記述は、第三亜人類期にはじめて成されました。聖仙たちの原宗教は、人類の神的な祖先たち、ソロモン王家のアストラル界参入者たちの偉大な伝統をもっていました。それは、地球の法則の単なる知識ではなく、この叡智を自ら創造した諸原像の教えをもたらす偉大な直観でした。この諸原像は古代インドの聖仙たちの霊の中に生きていました。これが最初の宗教である、「聖霊の宗教」でした。

二番目の宗教は、西南アジアに育ちました。人々は、「子なる神」がはじめて地上に影響を及ぼしたとき、このロゴスの原理を神として崇敬したのです。そのとき、子の原理の発現と同時に、別の存在たちの落下が生じました。深みの中へ他のものが突き落とされることなくして、高みへの進化はありません。鉱物界、植物界、動物界は、このように突き落とされた領界なのです。より高く進化するものは非常に重い責任を自ら背負うのです。それは大きな悲劇です。どの聖者も、おびただしい数の存在を突き落とす結果を引き起こします。もしそのような落下が起きないとしたら、進化は生じえないでしょう。人間自身がより進化するために、絶え間なく他の存在たちを突き落とさなければならないのです。もし、進化が利己心から生じたのなら、すべての進化は悪にまみれ、非道なものになるでしょう。進化は他の存在の進化のためにのみ、正当化されるのです。突き落とされたものを、ふたたび上昇させようとするもののみが、進化しうるのです。地球上に生じた進化、すでに他の宇宙体で準備された進化、エーテル体にロゴス、言葉を賦与するための進化は、地球進化に関係ある他の存在たちを突き落とすことと結び付いています。この突き落とされた存在たちが、ルツィフェルなのです。

　私たちは、二元論をペルシアの宗教の中に見ることができます。善の原理に並んで、悪の原理が生じました。マナスへ向って精進する存在は、善なのです。しかしそこに、悪が対抗します。アフラマズダとアーリマンは、古代ペルシア宗教の善と悪の名前です。

　第三段階は、カルディア、バビロニア、アッシリア、エジプトの時代です。その時代に、レムリア期に生じた神性の第三段階があらためて霊的に生じます。ですから、その時以来、すべての民族に、三原理、すなわち父と子と聖霊という神性の三位一体の考え方が入ってきました。第二亜人類期には、まだ神性の三位一体の考え方はありませんでした。もちろん第一亜人類期においても、全くなかったのです。この三重構造の中で、全人類のための向上が、次第に準備されます。▼秘儀参入者が、その道を準備し……［欠落］

　以上の三つの亜人類期における宗教は、大宇宙の運行の中で生じたものの反映であり、ひとつの新しい育成でした。最初に叡智、それから子、そして父が崇敬されました。叡智が、第四亜人類期、すなわちセム民族のもとで新たに輝きました。セム民族は、第三亜人類期から第四亜人類期に成長して、そこからキリスト教が生じてきました。ユダヤ民族の秘儀参入者の場合、超地上的世界において起こったこと、地球の過去のすべての成り行きが、もう一度知性の中で繰り返されるのです。そこに、低次の霊である、カマ・マナス（自我）が成長をとげますが、そこにふたたび他の力が賦与されなければなりません。この自我への働きかけがキリスト自身であり、肉に宿った言葉なのです。

未来において、言葉が人間の中で生命あるものになり、そしてエーテル体の中で言葉が生きるようになるなら、すべての人間は、アストラル体でエーテル体を支配するようになるでしょう。未来におけるこの進化の可能性は、第四亜人類期の「肉に宿った言葉」の出現で先取りされました。エーテル体の中にロゴスが受肉されることによって、全人類はエーテルの支配権を獲得しなければなりませんでした。それは、肉に宿ったキリストの原衝動として現れました。もし人間が、子の力によって貫かれていくなら、父に至るでしょう。

さて、段階はさらに向上していかなければなりません。こうして、キリストにおいて肉の中に現れたロゴスが、次第に全人類によって達成されるでしょう。ユダヤ教の中で発展した霊の中に、高次のマナスが働き始めなければなりませんした。それゆえに、新しい時代が聖霊の降臨とともに始まります。その聖霊は、第六亜人類期において、今日キリスト教の中にただ暗示されているだけのキリスト原則が成就されるように、人間を導きます。「だれも、私によらず父のもとには行かない」と子は言います。子は人類に聖霊を送りました。そして聖霊が、善悪のはっきり分かれる第六亜人類期のための準備を人類にさせるのです。悪の原理の混入がなければ、人間は決してこのような衝動を起こさなかったでしょう。人間は自由意志を持たなければなりませんでした。人間の知性は、善と悪を区別することができるようになったのです。聖霊の降臨は、五旬祭に起こりました。

地球にまるで埋葬されたように、肉体の中には父が、エーテル体の中には子が、アストラル体の中には聖霊がいます。しかし、人間は「自我」を造り上げ、自意識を持つようになりました。

さて人間は、肉体にまで作用することを学ばなければなりません。未来においてはそうなるでしょう。現在の人間は、アストラル体に作用しています。その象徴は、人類の導き手であるべき人間たちの頭部に聖霊が注ぎ込まれるということですが、この聖霊を受容した人は、この聖霊に親和した存在なのです。「子」が活動を起こすことができる以前のヒュペルボレイオス期に、普遍的な神的原則が分裂して、その一部分は突き落とされ、異なった方向へ向わなければなりませんでした。これが蛇という認識の象徴であり、ルツィフェルの原理です。ルツィフェルという霊のこの働きが、人間を自由な存在に変え、自分の衝動から善を欲することを可能にしました。偉大な聖霊降臨祭に人間に下った霊と、突き落とされ、プロメテウスの中に受肉したこの霊とは同族です。プロメテウスは、自我が将来「子」に従い、もっと後には「父」に従うように、そして今、「霊」に従うことを決意できるように、火を与えたのです。人間は、悪しき存在になることができましたが、他方、悪になることができたという犠牲によってのみ、故郷である神々の世界にふたたび導かれることができたのです。これが聖霊降臨祭とルツィフェル原理との関係です。ですから聖霊降臨祭は、プロメテウスの祭、あるいは自由の祭でもあるのです。

皆さん、地球以前における前述の七人のソロモンの王たち——聖書のソロモンはこの王たちの子孫です——とカインの末裔との関係が、今おわかりでしょう。叡智は、はじめ人類に外から伝えられました。その後は、それは内から生じるべきでした。ソロモンは神殿を、ただヒラム・アビフに助けられて、建てました。このカインの子孫と結び付いて、彼は神殿建設に必要な技術を習得しました。そのように、世界の中で分かれていた流れが、ふたたび一体になって流れるのです。

太陽が地球から分離したとき、言葉は地球の中に埋め込まれました。地球が第六根幹人類期にまで進んだとき、それはふたたび復活するでしょう。人間はこの言葉を地球から甦らせるでしょう。しかしそれには、みずからの内に言葉を響かせる霊が、人間の中に生きていなければなりません。そのことを使徒たちは、聖霊降臨祭のときに達成しました。『途上の光』に次のような言葉があります。「知識を学びなさい。そうすれば、言葉はあなたのものになるでしょう」。言葉は、聖霊降臨祭の時、使徒たちに火のように降りた真の知識と共にやってきます。人間の内部から、聖なる神的な言葉に親和した言葉が響いてきます。その言葉はエーテルの中に沈み、そこから生きいきと現れ出るのです。人間は、もはや自分自身からではなく、神の霊から語るのです。神性の使者となり、自由意志から、神性の内なる言葉を告げるのです。

そのように、内なる言葉は、使徒たちの中で生きいきと甦りました。それは彼らから外に向かって働きかけました。彼らは火の言葉を告げ、そして自分を神性の使者と感じました。ですから、聖霊が炎の舌の形になって、彼らの上にとどまったのです。彼らは人類がロゴスを受け取ることができるように準備したのです。偉大な導師イエス・キリストが先行しました。聖霊がそれに続き、エーテル体を不死にするために、アストラル体を成熟させました。これが達成された時、キリスト原理が人類の中に生きるようになったのです。ヘラクレイトスのような秘儀参入者たちも、次のように語りました。「もし、おまえが地上的なるものからのがれ、自由のエーテルにまで上りつめるなら、死をもたらす物質から離れて、不死なる霊の存在になるであろう」。

どの人間も、第六根幹人類期の中期に、ここに到達するでしょう。しかし今は、まだ死の支配を受けています。なぜなら、エーテル体がまだ不死性を獲得していないからです。キリスト教の中には、人間が次第に発展向上してエーテル体の復活にまで至るという秘密が隠されています。ここに、この三つ目の偉大な祭が、他の二つのキリスト教の祭と関係しているのです。

今日私は、周囲の事物に対する生きいきとした感情をもてるように、聖霊降臨祭の測り知れない深さについてお話ししました。▼土曜日、日曜日、月曜日……という一週間の名の付け方にも、宇宙の進化の過程が示されているのです。

賢者たちが聖霊降臨祭のような祭に、どれほど深い真実を込めたのかを、明瞭に意識するとき、人は最もよく聖霊降臨祭を祝うことができるのです。祭を祝うということは、本来、こころの中で世界霊と結び付くということなのです。

オカルティズムの光に照らしたロゴスと原子

一九〇五年一〇月二一日（覚え書き）

神智学を真に理解したいと思うなら、ひとつの基本的な態度が、私たちを貫いていなければなりません。それはオカルティズムについて何も知らないときには、予想もしなかったような、より高次の使命や宇宙事象に関わるために、神智学的な流れの中に魂を拡げ、心をより豊かに高めようとする態度です。

神智学運動を通して人類をある時点へと向かわせる偉大な意図がある、ということについて、よく語られています。その時点とは、新しい人類が生まれる未来のことです。そのとき、私たちの現在の知性は、世界中でもはや主要な役割を果たさなくなり、生命霊を生かさなければならなくなるのです。私たちは、この偉大な宇宙の流れの中で働くことで、神智学運動に対する強い責任感を持たなければなりません。神智学徒の使命は遠い未来にまで及びます。しかし私たちは、ユートピアに入るのではありません。遠い未来を経験することで、内なる力を目覚めさせ、日常生活にも役立つものを、私たちの内に生じさせるのです。毎日一〇分間だけでも、この偉大な宇宙展望に思いをめぐらす人は、日常の中に埋没している人とは、別様な生き方をします。前者は、新しいもの、生産的で、独創的なものを、現実の中にもたらすことができます。あらゆる進化は、人類に独創的なものをもたらすことによって生じるのです。

▼デヴァ神の働きに関わる事柄から始めましょう。デヴァ神は人間より高次の段階にいて、高次の段階で働くことができる本性です。ですから、私たちが見霊者として、高次の領域に足を踏み入れるなら、アストラル界、ルーパ界、アルーパ界、そしてさらにもっと上方に、デヴァ神界を見出します。私たち自身が生きているこの世界にとって、デヴァ神の働きとは、何を意味するのでしょうか。この疑問への答えを、「絶えず輪廻転生し続ける人間存在の目的とは何か」と自問することから始めてみます。人間は、生まれてくる度に特別な課題を学び、特別な使命を果たすことができるのでなければ、この世に来る意味がありません。以前の受肉で、まだ遭遇していない状況に出会えるように、生まれてくる度に、地球は変化していなければなりません。

オカルト的には、男性と女性に一度ずつ生まれてきて、一回の受肉と見做されます。この二回一組の受肉の間隔は、二六〇〇～三〇〇〇年です。現在の発展段階にいる人間がこの世で経験することは、男性と女性では非常に異なるために、このように両性の人生を経験することが不可欠なのです。

ある人が二回受肉する間に生じる世界の変化は、神智学を通して見ないと、かなり理解しにくいものです。しかし実際、人間は道徳的にも物質的にも、以前とはまったく別の状況を見出します。オカルト的に振り返ってみると、この三〇〇〇年間で、物質上の状況も本質的に変化しました。紀元前八〇〇年頃、古代ギリシアのホメロス時代の私たちは、今と同じ性で、この世に存在していました。当時は、地理上も気候上も、今とはまるで異なる状況にありました。植物界や動物界も、本質的に別のものでした。植物界と動物界では［常に］本質的な変化が生じているのです。この変化の外的な現れは、天空上の太陽の移行です。天空には一二の星座があり、春分点の太陽はいつも一つの星座から次の星座へと前進していきます。八〇〇〇年前、太陽は初めて蟹座から昇りました。▼太陽がひとつの星座を通過するのに、約二六〇〇年かかりますが、これは人間が二回受肉する年数と同じです。一八世紀から一九世紀に移る頃に、太陽は牡羊座から魚座に前進したので、現在の太陽は、春に魚座から昇ります。

オカルティズムにまだ意味を見出していた人びとは、人間の生活と天空のこの変化との関連を知っていました。太陽が牡羊座に現れる以前のアジアでは、牛の崇拝が盛んでした。ミトラとアピス（古代エジプトの聖牛であった神）がその例です。そのあと牡羊崇拝が続き、その時代とともにイアソン（ギリシア神話の勇士）と金羊毛の伝説が始まり、キリストは「神の子羊」と呼ばれました。さらに遡ると、ペルシアの象徴である双子座の時代に至ります。この双子座の時代は、善悪二元論の文化と関わりがありました。

太陽が別の星位下で地上に光を輝かせると、いつも異なる状況が生じます。ですから太陽が新しい星座に現われるたび、人間は新たに生まれてくるのです。上方の天空では太陽が移行し、下方の地上では気候状況や植生などに変化が生じます。

それをもたらすのは誰でしょうか。神智学徒は、そう問わなければなりません。なぜなら彼にとって、偶然など存在しないのですから。高次の立場に立てば、偶然など存在しません。地上の現象と人間との関わりが問題になるときには、高次の立場に立たなければなりません。

死後、人間はカマロカ（死後の魂が生前から持ち続けてきた感情に決着をつける場所。いわゆる煉獄）にいます。「動物や植物は、意識を持っているのか」ではなく、「動物や植物の意識はどこにあるのか」と尋ねなければなりません。動物の意識は、カマロカ、つまりアストラル界にあり、植物の意識はルーパ界、鉱物の意識はアルーパ界、人間の意識は物質界にあります。人間が今、カマロカに行くとしますと、そこは動物意識の場でもあります。それから人間は、植物意識の存在する、デヴァ神界に昇ります。現在の人間の進化段階では、動物や植物の世界に影響を与えられませんが、デヴァ神界の下位の領域にいるときは、それができるのです。そこにいる人間の仲間はすべて、デヴァ神界的意識を有しています。

デヴァ神界から生じる諸力と本性たちが、植物界の生長と繁栄をもたらします。全植物の生命が、デヴァ神界から統御されているのですが、人間もそこから植物の創造と変容に関わります。そして、これらの活動を統御するためにデヴァ神が存在するのです。人間は、植物界の変容に協力できるように、デヴァ神たちに導かれます。現在の一回の地上生活で集めた力を、デヴァ神界における人間は、植物界を変化させるために用います。デヴァ神界に留まる人間が生きる能力を変化させ、地上の植生をも変化させます。人間はデヴァ神界から、周囲の環境を実際に変化させるのです。

デヴァ神界に長く留まる存在たちは、物質的な諸力も変化させます。百万年前のドイツには、まだ火山脈があり、アルプスはまだ起伏のある低い丘でした。人間が、その後の変動をアルーパ界から引き起こしたのですが、それは後に自分たちに適合するヨーロッパの物質状況を得るためでした。環境の中にいる私たちが外側から見るものを、内側から見ると、宇宙にいる人間の作用を見ることができます。

ここで、さらに高次の世界にいる別の形姿が、宇宙の中でどのように変容しながら作用しているのか、お話ししましょう。

ロゴスの物質化について書かれたものをしばしば目にしますが、ロゴスという単なる言葉以上の何かについて、どのようにイメージしたらいいのでしょうか。ここで、原子という最小の存在とロゴスとの関連を明らかにしておきたいと思います。特に一四世紀に設立されたドイツのオカルト諸学堂で為された、思弁的なものではない太古のオカルト研究の成果が、どのように伝えられたのか、お話ししようと思います。

原子について考えるとき、まず思いつくのは、それが極度に小さなものだということです。原子と呼ばれるその小さなものは、たとえまったく完全な状態であっても、顕微鏡などでは決して見ることができないことを、誰でも知っています。しかし▼オカルト的な書物には、原子についての描写があり、図が載っています。この図はどこから取ってこられたのでしょうか。オカルティストは、原子についてどのようにして知ることができたのでしょうか。

原子をどんどん大きくして地球と同じくらいにすることができたら、非常に複雑な世界が見られるでしょう。そしてこの小さなものの中にある、多くの動きや、さまざまな現象に気づくでしょう。原子が地球くらい大きかったら、という喩えを心にしっかり留めておきましょう。原子を大きくさせることが本当にできたら、一つひとつのあらゆる経過を観察できるでしょう。オカルティストだけが原子を大きくさせて、内側を観ることができるのです。

次に、衝動や熱情といったもっとも下位の段階から、道徳的な理想、宗教的共同体などにまで至る、人間のあらゆる地上的な衝動を考えてみますと、互いを結びつけて、ますます高次の共同体を生じさせる、いわば糸のようなものを人間が紡いでいるのがわかります。それは家族や一族、さらに地域共同体や、国家、最終的には宗教共同体にまで及び、そこにはすでに高次の個性の働きが現れています。そのような共同体は、宗教創始者を通して、宇宙叡智の統一した源泉から生じました。諸宗教は、偉大なロッジに属する創始者をもっていますから、［より深いところでは］互いに一致しているのです。

▼ある特別な白いつまり善なるロッジがありました。このロッジは、一二人の成員で形成され、その中でもとりわけ活動している七人が宗教的共同体を創設しました。彼らは、仏陀、ヘルメス、ピタゴラスたちでした。人類全体の進化のための偉大な設計図が、全人類と同じくらいに古い白いロッジの中で、実際に

霊的に練り上げられました。人類全体の進歩を導くための摂理が、私たちに働いています。家族共同体をはじめとする共同体はどれも、ただ枝分かれしたものにすぎません。そのすべてが、私たちをマイスターたちのロッジに引き上げようという偉大な摂理と結びついているのです。全人類がそれに従って進化する摂理が、そこで織りなされています。

さらに生じることをすべて辿ってみましょう。そのためには、特別な摂理である、私たちの地球の摂理をまず知らなければなりません。私たちの生きている四番目の地球周期を見てみますと、そこでは鉱物界をより一層人間的に変化させるように定められているのがわかります。ケルンの大聖堂や工学的な機械など、人間の知性がすでに鉱物界をいかに変化させたか、考えてみて下さい。現在の人類は、鉱物界全体を、純粋な芸術作品にまで変容させるという使命をもっています。電気は、物質のもつオカルト的な深みを、すでに暗示しているのです。

人間が、自らの内面から新たに鉱物界を打ち立てたとき、私たちの地球は終わりを迎えるでしょう。そのとき、地球は物質的な進化の終末を迎えます。鉱物界を変えるための特別な設計図は、マイスターたちのロッジの中にあります。現在、この設計図はすでに完成しているので、それを理解することができれば、この鉱物界からどんなにすばらしい建造物や機械などが今後も生じるのか、知ることができます。地球の物質状態が終焉を迎えると、人間自身が地球に与えた内的な構造を地球全体がもつようになり、それによって、白いロッジのマイスターたちの設計図通りに、地球はひとつの芸術作品になるのです。そうなったとき、地球はアストラル的な状態に移行します。これは植物が萎み始めるときといくらか似ています。物質が消えて、すべてがアストラル状態に入ります。アストラル界に入っていくとき、物質はどんどん凝集し、アストラル的なものに取り巻かれた小さな粒となって、ルーパ状態になり、アルーパ状態になり、睡眠に似た状態になって消えます。

物質のうち、何が残るのでしょうか。地球がアルーパ状態に移行したとき、マイスターたちの設計によって作り上げられたすべての物質進化が完全に凝縮されて残されています。それはかつての鉱物的な地球の極小版なのです。それが［物質界の］姿なのです。物質は以前の諸進化の極小版としてしか存在していませんが、アルーパは大きいのです。物質は神界状態からこちらへ移ってくると、外へ向けて無数の同じものに増殖します。そして地球は、ふたたび物質状態に移行すると、以前の地球の複製である無数の小さな球で構成されるのです。すべては異なった種類の球ですが、元は同じです。このようにして▼第五周期（木星紀）の新しい物質的な地球は、マイスターたちが鉱物界の目的としてロッジの中で設計したものすべてを内包した、無数の小さな部分から生じるようになるでしょう。第五周期のそれぞれの原子は、マイスターたちの設計すべてを内包しているのです。現在、マイスターたちは、第五周期の原子を概ね作り上げています。人類の中で起こることのすべてが、成果として第五周期の原子に集約されるのです。

ですから現在の原子に眼を向け、アカシャ年代記の中で過去へ遡ると、今日の原子が成長のプロセスを辿ってきたことがわかります。それはどんどん成長し、分化し続けています……［原文に欠落］そして第三周期（月紀）の人類の、混沌としてうねるような力を内包しています。第三周期のマイスターたちの摂理を今日の原子の中に観ることができます。

はじめまったく外にあったものが、内になります。そしてもっとも小さな原子の中に、マイスターたちの摂理が映し出されているのです。原子という小さな個別の摂理は、人類全体の摂理の一部にほかなりません。ある周期の摂理が次の周期の原子である、と考えると、偉大な宇宙設計の構造がわかります。そのように偉大な宇宙設計は、ますます高次の段階へ進み、高次の摂理を有する本性たちへ向かいます。この摂理こそが、第三ロゴスなのです。このようにして、ロゴスが常に原子の中に入っていきます。
ロゴスははじめ外側にあって、原子を配列する設計図になり、そして原子がその設計図を表現するのです。オカルティストは、アカシャ年代記を読んで、かつての周期についての摂理を書きとめ、それによって原子を研究します。

高次の本性たちは、この摂理をどこから受けとるのでしょうか。摂理の計画が練られる、進化のもっと高次の段階があることを知るとき、その答えを得ることができます。高次の段階においては宇宙進化が前もって描かれているのです。古代人の場合、たとえば使徒パウロの弟子であったディオニシウスの場合や、ニコラウス・クザーヌスの場合でも、このより高次の段階のことが暗示されています。ニコラウスは、「認識しないことは、すべてを認識することよりも高次なことである」とわかっていました。この認識しないというのは、知を越えることであり、認識を越えることなのです。

この世的な思考や概念にこれ以上眼を向けずに、内面に芽生える力に向きあうと、もっと高次のものが見えてきます。マイスターたちは、思考の世界を超えているので、［第三］ロゴスを紡ぎ出すことができるのです。高次の力を発達させている本性たちの場合、思考は別のものとなり、私たちが発した言葉のようなものになります。マイスターたちの、もっとも内なる本性を表している思考内容が、言葉になるのです。思考内容を、より高次の本性の語る言葉として捉えるとき、私たちはロゴスの概念に近づきます。その思考内容から取り出された知識は、より高次の次元にある知識なのです。

世界の終わりに、原子は存在します。その原子はマイスターたちの霊の深みから発する、ロゴスである摂理の模像です。

私たちが壮大な宇宙周期の中に人類の変容のあとを辿っていくと、ふたたび世界の中へ連れ戻されます。

人間が物質界へ下降したように、全宇宙も下降します。人間自我を前進させるものは、人間を取り巻く世界の中にあります。

私たちが低次の次元へと導かれるとしても、この低次の次元自体は、マイスターたちのロッジである高次の次元を内包しているのです。

現在、マイスターたちのところでは、「地球の霊」が生きています。この霊は、次の惑星の物質的な衣装となるでしょう。もっとも小さな私たちの行為は、次の惑星のもっとも小さな原子の中に働きを及ぼすでしょう。このような感情が、私たちを、マイスターたちのロッジと初めて完全に結びつけるのです。それが神智学協会の核心となるべきです。なぜなら私たちは、秘儀参入者の知っていることを、知っているのですから。

▼ゲーテが「地の霊」について語ったことは、真実でした。地の霊は、次の惑星の衣装を織るのです。「みなぎる生命の中で――行為の嵐の中で」［地の］霊は、次の惑星の神性の衣装を織るのです。

＊

《編集者による補遺》

二年後の同じく総会の時期に、これまで未公刊の講義の中で、ルドルフ・シュタイナーは、どのように原子がひとつの惑星紀から次の惑星紀に霊的に作用するのか、つまり「月紀から地球紀へ、さらに地球紀から次の惑星紀である木星紀へ」作用するか、再度語っている（ベルリン、一九〇七年一〇月二一日、全集番号一〇二）。問題の要点は、以下のようである。

地球は、高次に進化した人間個性たちと、より高次の個性たちとがひとつに結びついている、いわゆる白いロッジによって導かれています。この個性たちは、その場合何をするのでしょうか。彼らは活動し、地球進化を導きながら、まったく特定の計画を仕上げるのです。それぞれの惑星紀が進化する間、指導的な存在たちが、特定の計画を練り上げているのです。地球紀が進化している間、いわゆる白いロッジで、地球紀と交代する木星紀がどのように進化しなければならないか、個々の状況に応じた計画が作成されるのです。あらゆる細部に亘って、計画が立てられます。この計画と調和した行為が、発展し続ける進化に対する恵みであり、救済なのです。

ある惑星紀の進化が終わるときには、私たちの場合で言えば、地球紀が惑星的な進化を終えるときには、マイスターたちが木星紀のために用意すべき計画を完成させているはずです。そのような惑星進化の終わりには、極めて特異なことが生じるのです。

この計画は、ある手続きに従って、同時に無限に小さくなり、多様化していきます。木星紀計画全体から無限に多様な範例が、ミニチュア版となるのです。月紀でも、地球進化の計画は、無限に多様化され、小さな形でそこに存在していました。

霊的な状態で練り上げられたこの計画が、何なのか、おわかりでしょうか。それは地球の土台をなす現実の原子たちのことなのです。そして指導的な白いロッジで現在練り上げられている計画が、ふたたび木星紀の土台となる微小の原子たちになるでしょう。この摂理を認識する人だけが、原子とは何かを知ることができるのです。

地球の土台をなすこの原子を認識しようとするなら、宇宙の偉大な魔術師たちに発する叡智が、役立ってくれるでしょう。

このような事柄については、勿論暗示的にしか語ることはできませんが、少なくとも何が問題なのかを知ることはできます。

地球は特定の仕方で、これらの原子から成り立っています。皆さん自身もすべて、これらの原子で構成されているのです。皆さんは、かつて練り上げられた、極小の地球計画を無数に内に有することで、地球紀の進化全体と調和しているのです。地球紀に先行する惑星状態にあった月紀で、指導的な本性たちが、土星紀と太陽紀と月紀の全進化と調和しつつ働いたからこそ、この地球紀に摂理が存在しているのです。

大切なのは、無数の原子を正しい関係になるように、正しく秩序づけることです。そうするためには、月紀を導く霊たちが、地球紀の進化をまったく決まった軌道に導くことがどうしても必要だったのです。月紀の進化の後、地球紀になったときの地球は、まだ本来の「地球」ではなく、地球と太陽と月がひとつになっていました。地球を太陽と月と一緒にして練りあわせ、ただ一体にしたもの、それが、その時の地球でした。次に太陽が分離したことで、人間にとってはあまりに希薄で霊的過ぎた諸力、その影響下にいては人間があまりにも早く霊化されてしまったであろう諸力もすべて分離しました。人間が、この太陽・月・地球体に含まれた諸力の影響下にあったら、物質にまで降りて進化することはなかったでしょうし、必要な自己意識、自我意識を得ることもできなかったでしょう。……

III

神智学運動とオカルティズムの関係

一九〇五年一〇月二二日（午後）[†1]

明日の午前中に、現代のオカルト諸問題とフリーメーソンとの関係について、講義を行います。それは、古くからのオカルトの慣例に従って、女性と男性が分かれて行われなければなりません。一〇時に男性のための、そして一一時半には女性のための講義が行われます。皆さんは、神智学の中ですでに克服されるこのような慣例が、なぜまだ残っているのか不思議に思われるでしょう。そのことは、明日の二つの講義内容から理解していただけると思います。そして、明日の晩八時に、▼ベザント支部の正式な集会が行われることも申し上げておきます。

さて、私は神智学運動とオカルティズムの関係や、それに関連する他の幾つかの問題についてお話ししたいと思います。神智学運動は、とりわけそれが神智学協会の中でなされている場合、オカルト運動でありうるのか、また神智学運動においては、どんなオカルティズムも排除されなければならないのかについては、度々話し合われてきました。

神智学運動は、神智学協会の中でなされている限り、オカルト運動であるとはいえません。オカルト運動は、神智学協会とは異なった前提を持っています。いつの時代にもオカルト結社は存在していました。オカルト結社は、とりわけつぎの事柄を必要としていました。すなわち、その活動のすみずみにまで位階組織が定まっており、会員は、上下関係の上に成り立っていました。第一番目から第九〇番目の位階まで、各位階は完全に決まった課題をもち、低い位階の課題を成し遂げるまでは、誰もより高い位階に昇進することはできませんでした。

なぜそうなのか、一般的な言い方しかできません。そこで特に、そのようなオカルト兄弟団の使命についてお話ししようと思います。親愛なる皆さん、そのような事柄についての私の話を度々お聞きになったと思いますが、今日はそれについてはもっとよく理解していただけると思います。オカルト兄弟団は、人類を導く兄弟団です。そのような兄弟団は未来の事柄を準備するという使命をもっています。未来に生じるべき事柄はすべて、現在すでに理念化され、計画され、そして未来において実現されます。外の物質界での人類の進化を見れば、後に実現した事柄が、かなり以前に指導的な人びとの頭や心の中で、理念として芽生え、実現するように働いていたことがわかるでしょう。蒸気機関を例として取りあげましょう。蒸気機関がいかに簡単な事実から始まったかを考えてみればおわかりだと思います。沸騰した湯で満たされた鍋は、もう蒸気機関の理念を持っています。このもっとも簡単な鍋の形からもっとも複雑な機械のメカニズムにまで、この理念が一貫して続いているのです。

しかしこのことは今問題にしている偉大な人類の機構に比べれば、些細なことです。人類にとっての重要な事柄は、大きな展望をもっています。はるか遠い先の未来に生じるべき事柄が、今日すでに準備されているのです。そのようなことがどうして可能なのでしょうか。それは、未来において活動を起こすべき諸力を、世界の中に作用させることのできる人びとがいるからです。物質界で未来に生じるであろうことのすべては、それが物質界に生じるずっと以前に、すでにアストラル界、そしてデヴァ神界で準備されています。ですから、はるか遠い未来に出来事を生じさせる力を、高次の諸世界の中で実際にたどることができるのです。しかし、今活動している諸力を認識してから結果を準備しないと、未来によい作用を及ぼすことはできません。人間は自意識をもった存在として、運命を意識的に引き受けなければなりません。実際、物質界のみならず、高次の世界をも見ることができるような、先に進んだ人類の兄弟たちが常に存在していたのです。

高次の世界を予見するとは何を意味するのでしょうか。水をたたえた池を考えてみましょう。もし気温が低くなったら、凍って、その上でスケートができるだろうと予測することができます。それと同じように、アストラル界と物質界すなわち私たちの世界との関わりを考えることができるのです。アストラル界で起こった出来事を追ってみますと、このアストラル界の出来事のおかげで、いわばその濃縮化として、後に存在する地上の出来事を予見できます。アストラル界の出来事から、後に物質界に濃縮化してくるものを読み取ることができるのです。物質界の出来事は、以前高次の世界で生じたことの濃縮化された出来事に他なりません。

一つの例を考えてみますと、古代には常に秘儀がありました。それは、個々の人間を受けいれて、存在の秘密を伝授する、あるいは黙示録作家のヨハネが言うように「間もなく」すなわち、これから起こるべき事を示す、という使命を持っていました。最初の位階に採用されるべき修行者たちは、そのような秘儀の行われる神殿で教育を受けました。より高次の段階に進んだ修行者のための授業もありました。最初の段階は、修行者が自分のアストラル体を浄化することでした。

　これは、一般の市民的倫理だけを習得するのではありません。市民的倫理は当然前提とされましたが、次のような事柄がさらに厳しく履行されなくてはなりませんでした。修行者は、さらに高い理想に近づき、通常の生活の中の情熱や衝動を捨てて、細事を超越した願望にまで至ろうとし、快と不快を浄化して、人類の偉大な課題を自らの課題とし、自分の利害を超えて共感共苦するようにならなければならないのです。そうしようと努める時、彼は「アストラル体の禊(みそぎ)」と呼ばれる行を成就する途上に立ったのです。

　その次に、彼はより濃縮された体に働きかけることが許されました。彼は自分のエーテル体に働きかけることが許されました。霊体や魂体の柔らかく、しなやかで、精妙なアストラル素材を変容させるだけではなく、エーテル体の中に入り込み働くことが許されたのです。そのような彼は、「修行者」と呼ばれました。修行者とは、ただ高度な義務を理解するだけではなく、人間的な義務を自分のものとして引き受けるところまでエーテル体を浄化させ、自分の民族の、さらには自分の宗教の、低次、高次の要求を超えるところまでいった人のことです。ですから、彼の眼差しは全人類の生活に向けられています。そして今や十分に準備されたエーテル体によって、彼は地球建設の偉大な働きに参加するのです。そのためには次のようなことが起こらなければなりませんでした。

　修行者のエーテル体を妨げるあらゆる力が、克服されなければなりませんでした。人間は、肉体とエーテル体とアストラル体をもっています。修行者はアストラル体を浄化して、エーテル体に働きかけることが許されました。なぜ人間がアストラル体の禊を通過しなければならなかったかおわかりでしょうか。アストラル体が浄化されると、一体何が生じるのでしょうか。エーテル体の中に何が入り込むのでしょうか。アストラル体の中の素質が入り込むのです。アストラル体の中に生きているものが、エーテル体に押し込まれるのです。アストラル体に働きかけるかぎり、すぐにアストラル体の過ちを正すことができます。アストラル素材は薄く、柔らかいからです。ですから、それを繰り返して均衡状態をもたらすことができます。しかし人間が修行者としてエーテル体に働きかけるようになりますと、アストラル体の特性がエーテル体の中に刻印され、その影響が非常に永く続きます。エーテル体の中で地上の過ちを永続的にしてしまう人は、人類の危険な成員になるでしょう。ですから、浄化の必要がいつも強調されるのです。エーテル体は、働きかけてくる諸力によって、深い印象を与えられます。肉体から離れたエーテル体は大きな順応性をもっていますが、肉体に留まる限り、浄化されたアストラル性質を自分自身の中に受け止めるには、あまりに拘束された状態にあるのです。

ですから、古代においては、まずエーテル体の順応性を妨げる力を取り除かなければなりませんでした。それは肉体を無気力状態に導くことによって起こりました。人間は横たわり、エーテル体が肉体から取り出されました。肉体は、死んだように横たわり、エーテル体は、固有の力に従って形造られました。これが「埋葬」です。人間は、三日から三日半の間、無気力の状態に置かれました。それによって、エーテル体に働きかけることができたのです。こうして、アストラル体にふさわしいエーテル体を造った後、ふたたび肉体の中に戻った人間は、自分の中に内的生命を目覚めさせました。そして「復活者」となりました。彼は新たな名前を獲得したのです。

これは、アストラル界における出来事でした。今述べたことはすべて、アストラル界で生じました。その際、肉体はまったく関係がありませんでした。この出来事は、古代のすべての秘儀において繰り返されました。秘儀参入者は誰でもそれを知っていました。さて、このことが、アストラル界から物質界まで濃縮化されて、地上界で行われたと考えてください。以前、アストラル界だけに生じていたこの出来事が、地上界で生じたと考えるのです。たとえば、以前は水だったものが、今は一片の氷になったようにです。そのようにアストラル界の出来事の多くが崩壊したり、融合したりして、いつかは物質への濃縮化が可能になるのです。キリストの出現によって、以前アストラル界でしばしば秘儀を通して行われてきたことが、物質界で生じたのです。この出来事によって、ゴルゴダの秘儀が歴史的事件として生じました。この例から、オカルト兄弟団がどのように未来を準備するのかがわかります。

確かに思考内容や理念は、人のこころを捉えることができますが、理念は現実ではありません。理念は、高次の諸世界から物質界に下ろされるべきものなのです。人間が考える理念は、まだ作用する力がありません。作用する力は物質界にのみ存在するからです。

しかし理念が、高次の領域に由来するものである場合は異なります。▼ピタゴラスが、どのように彼の天体の音楽を弟子たちに教えたかを見てみましょう。現代の哲学者たちは、ピタゴラスのオカルト音楽を全く簡単な音組織として表現しようとしています。現代の知性はそれを素早く捉えることができます。しかし、ピタゴラスにとって大切だったのは、弟子たちの心情や気分がそのために準備されたとき初めて、音楽が理解できるということでした。同じように、アストラル界に由来する形象に無感覚な人に対して、ラファエロの「システィーナのマドンナ」の深い意味を説明しようとしても不可能です。感情や心情が、そのような絵に絡みついて伸びていかなければなりません。理念の中では冷たく置かれているものが、ここでは形象として、生きいきとした芸術的な神的宇宙思考となって、また世界を創造した神的諸力となって、芸術に現れるのです。そうすればどんな単純な線も聖なるものになります。どんな思考内容も神的要素を求め、神的影響の前に身をさらさなければなりません。

そのような修行の際に問題なのは、偉大な宇宙思想に近づき、それを受け取る準備をすることなのです。

そして、かつてアストラル界において、物質界の未来のために準備したオカルト的な力を、人間は次第に偉大な宇宙思想の洞察と結び付けます。人類の指導者は、霊に満たされた理念に心を傾ける弟子たちを集めます。弟子たちは、外界に働きかける指導者の良き協力者となります。こうして霊的作用のための偉大な中心地が各地に作られるのです。このようにオカルティズムの働きは人類の進歩のために大きな役割を果たしているのです。特に私たちの時代のオカルティズムには、重要な使命があります。この使命がどのようなものであるのかを、少し考えてみましょう。

　私たちは、今住んでいる大地が洪水から浮かび上がって以来、この地球に住み着いている根幹人類の一員です。アトランティス人類期の人びとが次第に消滅しはじめて以来、アーリア根幹人類期の人びとが地球を支配するようになりました。私たち自身は、ここヨーロッパの地にいる、アーリア根幹人類期の第五亜人類期の仲間です。第一亜人類期の人びとは非常に遠い昔、古代インドに住んでいました。今日のインド人は、その人びとの子孫です。第一亜人類期の霊的生活は、▼インド人の太古のヴェーダの中にまだ残されています。しかしヴェーダは古代聖仙文化の残響に過ぎません。当時はまだ文字がなく、ただ伝統だけがありました。そして、第二、第三、第四亜人類期と続きました。第四亜人類期の人びとはキリスト教を受け入れました。それから、中世の中頃に、私たちと近隣の諸民族とが共に属する第五亜人類期が形成されました。

　第一亜人類期の古代インド人は、私たちとは異なった諸条件の下で生活しており、また、全く異なった集団生活を営んでいました。その子孫である今日のインド人の社会生活も、本質的にヨーロッパ諸民族とは異なっています。オカルティストとしてその相違を考察しますと、古代インド民族のエーテル体は物質体との結び付きがはるかに弱く、物質体の中にそれ程深く沈みこまず、むしろアストラル体による影響が多大だった、ということがわかります。ですから、インド期の人類は、アストラル体から何かをたやすくエーテル体に導き、容易にエーテル体に働きかけることができたのです。ですから現代のインド人もオカルトの修行によって、容易に高次の直観に至ることができるのです。エーテル体がアストラル体の影響をよりたやすく受ければ受けるほど、抽象的な概念ではなく、イメージでエーテル体に働きかけることが容易になります。アストラル体でヨガ修行を行うものにとって、イメージによって高次の領域と関係するのはよりたやすいことなのです。イメージはまだ柔らかいエーテル体に作用します。人はそこで厳密な概念を働かせる必要はありません。むしろ単純なイメージでもって、インド人の魂に働きかけ、非常に高い進化の段階にまで到達させることができるのです。

さまざまな亜人類期を通過して人類は変化してきました。今日の私たちのエーテル体は、古代インド人の場合よりずっと強く肉体の影響のもとにおかれています。エーテル体に影響を与えるために、私たちはより強く、より内的に努力しなければなりません。半分夢のようなイメージでは、それを捉えることができません。私たちは、すべてを鋭い集中力で捉え、単なる比喩的な概念ではなく、純粋に超感覚的なものに集中することで内面に働きかけなければなりません。

内的な集中力によって引き起こされるイメージは、肉体に縛り付けられたエーテル体にも強い作用を及ぼすことができます。アストラル体がエーテル体に作用するためには、以前は、肉体がエーテル体から離れていなければなりませんでした。しかし今では、エーテル体は肉体の内部で、アストラル体からの影響を受けることができます。もし私たちが、太古の秘儀と同じ試みを行い、肉体を無気力にするなら、エーテル体に影響を及ぼすことができるでしょうが、しかし、地上の意識に立ち戻り、再び思考が活発に働き始めると、アストラル体によってエーテル体に組み込まれたものが直ちに消し去られてしまいます。私たちが、エーテル体に刻印付けたものを保ち続けようとするなら、エーテル体に強く影響を及ぼさなければなりません。今日オカルトの使命は異なったものになりました。それはより内的なものになったのです。

さて、オカルト諸流派が時代の流れの中で、どのように変化していったかを考えてみましょう。ヨガの修行は、薔薇十字会のそれとは異なります。薔薇十字会は、いま皆さんにお話しした修行を考慮に入れています。それだけではありません。とりわけ、修行の進歩を可能にするために、思考力に影響を及ぼさなければなりませんでした。知性が前よりも重要になりました。それは、内的な集中力を通して、超感覚的なものの把握を可能にするからです。新しい時代においては、より多く概念を用いなければなりませんでした。知性の育成と抽象化が重要視されなければなりませんでした。

古インド期から私たちの時代までの文化上の変化を、比べてみましょう。古インド期における人びとは、高い直観力を持ち、物質文明の影響はほとんど受けませんでした。現在の私たちの時代は、その逆です。その結果、オカルティズムの立場が全く異なるものになりました。かつて秘密に保たれていたものの多くが、今日では公開されています。非常に多くの知識や概念が、かつてはオカルト兄弟団の内部で秘守されていました。こころを変化させることができたとき、初めてそれを学ぶことができました。今日のオカルティストはもはやそうできません。以前は修行の後の段階のために取っておかれていた事の多くを、今では外界の文化を通して学ばなければなりません。秘儀参入者はこのことを知らなくてはなりません。オカルト学派の中で伝授された多くの真実を、公開の場で学ぶことができるようになったのです。

今日の小学校で教えられる事は、他方でオカルト的な基礎付けがなされなければ、私たちを霊的現実から引き離してしまうでしょう。かつての生徒は、学校や学問の世界で教えられるものの背後に、より高次の内容があることを知っていて、彼自身もいつかはこの高次の知識を学べるかもしれない、と思っていました。また、彼らは自分が霊的な有機体の一部分であることを知っていました。今日の人びとは、民主主義社会の中で、多くの概念を学びますが、そのような見方には至りません。ですから、民主主義の平面的な知識の建造物に、いわばピラミッドの頂点を組み込まなければなりませんでした。宇宙の中に隠されている諸力の基礎知識は与えられませんでした。ただ、霊的世界観に導く頂点が欠けていたのです。そして、これを与えるために、世界的規模の運動が設立されなければなりませんでした。神智学運動は、そのようなものと考えられました。ですからいくつかの兄弟団は、従来の隠された知識が公開されるようになったとき、自分たちの秘密の多くを必要な限り世界に伝えて、外的な社会の知識と兄弟団のオカルト的な知識を調和させようと、決意したのです。

ここで私たちは、神智学運動や神智学協会と、オカルティズムとの関係を考察できる地点に立ちました。神智学協会は、オカルト運動でもオカルト兄弟団でもありません。なぜならそれは、各会員が他の会員と同等である、という民主主義の原理に基づいて設立されているからです。しかし、神智学協会の使命は、民主主義の原理に基づいている他の諸団体の使命とはすこし異なっています。協会の使命は物質界にあるので、人は下から高次の世界を見上げることができなければならないのですが、しかし大切なのは、高次の世界をただ見上げるだけではなくて、運動の内部でオカルトの諸力をも発展させ、それによって、神智学協会がオカルティズムを育成する場所でありうるようにすることなのです。ある協会がオカルト兄弟団であるということと、「私たちはオカルト兄弟団ではないが、しかし協会の内部でオカルティズムをふたたび取り上げようと思う」と言えることとは、違うのです。

高次の諸世界に至る道を見出せないので、全人類が、憧れをもってそれを見上げている今日、だからこそオカルト知識の大部分が公開されなければならないのです。そしてこの使命は、神智学協会の内部のオカルティズムにあります。霊的な諸運動はいつも、文化の発展や、物質界の繁栄のために働いてきました。だからこそ、霊的に準備されたものを、地上で実現しようとするのです。たとえば、ミケランジェロやレオナルド・ダ・ヴィンチの作品を目にするとき、このことが理解できます。これらの諸作品の色や形の中に、彼らは霊的なものを込めました。絵画は、はじめに芸術家の魂の中にあった霊的なものによって、完成されるのです。霊的なものがまずあり、後になってその表現が物質界に現れるのです。

物質主義の外面的な文化は、物質主義的になった人間の内的な態度の現れにすぎません。一八五〇年以来、文明化した諸国の中に、極めて物質主義的な都市文化が普及していきました。その文化が物質界で成し遂げたことは、実に偉大です。たとえば生活芸術の分野において、本当に新しい様式を創造した百貨店の文化は、私たちの外面的な文明にとって、内的に真実な唯一の様式なのです。

古代から受け継がれてきた他のすべてのものは、現代文化と全く関係がありません。私たちが、ある結社を組織したとします。その会員たちが、良きキリスト者の魂の憧れをふたたび取り戻すことのできる精神力を持っているならば、ふたたび霊的文化を社会に提供することができるようになるでしょう。その文化は、生活のあらゆる領域で、教育芸術家、社会芸術家などの芸術家たちを作り出すでしょう。人間の魂の中に神智学を生かすことができれば、その神智学は様式となり芸術となって、その魂の中から外へ流れ出るでしょう。神智学は私たちの目にも、耳にもなるでしょう。もし今日、そのような結社の中で霊的なものが生かされるなら、いつか世界がふたたび霊的なものの外的な表現になりうるでしょう。

この意味において、神智学協会は遠い未来文化の形成に奉仕できるのです。私たちが結び合っていれば、未来文化の形成に役立つ細胞になりうるのです。私たちの魂の中で、いつか世界を作り変えるための力を用意するのです。私たちのめざしている気分や生き方をいつか物質界に映し出すことができるようにです。

今日開示されているものは、かつてはすべて秘密にされていました。今日では、電気は誰にでも知られた力ですが、かつては隠された力でした。そして、今日まだ隠されているものは、未来のための原動力になるように定められています。数百万年前、人体が環境の中の諸力から用意されたように、今日の私たちの中で、より高次の身体が、未来の身体が用意されるのです。はるか未来になって、初めてこの高次の身体が私たちのものになるでしょう。

もう一度、進化の経過を遡ってみましょう。そこには何があったのでしょうか。暗い人間意識がありました。今日の世界とは異なる世界に取り囲まれて、世界を夢のように映し出していました。人間は夢見る意識をもっていました。人間は共同の存在として進化していきましたが、意見を交換する議会のような組織はありませんでした。ただ、人間の内に立ち現れる意識の中に、すべてが反映しているだけでした。

今日の人体諸器官は何によって生じたのでしょうか。外から働きかけてくる諸力によってです。▼ケンタッキーの洞窟の暗やみの中で、動物たちが必要のない視力を失っていったのとは反対に、その外的な諸力が私たちの眼や耳を形成したのです。眼や耳は、響きの力と光の力によって生体の中から作り出されました。未来における私たちの霊体は、今私たちの中に生きているものから作り出されます。私たちの霊的な文化の現れである教会や、美と真を伝える作品の数々は、私たちの高次の存在部分に刻印されるでしょう。そしてこの存在部分がいつか独自の生命を獲得するとき、外的な文化の中に生きている美と真とが、私たちの内部から立ち昇って来るでしょう。いま眼や耳が知覚するものは、高次の未来の生体のための礎石なのです。世界をこの観点から考察しますと、人間の内面は全く異なった意味を持つようになります。

以上の事実は、ヨガや内的な修行を容易に理解させてくれます。このことから、皆さんはかつて世界を創造したもの、そして、世界の中で働き、力を及ぼしてきたものが、私たちの内部によって受け入れられたことを推察して下さるでしょう。今日私の内にあるものは、かつて私の外にあったのです。これが神秘修行の基本的な考えです。

私たちの肉体が今のような姿で存在する以前に、エーテル体の中にその姿がすでに存在していました。そのエーテル体は、アストラル体によって形造られました。ヨガの修行は、そこから出発します。ヨガの修行を行う人は、エーテル体の中に下りていき、かつて数百万年前に彼を造り上げた力を、エーテル体の中に見出します。ゆっくりと、肉体はエーテル体の基礎から造り上げられました。

どのようにエーテル体への下降がなされるのかは大まかにしかお話しできません。エーテル体の中には、ある種の流れがあります。その流れは身体諸器官のための先触れです。神経系、神経索、背中にまで続く交感神経系、交感神経系の神経節、これらは、太古にエーテル的に形成されたのです。それは、果てしなく遠い太古に起こったのです。それから、人間が次第に進化していった後で、神経系の素質を持った身体の内部に、体温を作り、温血を用意する構成体が造られました。これもアストラル体の影響を強く受けたエーテル体によって造られた人体です。エーテル体は、一方では脳を形成し、もう一方では温血を形成しました。これは過去において生じました。この人間形成には、自然力だけではなく、高次の霊的存在たちも働いていたのです。

さてヨガ行者は、段階を追ってエーテル体の中に下りていき、そして遠い過去の時の中に入っていきます。そのような遠い過去の時代に、霊的な存在者たちの働きによって、エーテル体の根源的形態が作り出され、今日の私たちのエーテル体が生じました。人間がこの世に生を受けるとき、霊界からの下降の際に、もう一度あの根源的な形態に出会います。彼は、頭部から、もっとも古い時代に造られた下半身まで下り、そしてふたたび頭部に戻ります。

これだけでは説明が不十分ですが、これが受肉の過程に関するオカルト的認識の本質です。オカルト学派においては、それ以上のことが教えられます。そのように秘儀の叡智を学ぶ弟子は、古い時代を見通す能力を身に付けました。そして、時間を遡るオカルト巡礼団に加わるのです。彼は、個人的な自己を乗り超え、狭い小我を放棄する道の途上で、そこまで到達します。そうして初めて、彼は霊的宇宙へ上昇していくことができます。こうして宇宙の力を受けながら、彼は過去の海の中に下りていくのです。

彼は霊界の中で、次第に上昇しながら、過去の個々の道を辿りなおすことができます。ゆっくりと、エーテルの海の中に下り進むことを学び、ついに原初近くの点にまで行き着きます。こうして宇宙にまなざしを向ける眼が生じます。次いで、自我が大いなる宇宙自我と融合します。弟子は小我に対して「私はお前ではない」、と言うのを学びます。

これは、「私はお前ではない」ということの意味を明確にする、たいへん重要な瞬間です。それは、自然の中には、思考よりも高次の諸力が存在するということと、現在の思考では表現できないけれども、たとえば同じことについて話す二人の人間の一方は、話は明確だが退屈で、他方には未来を創造する暖かい光が流れている、というようなことを引き起こす何かが、思考以外にもある、ということを、把握し始める瞬間なのです。

修行がそこまで進んだなら、これまでとは異なった方法で学ぶことができます。その時彼は特別な体験をします。超感覚的な世界の中で、霊的存在が彼と対面するのです。それは、かつてすでに自分と結び付いていた霊的な個性でした。これは私たちが前世の諸段階を繰り返すという、ひとつの偉大で重要な秘儀なのです。

私たちは、以前霊界から下りてきました。当時ある存在が作用していましたが、私たちがその過去にふさわしい段階に到達すると、ふたたびその存在にまた出会うのです。それは師であり、グルです。私たちは当時初めて彼に会いました。彼が私たちの魂の中に沈め、私たちが無意識に受けとったものを、今、私たちは、意識的に把握できるようになったので、ふたたび彼に出会うのです。

私たちはさらに下降します。そして遠い宇宙紀に私たちに働きかけていた霊たちに会います。私たちは、一二の霊たちに出会います。意志霊、叡智霊、形態霊、運動霊、人格霊、火または熱の霊、薄明の霊などです。この出会いはすべて宇宙への下降の際に、この巡礼の途上で、私たちの霊的感覚に生じます。そしてこのことだけが、未来を見ることを可能にしてくれます。このことは、黙示録の作家の言う、「間もなく」生じるであろうことを先取りさせてくれるのです。

これがオカルティズムの課題です。解決が必要である課題は、解決されるはずです。理想主義的な、あるいは倫理的な運動はたくさんあります。しかし、神智学と呼ばれる運動は、オカルティズムを意識的に語る点で、他の運動と区別されます。

これで、オカルティズムと神智学の関係が明らかになりました。神智学協会は決してオカルト兄弟団であろうとはしていません。しかし協会の使命を成就するために、力を与えてくれるもの、生命を与えてくれるものは、オカルティズムだけから流れてくるのです。ですから神智学協会は、オカルトの教義やオカルト生活の育成を理解するときに、栄えるでしょう。

しかしそれは会員自身がオカルティストであるべきだ、と言っているのではありません。もし神智学協会が、その中にオカルトの血が脈打っていることを忘れたなら、それは興味ある協会ではあり得ても、その出発点に立ち合った高次の存在たちの欲した協会の使命を、果たすことはできないでしょう。

このことを理解する人は、もはや神智学協会からそのオカルト的な性格を取り除こうとは望まなくなるでしょう。それにもかかわらず、正しい立場で神智学協会にいる人は、分裂した状態にいることが必要でしょう。その人は、一方ではオカルトの真実が流れてくる方向に身を向け、もう一方では、外的で顕教的な協会の生活に注意を向けなければなりません。この二つは、はっきりと区別しなければなりません。決して、これらを混同してはなりません。また、外的な神智学協会について話すとき、出発点に立ち合っているオカルト的存在たちについて語ることは、許されません。

高次の世界に生きていて、人類の進化のために肉体にまで下りてこないあの存在たちは、決して外的な諸問題には干渉しません。彼らは衝動以外の何ものも与えません。私たちが事実に即した仕方で神智学協会の普及に働くとき、常にマイスターとよばれるその偉大な存在たちが、私たちのそばに立っています。私たちは彼らに相談することは許されています。彼らは私たちを通して話します。オカルトの生活を普及させることに関してなら、マイスターは話します。協会の組織に関することなら、彼らはそれを物質界に生きている人の手に委ねます。これがオカルトの流れと神智学の組織の相違です。内なる霊的な流れと、個人の外的な働きとの相違については、次のように言うことができるでしょう。「霊的な生活に関してなら、マイスターたちは語るであろう。単なる組織に関することであれば、間違うかもしれない。なぜなら、マイスターたちは沈黙しているから」。

†1——神智学協会ドイツ支部総会に続いて行われた。

フリーメーソンと人類の進化　I

一九〇五年一〇月二三日（午前一〇時・男性のみ）

オカルト的な問題について、今日小人数で話し合うことを皆さんにお願いしたのは、神智学運動に関わる場合、綱領の中に述べられている表面的な部分だけでなく、神智学運動が何を目指しているのかという核心的部分についても、はっきり知っていなければならないからです。神智学運動の中に生きているオカルト的な流れは、かつてのオカルト的な流れとよく似ています。特に現在まで存続しているそのような流れのひとつが、今日取り上げるフリーメーソンなのです。

▼少なくとも一七世紀の終わりまで、フリーメーソンでは、どんな女性も会員になることが固く禁じられていたのを、皆さんはご存じでしょう。それには当時、正当な理由があったのです。宇宙進化の中で、フリーメーソンが女性会員を受け容れない理由がなくなったときは、物質の次元でフリーメーソン活動が神智学活動にとって代わられるときです。それまでの神智学の作業はひとつの準備作業なのです。神智学の作業には、男性も女性も同じように参加します。

女性をフリーメーソンから締め出さなければならなかった理由を簡単に言えば、敵である女性に秘密を漏らさない、戦略を教えない、ということです。戦争では敵に秘密を漏らしません。つまりフリーメーソンは、女性の世界に敵対しているのです。

フリーメーソンは、原初の秘密結社と兄弟団を引き継いでいます。フリーメーソンという形式をとって生き続けている、そのような秘密結社は、私たちの第五根幹人類期の第四亜人類期の出現とともに始まりました。その第四亜人類期から、後にキリスト教も生じました。

▼旧約聖書の形がととのったのは、キリストが誕生するほんの数百年前からだといわれていますが、それは正しいのです。しかしすでにその数千年も前から、聖書に記されている啓示は伝承として伝えられていました。かつてはそのような事柄を書き留める習慣がなく、口伝されたのです。ですから、モーセによって祭司たちに伝えられた秘密は、後になってようやく書き記されるようになったのです。

さて、旧約聖書が文書として世界史の中に出現し、フリーメーソン伝説と言われるものも文書として登場する時代になりました。

かつて生じたことが、あとで短く繰り返されるのは、宇宙進化の法則として常に見られることです。誰でも人間は、人類がすでに経てきた発展段階を、母胎の中で繰り返しますし、どの惑星紀も、はじめに、すでに経過した進化段階を繰り返します。以前あったことが、いつも短く繰り返されるのです。人類期も同様です。ですから、私たちの第五根幹人類期の第一、第二、第三亜人類期は、かつての地上の状況を——より高次の領域で——繰り返しているのです。レムリア人類期にはじまって、アトランティスを通って進化してきたものは、私たちの三つの亜人類期において、より高次の領域で繰り返されました。そのように私たちは、レムリア期に下位の領域で起こった事柄を高次の領域で繰り返しています。

男女の性に分かれる以前は、ある種の両性具有であり、ひとつの個体の中に両方の性が現れていました。そのあとで、ようやく男と女の性に分化したのです。男性即女性的なものが、ようやく男性的なものと、女性的なものになりました。私たちの根幹人類期では、精神的な次元で似たようなことが繰り返されています。実際に、ヴェーダ以前の古代インド特有の叡智は、男性即女性的なものであり、そのために何らかの二元性や、何らかの外的な原則からはまったく自由でした。

そして、第二亜人類期の文化になりました。この文化は、顕著に両性分離的な霊的文化です。ですからアフラマズダとアーリマン、善と悪といった二元論が生じました。こういうことのすべては、その後の認識内容の中に混入していきます。

ここで、このことがどのように生じたのかを考えてみましょう。男性と女性が生じる前に、まずひとつの個体の中に両性が存在していました。それでは一体、その中で受胎するもの、させるものは何だったのでしょうか。古代ギリシアの神話では、巨大な乳房をもったゼウスが描かれています。この姿は、両性に分離する以前の性が、外見上・肉体上男性にではなく、女性に似ていたという、古代秘儀では周知の、古文書にも記されている真実を表しています。両性が分離する前には、外見上女性であった個体がこのように肉体的にも、あらゆる感性や特性においても、両性を具有していました。

つまり人間の性の起源には、女性的な傾向を有した両性具有者がいたのです。男性の方が、あとから生じました。しかしはっきりしておかなければならないのは、この両性具有者にも、受胎させる男性の種子があったということです。女性は、男性を内に有していたのです。そのことがはっきり理解できれば、通常の自然科学的な考え方からも、単一の存在においても生殖が可能だった、ということが理解できます。当時、生殖が女性によって生じたのだということを、心に留めておきましょう。

さて、性が分離するときがやってきました。女性の中にあった受胎させる働きとは、どんな性質のものだったのでしょうか。精子として女性に働きかけた男性的なものとは、霊的なもの、つまり叡智だったのです。女性が素材を与え、霊が形態を与えました。物質界での形態は、叡智が現実化したものです。女性の中で叡智が働いていました。そこで、以前は一緒に働いていたものが二つに分かれ、両極として現れました。かつては人間の単一の器官に押し込められていたものが分離し、それによって人間形成に二元性が生じたのです。

このことは、ひとりの個体の中だけでは、卵子が受精できなくなったことによります。人間の身体の中で卵子が受胎する可能性を失ったのです。

そこで、受胎能力を失った女性的なものと、その上に立っている霊的なものとが問題になります。身体器官が分裂したことによって、二つの性に分かれました。そして他の性によって受胎できるようになりました。二つの個体が生じました。肉体上は女性である個体と、肉体上は男性である個体とが生じたのです。叡智は、男の場合は女性的な特性を、女の場合は男性的な特性をもつようになりました。

性の分離の経過はくわしく辿ることができます。しかしここでは暗示するだけにとどめておかなければなりません。要するに、女の中には男性的に色づけされた叡智が、男の中には女性的に色づけされた叡智があるのです。この男の中の女性的に色づけされた叡智は受動的で、受容すること、聞いたり、見たり、周囲のことを受け容れたりするのに適しています。女の中の男性的に色づけされた叡智は能動的で、生産的です。このように私たちは、二重の叡智をもっているのです。勿論能動的な女性の叡智を持っている男たちも十分な数だけ存在します。肉体上は性が区別されましたが、精神の上では、女によって生じる能動的な直観と、男性的な特性をもった受動的な認識とが、まだはっきりとは区別されていません。

このことを古代秘儀は、アベルの末裔または神々の子らと、カインの末裔または人間の子らとの対立として教えています。アベルは、女性の能動的な直観を代表しています。ですから彼は加工すべきものを外界から受けとることができません。アベルは自分の直観に流れ込んでくる神的なものを受けとります。その象徴が「牧人」です。彼は、直観が叡智に満ちた神的な生命を育てるように、生き物を育みます。カインは、外から受けとる男性的な叡智をもっています。その叡智は、耕作のために大地に配慮します。素材は外にあるのです。カインは「農民」になります。外にあるものをただ受け容れ、外に働きかけるカインのこの叡智、カインのこの科学は何を成し遂げるのでしょうか。

これらの事実を象徴的に現している、非常に興味深い、重要な伝説がフリーメーソンにあります。それが神殿伝説です。これが存在する理由は次の通りです。

旧約聖書は、女性の直観的な叡智から生じました。それが基本的な特性です。旧約聖書は、女性的な叡智なのです。男性的な叡智は、直観には至りません。それは建設と作業だけに関わり、石材で建物を、金属で用具を作りました。神殿伝説では、このことを以下のように描写しています。

ひとりのエロヒームがエヴァと結ばれてカインが生まれました。その後、別のエロヒームであり、アドナイとも呼ばれるエホヴァが、アダムを創造しました。そしてアダムとエヴァからアベルが生まれました。

この伝説は、カインの叡智を聖書の叡智に対比させているのです。つまり第四亜人類期のはじめに、女性的な叡智としての聖書と、それに対立する男性的な神殿の叡智という二つの流れがあったのです。男性的な叡智[男性的な叡智?]が望んだことは、すでに紀元前に女性的な叡智と対立していたのです。エホヴァがカインの一族とアベルの一族の間に争いを引き起こし、そしてカインがアベルを殺しました。それは他でもない……［筆記メモでは、二、三の文章が続いているが、極めて不明瞭］

このカインの叡智が生じた結果、どうなったのでしょうか。自分自身の叡智によって生殖する可能性が殺されたのです。カインがアベルを殺したのは、神々に授かった自分で生殖できる可能性を、カインの中の男性的な叡智が殺したということなのです。

▼これは人間自身の中の出来事です。男性的な認識によって、生産的な力であるアベルが殺されます。こうして、カインの末裔とアベルに代わるセトの末裔とが敵対し合います。カインの末裔は、その男性的な叡智を、外界を改造するために用います。外的な叡智が、外界を改造するために使われるのです。そこに神の叡智が流れ込むのではありません。世界を自由に石で造り変えなければなりません。男性的な叡智は、神的な直観をもちません。試みや経験を重ねることで、地球の純鉱物的な産物が組み立てられます。こうしてこのカインの一族から、トバル・カインが生まれ、のちにヒラム・アビフまたはアドン・ヒラムが生まれました。▼私は留保しました……

アベルの系統の典型的な人物はソロモンです。第三亜人類期では、アベルの系統の典型的な人物は皆、祭司でした。古代の祭司の叡智は、直観的な叡智でした。以前女性の中で受胎の働きを担っていたこの叡智は、高次の段階で、霊的叡智へと変わりました。そしてこの祭司の叡智から聖書が作られました。こうして女性的な叡智が聖書になったのです。神々について、天使と霊について偉大な啓示を与えることができるのは、この叡智です。一方、カインの末裔の仕事は、地上で作り出すことです。ですからトバル・カインが鍛治の始祖なのです。それ故ソロモンは、自分のために神殿を建てることのできるヒラム・アビフを呼んだのです。彼は、古代祭司の叡智の継承者であるソロモン王のために、神殿を建てました。それは、祭司の叡智を外的な権威へと転化させるものでした。祭司政治から、外的な機関としての王位が生じたのです。

さて、ソロモンはヒラム・アビフを呼び寄せ、ソロモン神殿が建てられました。そのときシバの女王が、ソロモン王の宮廷に来訪し、二人の婚約が祝われました。彼女は神殿にも案内されましたが、その見事な神殿を見て、それを建てた建築師に会いたいと申し出ました。そしてヒラム・アビフに会ったとき、シバの女王に非常に奇異なことが生じました。ヒラム・アビフのまなざしが彼女を魅了したのです。さらにもう一つのことが生じました。シバの女王は、神殿建設に従事している人たちを見たいと思いました。そして現実に全体がどのように進行しているのか知りたいと望みました。そのときヒラム・アビフがT文字を取り出して空中に掲げると、働いていたすべての人びとが、蟻のように駆け寄ってきたのです。この出来事で、彼女の心はソロモンから離れてしまいました。しかしヒラムに反対されてマイスターになれなかった数人の職人たちが、ソロモンに加勢しました。彼らは、ヒラムの傑作となる「青銅の海」の鋳造を邪魔しようとしたのです。芸術品は完成されず、その代わりにあらゆる方向に火が走りました。ヒラムはそれを水で消そうとしましたが、状況はますますひどくなり、火の雨が飛び散って、すべてを巻き込みました。ヒラム・アビフも巻き込まれました。しかし、「恐れるな」という声が、ヒラムを偉大な成功へと導いたのです。彼は、ある姿によって地球の中心へ誘われると、さらに鍛冶術の創始者であるトバル・カインによって、カインのところに連れていかれました。そして、カインから次のような重要な叡智を明かされたのです。「おまえが今ここにいる原因である本来のエロヒームを識らなければならない。しかしエホヴァは、火の末裔を憎み、滅ぼそうとしている。エホヴァは、みずから生み出したものを滅ぼそうとしている。しかし何も恐れることはない。おまえにひとりの息子が生まれるだろう。おまえはその子を見ることはないが、その子から火を礼拝する新しい一族が生じるだろう」。

ヒラムはトバル・カインから槌を渡され、その槌で「青銅の海」を予定通り完成させました。それによってシバの女王は、彼をいっそう愛するようになりました。シバの女王が散歩していたとき、一羽の鳥が空中に現れて神秘のT文字を示しました。それを見た女王の乳母は、このT文字が未来の叡智を秘めていることを知りました。祭の日にソロモンが酔ったとき、シバの女王は、彼の指から婚約指輪を引き抜きました。しかしヒラム・アビフは、例の職人たちに襲われて、殺されてしまいます。ヒラムは、かろうじて秘密の言葉を金の三角形に書くと、それを隠すことができただけでした。その三角形は、あとで探し出され、さいころの形をした石に密閉されました。秘密の言葉が隠されたこの石の表面には、十戒が刻まれています。

この物語は、男性的な科学と女性的な叡智とを対置した神殿の叡智を表しています。こうした事柄は、そのオカルト的な内実を研究し、解明するのでなければ、深い内容を知ることができません。

ヒラム・アビフが、一族の始祖のところに導かれたときのことを思い出してください。そこで彼は、エホヴァは火の末裔の敵である、という教えを受けます。火の末裔とは何でしょうか。それは性が分離し、男性の体が女性の体に作用したことによって、生まれてきた者たちのことです。火とは、男の精子の作用力のことです。オカルト的に言って、男の精子には火が生きているのです。エホヴァは人類を生き続けさせるために、この根源的な火の力を創造しなければなりませんでした。エホヴァは火の末裔を創造したことになりますが、火を基盤にしなければそうすることが不可能でした。しかしエホヴァは、新しいものの敵なのです。ですから古い生殖方法を導いてきたのです。この古い生殖方法は、彼の叡智の表明手段だったのです。ですから、彼はふたたび祭司たちを求め、彼らを彼の預言者にし、火の子らに対して自分の権力と、自分の叡智のすばらしさを思い知らしめました。祭司の叡智によって、エホヴァの叡智が預言されたのです。

ヒラム・アビフが「青銅の海」を造るために呼び寄せられたというのは、芸術によって鉱物界を変化させる仕事を引き受けさせられた、という意味です。さらに彼は、彼自身会うことはないが、息子が生まれ、新しい一族を生じさせるだろう、と言われました。この一族は、もはや男と女の結びつきを必要としない、一つの人間個体によってふたたび生殖が可能になる、遠い未来の種族のことです。女性的な古い文化は、男性的な文化にとって代わられました。女性の肉体が死滅したら、人間は両性具有となって、みずからの内から個体を生み出す力をもつようになります。この力はどこにあるのでしょうか。

かつては男性と女性が、ひとりの個体の中に存在していました。そして両性が分離したときに、現在の個体が作り上げられました。そして上半身も生じましたが、その上半身は、現在の人間の場合とは異なり、当時は生殖器官と結びついていました。現在の生殖器官は、当時の［生殖］力の半分にすぎません。ですから、喉頭部にある力は、当時の生殖力の残りの半分なのです。しかし喉頭部から発せられる言語は、現在では何も生み出しません。言語がカインの叡智に浸されるならば、生み出す力をもつようになります。人間が喉頭部をふたたび進化させて、言葉が創造的となる力を獲得するようになったときには、言葉によって自分と同じ人間を生み出すまでになるでしょう。そしてすべての生産的な力が男性に移されるでしょう。

かつて神々によって為されたことが、人間によって引き継がれるのです。言葉の生産的な力はいつ、失われたのでしょうか。男と女が生じたときです。言葉は隠されて、埋められました。カインの末裔の中では、彼らの始祖だけが言葉を有していました。ヒラム・アビフは、その予言を明かされましたが、すぐ殺されてしまいました。

言葉は埋められましたが、存在しています。言葉がもし埋められなかったなら、人間はエロヒームのように、自分で自分を創造することができたでしょう。ですからフリーメーソンで言う「正しい言葉」は隠されているのです。

十戒は、隠された言葉を収めた石に刻まれています。十戒とは何でしょうか。それは道徳的な宇宙秩序の法則のことなのですが、その法則は、現在では男と女の影響を受けています。そのような戒めは、もはや男と女が存在しなくなったら、必要でなくなります。それは男と女の影響下で生じた人間の秩序なのです。

このように、失われた言葉への思いが、フリーメーソンでは保たれています。その言葉はフリーメーソンの中で活動する人びとの中で獲得されなければなりません。受動的な男の叡智がみずからのうちに能動性を目覚めさせるときだけに、それは獲得されるのです。ですからフリーメーソンでは、「世界に普及した科学そのものから生じたのでないものは、古い女性的な祭司階級の時代に由来するものである」と言うのです。このことを私たちは、単に引き継ごうと［克服しようと?］するだけではなく、ここから新たな生き方の渦を始めようとするのです。私たちは、男性的なカインの認識に、女性的な直観を与えなければなりません。古い時代であれば、女性に秘密を漏らすことで、男性から力を奪いとることになってしまったでしょう。女性たちの前で語られるときには、すべてが効力を失ってしまったに違いありません。

かつて、すべての女性がフリーメーソンから締め出されたのはひとつの必然でした。このことは言葉の器官と性の関連に関わることでした。ですから男性は、性的に成熟すると、声変わりするのです。声変わりは、言語器官と生殖器官の古い結びつきの現れに他なりません。フリーメーソンで言われる次のことが、今では皆さんにもおわかりになるでしょう。――「失われた言葉を発して、それを鋳直す使命を、男性だけが授かっている。失われた言葉が将来達成しうる事柄を語ることができるのは、男性の喉頭部だけである」。このフリーメーソンの考え方が理解できれば、新しい言葉を発することが、なぜ、かつて女性には許されなかったのかがわかるでしょう。

秘密を全部しゃべってしまうから女性は入会できない、というのではないのです。女性の喉頭部が、退化した器官であり、男性の喉頭部は、未来のための器官である、というのです。

これは非常に重要なことと関連しており、「石工（メーソン）」という男性を意味する言葉は、言葉通りに受けとらなければならないのです。男性である石工は、ギリシア・ローマ時代には、言葉を美として表現する建築師でした。中世の大聖堂などの重要な建築物も、この建築師たちによって建てられたのです。

言うまでもなくこの問題は、フリーメーソン結社による成果の一部なのですが、しかしこの部分もまた古代祭司の叡智から取り出されなければなりませんでした。ですから皆さんはまた、ここでも女性的な叡智と男性的な営為との混合を見出します。そもそもフリーメーソンの秘密は、現実的にはまだまったく存在していないので、漏らすことも、明かすこともできないものなのです。いつか言葉の中に生産的な力が働くようになるときに、言い表されるものなのです。

フリーメーソンの思想をオカルティストに明かしているのは、いくつかの言葉です。一八世紀に入るまで、人びとはそのことを知っていました。高次の世界との関係が失われたとき、何が失われたのかがフリーメーソンの中でも意識されなくなりました。そのことはまだ取り返されてはいません。

人びとはフリーメーソンを気の抜けたものにして、もはやその価値など誰にもわからなくしてしまいました。しかしすべての象徴が古代祭司の叡智から生じたこと、そして象徴に隠された意味がいずれ明らかにされなければならないことは、はっきり認識していなければなりません。本来の女性的な叡智はすべて徐々に失われていきます。女性的叡智の守護者であるいわゆる高位メーソンは消し去られ、まだ残存して

いるのは、ヨハネ・メーソンと呼ばれるものだけですが、それは今では世俗的な事柄だけに関わっていて、高位についてはあまり理解していません。

しかし、これは至極当然なことでもあります。唯物主義の発達によって、祭司の叡智は失われなければならなかったのですから。そんな状態で何が生じうるのでしょうか。古代の叡智は消えました。私たちは外面的に生きなければなりません。もはや女性と男性の叡智、すなわち女性的な聖書の世界や、男性的な神殿伝説とは結びつかない、無性的な叡智を生きなければなりません。私たちは神智学の中でこのような叡智に出会います。この神智学の中では両性が互いに理解し合っています。そのとき女性の中の男性が、女性に働きかけ、男性の中の女性が、男性に働きかけます。高次の認識領域で、男性と女性が出会うのです。本来のオカルト的な基盤はフリーメーソンによってもたらされました。そして今新たな始まりが生じたのです。このことは、「渦巻き」と呼ばれています。

このように私たちの時代には、状況が実際にからみ合っているので、二つの渦巻きの流れを考える必要があります。ですから神智学は、聖書伝説にも、神殿伝説にも頼らずに、ふたたび作り出されるべき叡智の核心を、無性的なものの中に探し求めたのです。これで神智学がいかに平和に貢献し、調和をもたらすものか、おわかりでしょう。

私たちの根幹人類期では、このことがどのように関わっているのでしょうか。私たちの根幹人類期では、以前すでにあった事柄が繰り返されます。レムリア期に存在した対立が、霊的な領域にはっきりと現れました。女の性が先にあって、下降傾向にある一方で、男の性が上昇傾向にあって、かつて女性が内包していた霊的な精子の力を自分の中に求め、かくして対立が生じなければなりませんでした。

地上の人間として生きる限り、オカルティズムを通して、次のことを正確に理解しなければなりません。――アトランティス人の末裔である民族の一員でも、その魂がアトランティス的である必要はない。同じように、魂が性と結びついているわけではない。女性の魂は、男性の肉体に共に住むことができるまで、そして地上にひとつの性だけが存在するようになるまで、生き抜く。

かつて男性は、女性の前では、沈黙していなければなりませんでした。しかし男性と女性の結びつきが、▼一八世紀の「養子ロッジ」の設立によって準備されました。一七七五年にその最初のロッジができました。そのとき、男性的なメーソンとは違う象徴をもったメーソンが始まったのです。男性的なメーソンである養子ロッジが女性も受け入れたことで、男性と女性の関連が準備されたのです。▼私たちの協会の女性創設者も、そのような養子ロッジの会員でした。ですから、このことは神智学のはじまりにも関係しているのです。つまり神智学は、オカルト的な諸潮流と結びついて、フリーメーソンから一歩先へ出て活動するという、宇宙的使命をもっているのです。しかしフリーメーソンは、いつかもう一度目覚めて、私たちを助けることができるかもしれません。

フリーメーソンの男性的に偏った企てを、神智学の領域で克服しなければならないのです。すでに中世全体を通して、霊的に、男性の中に女性を生み出すための偉大な準備がなされていました。この準備のために、中世全体を通して、マリア崇拝が生じました。これは男性の中に女性を生み出すための精神の集中に他なりません。そして女性にとっては、それがイエス崇拝だったのです。

フリーメーソンと人類の進化 II

一九〇五年一〇月二三日（一一時三〇分・女性のみ）

今日お話ししようと思うのは、今まで女性に対しては話されたことのない事柄です。ですから今日皆さんにお話しするのは、本当は大胆なことなのです。しかしいくつかのオカルト的な流れが、そのことを必要としています。

そのような流れの内部には、いろいろと内密な事柄がありますが、少し前まではそれを女性の前で語ることが許されませんでした。というのは、その内密な事柄を守るのを目的としていたオカルト結社には、女性を会員にしてはならない、という厳しい掟があったからです。オカルト結社が世界に対して果たすべきことに、女性的な要素がともに働いてはならなかったのです。少し前まで、この掟は厳密に守られていました。現在は神智学協会だけに、男女二つの性を調和させる唯一の可能性が与えられています。ですからここは、そのような事柄が女性に語られる、唯一の場所でもあるのです。

しかしこのようなグロテスクな言い方が可能なほど、フリーメーソンのロッジで性的な区別が生じたのはなぜでしょうか。そもそもこの分裂が守られてきた理由を理解するためには、いくらかグロテスクなたとえを用いなければなりません。二つの勢力が争うとき、戦いの前に大将が敵方に作戦を明かすとしたなら、それは非常に愚かなことでしょう。同じく、フリーメーソンに女性を引き入れたとしたら、敵に武器を渡すようなものだったでしょう。というのはフリーメーソンでは、戦いが重要なのです。フリーメーソンは女性的な霊に対して戦い、女性的な霊そのものに対して苛酷に抵抗しているのです。この戦いは必然でしたから、まさにそのために、オカルト的なフリーメーソンが設立されたのです。ですから、オカルト的な事柄に関しては、性によって分けて語られるのが常でした。このような事柄を女性に語れるような形式が、まず見出されなければならないのです。

フリーメーソンの創設は、はるかな過去にまで遡ります。それは、現在の第五根幹人類期の第四亜人類期の初めに生じました。私たちにこの事柄を明かす旧約聖書も、同じ時期に初めて書き留められました。高次の霊たちがモーセに与えた啓示を、あとで彼が書き留めた、と言われています。しかし高次の事実に関する知識は、もっとずっと以前からすでに存在し、口伝によって種族から種族へ、祭司から祭司へと伝えられ、旧約の執筆者のひとりエズラ▼が文書として記録しました。祭司集団によって旧約聖書が権力になり始めたとき、ある理由からこの祭司文書、すなわち聖書に対する激しい抵抗がフリーメーソン兄弟団に起こりました。しかしその抵抗はそれまで常に存在していましたし、また必然だったのです。私たちは、その理由をはっきりさせなければなりません。

物質界で生じるすべてのことは、まず特定の仕方で、それ以前の諸事象がくり返さなければなりません。かつての時代の出来事は、地上では常にくり返されています。人間は、誕生前にぼんやりとした動物意識で以前に通過した諸段階を、くり返さなければなりません。同じように、たとえば中世のルネッサンス時代は、古代ギリシア時代のくり返しでした。惑星紀においても、そのようなくり返しを見ることができます。地球は現在の地球になる前、つまり第四周期(地球紀)の独立した惑星になる前に、まずかつての状態をくり返さなければなりませんでした。そのように宇宙の中に新たな諸事象が出現するときには、常に以前の段階が新しい形でくり返されるのです。第五根幹人類期はレムリア人類期をくり返しました。まだ男性即女性的だった人間が、男性と女性の両性に分れたレムリア時代の人体に生じたことが、第五根幹人類期の第三亜人類期であるバビロニア・エジプト時代に、霊的な領域でくり返されたのです。

男女が存在する以前、両者はひとつに結ばれていました。その後二つの性に分離しました。同じことが、第五根幹人類期に霊的な進化として生じたのです。

第三根幹人類期：男女二つの性に分裂する肉体上の進化。
第五根幹人類期：男性的な霊と女性的な霊、すなわちフリーメーソンと、エホヴァ礼拝または祭司集団とに分裂する霊的な進化。

インド文化期である第一亜人類期では、すべてはまだ物質界を超越しています。第五根幹人類期の第一亜人類期のインド最古の叡智は、霊的には現在の物質界とではなく、人間がまだ男性即女性的だったかつての時代と結びついています。ですから性的な事実が引き合いに出されることはまったくありません。二元的な原則は、そこでは問題になりません。この原則は次の亜人類期にようやく登場しました。ヴェーダはもっとはるか後の時代の所産です。

そして第二亜人類期には、すでに激しい分裂が生じます。この分裂が現れたときのことを、旧約聖書は

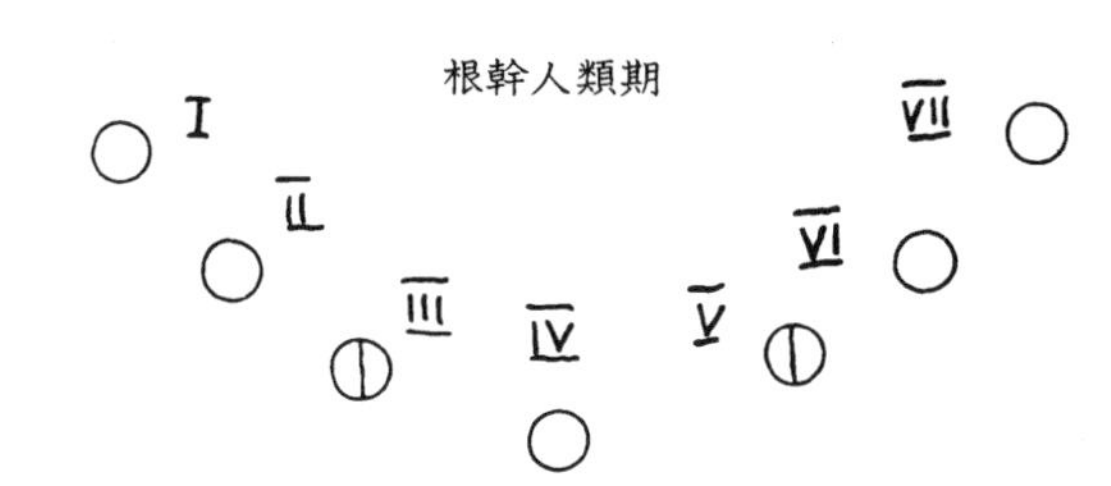

見事な比喩で描写しています。そのことは創世記に、非常に美しく、はっきりと書かれています。エホヴァは人間を創造する前に、地上に果実や動物などを造り、最後に人間アダムを創造して、彼を二つの性に分けた、と。

この描写は、物質的な諸事実を踏まえたオカルト認識に基づいています。あらゆるオカルト的な叡智が、言うまでもなく、物質的な諸事実と後の霊的な叡智との関連を伝えています。なぜなら、物質的な諸事実は神的な叡智から生じますが、もっと後で物質生活を送る人間から、ふたたび叡智が生じるからです。叡智と認識と物質生活とは関係しているのです。

新しい人間を生み出す受胎させる力と受胎する力は、かつてはひとつの性の中で結びついていました。その後で、人間は男性と女性に分けられました。生殖力を求めているのは、本来そのどちらでしょうか。それは女性です。ですから最古のギリシア神話には、人類の父として崇拝されたゼウス▼が、女性的な胸をもって描かれているのです。超人間的な存在としてのゼウスは、性的には、より女性に近かったのです。ですから女性の性の方が、より古い性なのです。この性は当時、人間の個体全体を生み出す力を有していました。この力は、肉体的な外見が女の形姿に近似していた、単性人間の中に存在していました。この単性人間を受胎させたものは、叡智や霊そのものでした。第五根幹人類期におけるくり返しでは、女性的な霊が、霊感を与える叡智を受胎します。一方、レムリア期の人間は、女に与えられた素材と、神的な霊を受胎したこととの結果だったのです。

女が何によって人間を生み出すことができたのかを考えてみると、はじめは肉体的には、神によって受胎させられました。受胎させたのは、女の中の神的な霊でした。性の分離が生じたとき、まずこの神的な霊を受胎する器官が、叡智の器官に変化しました。女の内なる男性的な力が、その変化を生じさせたのです。ですから受胎器官の半分が女に残されたのです。女の内なる男性的な力は、物質的な創造力として残されました。叡智の器官と女性としての受胎器官とが分離したことによって、脊髄と、神経索をともなう脊柱と、脊髄のメタモルフォーゼである脳において完成しています。叡智の器官は、脊髄をともなう脳が肉体に生じました。これらは生命の樹と認識の樹に喩えられています。このときから、人間の中に二元性が存在しているのです。それは認識の樹と生命の樹という、聖書に書かれている二本の樹木のことです。

さて新しい存在は、この変化に順応します。かつて女性的な個体を有していたすべてが、女性の形態を受け入れたわけではありません。その一部分は、人間を生み出す可能性をもった女性的な側面を後退させ、その代わり受胎力が、まったく違った仕方で残されました。物質的な自然は、受胎させるものと受胎するものに分裂したのです。同じように霊的な自然もまた分裂しました。女の個体の場合、霊は男性的特徴と男性的色合いとをもち、男の場合の霊は、女性的な特徴をもっています。それは男の中の女なのです。

聖書には、このことが詳細に記されています。よく知られているように、認識の木の実を食べることは、両性具有の人間には禁じられていました。エホヴァが人間の中に植えつけた力は、女の中にエホヴァの叡智を作用させる、という力でした。「認識の木の実を食べてはいけない」という意味は、「受胎させる力を切り離し、エホヴァから独立してはならない」ということです。なぜなら、そうすることで、受胎を促すエホヴァの力が女から失われるからです。認識の木の実を女が食べたとき、叡智を自立させるための基盤と、エホヴァに依存した道具であることをやめる基盤とができました。しかしエホヴァの力が失われると同時に、叡智によって自らを受胎させる力も失われたのです。［認識の木の実を］女が食べ、男にそのリンゴを渡したときに、この力が失われ、そして、女は男に依存するようになりました。

人間を自立させるためにこの道に導いたのは、ルツィフェルです。エホヴァはルツィフェルと対立していたので、認識の木の実を食べることを禁じました。しかし女が食べて、それを男に渡します。彼も食べて、エホヴァが定めた罰に従います。前世のカルマを担う新しい肉体が生じなければなりません。死と誕生がこの世に現れます。女は、自分で自分を受胎させることがもはやできなくなりました。受胎が外から来るように、死の可能性も外からやってきたのです。

聖書の楽園物語の比喩に、この深い関連が描かれています。古代祭司たちが言い伝えてきたのはこの比喩の内容であり、そこに古代祭司の叡智がはっきりと体現されていました。女は肉体による認識を求めたことで、霊的な叡智によって受胎できなくなりました。女に渡された木の実を食べた男も、罪を背負い、女も男も自分たちが作ったのではない楽園から追放されました。これが、性の発生についての古代祭司の言い伝えです。それには実際の諸経過に関連する深い知識がこめられていたのです。

さて、女性と男性が分裂したことで、何が生じたのでしょうか。生産的で霊的な叡智の力の影をより多く手に入れたのは、男性と女性のどちらでしょうか。すでに述べたように、女性の叡智は本来、男性的な性格をもっています。それは独自のものを生み出す、創造的で生産的な直観です。かつて女性の中で受胎を促し、肉体をもった人間を生み出したのと同じ神的な力は、今や人間の中の神的存在の核心を認識させるために生産的に働きます。この経過を促進させるために、数々の宗教が言葉やイメージで働きかけているのです。

女は、肉体的に生殖できなくなります。つまり、以前のように自分で子孫を生み出すことができません。男の受動的な霊は、霊的には非生産的です。しかし男は身体的に受胎を促すことができます。ですから男は世界中のあらゆる場所で、霊的に受胎します。彼は身体的には受胎を促すのですが、霊的には受胎を促されるのです。世界中が彼に働きかけてきます。男は霊的に受胎を促され、女は身体的に受胎を促されます。反対に、女は霊的に受胎を促し、男は霊的に受胎を促されます。外の世界から得られるあらゆる経験を集め、結びつけることによって、男性の叡智が受胎を促されました。つまり知識を生み出すことができました。そのようにして、世俗的な叡智を集めるように促されている男性の叡智が生じました。それはかつて上方から流れ込んだ叡智のように、はじめから存在していたのではありません。物質界の認識を通して、まず集められなければならなかったのです。

それに反して、女性の叡智は、実際に祭司集団へと受け継がれました。祭司の叡智は財産になりました。それは、もとは古代の女性的叡智だったのです。エホヴァは、人間の性を二つに分裂させるのでなければ、それを維持できませんでした。そしてカインとアベルに象徴される、フリーメーソンと祭司集団という両者の対立が生じたのです。

女性的な祭司の叡智と男性的な営為との違いが、カインとアベルの伝説に表現されています。アベルは羊飼いで、すでにこの世に存在している生き物を世話していました。それは、自分で獲得するのではない、自らの中に流れ込んでくる叡智であり、人間の中で働く古来の神的な力を象徴しています。

カインは、まわりの世界がさし出すものから新しいものを創り出します。彼は外から受胎を促される男性の叡智を代表しています。その叡智を集めるために、そしてその集められた叡智で新しいものを創り出すために、男は世界へ出ていきます。カインはアベルを打ち殺しました。これは物質の叡智を獲得し、新しい知識を獲得しなければならないと感じた男性の叡智の、女性の叡智に対する抵抗です。

この対立を引き受けることを、古いフリーメーソン員たちは理想として掲げ、祭司集団に移行した女性の叡智を、彼らの男性の叡智によって妨害しようとしました。数々の偉大な比喩を含む聖書は、祭司集団に移行した直観的な女性的叡智と見做されました。その叡智に、フリーメーソン員たちは、男によって獲得された叡智を対置しようとしたのです。祭司の叡智に対するこの戦いは、フリーメーソンの抵抗の現れでした。それに参加した人びとは、女性の叡智が及ぼすどんな影響からも守られていなければなりませんでした。これは物質の進化に関わる戦いであって、活動する上で女性との交流を遠ざけることが、フリーメーソン員たちにとってどうしても必要だったのです。彼らは、女性の思考内容に妨げられさえしなければ、女性の精神に対する抵抗を貫くことができると思っていました。有害な要素が介入することは、とにかく避けなければなりませんでした。

そこでフリーメーソンは、聖書伝説に対抗して、神殿伝説を創ったのです。神殿伝説は、祭司集団に対抗して戦う剣なのです。では、この神殿伝説を心に思い浮かべてみましょう。それは次のような内容です。

原初に、エロヒームのひとりがエヴァと結婚し、カインを創りました。それに対抗して、別のエロヒームのエホヴァがアダムを創りました。アダムはエヴァと結ばれ、アベルが生まれました。カインがアベルを打ち殺すと、エホヴァはカインの一族をアベルの一族に隷属させました。

すなわち、原初に世俗的な叡智が祭司の叡智に抵抗して負けたのです。アベルの原則はセトに受け継がれました。そしてすべての世俗的な叡智は、祭司の叡智に屈しました。

続いて、カインの末裔がどのように地球を征服して、諸技術を発展させたかが物語られます。音楽や技術や科学は、彼らによって育まれました。製銅と製鉄の巨匠であるトバル・カイン〔「創世記」第四章二一

〜二二節）、管楽器奏者と弦楽器奏者の始祖であるユバル、ソロモン神殿（「列王紀上」第七章一三節）を建設したヒラムは、カインの末裔に属します。

▼ヒラムは、第三亜人類期と第四亜人類期の境目に存在していたと考えられます。それは祭司による支配から王による支配へ移行した時期です。神の恩寵による王国が生じたのです。その代表がソロモン王でした。ソロモンは物質界に働きかけることによってではなく、神の恩寵がもたらしたものによって、権力を獲得しました。祭司の叡智が王制へ移りました。ですから王制は、人類と地球進化にとって必要なことを自分ではなしえない祭司集団の継承者と見ることができます。カインの子孫の中から神殿を建てる人物を呼び寄せなければならなかったのは、カインの子孫が自分で思考内容を生み出すことができたからです。

伝説はさらに続きます。シバの女王バルキスがソロモン王と婚約します。王を訪問した女王は神殿を見て驚嘆し、王は女王の叡智に驚嘆しました。女王は、神殿の建築師に会いたいと願いました。人間の叡智が、このようなすばらしい建物を生み出したことが理解できなかったのです。ヒラムが来ました。するとすぐにそのまなざしが女王に強烈な印象を与えました。そこで彼女は、神殿で作業する人たちも見たいと要求しました。ソロモンはそれを断りますが、ヒラムが神秘的なT（タウ）文字を空中に描くや否や、作業していた人びとが一斉に押し寄せます。神秘的なT（タウ）文字には、カインの末裔が、物質界で働くときに必要な諸力がこめられているのです。

ヒラムにマイスターの位階に昇進させてもらえなかったことを根にもつ三人の職人がいました。彼らはヒラムを困らせるために、彼の代表作を壊そうとします。ヒラムは、「青銅の海」を完成させるところでした。それは溶解した青銅の液を鋳造して造る傑作であり、鉱物界全体を改造するという、私たちの周期である▼マンヴァンタラの使命を象徴するものです。三人の職人たちは、青銅の海の鋳造を破壊します。ヒラムは、水を注いでそれを修復しようとしますが、すべてが火の雨となって飛び散ってしまいます。鋳造は失敗したと思って、ヒラムが絶望的になっていたとき、トバル・カインと思われる形姿が現れて、ヒラムを地球の中心に導き、そこで彼に次のように告げます。「エホヴァまたはアドナイは、火の霊たちの敵に他ならない。彼は火の霊たちを滅ぼすつもりだ。しかしおまえには息子がひとり生まれるだろう。おまえはその子を見ることはないが、彼が地上に新しい一族をもたらすだろう」。

さらにトバル・カインは彼に一本の槌を与えます。彼はそれで青銅の海の鋳造を完成させますが、三人の職人たちに殺されてしまいます。ヒラムは死ぬ前に、息も絶えだえにある言葉を口にし、それを黄金の三角形に書き留めて、水に沈めました。その言葉は伝えられていませんが、フリーメーソンの「失われた言葉」なのです。ヒラムは埋葬され、その墓の上にアカシアの枝が植えられました。三角形は、もういちど掘り出されましたが、誰もその価値を知りません。そしてまた沈められ、その上に十戒が刻まれたさいころ型の石が置かれました。

さて、「エホヴァが火の子らを憎む」とはどういうことでしょうか。火の子らとは、単性生殖で生まれた人間たちのことです〔カイン〕。アベルの末裔です。叡智は、彼らの中で地上的なカマの火と混合しています。「おまえにひとりの息子が生まれ、彼が新しい種族を作るだろう。しかしおまえはその子を見ることはないだろう」とヒラムは告げられます。失われた言葉がふたたび力を得て、新たに生じるとき、この新しい一族が現れるのです。フリーメーソンに体現されているオカルト的な伝統は、この言葉をふたたび生み出すために働きます。言いかえれば、受動的な男性要素に能動性を加え、受動的なものを能動的にするのです。そして受胎させる力が霊的にふたたび獲得されると、カインの末裔は自分の中から何かを生じさせることができるようになるのです。

女性の力は原初的な力でした。それは世俗の叡智であるすべてのものを世界に与えましたが、肉体的な生産力の一部を失って、それを男性に委ねました。今やすべてがふたたび霊化します。そしてその霊化の過程で男性的な力は自分の方に権力を引きよせようとします。男性的な思考の要素が、女性的なものより長続きしようとするのです。しかしふたたび無性になるときが来るでしょう。これは、両方の性のどちらが先に無性を手に入れるか、という戦いです。フリーメーソンは、男性、すなわち男性の精神が女性より長く生き残って、無性を手に入れることを求めているのです。

さて、発声の力と性的な生産力は、オカルト的に関連しています。「言葉」は、すべてをもたらしました。原初、言葉は人間の中に生きていました。そして人間から言葉が失われました。言葉が欠けているので、人間はもはや独自に創造することはできません。創造の場に居合わせた者だけが、その言葉を知ることができるのです。トバル・カインはそれを知っていて、ヒラムに伝えました。生産力をふたたび得ようとする者は、この言葉を手中に収めなければなりません。本当の生産力は、言葉とひとつにならなければなりません。言葉は未来の人間を生じさせるでしょう。その時には、ヒラムの息子を本当に見ることができるようになります。神の力である火が、新しい仕方で生じるでしょう。新しい性が、古い性に取って代わるでしょう。——古代ヘブライ語のマントラには、それを十分に力強く発声すれば宇宙を生み出す、といわれているものがあります——言葉が十分に高められたとき、人間は言語そのものを通して霊的な人間を生み出すでしょう。

今、認識の樹の中に表現されているものが何なのかを理解することができます。蛇は背骨の中を螺旋状に上方へ向かう脊髄です。肉体の中での認識は、神経組織から生じます。「おまえと女、おまえの子孫と女の子孫の間に私は敵意を置く」。これは肉体の種子つまり肉体による認識と、霊の種子つまり霊的な認識との間の敵対関係のことです。霊的なものである女は、物質を代表する蛇に踵を嚙まれたあとでようやく、蛇の頭を押し潰します（「創世紀」第三章一五節参照）。物質の力は、地球の中心点から足にまで達しているのです。

男は成熟すると、声変りします。これはヒラムの新しい息子の先触れと見做されていました（「歴代志下」第二章一三節）。フリーメーソンが目指した理想は、男の喉頭部の力でこの息子を生み出すことでした。

のちに地上で物質として生じたものはすべて、霊を起源としていました。原初には、神霊が地上にもたらしたものだけが作用していました。それから一方には女性的な形象の叡智、祭司の叡智が、他方では知性だけで形象をもたないカインの叡智が生じました。興味深いのは、カインの叡智のために形象内容が求められたとき、男性の叡智が女性の叡智からそれを借用したことです。神殿伝説とフリーメーソンの内容のすべてが、神からの啓示である古代祭司の叡智から生じています。これは象徴の中に守られていました。しかしその象徴が次第に理解されなくなったのです。オカルト的なものがすべて、次第にフリーメーソンから消えていきました。ヨハネ・メーソンの三つの位階は、完全に物質界に則ったものです。

今まで、霊的な諸潮流が並行して進化してきた理由を述べてきました。では神智学運動の意義とは何なのでしょうか。神智学運動は性の再統一という、のちに物質界で生じる事柄を、霊的な領域で準備しているのです。分化している叡智も、またひとつの霊的叡智に統合されなければなりません。敬虔な祭司の叡智とフリーメーソンの叡智が、神智学の叡智を通して、人間の中で調和されなければなりません。未来の叡智は、女性の中にも男性の中にも同じように存在する高次の人間から引き出されるのでなければなりません。重要なのは、もはや物質界に左右されないものを発展させることであり、それが神智学運動の目的なのです。

神智学は、実際に男性的＝女性的な、両方の性に同じように通用する叡智です。輪廻転生の教えからわかるのは、私たちがふたたび新しく生まれ変わるとき、これまでの地上生活の個性が現れるのではなく、「エンテレケイア」である原因体（自我）が現れるということです。このことがわかると、性を越えて存在するもの、二つの流れとは無関係のものが、私たちの中で生き始めるのです。このように、神智学とは調和させる運動なのです。神智学だけが調和を実現させることができるのです。

神智学においてはじめて、両方の性に等しく関わるオカルティズムを語ることができます。そこからのみ、両方の性の調和が現実に考えられるのです。神智学運動だけがそれを遂行できるのであって、他のどんな運動でも、かつての男女両性のなごりを有しています。

フリーメーソンは、来たるべきものを準備するという使命を自らに課しています。ですから一八世紀にはすでに、以前の完全に排他的な原則は否定されました。そして一七七五年に、女性ロッジである最初の「養子ロッジ」が設立されました。性の調和の法則を認識したからです。こうして、男と女の間につながりができました。しかし女性ロッジの会員は皆、男性ロッジ会員の誰かの養子にならなければなりませんでした。▼そのような養子ロッジのひとつに、H・P・ブラヴァツキーも属していました。フリーメーソンそのものから、彼女の神智学の試みがなされたのです。このことは、正しいことには常に試みが先行している、ということを示しています。ただ、なぜそのような試みがなされるのか、すぐには理解されえないだけです。しかし宇宙に存在する根源的な力を、いつも即座に、真に理解するようにと要求することはできません。別の流れが好まれることもあるでしょう。ですから二つの流れは、まだ長い間並行して進むことでしょう。調和を静かに生じさせるために、神智学運動へ至らせるようなものを、フリーメーソンの中に流し込むことが必要なのかもしれません。

さて、中世において、フリーメーソンはフリーメーソンで、教会は教会で、それぞれ未来の理想を作り出しました。教会はフリーメーソンとは何の関係もありません。教会では、キリストつまり男性を理想としていました。この男性的な理想は、教会内部のオカルト的な流れを満足させるものではありませんでした。男性には受動的なものに加えて、能動的なものも必要です。自分に欠けていたものに、思いを馳せなければなりません。思考を集中させる手段として、みずからを補うものが必要でした。事情にいくらか通じていて、フリーメーソンではなかったオカルティストは、女性について思索しました。こうして修道士たちから、意識的にマリア崇拝が生まれたのです。この崇拝は、教会つまり祭司階級とフリーメーソンにつけ加えられる、第三の流れとして現れました。

三つの流れはすべて、人間が性から独立した存在になるという、本質的には同じ目的をもっています。しかし目的に至るための活動の仕方は異なっていました。キリスト教的なオカルティストは、男性的な原則を女性の中に求めました。

大切なのは、内なる真実の人間は、分化した性に依存していない、ということです。ですから内なる人間は、さまざまな生まれ変わりの中で、両方の性を経てきたのです。よく考えていただきたいのですが、フリーメーソンの場合、女性の肉体に受肉したすべての個性を次第に男性へと導こうとしました。外的な物質界は、そのための戦いの場でした。ですから、男性は女性よりも長生きしなければいけないのです。女性が先に存在していたので、男性は女性よりも長く生き残るべきなのです。このことがメーソンの念頭に浮かんでいました。しかしそれは偏っていました。

神智学の念頭には、何が理想として浮かんでいるのでしょうか。神智学の理想とは、高次の叡智によって、性を越えて存在する人類を物質界にもたらすことです。ですから神智学は、宗教ごとに異なる叡智や、特別な宗教を支持する叡智ではなく、宇宙を創造した最古の叡智にまで遡るのです。神智学がそうしなければならないのは、祭司の叡智が、使命を完全に果たし終えたからです。かつてあったものに対抗して、神智学はこれから生じるべき未来を獲得しようとしています。神智学は、特定の仕方で古代祭司の叡智や秘儀を継承してはいますが、しかしある意味では、それに対立しているのです。

神智学運動の敵対者たちとは、古代祭司の叡智にかたくなに執着し、神智学を古い形態のまま保持し、いわばミイラ化しようとしている人たちのことです。宇宙を形成する高次の摂理は、未来を創造すべき現代の霊へと神智学を導きます。一五世紀に薔薇十字会員たちによって現代の霊的生活が人類進化にもたらされました。それは、来たるべき新たな叡智を形成する最初の夜明けでした。世界に新しい衝撃が生じました。今や、古代祭司の叡智が新しいものにならなければならないのです。

このように、現代には二つの流れがあります。一方は、古いものを現代に据えることで、進化を阻止しようとします。別の流れは、古い十字架を薔薇で覆って、若枝を大地にさし込みました。薔薇が十字架に巻きついているのです。この二つの流れは並行して進みました。薔薇のない十字架の結社と、十字架上の薔薇を来たるべき新たなものとして敬う結社です。神智学運動は、未来へと伸びる薔薇の緑の若枝から生じた、この後者の流れの上に築かれているのです。

女性の参加が許されなかった戦いが、どのようにして生じたのか、これまで見てきました。私たちの使命とは、フリーメーソンと薔薇十字会の間の溝に橋を架けることです。この仕事は困難ですが、なされなければなりません。それは性を越えた高次の人間の認識に到達することです。そこに至るのは困難なことですが、不可能ではありません。そしてそれは成就し、現実のものとなるでしょう。

オカルト的認識と日常生活との関連

一九〇五年一〇月二三日（夜）

今日は、ここ数日間に皆さんの心に浮かんだ疑問に応えて、二、三の事柄をお話ししたいと思います。神智学とオカルティズム、神智学とエソテリズムの関連については随分述べてきましたが、神智学と日常生活との関連については、まだ何も述べていません。このテーマについてお話ししたいことがあると、▼一週間前に申し上げました。ですから今日は、高次の観点にではなく、オカルト的認識がどのように日常生活に直接関わるのかに、皆さんの注意を向けたいと思います。神智学的な世界観は私たちのまなざしを遙かな時空間へ向けるだけでなく、ごく日常的な問題についても、オカルティズムの概念なしには決して得られない見方を与えてくれます。ですからオカルティズムが何か非実用的なものであり、一般の日常生活からまったくかけ離れているという、よく聞かれる意見は、まったくの間違いなのです。

そして今日は、次のような別の疑問にも触れようと思います。「未来の人間でなければ与えられないような高次の世界への洞察をまだ持つことのできない一般の教養を持った人が、神智学的な考えが真実であり、神智学の営為が現実に正当性を持っているという確信を、どうやって手に入れることができるのか」。――オカルト的な観察によらなければ証明できないということはありません。むしろ、日常生活の中で証明されるのでなければ、正しいとは言えないのです。日常生活は、高次の存在領域を確信することができるための準備でもあるのです。高次の領域で絶えず生じてきたことは、今でも、私たちの日常生活で生じています。

人類が発生した最古の時代にまで遡ると、原初の人間は、今よりもっと繊細で霊的な物質でできていたことがわかります。現在の人間は、主に肉体、エーテル体、アストラル体という三つの人体形式を示しています。エーテル体は、肉体の一種の原型です。アストラル体は、人間を取りまき、浸透するオーラの覆いであり、感情生活、本能、情熱並びに思考を働かせる構成体です。人間全体は、未分化なアストラル体から次第に形成されてきました。人類をその起源にまで遡るなら、現在の人間を作っている物質的、エーテル的な成分が、大地の中の種子のように、人間の原初のアストラル体の中に溶けているのがわかります。

現在の人間は、アストラル的基本成分がいわば濃縮したものです。この濃縮化は、今もなお日常生じています。二人の人間が相対すると、まず両者のアストラル体は、愛し、憎み、好み、嫌い、怒り、親しみ、そのようにして互いに反発し合うか、魅き合うかします。これらはすべてアストラル体とアストラル体との間で起こる現象です。人と人との交流は、アストラル体の状態もしくは状況の絶えざる交換なのです。ある人を前にするとき、私の肉体やエーテル体はさして大きな変化を見せませんが、アストラル体は変化します。ある人が憎しみに満ちて私に何かを言うと、その憎しみに満ちた流れが私のアストラル体に入り込み、アストラル体を変化させます。私はその人から流出するものを、私自身のアストラル体の中に受け入れなければなりません。このように私のアストラル体は、他の人から私に流れてくる愛や忍耐、または怒りやいらだちによってまったく違う特質を受け取るのです。

教育者と子どもの間でも、まったく同じことが生じています。ある教育者が愛情に満ちているのか、または心の狭いエゴイストなのかでは、大きな相違があります。子どものアストラル体には、成人のアストラル体とは違うものが見られます。子どものアストラル体は明るく輝いていて、人生を経て成長したアストラル体に比べると、処女のように純潔です。子どものアストラル体とは何でしょうか。それはこれから次第に形成されていく、未分化な光の雲のようです。そのアストラル体を決定づけるものは、まだわずかしか刻み込まれていません。ですからそのアストラル体は、あらゆるものになれる可能性をもっています。子どもが環境から受け取る表象によって、アストラル体は作られます。他の人の表象が子どものアストラル体に入り込むと、それを色づけ、別のものにするのです。

子どもが受け取るおとなの想いが、現実主義的なものか、理想主義的なものかによって、異なる働きが子どものアストラル体の中に流れ込み、アストラル体に形を与えます。すると魂は、ますますそのような想いで満たされていきます。愛情をもって扱われないと、その子のアストラル体の中に、愛が欠乏しているという反応が現れます。するとアストラル体は、まるで膜を作るようにして、外界から自らを閉ざしてしまいます。このことはすべて、アストラル体が常に変容していること、人との交わりがその変容に大きく影響していることを示しています。

ですから子どもは、まだ同じ形をした、けれども無限の可能性をもったアストラル体をもっているのです。理想主義者である教育者に相対している子どものアストラル体を考えてみて下さい。その教育者が、調和した魂をもっていたとします。彼は、帰依の感情で世界を直視し、世界の美しさと崇高さに対する強い感受性をもち、こころの中に世界の美を再現できる人物です。そのような教育者の場合には、子どもの魂の資質に深く関わっていくことのできる特性も見出せるでしょう。彼は、柔軟で敏感な数々のイメージを子どもの中に育成しますが、それらは子ども自身のアストラル成分によって溶かされます。みずからの内面を調和的に形成している教育者は、子どもに絶えず調和的な流れを送ります。すると子どもの内面は、自然に教育者の特性で満たされ、同時に教育者が周囲の世界から美として受け取ってきた宇宙調和で満たされます。気高い人間として、そして優れた観察者として重要に思えたことを、彼は教育者として子どもの性質の中に送り込み、それによってその性質を調和的に育むのです。

逆に、自己中心的で杓子定規な人が教育者として子どもに対する場合を考えてみてください。その人は、頑なで偏狭な考え方の持ち主です。この特性は、彼自身のアストラル体の中に、堅い殻に閉じ込められたような数々のイメージを呼びおこし、アストラル体をまったく堅い、柔軟性に欠けた構成体にします。そうするとそのアストラル体が、堅く閉ざされた流れを放射するので、子どものアストラル体はそれらを溶かすことができません。それはせいぜい、矢のように子どものアストラル体を傷つけるだけですが、溶かされないで、まさにアストラル体を貫き通すのです。

または、もっと日常的なことを考えてみて下さい。二人の人間が話し合っています。そのようなときには、互いのアストラル体に作用し合う様を非常によく観察することができます。

アストラル成分の中では、絶えず新たなものが生み出されています。人はものを考えることによって、常にアストラル体の中に数々のイメージを生み出しています。それはあらゆる形をとって現れます。イメージとイメージとの間にあって、用いられずに残されているアストラル成分は、イメージとなったアストラル成分に対して、「仲介するアストラル成分」と呼ばれます。この「仲介するアストラル成分」は、周囲の環境世界に存在するアストラル成分によって常に補充されています。それは絶えず流れ出たり流れ込んだりして、新しくなります。しかし人間が、自分の感情や思考、意志決定のあり方によって作り上げたイメージは変わることがありません。

二人の人間が、私たちの前で日常的な会話を交わしているとしましょう。そのうちのひとりは、こり固まった、頑固な考え方の持ち主で、それが数々の非常に堅いイメージをアストラル体の中に生み出しています。もうひとりは、彼に語りかけて、何かを説明しようとしています。ある人が他の人に説明するというのは、どういうことなのでしょうか。それはその人自身の考えを、もうひとりの人のアストラル成分に送り込むということです。前者の考え方、思考内容が、まず後者のアストラル成分の中に流れ込むと、そこで「仲介するアストラル成分」によって溶かされた上で、すでに存在する諸形態に見合ったものに作り変えられなければなりません。

ある人が、もうひとりの人に、たとえば輪廻転生について説明しようとしている、と考えてみましょう。しかし後者には偏見があって、輪廻転生の考えなど愚かな、くだらないことだと考えていたとします。この思考内容が彼のアストラル成分の中を漂っていました。そこに前者の思考内容が流れ込んできます。それは後者の「仲介するアストラル成分」の中に溶けて、すでに存在する思考の諸形態に見合った姿に変えられなければならないはずです。しかし後者の考えがあまりに頑なために、うまくいきません。送られてきた思考内容を自分の思考形態に変えることができないために、彼は前者を理解しえないのです。

柔軟な考えを持ち続け、その考えを、それを取りまく「仲介するアストラル成分」によって絶えず溶かすことができる人であればあるほど、その人は他の人を理解しようと努めます。アカデミックな教育を受けた人に神智学の生き方を伝えるのが困難なのはそのためです。大学で認められている考え方は、容易には溶けない、頑なで閉鎖的な数々のイメージを作り出しています。一般に学者は、そのようなイメージを抱えて神智学の講演を聴きにくるので、神智学の生き方が理解できません。もし、考える際にいつも次のように自分に言ってきかせるように教育されていたら、まったく違っていたでしょう。「確かに、別の考え方もできるだろう。私たちはとるに足らぬ程度の経験しかもっていないのだから。私たちが今正しいと思っていることの多くも、将来は修正されなければならないだろう」。——彼がそう考えることができたとしたら、その魂にはまだ受容する力があるはずなのですが。

別の場合を考えてみましょう。ある人が、別の人に尊敬の念をもっていたとします。アストラル的な感覚をそなえた観察者にとって、この尊敬の念はどのように現れるのでしょうか。この尊敬の念は、相手のアストラル体の成分の中に沈潜し、同時にその成分を吸収するような思考内容となって放射されます。すなわち尊敬の念を抱くと、それが流れ出る熱となって相手に注がれるのです。私たちから流れ出るこの熱は、アストラル界では尊敬や畏敬の思考形態となって、青味を帯びた色で現れます。あたたかな尊敬の念は、青味を帯びた思考形態を生み出すのです。

この青味を帯びて現れるものは、何なのでしょうか。無限に広がる宇宙空間の闇に目を向けるとき、それがわかります。宇宙空間は、光に照らされた大気のために青く見えます。同じように、それまで闇であるものが、［尊敬の思考内容によってアストラル的に］現れ、あたたかで明るい尊敬の念によって照らされるとき、それは青味を帯びるのです。炎の中に光に囲まれた青い核が現れるように、暗い空間が尊敬の念で包まれると、暗い核が青味を帯びて見えるのです。尊敬の思考内容の場合にも、そういうことが起こるのです。尊敬の思考内容は、熱に満ちた虚空間です。尊敬の思考内容を相手に送ると、相手にその本性をこの虚空間に流しこませる機会を与えます。こうして尊敬される人と尊敬する人の間に調和関係が生じるのです。

それに反して、妬みの感情で相手に向き合うと、別の思考形態が相手に注がれます。そのときには、利己主義、自己愛という赤い思考形態が放射されます。そして功名心から生まれたような、自分のことばかり考える別の思考形態がそこに取り込まれます。功名心は虚空間、空洞ではなく、それ以上何も入り込めない完全に充満した形態をもっています。それはまわりを冷たい感情で囲まれた、尊敬とは正反対の思考形態です。つまり、周りに青味を帯びた円が、まん中に赤い核があるのです。その冷たい青味がかった色が、中に入ろうとするものすべてをはね返し、うぬぼれの強い赤い思考形態はそのまま変わりません。何も受けつけないのです。相手を敬うのではなく、妬んでいる人は、相手にこのように対しています。

このように、私たちのアストラル体の中で演じられているものは、日常生活の結果に他なりません。アストラル体の中で演じられているものは、そのために訓練した人しかそれを観ることができません。しかしアストラル体の中のこの出来事は、絶えず肉体に作用しているので、誰でもそれを生活の中で確かめることができます。次のように考えてみてください。「オカルティストの言うことが、真実なのか、間違っているのかはしばらく問わないでおく。しかし私は、それを偏見をもたずに吟味してみるつもりだ。それが正当であるかのように生き、友人たちに対して、それに応じた行動を取る。そのことを慎重に行うなら、オカルティストの言うことが正しいかどうか、個々の場合において生き方が私に証明してくれるだろう」。——生き方がそれぞれの場合に、このことの正しさを証明してくれるでしょう。皆さんはそれによって大切なものを手に入れるでしょう。

以上のことをよく考えてみれば、たとえば教育者として、自分の教育上の考え方だけを押し通そうとはしなくなるでしょう。そして言葉によってだけではなく、自分が感じたり、知覚したり、考えたりすることによっても働きかけようとするでしょう。二つのアストラル体が相互に作用し合うことに十分に意識的であれば、アストラル体同士が相対したときには何が起こるのかがわかります。そして、自分をますます良くしようとする義務を負っていることもわかります。彼が向上する度合いに応じて、子どもの資質によりよい影響を及ぼすのです。彼は子どもの資質を殺さず、それを引き出します。

尊敬するに値する人物を尊敬することによって、私たちにもたらされるものが真実であることをただ知っているのと、それを体験するのとでは、まるで意味が異なります。私たちが、そのような熱に覆われた無数の畏敬の念を相手の人に注ぐとき、私たちはその人の偉大さを通して成長します。そうした事柄を知性でただ表面的に捉えたり、それについて書かれたことをただ知っているだけなのと、体験するのとでは、まったく違うのです。

私たちはオカルティズムによって、人生をより一層真剣に理解しようとします。手で摑むことも、感覚で知覚することもできないひとつの現実がある、ということを認識できるからです。魂の世界の意味とそれが及ぼす影響の大きさを理解し、評価することを学ぶことができるからです。

この言い方は図式的だ、と言う人がいるかもしれません。しかしそれは違います。私たちはこれまでとはまったく別様に、行為が及ぼす影響や、人生が私たちに負わせる責任に向き合わなければなりません。そうすることで、もっとも日常的な生活にも、オカルティズムが影響を与えるのです。

思考と感情の働きの結果、目に見えない世界に何が生じるのかを理解している人には、他の人に悪意を向けることと、銃弾を浴びせることが同じくらい重要になります。アストラル界の人間にとっては、憎悪の念を向けられることが、肉体にレンガを投げつけられるのと同じくらい有害なのです。

神智学の集まりのような集会に参加する人びとは、このことを感じ、体験することでしょう。そしてそこに、生きる上での新しい泉を見出すでしょう。他の人びとにとっては単一の現実を、私たちは三重に考えることができます。他の人は、物質世界からなるものだけを現実と感じ、何の悪意もなく「考えることに税金は要らない」と言います。

しかし神智学的な世界観に通じている人は、「考えることに税金は要らない」などとはもはや言えません。他の人びとに対して、考えたり感じたりすることには責任が伴う、と確信しています。私たちはこの責任感情を、神智学的世界観の最良の果実として、社会に担っていきます。私たちがまだ神智学上の初心者だとしても、私たちは隠れたオカルト的な世界から目に見える世界に働きかけています。私たちは隠された存在領域から、世界の美化のために、世界の向上のために、働いているのです。

以上は、人生を理解する上でのひとつの側面です。しかし別の側面も存在します。人間は、個人として世界にひとりで生きているのではなく、家族や民族のような全体にも属しています。そもそも人間を個別化しているのは、肉体とエーテル体だけです。アストラル体が流動的な在り方をしており、「仲介するアストラル成分」が外からの流れを受け入れて、絶えず新しくなろうとしていることは、前にお話ししました。しかし私たちが民族や家族に属していることを考慮に入れると、また新たな観点が生じるのです。

個人のアストラル体を観ると、それぞれの基本色に応じて、一人ひとりを区別することができます。アストラル体のもつ独特のニュアンスが外に向かうと、気質となって現れます。気質は特定の基本色をもっているのです。人間は環境のすべてと関わっているので、その人の属する家族や民族の性格も、アストラル体の基本色の中にはっきり現れています。

たとえば一〇年前に訪れた町を再訪するときに、オカルティストとして興味深い観察ができます。子どもの処女のように純潔なアストラル体を観ると、個人としての基本色の他に、別の基本色をもっていることがわかります。最初の訪問で、子どもの純潔なアストラル体をよく観ておき、一〇年後の場合と比べると、その姿の変化に気づきます。町や民族が発展するように、人間の個性も変化しているのです。この変化は、外から私を取りまく集合的なアストラル体の流れが、絶えず私自身のアストラル体と作用し合うために生じます。こうして私たちは、民族共通のアストラル体として現れる、民族気質を有しているのです。

民族や共同体ごとにそのようなアストラル体があって、各人のアストラル体の中に流れ込んでいます。一人ひとりの人間と民族全体の使命との間に、不調和が生じる原因がここにあります。宇宙における進化の素質が、いつもすべて同じ歩みで進むわけではありません。より包括的なものが、そうでもないものに先行する場合が非常に多いのです。

たとえばある民族を見てみましょう。その民族は、世界の中で勝手に寄せ集められた産物でも、偶然生まれたものでもありません。それぞれの民族は、人類の進化のために特定の使命をもっています。高次の観点から観察する人は、自分の民族にも特定の使命を果たす責任があり、この民族に属している私もこの民族共通の使命に仕えなければならない、私がこの使命に仕えることができるのは、民族全体と結びついたアストラル的な性質が私の中にも生きているからだ、と感じます。

民族のこの使命は、たしかにアストラル界にはっきりと現れていますが、その使命はアストラル界よりも高次の諸領域に存在する霊的な意図に応じているのです。宇宙の意図を学ぶためには、アストラル界を超えて、メンタル界へと上昇しなければなりません。

私たちの人類期の、たとえば第四亜人類期を見てみますと、この時期は、アジアにいた小人数の集団から発展し、ヘブライ＝ギリシア＝ラテン人類期を形成しました。この人類期の使命は、キリスト教の最初の伝道を、諸民族の中で実現させることができるようにすることであり、発展の初期にあったキリスト教を、ヨーロッパに隣接する諸地域を越えて広めることでした。それは諸民族の中で培われた思想です。

かつては、輪廻転生とカルマを前提にした考え方が通用していましたが、その考え方に急激な変化が生じました。この世での一回限りの人生が大切だ、と考えるように教育されたのです。外的な形態に対する感覚を発達させたギリシア人の芸術の中に、そのことがはっきりと現れています。だからこそ、外的な諸感覚のために物質界が高貴化されたのです。そしてローマ民族では、物質界にのみ通用する法が発達しました。キリスト教によってようやく、この法にモラルが混入されると、一回限りの地上生活に永遠の世界を見出すほどにまで、地上生活が重要になりました。これは一面的な思想ですが、しかし正当な思想であり、必然的な思想だったのです。カトリックの諸民族によって、キリスト教は北ヨーロッパへもたらされ、ゲルマン諸民族が新たにキリスト教化されました。

民族の思想は民族全体の中に生きており、民族の成員一人ひとりはその思想を分有しているのです。かつてギリシア芸術においては、感覚界の美しい諸形態を表現する彫塑芸術が発達しました。そして法として発達したものは、のちに道徳性へと深められました。私たちの時代には、この民族の思想が、市民の利益に、また技術生活にふさわしく仕上げられました。都市が発展し、花開くと、そこに市民階級の固有の文化が形成されました。この文化から功利的な道徳が生じたのです。それは現代において最高潮に達したと言われる、一面的な科学を発達させるきっかけとなりました。

ここに神界の原理の働きを認めることができます。進化の中でこのような変化が生じるときに、民族の思想がどのように働いているのかを示すものは、全体を網羅するこの原理なのです。この思想がどのように現れるのかは、民族共通のアストラル体である民族気質に左右されます。たとえばギリシア芸術は、別の民族ではまったく異なる仕方で現れたでしょう。

民族の思想は、それぞれの人の中に生きていますが、各人がその思想と一体になってしまうことはありません。民族の思想と並んで、個人は自分の個性を表しています。しかしここで非常に重要な、特徴的なことが生じます。昔の人にとっては、民族の思想世界の中で、神界の使命に従う方が、自分自身の感情と民族感情の調和を図ることよりも容易なことでした。しかし、すでに高い教育と教養を得た現代人にとっては、決してたやすいことではありません。低次の進化段階においては、人間と民族の感情の調和を図るのは容易です。というのはその場合、個人の感情は一般の民族感情に組み込まれているからです。低次の段階にいるほど、民族感情、民族思想が、各人の中により強く現れます。動物が種族の類型であるのと似ています。

しかし人間は進化すると、自分自身のアストラル体を際立たせます。アストラル体が多様化し、決定的になっていくと、それは自分の民族を越えた精神性を受け入れることができるようになります。高次の段階からさし込むこの光を、知的に把握すると、理想を捉えることができます。ある人のアストラル的な感情が、思考ほどに進化していない場合もときどきあります。ある民族の思想は、個人の思考に強力に働きかけることができます。その場合、その思想はある人が十分に成長する前に、その人の心を摑んでしまいます。

そのような個性の持ち主は、観念的な夢想家たちであり、民族の進化のために働く殉教者たちです。なぜなら彼らは、自分たちの本来のアストラル体に先んじて、高貴な魂をひとつの理想のために無私の形で注ぐからです。そのような人間たちが死ぬと、そのアストラル体が未発達であればあるほど、その分ますますアストラル的な性質は強くなります。そうすると、将来の自分の成長のために、民族の理想にはなかったものが力を発揮するようになります。生きていたときには、偉大で高貴な理想家であり、民族の理想に身を捧げたそのような人が死ぬと、自分の中にまだ存在している個的な要素に圧倒されます。そうすると、彼のアストラル体の低次の属性がすべて表面に現れるのです。

そのような人が殉教者になった、と考えてみてください。彼は高貴なことを成し遂げましたが、自分の民族に虐待されたのです。そのような人は、生きている間は勇敢に大胆に理想を追求しました。右も左も顧みませんでした。理想のために拷問にかけられたり、または殺されたりしたのです。そのような場合、死後すぐに復讐心が現れます。彼が個人的なものとして押さえ込んでいたものが、カマロカに残るのです。

理想主義者たちをこのように扱った民族は、自分たちに作用し返す悪しき諸力を、カマロカに生み出します。ロシアはそのような、よくない諸力を生み出しました。気高い人物たちを長年、鞭で虐待してきたのです。このような人物たちの低次の諸力が、ロシア人の敵として、すなわち彼らが人生を犠牲にしたものの敵としてカマロカで作用します。そのように非常に若くして死んだ殉教者たちが、ロシア民族に対立して、日本側に立って戦っていたのが観察されました。この事実は、魂のより深みに作用する諸力に目を向けるとき理解できます。この観点から考察するとき、未来の諸現象が明らかになるでしょう。

私たちはゲルマン民族の成員として生きており、東はスラブ諸民族、西はイギリス・アメリカ諸民族に囲まれています。アメリカ諸民族とスラブ諸民族は、未来に目的を遂行すべく上昇する種族たちであり、ようやく民族思想の発端についたところです。スラブ諸民族の基本的な特性は、霊的な素質として現れています。スラブ文化を理解するように試みてください。そうすればそれが霊的文化への傾向をもち、そこから霊的な働きが生じるのがおわかりになるでしょう。

このスラブ諸民族は、まず東方に位置する民族である中国人と日本人と対決しなければなりませんでした。中国人と日本人は、かつてのアトランティス民族の残滓です。そもそもすべての蒙古系諸民族はアトランティス末期の文化の名残りなのです。彼らは確かに、霊的な傾向をもつアストラル体を有しています。

スラブ諸民族は、それらと対決しなければなりません。

アメリカにも、いくらか似た状況が見られます。そこでは唯物主義が頂点に達し、民族のすべての考え方の中に浸透しました。アメリカ諸民族は、近代において、霊そのものを物質的に把握するようになりました。スラブ諸民族に、トルストイのような美しく偉大な魂の個性が出現し、進化を活気づけようとする一方で、アメリカ民族は、霊魂を物質的に捉えようと務めています。ですから私たちは、アメリカ民族に、唯物的な傾向の強い唯心論、心霊学(スピリチュアリズム)を認めるのです。そうした場合の霊は、物質的な真実を求めるのとまったく同じ仕方で、求められます。しかしこの探求の仕方そのものに違いがあります。霊を物質として見るように試してみると、心霊的な立場に立つことになります。アメリカでは、この心霊的な側面が強く発達したのです。

アトランティス以来の心霊的な資質をもった別の民族要素と、アメリカ諸民族は対決しなければなりません。この民族要素は黒人諸民族の中に生きています。両方の民族が共生して発展する仕方は特徴的です。一方では心霊的なものが心霊的なものと対決し、他方では霊的なものが霊的なものと対決しなければならないのです。そのように東方では霊的な民族思想が、西方では心霊的な民族思想が存在しています。

私たちは科学と芸術を外的な領域で体験しましたが、今や精神がふたたび向上していかなければなりません。このことは二通りの仕方で生じる可能性があります。霊的な仕方か、心霊的な仕方かのどちらかです。霊的な仕方は進化であり、心霊的な仕方は退化です。

このように、オカルト的な基盤を踏まえて考察するとき、世界がわかりやすくなります。この場合にも、こうした事柄は納得できない、などと言う必要はありません。ただ、実際に行われることだけを受けとめればいいのです。心霊的な世界像と心霊的な探求を、オカルティズムの世界像に照らして、自分で確かめてみるしかありません。オカルティズムの世界像を理解しようとするとき、現象世界がますます把握できるようになるのです。そのようなオカルト的・霊的世界観は、世界をくまなく理解させてくれます。その時には、オカルティストたちが伝える、オカルト的世界を信頼できるようになるでしょう。その信頼によって、私たちは自分を高次に引き上げる要素を内に育むのです。それは盲目的な信仰ではなく、自分で確かめることのできる信頼です。経験が増すにしたがって、この信頼は強まって、当然なものになり、そしてますます確信できるようになるでしょう。そして信頼が内に確かさを生み出したとき、それはまた実際的な知識をも与えてくれます。

私たちは知識を確信する前に、いつもその知識を検証してきました。検証する前に知識を得たいと望む人は、種子を蒔く前に果実を欲しがるようなものです。知識は私たち自身によって獲得されるべきものなのです。すでに知っているのなら、探求の必要はありません。しかし探求者に確信が欠けているときには、信頼の感情がそれを補わなければなりません。探求と信頼がともに作用し合うことで、遂には経験の果実である知識を生み出すようになるでしょう。

私たちはオカルティストたちの言うことを聞くとき、それに対して肯定も否定もしません。しかし彼らの言うことを私たち自身の人生に作用させ、私たちの人生に有用なものであると見做すならば、彼らが私たちにとって人生の導き手であり、最後には内的な知識へ、そして私たちの中に流れている生命へ私たちを導いてくれることがわかるでしょう。その時には彼らが、私たちを探求と満足と調和へ導く、信頼すべき導き手であることがわかるでしょう。

新しい形式の帝王術

一九〇六年一月二日（男女合同で）

今日、私はある主題についてお話ししたいのですが、それについてはたいへん多くの誤解と、信じ難いほどの誤謬が世界に拡がっているのです。▼大半の皆さんは、私が今年の総会で同じテーマでお話しした時、古いオカルトの慣例に従って、男性と女性に分けて講義したことをご存じでしょう。その理由は、この講義自身からより明確にされるでしょうが、私は今日この古いオカルトの慣例を放棄しました。今日もあの時も私があえて、この主題を取り上げるのは、いつか——できれば近いうちに——この慣例を完全に否定したいからです。

この主題について多くの誤解が拡がっている、と今私は申し上げました。私は自分自身の経験の中から、皆さんにひとつの事実だけを申し上げようと思います。それは、今日この点に関してつきまとっている全く空想的で迷信的な考え方を無視することが実に難しいことを示しています。しかし、もう一方で私は、この特別な事柄が、いかに信じ難いほど嘲笑すべきものであるかをお話しする必要もあります。

私の経験した事実を簡単にお話ししたいと思います。皆さんには恐らく信じられないでしょうが、しかしそれは真実なのです。一七、八年前、大学教授と、才能豊かな幾人かの詩人たちの集まりに私は参加していました。教授たちの中には、その地の大学神学部に所属する神学者が何人かいました。彼らはカトリックでした。そして、その神学部のたいへん学識のある神学者について、根拠が無くもないような噂が流れました。彼は、暗くなるとフリーメーソンが歩き回ると思い込んで、決して夜は外出しないというのです。彼は広い範囲の専門分野を代表していました。この噂を流した人が言うには、ローマにいた頃、ある修道会の若干の修道者たちが——それは一一人か、一二人か、一三人でしたが——つぎの出来事を証言したというのです。

ある時パリで、名のある司教が説教をしたそうです。その中で彼は、世界のフリーメーソン結社の恐ろしい危険性について話しました。説教の後、ひとりの男が、控え室の彼のところにやってきて、「わたしはフリーメーソン員ですが、あなたに一度結社の集会を見学する機会を与えたい」と、言いました。司教は同意して、こう思いました。「しかし、聖別した幾つかの聖遺物を持っていこう。きっとそれが私を守ってくれる」。

さて、ある場所が取り決められました。その男は、司教をロッジに連れていき、彼を人目につかない席につかせました。そこからなら、すべてを観察することができました。彼は身構え、聖別した聖遺物を前に抱えて、そこで行われるべき事柄を待ちました。彼は見たことを、次のように話しました。ちなみに、私たちのその集まりに参加していた人たちの何人かもそこにいたそうです。

そのロッジは、世間に向かっては別の名前をもっていましたが、本当は「サタン・ロッジ」というのだそうです。その会が始まると、奇妙な人物が現れたそうです。旧い慣習に従って——彼がどこからその慣習を知ったのかの説明はありませんでしたが——その姿は歩きませんでした。霊たちは周知のように、歩きません。滑るように動くのです。この奇妙な姿が開会を宣言したのだそうです。司教は、それから何が行われたのか、絶対に話そうとはしませんでした。それは余りにもこわかったようです。そこで、司教は聖遺物の力にすがりました。すると、雷のような声が響きわたりました。その声は、「我々は裏切られた」と叫んだのです。そして、集会を取り仕切っていた男は消えてしまいました。それは、そこで恐らく行われるべき事に対しての、司教の力の輝かしい勝利の瞬間でした。

▼この話がまったく深刻な問題として［集まりの中で］討論されました。他の人よりも教養のある人物でありながら、こんな事がフリーメーソンの集会で起こり得ると考える人が、私たちの時代にもいるということを、是非知って欲しいのです。

▼こんな話も残っています。八〇年代の中ごろ、あるフランス語の本が出版されました。その本は、全くぞっとするような仕方で、フリーメーソンの秘密を描いています。秘密に満ちた仕方というよりは、ぞっとするような仕方でです。とりわけその本では、いかにフリーメーソンが悪魔のミサを執行しているかが示唆されていました。この本は、レオ・タクシルという名のフランス人のジャーナリストによって書かれ、大変な話題となったのです。彼はもうひとり証人としてミス・ヴォーガンを登場させることによって、さらにセンセーションを巻き起こしました。その結果、教会は、夜間に活動するフリーメーソン員をたいへん危険な存在とみなし、フリーメーソンに対抗する世界同盟を結ぶべきであると考えました。そしてトレントで、一種の公会議が開かれました。それは本当の公会議ではなかったのですが、第二回トレント公会議と名付けられました。そこに多数の司教たちと数百人の司祭が派遣され、枢機卿が議長を務めました。［会議は著者のタクシル氏の思わくどおり、大成功でした。］それから多くの反対意見の著作が現れました。と

ころがタクシル氏は、自分の著書の内容は、すべて、そこに取り上げられている人物たち同様に、自分の捏造だった、と告白しました。

そのような事柄においては、しばしば多くの恥さらしな出来事が生じることを皆さんはご存知でしょう。これは、世界に広くある団体に関する最もひどい醜聞のひとつでした。このことから、人はそもそもフリーメーソンについて何も知らない、という結論を引き出さなくてはなりません。なぜなら、もし人が多くのことを知っていたとすれば、そうやすやすとそんな話題に乗ったりはしないでしょうから。

今日、広い範囲で、フリーメーソンについてあれこれと意見が語られています。今日ではかなり多くの文献がありますので、自分の意見をそこから作り出すことは、それほど難しくはありません。そして、多くの著作は、十分に資料を調査し、書かれ、また一部分は、裏切り者を通して世間に知れ渡るようになった、とフリーメーソンなら言うであろうような内容をも含んでいます。こういう文献に取り組むと、何が問題なのか、ある程度理解できるでしょう。

しかしフリーメーソンについて正しい理解を得ることは、不可能です。なぜなら、▼フリーメーソン結社に所属していたレッシングが言ったことが、今日でも正しいからです。あるとき、彼はフリーメーソン員として、マイスターからこう尋ねられました。「さてあなたは、特に国家や宗教に敵対するような事柄を全く伝授されなかったでしょう」。それに対して、レッシングは答えました。「はい、私はそのようなことを経験しませんでした。もし私がそのようなことを経験したとしたなら、嬉しかったことでしょう。なぜなら、少なくとも何かを経験することができたわけですから」。

この言葉は、正しくものごとを見ることができ、しかも、そこで行われた事を通しただけでは何も体験したことにはならない、と言える人だけに可能な名言です。実際、フリーメーソンの外にいる人は、何も知りませんが、内にいる人もまた、かなりのことを知らないのです。彼らは特に甘い汁を吸っているのではないのです。にもかかわらず、レッシングのような結論を導き出すのは、全くの間違いです。

本来のフリーメーソンにはそれ程関係はありませんが、もうひとつ別の見解があります。▼一八七五年に出版されたある著作では、最初のフリーメーソン員はアダムであった、と主張されています。結社の創立者を、最初の人間にまで遡れば、それ以上に遡ることは、当然できません。

他の人びとは、フリーメーソンは古代エジプトの技法であり、「帝王術」と名付けられたもので、これは太古の時代にまで遡ることができる、と主張しています。多くの「儀礼」には――フリーメーソンの象徴的な行事は、儀礼と呼ばれます――エジプトの名前が付けられています。ですから、この名前の中に、古代エジプト文化に起因する何かがあるのです。何れにしても、非常に古い起源をもつという見解はメーソンの中にも外にも広まっています。

こうして、フリーメーソンはいろいろと取り沙汰されるのです。フリーメーソンという名前ですら、全く異なった受けとめ方をされています。一方は――それはフリーメーソンの中でそれ程大きなグループではないのですが――すべてのメーソンが、建築物を建てるための石工組合から生じてきた、と主張し、他方は、それを子供っぽい単純な見解だと言い、次のように主張します。フリーメーソン主義は本当は常に魂の芸術であり、石工組合から得たシンボル、たとえば、皮の前掛け、ハンマー、鏝(こて)、鑿(のみ)、コンパス、定規、直角定規、測鉛、水準器などは、人間自身の内的な作業のための象徴と見做すべきだ、そして、石工組合という表現から、内なる人間の建設、自己完成の作業を考えなければならない、というのです。今日、皆さんがフリーメーソンと話し合ったなら、その人は皆さんに、フリーメーソンが石工組合と関係があったと思うのは、子供っぽい単純な見解だ、と言うでしょう。それどころかフリーメーソンは、人間の魂へ働きかけるために、人間の魂の舞台である奇蹟の神殿を建設するための技法であり、すべては、世俗の眼に曝されないように、シンボルとして表現されている、と主張するでしょう。

けれども今日の私たちの視点から見ますと、この二つの見解は全く間違っています。第一の見解について言えば、まず今日のフリーメーソンは石工組合から生じたと言う時、それは本来の意味で考えられていないからであり、フリーメーソンの象徴は魂の内的作業を表しているとする第二の見解も、たとえその考え方がフリーメーソンの多数派によってゆるぎないものとされているにしても、厳密には、やはり無意味なのです。フリーメーソンは、今日の人が左官職や建築技術をとらえるような仕方ではなくて、本質的にもっと深い意味において石工組合と関係がある、と考える方がずっと正しいのです。

フリーメーソンの中には、二つの方向があります。そのひとつは、今日メーソンと名乗っている大多数によって代表されている方向です。この最大のグループは、つぎのように主張しています。どんなメーソンも、三つの位階、すなわち、徒弟、職人、親方（マイスター）から成り立つヨハネ・メーソンに含まれている、と。しかし、ヨハネ・メーソンの他に、多くのメーソンがあります。それらは、ヨハネ・メーソンは偉大な普遍的なメーソンの理念の衰退的産物に過ぎない、と主張しています。メーソンが、徒弟、職人、親方（マイスター）という三つのヨハネ・メーソンの位階としてのみ理解されると考えるなら、それは偉大なメーソンの理念の衰弱であり、メーソンの本質的な領域は、いわゆる「高位」のうちにある、というのです。▼これは、スコットランドの認定儀礼の中で最も純粋な形で守られ、その中にエジプト儀礼、メンフィス・ミスライム儀礼と名付けられたものが保持され続けている、というのです。

このように、ふたつの互いに対立する方向、ヨハネ・メーソンと高位メーソンがあります。ヨハネ・メーソンは次のように主張します。高位メーソンは、人間の虚栄心の上に成立った見せ掛け以上のものではなく、その虚栄心は、位階の上昇によってなにか特別な霊的に貴族的なものをもつことを喜び、そして、一八、二〇あるいはもっと高次の位階を所有することを自慢するというのです。

以上、誤解を招きそうなことを申し上げました。

高位メーソンは、神智学が認識の対象とする太古の秘儀にまで遡ります。この秘儀は、太古の時代に生じ、今日まで超感覚的な高次の知識を守ってきました。この超感覚的な知識は、秘儀の場で伝授され、そこで人は霊界を観るための超感覚的諸力を発達させたのです。

この原秘儀の中には、後のすべての霊的文化の萌芽が含まれていました。言うまでもなく、この原秘儀においてとり行われた事柄は、今日の人間文化と全く関係がありません。

今日の文化は三つの領域に分けることができます。叡智の領域と美の領域と力の領域です。この三つの中には、霊的文化の全領域が含まれていますから、人間文化の三つの柱と呼ぶこともできます。この三つの柱は、▼ゲーテのメルヒェン『緑蛇と美しい百合姫』の中の三人の王、黄金の王、銀の王、青銅の王、と同じです。フリーメーソンのことを「帝王術」と呼ぶのは、このことと関係があります。今日、この文化領域は、お互いに分かれてしまいました。叡智は学問の中に本質的に含まれています。美は芸術の中に受肉しました。そして力は、フリーメーソン流に言うなら、国家における、分節化され、組織化された社会生活の中に含まれています。メーソンはこれらすべてを、叡智、美、力の三領域と意志との関係である、と見做しています。

これら三つは、太古の時代、秘儀の秘密を直観する人たちに流れ込みました。宗教と学問と芸術とがまだ分離せず、合一していた時代に眼を向けてみましょう。実際に、超感覚的、アストラル的に観る能力を持つ人は、これら三つの領域を区別してはいませんでした。叡智、美、意志衝動の範囲は、彼にとっては一つでした。高次の領域における直観には、抽象的な学問はありません。この世においては、影のような存在でしかなく、イマジネーションとして影のように現れる学問だけしかありません。書物の中に、あるいはあれこれの天地創造の神話の中に、抽象的な仕方で読むことのできる［宇宙と人類の源を］彼は叙述したのではなく、生きいきとしたイメージによって、色鮮やかに、よく響かせながら、弟子の眼に映じさせたのです。そして弟子がそこに叡智として感じたものは、同時に芸術であり、美でした。それはまた、私たちが秀でた芸術作品の前に立った時に持つ、非常に高揚した感情でもありました。真実や美への衝動、叡智や芸術への衝動と同時に、宗教的要素もまた発展しました。▼芸術家の眼は、秘儀の中で起こったことを見つめ、敬虔深い人は、眼の前で起こる高次の事象の中に、宗教的な情熱の対象を見ていました。宗教、芸術、学問は一つだったのです。

それから、この統一性が三つの文化領域に分かれる時代がやってきました。知性が独自の道を歩み出したのです。その時代には、私がお話ししてきた秘儀は、その意味を失い、そして学問が生じたのです。

ヨーロッパの哲学と学問はターレスから始まりましたが、彼の哲学も、かつての充実した秘儀の営みから発展し、そこから、西洋的な意味での芸術も始まりました。すなわち秘儀からギリシア演劇が発達したのです。▼インド文化期からエジプト文化期までの祭祀においては、苦悩する神、死すべき神が大切にされてきましたが、偉大なギリシアの悲劇作家たち、アイスキュロス、ソポクレス等のドラマの中では、偉大な神性の似姿である個々の人物たちを通して、秘儀の弟子は、耐え、戦い、苦しむ神を再現し、人間の似姿としての神を、直観する人間の眼の前に示したのです。

▼アリストテレスの「カタルシス」という概念が何を意味するのかを知りたいなら、この言葉をアストラル界から、すなわち秘儀の秘密から説明しなければなりません。悲劇のために［説明として］彼が用いた

諸表現は、秘儀の場で弟子が学んだものの影像のようなものです。レッシングが悲劇によって引き起こされる恐怖や同情という魂の力について、どのように研究したかを思い出してください。これはレッシング以来、多くの学問的な討論のためのテーマとなりました。宇宙を歩む神が［秘儀の弟子の］前で上演された時、このような感情が引き出されました。実際、神秘修行者の中にわきおこったこの感情は、鼓舞され、取り出され、あたかも熱にうなされたかのように高まりました。そうすることによって、再生の方向に歩み出すための「浄化」が生じました。これらすべてが、古代ギリシア悲劇の中で影絵のように再現されています。学問と同じように芸術もまた、この古代の秘儀から発展してきたのです。

高位メーソンの源はこの古代の秘儀にあります。高位メーソンとは、弟子たちに次第に伝授された秘儀の再現にほかなりません。さて、私たちは、なぜヨハネ・メーソンがそのような高位はもはや決して存在すべきではないと、頑強に主張したのか理解することができます。実際に、一八、一九世紀においては、フリーメーソンの中の「高位」は、多かれ少なかれ、その意味を失いました。一八、一九世紀の文化の中において、この高位と結び付いた衝動は、ほとんどありませんでした。けれども、フリーメーソンの中から、大きな文化衝動が流れてきた時代もありました。このことを理解するために、今日はフリーメーソン的な意味で、中世、特に一二世紀についてもう少し深くお話ししたいのです。

当時のオカルティズムは、多様な名前で呼ばれていましたが、今日の人が考えるよりもはるかに大きな役割を演じていました。しかし、これらすべての名前は、今日においてはもはや核心にふれていません。なぜでしょうか。例として、フリーメーソン自身において、なぜこれらの名前が、本質的に事柄の理解に全く寄与していないかを示してみましょう。

フリーメーソンの徒弟である人は、誰であれ私が説明することを体験しています。この事柄は少なくともその名前が知られているので、私も次のように言うことがきます。

一般にはよく、いわゆる「隠蔽」という言葉が用いられています。ロッジが開かれると、マイスターが席に座り、門番が扉のわきに立ちます。それからマイスターの最初の質問が始まります。「門番の兄弟よ、ロッジは隠蔽されているか」――この表現「ロッジは隠蔽されているか」を理解するメーソンは多分非常に少ないでしょう。しかし、事柄は簡単ですから、私はこの表現の説明をすることができます。当時、フリーメーソンは、外の公的権力に対して、激しく敵対していました。フリーメーソン結社の活動は、特別に用心深くなければなりませんでしたから、一見無害に見える名前でフリーメーソンが登場してくるのは、当然のことでした。たとえば、「ヨハネの兄弟」と自称するメーソンがありました。その頃フリーメーソンが達成しようと努力したことの大半は、すでに今日実現されています。それどころか、今日のフリーメーソンは世界の一大権力にさえなっているのです。

フリーメーソンの本質はどこにあるのかと尋ねられたら、私は抽象的な言葉でつぎのように答えなくてはなりません。――「それは、会員たちが世界に生じるべき事件を、数世紀前に、前以て思考し、全く意識的な仕方で、人間の高い理想のために働き、この理想を、単なる抽象的な理念に留めておかないということの中にある」。

今日私たちがメーソン員に、何が最高の理想なのかと尋ねたら、彼はつぎのように答えるでしょう。――「最高の理想は、叡智と美と力です」。

しかし、考えてみると、なんと月並みな言葉でしょう。とはいえ、一二世紀の当時でも、今日でも、この理想について本当に理解している人が語るならば、その理想の言葉は、工場を建てる建築家の思考内容と、それが建てられたときの工場の関係と同じ様に、次の数世紀に起こる出来事を示唆しているのです。

一二世紀の当時、その後に生じることを、［前以て］知るというのは危険なことでした。ですから、偽名としてたわいもなく響く名前を使用することが必要だったのです。それ故に次のように表現されたのです。「このロッジは隠蔽されているか」――この言葉は、未来に実現されるべき事柄に精通している人たちがいる、という意味を表していましたが、公の場所に出たら、誰にも自分たちがフリーメーソンであることを悟らせないことが大切だったのです。かつて必要だったこの用心は、私たちの時代まで保たれてきました。しかしそのことの意味を、どれだけのメーソン員が知っているかは疑わしいものです。多くは、何か形式的な決まり文句であると思うか、あるいは、多かれ少なかれ気のきいた意味に解釈しています。こういう例はいくらもあります。

さて、一二世紀の人が望んだことの核心は、聖杯すなわち、遠く東洋に由来し、人間を若返らせ、死者を甦らせる力を持っているという、あの不思議な器の象徴的な伝説の中に表現されています。

フリーメーソン的な意味で、「聖杯」とは何でしょうか。聖杯伝説の基礎になっているのは、何なのでしょうか。今日まったく見当違いに誤解されているフリーメーソン結社の、ある象徴のことを考えると、何がこの伝説の基礎にあるのか、たやすく知ることができます。それは、性生活から引き出されている象徴です。フリーメーソンのもっとも深い秘密に属するものが、性生活に由来する象徴を持っているというのは、まったく正しいことです。そして、今日その象徴を解釈しようと試みる多くの人は、淫らな意味で捉えています。次の時代には、この性の象徴の解釈は全く重要な意味をもつでしょうし、まさに次の時代には、今日の時代に古いフリーメーソンの偉大な象徴がいかに誤解されていたかが示されるでしょう。しかし一方では、今日の時代に、フリーメーソンの象徴の深く、純粋で、高貴な基礎を、汚さずにそのまま保ち続けることがいかに必要かも示されるでしょう。

総会での最近の私の講義をお聴きになった方は、これらの象徴の根本的な意味と、少し以前まで女性のメーソン会員は許されなかった理由と、なぜ少し前までそのような事柄について、男性と女性とに分かれて話されなければならなかった理由とが、互いに無関係ではないことがおわかりでしょう。他方、これらの性生活に由来する象徴が——私はこのことを特別に強調しますが——全世界の中で最も高い霊的領域にまで上っていく二つの大きな流れ、男性的なものと女性的なものという対極的な流れと関係があるということもご存じでしょう。私たちが今問題にしている一二世紀の文化の中で、フリーメーソンは、霊的領域——文化の進化にとってまず問題になる霊的領域——の女性原理として、祭司原理を取り上げました。祭司支配は女性的なものによって表現されます。それに対して、男性原理は、この祭司支配に敵対するもののすべてです。この敵対者は、世俗の中の最も聖なるもの、最も高貴なもの、最も偉大で精神的なものを代表していました。この二つの流れのうち、メーソンは、女性の流れの代表をアベルの中に見、男性の流れをカインの中に見ました。

私たちは今やっと、フリーメーソンの根本思想にたどりつきました。フリーメーソンは、太古に祭司文化の敵対者として生じました。

ここで問題になるのは、教会や信仰に対する敵対ではありません。祭司職は完全な世俗の中でも働いています。また今日科学として登場し、多くの学問上の集まりを支配しているものも、メーソンの表現を使うなら、祭司要素なのです。もっとも深い意味でそうなのです。事柄を正確に知ろうとするなら、事柄の最も深い内奥を心に思い浮かべなければなりません。科学の中に現れたものが、メーソンの言う祭司要素と呼ぶものであることを、私は一つの例で明確にしたいと思います。

今日、医者にルルドの泉の効用について話したら、大笑いされてしまうでしょう。一方、ヴィースバーデンやカールスバートへ湯治に出掛けることの効果を疑う医者がいるでしょうか。私は、こういう挑発的な言い方をしていますが、祭司原理や医学を擁護したり非難したりしているのではありません。しかしいつかは、この両方の場合について、偏見のない判断を下すでしょう。そして、今日の医者が処方する事柄をも治癒力への信仰と見做すでしょう。誰かをカールスバートへ遣らせる理由と、誰かをルルドの泉へ遣らせる理由とは、同じなのです。ある人は偉大な信心深さと呼び、別の人は極端な迷信と呼びます。しかし、結局は同じ事なのです。

祭司原理の基礎にあるのは、事柄を究明しようとはせず、誰かに与えられたものをそのまま受け取り、その事実に満足しているという態度です。人間の手には及ばぬもの、言葉の真の意味において人間に贈られたもの、それは性生活に由来するものです。そこでの人間は、生産的です。しかし、この生産力は芸術にも、知識にも、人間の能力にも、全く関係がありません。「帝王術」の三本の柱はすべて排除されています。ですから、フリーメーソン員は、性的象徴について次のように言います。――「ここに表現されている人間の本性は、人間が造った本性ではなく、神々に与えられた本性である。この本性は、猟師であり、牧人であるアベルとして表現されている。彼は、生贄の小羊を捧げる。すなわち、自分で創り出したのではない生贄を捧げるのだ」。

カインは何を捧げるのでしょうか。彼は、土を耕しながら、みずから働いて得たもの、畑の作物から収穫したものを犠牲に捧げます。彼は人間の技術、知識、叡智を必要としたものを犠牲に捧げます。それは、人間が明確に見通すことのできるものであり、人間が自ら創り出したもの、精神の自由と自覚を基礎にしたものです。しかし人は、罪を犯すことによってしか、それを達成できません。すなわち、自然あるいは神的力によって与えられた生命あるものを、カインがアベルを殺したのと同じように、殺すという罪を犯すことによってしか、そうできないのです。

罪を犯すことによって、自由への道に至るのです。あらかじめ世界の中に造り出されているすべてのもの――人間がせいぜい後からしか手を加えることのできないもの――神々が人間に与えたすべてのもの、人間のたゆまぬ努力で創られたのではないもの、それは私たちが支配できない自然界です。植物界、動物界、人間界に限って言えば、そのどれをも人間は人工的に創れません。すべての生殖力は、自然によって私たちに与えられました。私たちが生命あるものを自分たちのために利用し、生命あるものから造られた地球環境を私たちの居住地とする限り、アベルが自分に与えられた獣を犠牲に捧げたように、私たちも与えられた獣を犠牲に捧げているのです。

十字架はこの三つの自然領域の象徴です。十字架の下方は植物界を象徴し、中央の横の木は動物界を象徴し、上方は人間界を象徴しています。

植物は、大地の中に深く根を下ろし、人間が下方に向けるものを、花として上方に向けます。花は植物の性的なものです。下方に向けられた根の部分は、大地の中に沈んだ植物の頭部です。動物は、半分向きを変えた植物で、背骨を大地に対して水平に担っています。人間は、下方から上方へ完全に方向を逆転させた植物です。

この見解は、すべての十字架の秘儀の基礎になっています。進化の過程において、人間はさまざまな領域を、すなわち、植物界、動物界、人間界を、通過しなければなりません。神智学がそのことを示すとき、それはプラトン▼の美しい言葉「宇宙魂が宇宙体の十字架にかけられている」と同じことを語っているのです。

人間の魂は一方の宇宙魂です。そして、人間の体は、植物であり、動物であり、肉体です。宇宙魂が人

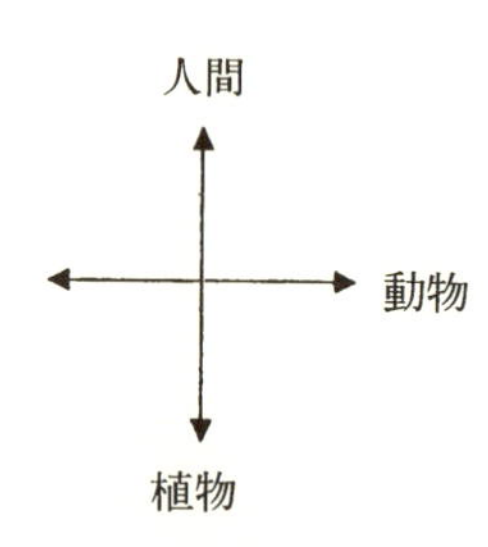

びとの魂の一つひとつに引き裂かれたことによって、宇宙魂は、宇宙体の十字架にかけられたのです。その十字架は三つの領域——植物界、動物界、人間界——として表現されています。この三つの領域には、人間の及ばぬ力が働いています。もし人間がこの力を行使するマイスターになろうとするのなら、十字架では表現できない、新しい領域を自己本来の領域にしなければなりません。

私がこう申し上げますと、「では鉱物界はどこにあるのか?」とおたずねになるでしょう。

鉱物界は、十字架では象徴できません。なぜなら、人間はすでに鉱物界を支配しているからです。測定したり、数を数えたりする技術、つまり幾何学や算数や力学、言い換えれば、生命のない世界を対象にする技術のすべては、もっぱら鉱物界だけに適応できるのです。

神殿を例にあげると、人間は、基準器、コンパス、三角定規、錘、水準器等を用い、幾何学や力学が建築家に提供する考え方を用いて、鉱物から神殿を建築したのです。ですから、神殿全体をよく観察するなら、この神殿が人間の自由な頭脳活動の産物だと感じるでしょう。しかし、植物や動物については、そう言えません。

人間が支配できるのは、今のところ生命なき領域だけです。人間が生命なき領域に与える調和と秩序のすべては、地上の人間の「帝王術」の象徴です。

人間がこの「帝王術」で鉱物界に組み入れたものは、まず、神の叡智の流出であり、体現でした。古カルディア期、古エジプト期に遡って考えてください。当時、人は知性をもって建てただけではなく、高次の感覚を用いて建てたのです。当時の人は、無機的な自然の支配を「帝王術」と感じていました。ですから、人はこの自然支配を「自由な石工（フリーメーソン）」と言い表したのです。これはファンタジーと思われるかもしれませんが、ファンタジー以上の意味があるのです。

人間がまだ無機的自然の改造に着手する以前の時代、全地球が人間の手に委ねられているのに、人間が自然を支配せずにいた時代のことを考えてみて下さい。そしてその後何が起こったのか考えてみて下さい。エジプトのピラミッドを建造した時、人間の手が、どのように石を積み上げていったのかを振り返ってください。自然が形造ったものを、人間の思考によって新しい形に変容したのです。そのように、人間の叡智は地球を改造しました。それは、自由に創造する人間にとっての、地球における本質的な使命であると思われました。さまざまな道具を用いて、人間の力は、太古の時代から私たちの時代まで働いてきました。機械を使わぬ時代から、遠いかなたの地にも作用を及ぼす私たちの時代に至るまで、人間の叡智によって、鉱物界の変容が次第に徹底していきました。これが第一の柱、叡智の柱なのです。

少し後になって、第二の柱が建てられます。それは、美と芸術の柱です。芸術を通して、人間の精神が同じように生命なき物質の中に注ぎ込まれます。▼そうすることによって、自然の中の生命なきものに魂が吹き込まれるのです。芸術の中の叡智が、生命なき自然を、どのように美的に変容させていくかを、思い描いて見てください。どうぞ全地球が人間の手で変容され、全地球が叡智と美と生命に溢れた芸術作品になる瞬間を、想像力豊かにイメージして下さい。それは、人間の手によって、人間の叡智によって生み出されたのです。そんなイメージは空想的に思われるでしょう。しかしそこには、それ以上の意味があるのです。なぜなら、地球を芸術的に変容させることは、地球における人類の使命だからです。これが、第二の柱、すなわち美の柱です。

それに加えて、三番目の柱として、国家や民族生活の形成を取り上げることができるでしょう。そのようにして世界の中に人間精神が拡がっていきます。

ですから、一二世紀の中世的人間は、古代の叡智を省みてつぎのように言ったのです。「古代の叡智は大理石の記念碑の中に保存されているが、今日の叡智はまだ人間の胸の中に留まっている」と。叡智は芸術家のもとに現れ、彼の手の仕事を通して芸術作品になります。芸術家は、感じたものをなまの素材に刻印付けます。死せる石の中からそれを鑿で彫り出すのです。人間の内なる魂は、死せる石の中には生きていませんが、そこから輝き出るのです。

すべての芸術はこの「叡智を働かせる」という使命に捧げられています。彫刻家が大理石を彫ろうと、画家が色、光、影を表現しようと、どちらもそれは生命なき自然と人間の叡智を結び付けることです。そして、政治家もまた……〔欠落〕植物の力、動物の力、人間の力を叡智と結び付けなければならないのです。

そのように、一二世紀の中世の思想家は、古代カルディアの秘教の叡智を、古代ギリシアの芸術と美を、そしてローマ帝国の国家思想における強さを、省みました。それは、叡智、美、力という世界史の中の偉大な三つの柱です。

ゲーテは、それらを『緑蛇と美しい百合姫』の中で、三人の王たちとして描きました。黄金の王によってオカルトの叡智を、銀の王によって古代ギリシアにおけるような美を、青銅の王によって力を表現しました。力は、歴史的にローマの国家思想を的確に表していましたが、やがて、それはキリスト教会の機構に取り込まれました。▼そして、民族大移動による混乱と、混合様式とを所有する中世は、金と銀と銅から造られた混合した王として表現されています。この王の中には、古代のさまざまな文化が混ざり合っていました。しかし、混乱を通して、それぞれの王の能力は高次の段階にまで進化していかなければなりません。

このそれぞれの能力を人間の手で高次の段階にまで進化させることが、中世において「聖杯」を象徴として担っていた人たちの使命でした。聖杯は、象徴性において太古の伝説的な言い伝えと結び付いているにもかかわらず、本質的に新しいものでした。

では、聖杯とは何なのでしょうか。この伝承を正しく理解する人にとって、それは次のことを意味しています。――そして、▼このことは文献的にも証明できます。

それまで人間は、自然の中の生命なきものを支配しているにすぎませんでした。生命力と、植物の萌芽力と、動物［そして人間］の生殖力とを変化させる力は、人間の力の圏外にあります。この秘密にみちた自然の諸力は、人間が触れてはならないものなのです。人間はそれに関与できません。この諸力を、人間は完全には理解できません。

確かに芸術家は、ゼウスを素晴らしく造形することができます。しかし、ゼウスそのものを完全に洞察することはできません。しかし未来においては、そうすることのできる段階にまで、人間は到達するでしょう。人間が生命なき自然を支配したこと、重力の法則を水平器や錘で利用したこと、自然の方位を幾何学や数学で習得したことが真実であるように、未来においては、今日神または自然の贈り物とされている生命存在を、人間が自分の力で支配するようになるであろうということも、真実なのです。

かつてアベルは、神の手から受け取ったものを犠牲として捧げました。生物も無生物も、自然から受け取ったままに捧げました。▼それに対してカインは、自分の労働によって得たものを捧げました。ここからこの時代に［中世に］、本質的に新しい方向が、フリーメーソンという形で現れたのです。そして、この方向は、聖杯として象徴されました。すなわち、「自己犠牲の力」としてです。

すでに度々申し上げましたが、人類の中の調和は、それを説くことからではなく、それを築くことから創り出されます。人間本性の中から真の力が呼び起こされるときには、友愛が生じます。フリーメーソンの象徴の中に表現されているものの中では、多数派、少数派の区別はありません。そこでは争いが起こりません。なぜなら、できるか、できないかだけが問題だからです。錘と水平器のどちらを使用すべきかは、多数決で決めることではありません。事柄が決定するのでなければなりません。そこにおいては、人間は皆兄弟です。皆が一緒に生きていくのです。ですから、客観的な道、すなわち高次の諸力を獲得する道をいくなら、争いは起こり得ないのです。そのように、結社［フリーメーソン］は、最も広い意味で、「生命なき自然の中の人間の共通性」を基礎にした友愛の結社なのです。

しかし、もはや生命なき自然の中には、すべての力が存在しているのではありません。かつてあった力は、ふたたび消えてしまっています。なぜなら、私たちの現在の、地球紀と呼ばれる自然周期においては、物質的認識が中心になり、直観的認識は失われてしまったからです。私はここで一つの事実を指摘したいと思います。建築技術において、真の音響効果のある建物を建てることは、完全にできなくなりました。以前の人は、この技術を知っていたのです。建物を外側からのみ設計する人は、決して良い音響効果を作りだすことはできません。しかし、直観的に思考し、高次の領域に根をおろした考え方をする人には、音響効果の良い建物を造る能力があるでしょう。それを知っている人は、次のことも知っています。すなわち、生命なき自然の中から重力や光や電気を手に入れることができたように、私たちが今日まだ支配できていない外なる自然の諸力をも、未来においては手に入れることができるようになる、ということをです。たとえ私たちの時代が、外なる生命界をまだ支配できていないとしても、生命を生み出す力を支配できる文化期にまだ到達していないとしても、「聖杯ロッジ」と呼ばれる運動を通して、そのための準備が今日すでに始まっているのです。人間が今日の時代傾向から離れて、内的な深い魂の諸力について多数決で決めたり、また、愛情の働きを投票で決めたりすることは不可能である、と認識できるようにならなければ、新しい文化期は来ません。

すべての人間の中に生きている、あの争う余地のない偉大な統一性としての知性を、人は「マナス」と呼びます。人間が知識に従って一致するだけではなく、感覚や感情において、魂の内奥において調和するならば、またたとえば二×二は四、三×三は九ということについて、今日の人がすでに何の問題もなく一致しているのと同じように、客観的で共通なものの中で、高貴で善良なものの中で、愛の中で、互いに調和し合うようになるならば、生命あるものをも支配できる時代が来るでしょう。感覚と感情における客観的な一致、そして人類に注がれた真に客観的な愛の生活、それが生命あるものを手に入れるのに必要な条件なのです。

かつては生命あるものを手に入れることができた、と一二世紀に聖杯運動を設立した人びとは言います。それは、神々のもとにありました。その神々は宇宙を創造した後、自分が持っていたこの神的諸力を人間に植えつけるために、この地上に降下したのです。ですから、人間は、神になりつつある存在なのです。人間の内部には、神々が立っていた所にまで至ろうとする衝動があるのです。今日では思考力、知力が支配的な力ですが、未来においては、愛［ブッディ］がそのような力になるでしょう。そしてさらに遠い未来において、人間はアートマンの段階に到達するでしょう。

▼十字架によって象徴される力を人間に与える総合力［共同の力］は——神々の力として——逆三角形で表されます。そして、人間の本性の中で、植物の萌芽として神々に向おうと努力している力は、頂点が上方に向かう正三角形で表されます。神々は人間から自らを引き上げました。そして人間から遠ざかりました。しかし、神々は人間の中に、さらに進化し続けるであろう三角形を残したのです。この三角形が聖杯の象徴なのです。

神々による力 ▽
人間による力 △

聖杯の象徴

中世のオカルティストは、聖杯の象徴を三角形として表現しました。それは、生命存在を左右する能力を目覚めさせる象徴です。そのためには、凝り固まった機構で地球にはびこっているどんな既成の教会も、必要ではありません。確かに、そのような教会は、個々の魂に何かを与えることができます。しかし、宗派を超えたすべての魂がひとつになって鳴り響くべきなのです。それゆえに、聖杯の力が各々の魂の中に呼び起こされなければなりません。聖杯の力を自分の中に呼び起こそうとする人にとって、公認の教会権力が彼に何を言うかなどは、どうでもいいのです。その人は多くを尋ねないで、自分自身の中から聖杯の力を呼び起こさなくてはなりません。その人は無気力から抜け出し、疑いを通過して、この力にまで向上します。この魂の巡礼の途上が、聖杯を探究するパルチヴァルの姿の中に表現されているのです。これが、パルチヴァルの形姿の多様な意味のひとつなのです。

どんなに優れた大学が、その研究機関を通して数学の真理を告示したとしても、私自身の知識にとってどんな役に立つでしょうか。もし私が数学を理解しようとするなら、自分でそれに没頭し、それを理解する力を自分のものにしなければなりません。たとえ教会が、十字架の力を保持していたとしても、それが私の魂にとって何の役に立つでしょうか。もし私が、十字架の力、生命の力を手に入れようとするのなら、努力して自分でその力を獲得しなければなりません。どんな人も、言葉で私にそのことを伝えることはできません。せいぜいそれを象徴で示すのがやっとなのです。輝かしい聖杯の象徴を与えることはできますが、知的な形式でそれを伝えることはできないのです。

ですから、中世オカルティズムの最初の成果は、ヨーロッパにおけるさまざまな運動の中に現れた、宗教における個性への努力、あるいはかたく凝り固まった統一的な教会組織からの自由なのです。ヴォルフラム・フォン・エッシェンバッハの『パルチヴァル』はすべてこの方向に基礎を置いています。宗教改革になってはじめて表現されたもののすべても、すでに聖杯の象徴の中に含まれています。この象徴の中に立ち現れてくる偉大な意味を直観できる人は、その中に深く秘められた文化的価値を洞察できるでしょう。――大声を上げたり、騒々しくしたりすることからは、偉大なものは生まれない。それは内面から、静寂から生まれてくる。人類は、砲声によって進化するのではなく、ひっそりとこのような秘密結社の中で生まれる力によって、人びとを進化に導く。

一二世紀の中頃に、このような仕方で聖杯の秘儀に参入した人たちの考えたことが、その時以来無数の源泉を通って、人間の心の中に流れ込みました。その人たちは世間の中では、仮名のもとに隠れていなければなりませんでしたが、過去四〇〇年間の文化の準備者たちであり、文化のパン種だったのです。

そのように、オカルト結社の中には、偉大な秘密と人類の進化に働きかける力とを守護する人たちが生きていました。そこにあるものを、私はただ暗示することができるだけです。なぜなら、事柄自身が非常に、非常に深くオカルトの領域に入っているからです。

秘儀への入口を見出した人には、修行の結果として、世界の中で［未来に］起こることを見通す洞察力が生じます。

有機的な生きた諸力が、今日の人類の進化の周期に、ゆっくりと浸透していきます。今日の人には大変空想的に思えるでしょうが、人はもはや絵を描いたり、生命のない彫刻を制作したりするのではなく、これまでただ描いたり、鑿で彫ったりしてきたものを、生きたものとして創造できるようになるでしょう。

今日の社会生活の中に、この生きた諸力がすでに現れ始めています。このことこそが聖杯と結び付いた本来の秘密なのです。社会の分野で、旧フリーメーソンに導かれた最後の出来事は、フランス革命でした。平等、自由、友愛の理念とともに、社会の分野での旧フリーメーソンの根本思想が首尾一貫した形で公開されたのです。このことを知っている人は、次のことをも知っています。聖杯から流れ出たこの理念が無数の地下水を通って普及し、それがフランス革命の真の作用力になった、ということをです。

終末に向かう人類の波の中で、不幸な、不可能な試みとして、最後の――と私は言いたいのですが――絶望的な戦いとして、今、社会主義が立っています。それは真に良い成果をもたらすことはできません。社会主義によって達成されるべきものは、生きた作用を通してのみ達成できます。力の柱では十分ではありません。社会主義は生命なき諸力によっては達成されません。フランス革命の理念である自由、平等、友愛は、生命なきものから流れ出た最後の理念です。不毛な仕方で同じ路線に留まるものはすべて、死ぬ定めにあります。なぜなら、今日、世界の中に生じている巨大な悪、途方もない悲惨さは、恐ろしい力となって、社会問題の中に現れているからです。それはもはや生命なきものでは克服できません。それ故に、新しい帝王術が必要なのです。そしてこの帝王術は、聖杯の象徴から出発したのです。

人はこの帝王術によって、力を得なければなりません。その力は、植物の発芽する力、あるいは、魔術師が眼の前の植物を早く成長させるのに用いる力に似ています。この魔術師と似た方法で、発芽力の一部分を社会救済のために役立たせなければなりません。この力は、たとえば、ブルワー・リットンの未来小説『ヴリル』のように、薔薇十字会の秘密について知っている人びとによって記述されましたが、今日はまだ萌芽の状態にあるのです。その力は、未来のフリーメーソンの中で、高次の位階の本来の内容になるでしょう。また、帝王術は未来の社会芸術になるでしょう。

理念のもつ包括的性質の故に、ふたたび私は、秘儀参入者でない人にとっては空想だと思われるであろうことについて、語らなくてはなりません。人間が自分の魂から発する形態を地球上の物質素材に刻印付けたものは、永遠であり、不滅です。たとえ外から形造られた作品の素材が破壊されたとしても、帝王術が太古から建造してきたピラミッドや神殿や教会堂は、不滅です。人間の霊が、物体の中に形造ったものは、世界に影響を与え続ける力として残ります。それは、秘儀を伝授されたものにとっては、まったく自明のことです。たとえケルンのゴシック大聖堂が消えてなくなったとしても、素材の原子たちが一度はこの形態の中に存在したということに、重要な意味があるのです。この形態自身は不滅であり、人類の進化の歩みの中で、植物の生命力のように、自然の進化の歩みに引き続き働きかけます。絵を描くことによって、画家は自分の魂の血を死せる素材に刻印します。彼の作品は、遅かれ早かれ無数の原子に分散してしまうでしょう。しかし、彼がそれを創造したということ、素材の中に彼の魂の何かを注ぎ込んだということ、ともかく何かが形造られたということ、このことは、不滅であり、永遠の価値を持っています。

国家や共同体も、私たちの眼前に現れ、そして消えていきます。しかし、人間が魂から作り上げた共同体は、永遠の価値と意義をもっています。それは、人間の手でそこに置かれた理念なのです。もし人がいつかふたたび地上に生まれ変ってくるなら、永遠の価値をもつ人間の営為のもたらした、さまざまな果実をそこに見出すでしょう。

今日、星空に眼を向けますと、素晴らしい調和をそこに見ることができます。この調和は創り出されたものです。それはいつもそこにあったのではありません。今日、私たちがドームを建て、石の上に石を積み、絵を描き、色と色を組み合わせるように、私たちが社会を組織し法律を作るように、かつて神的存在たちが、この調和した宇宙を創造するために働いたのです。

もし宇宙のすべてのために神的存在たちが働いたのでなかったとしたら、今日私たちが宇宙の改造に従事しているのと同じように、かつて神的存在たちが働いていなかったとしたら、月も太陽も輝かなかったでしょうし、動物も植物も繁殖しなかったでしょう。私たちが今日、叡智と美と力によって宇宙の建設に従事しているように、かつては、今の人間よりも高次の存在たちが、宇宙の建設に従事していたのです。

調和は常に、前の時代の不調和の結果です。石がギリシア神殿となったように、それによって石が混乱した多様性の中から秩序正しい建造物に造り上げられたように、あるいは、パレット上の無秩序な色が画面の中で巧妙に構成されるように、造形する霊が物質を調和的に形成する以前は、すべての物質が無秩序に結び合っていました。同じことが、新しい段階でも繰り返されます。

最大なものを洞察する人だけが、最小なものの中でも正しく作用します。人類の進化のために本当に意味をもったものはすべて、宇宙計画の偉大な法則への深い洞察と認識とともに、生じたのです。昼が創造するものは、儚(はかな)いものです。しかし、永遠の法則の認識から昼の中へ組み入れられたものは、不滅です。永遠の法則の認識から昼の中へ組み入れるということ、それはフリーメーソンするということと同じです。

皆さん、芸術も学問も宗教も、それが神々からの賜物でなく、十字架の象徴の下に表現されているものである限り、それは自由な石工(フリーメーソン)から生じたのです。世界の中に本当に建設されたものは、自由な石工から生じたのです。ですから、石工は、人間の手が世界の中に形造ったもの、原料のままの生命なき素材から文化を生み出したもののすべてと関わりを持っています。

数々の文化期が造り出したものへ眼を向けて下さい。たとえば、ホメロスの詩について考えてください。その中に含まれているもの、それは秘儀参入者たちが人間に、偉大な包括的理念として教えたものです。偉大な芸術家たちは、素材を発明したのではありませんでしたが、全人類を包括するものを造形したのです。ミケランジェロをキリスト教思想なしに、考えることができるでしょうか。文化の中で、真に深く決定的な意味を獲得したものを、根源にまで遡って考えてみてください。そうすればどこでも、秘儀から出発しているところに導かれるでしょう。

結局すべては、何らかの学堂を通らなければなりません。過去四世紀も、人類のための学堂でした。すなわち、神離れの学堂でした。そこでは、ただ人間自身の試みだけが、そして、混乱への逆もどりだけがありました。今日では、霊界との関わりを探し、見つけた人たちを除いて、誰もが高次の世界との関連を知ることなしに手探りで学んでいます。また、ほとんどの人が、すべてを貫く摂理の働きについて少しも気付くことなく、完全に自分のためだけに生きています。それは、たいへんな不満を、あらゆる領域にもたらしました。

私たちに必要なのは、聖杯騎士団を近代的な形式に甦らせることです。そこに近づくことができる人は、それを通して、今日の人類進化の歩みの中にまだ現れていない、本当の力を知ることができるでしょう。

今日、古い象徴を取り上げるにもかかわらず、それを理解しないでいる人が大勢いますが、その人たちは間違えてそれを性の象徴だと思っているので、フリーメーソンの思想に近づけません。正しい理解は、単なる自然力から離れたものの中に見出せます。すなわち、測量技師が定規やコンパス、水平器などで、生命なき世界に通暁するように、生命ある世界に通暁することが大事なのです。そして、神殿を建てる人が生命なき石を組み立てるのと同じような仕方で、生命あるものを創造するのです。これがメーソンの偉大な未来思想です。

フリーメーソンには、太古の象徴があります。いわゆるT(タウ)文字です。

T

このT(タウ)文字は、フリーメーソンの中では、大きな意味を持っています。それはもともと上部を取り去った十字架に他なりません。元来十字架には、鉱物界が省かれています。人間がすでにそれを手に入れているからです。人は植物界に働きかけて、上方に向かう十字架を得ます……［欠落］[†2]。大地からも魂からも地上を支配する力を得ようと努めるものが、メーソンの未来の象徴なのです。

▼メーソンについての先回の私の講義を聴いた方は、ヒラム・アビフについてのフリーメーソン伝説のことを憶えているでしょう。彼は、ある決定的瞬間に、T(タウ)文字を表してみせました。シバの女王は、もう一度神殿建設に従事する労働者たちを呼び集めるように望みました。ソロモンの呼びかけでは、社会共同体の中でともに作業する人びとが現れませんでした。ヒラム・アビフが掲げたT(タウ)文字によって、あらゆる方向から人びとが現れました。このT(タウ)文字は、全く新しい力を象徴しています。その力は自由にし、新しい自然力を呼び起こすのです。

▼私が先回の終わりに申し上げたことを、もう一度取り上げさせてください。私は、生命なき自然に通暁

する結果が何なのかをお話ししました。空想を豊かにしなくても、ひとつの例でなぜそれが重要なのか理解できるでしょう。無線電信は遠方の発信所から受信所に働きます。人が欲する時に、機械を動かして、遠距離に作動するようにし、それで意思を通じさせることができます。この無線電信の場合に作用するのと似た力が、未来の人間には、電信機なしでも自由に使えるようになるでしょう。また、その力で、破壊者の居場所を発見されずに、遠方に大きな破滅を引き起こすことも可能になるでしょう。もしこの進歩が最高点にまで到達したら、遂に進歩が逆転するところまで来るでしょう。

T文字（タウ）によって表されているものは、衝動力です。それは、無私の愛の力によってのみ動かされます。その力で機械を動かすこともできるでしょうが、利己的な人間がその力を使用したら、機械が止まってしまうでしょう。

皆さんは多分、モーター▼を設計したキリーをご存じでしょう。そのモーターは、彼が側にいる時だけ動きました。彼は、それでもって人びとを騙したのではありません。彼は自分の中に、あの衝動力をもっていたのです。その力は魂から生じますが、機械を動かすことができるのです。道徳的でしかありえない衝動力こそが、未来の理念です。それは、文化が自分では逆転できないとき、文化に植え付けられるべき最も重要な力なのです。機械的なものと道徳的なものは、互いに浸透し合わなければなりません。なぜなら道徳的なものがない機械的なものは、なにものでもないからです。今日の私たちは、機械と道徳のこの境界線のぎりぎりの所に立っています。水や水蒸気だけではなく、未来においては霊的な力や霊的な道徳が機械を動かすでしょう。▼この霊的な力は、T文字（タウ）によって象徴化され、すでに聖杯の姿によって詩的に暗示されました。自然が任意で人間に与えたものをただ利用するだけではなく、人間が自然を形成し、改造して、生命なきものの建築師になったのと同じように、やがては生命あるものの建築師にもなるでしょう。

克服されるべきものとして、メーソンの出口に古い性的な象徴が立っています。岩塊から取り出されて繁茂した草に覆われたままの石の横に彫刻家の仕上げた素晴らしい石像の隣に置くように、メーソンの古い性的象徴の隣に未来のメーソンの新しい象徴を置くことができます。帝王術を伝授された人は、このことを知っていました。たとえば、ゲーテはこれを『ファウスト』の第二部のホムンクルスの挿話の中で、素晴らしい仕方で表現しています。その中には、まず取り上げられなければならない、多くの秘儀があります。

これらの事柄は、人類がオカルト帝王術の新しい発展期の前に立っていることを示しています。しかし今日のフリーメーソン主義を代表する人たちは、この未来のフリーメーソン主義のことを知らずにいます。また、さまざまに誤解された古い象徴の代わりに、新しい象徴が、新しい意味をもって現れるであろうということをも知らずにいます。

過去の偉大な事柄がすべて、帝王術から生じたように、未来の偉大な事柄も新しい帝王術の育成から生じるのです。確かに、今日、どの生徒もピタゴラスの定理を証明することを学びますが、ピタゴラスだけがその定理を発見できました。なぜなら、彼は、帝王術のマイスターでしたから。未来の帝王術にも同じことが言えます。フリーメーソンの帝王術は、今進化の転換期に立っているのです。そして、聖杯ロッジで行われていたことや、今日私たちを取り巻いているいろいろな恐るべき戦いに救いとして現れることは、フリーメーソンの帝王術と密接な関わりがあるのです。

戦いが、今始まっています。人類は、火山の上で踊っている自分たちに気付いていません、地球上で新しい諸革命が始まりました。その諸革命は、必然的に新しい段階の帝王術を生じさせます。世の中の動きに注意を向けている人は、何をしたらいいかを知り、地球の進化のために協力すべきことを知るでしょう。

それ故に、太古の帝王術は新しい形式で描かれ、太古のものに寄り添っていかなければなりません。太古のものの中には、尽きることのない力があります。新しいフリーメーソン思想を理解する人は、古いフリーメーソンの象徴から新しい熱を取り出すでしょう。ヨハネ・メーソンか高位メーソンかの争いも、このメーソンの努力にとっては、何の意味もないのです。

そのためには、ふたたび、私たちを出発点に立ち戻らせる問題に答える必要があります。これまでの帝王術は何だったのでしょう。それは、私たちの文化の魂でした。私たちの文化は、二つの特質を持っています。一方には、人間の魂の中の、生命なきものと取り組む力があります。そしてもう一方には、体力を用いて、生命なき世界の支配を志す諸力があります。そうしてきたのは、男たちでした。ですから今まで帝王術は、男性の技法でした。女たちはそこから締め出され、そこに参加することができませんでした。

ロッジでの作業は、家族とか、自然の本能に基づく生殖とかからは、切り離されてきました。それ故に、フリーメーソンの中では、二重生活が行われました。ロッジの中で表現された偉大な諸理念は、家族と結び付けられてはなりませんでした。ロッジの作業は、内的に魂の生活と関わりながら、家庭の共同生活と別れて行われました。この二つの流れは、互いに争い合い、女たちはメーソンから締め出されました。このことは、フリーメーソンがまなざしを過去にではなく、未来に向ける瞬間に、意味を失います。なぜなら、まさに未来から流れてくるものは、女の流れなのだからです。自然の本性に基づくものは、「祭司的」と言われました。それをメーソンは、今までは敵と見做してきました。

男は、生命なきものの中で働く力の代表者です。女は、生命的に働く力の、人類を自然の基盤から発展させる力の代表者です。この対立は克服されなければなりません。

未来において成就されるべきことは、性的な古い象徴を克服したときに、可能となるでしょう。時代遅れになったフリーメーソンがこの象徴を持っているのは、自分たちもそれを克服しなければならない、と言いたいからです。しかし、性的なるものは、自然との関連においては、存続していかなければなりません。ただ自然から切り離されるときにのみ、それは克服されるのです。

建築師、芸術家、政治家などの仕事は、性の自然的基盤とは何の関わりもありません。彼らは皆、知識や知性で生命なき諸力を手に入れるために働きます。このことがフリーメーソンの象徴の中に表現されています。遠い未来において、自然的基盤を克服し、生命あるものの諸力を手に入れることは、新しい象徴の中に表現されています。自然の基盤は、生命なき領域だけではなく、生命ある領域においても、克服されるでしょう。

古い性的な象徴は、最も広い意味で克服されなければなりません。そうすれば、男性の霊力と女性の霊力とが合一して、未来を創造するために、本来的に作用することができます。ですから、女性の参加は、フリーメーソンの進歩を示す外的な出来事なのです。

この事柄に関して、フリーメーソンには次のような気の利いた慣例があります。ロッジに導かれた人は、二組の手袋を貰います。一つは彼自身がはめ、もう一つは彼の最も愛する人がはめなくてはなりません。互いにただ手袋の感触だけで、皮膚感覚による刺激はフリーメーソンには関係がないのです。もう一つの象徴にもこの思想が表現されています。すなわち皮の前掛けは、性的なものを隠蔽する象徴なのです。性的なものは前掛けで隠されています。フリーメーソンのこの深い考えを知らない人は、フリーメーソンと前掛けを、直接結び付けることができません。

ですから、一方では自由なる創造的な精神で自然なるものを克服し、他方では手袋を通して分け隔てます。しかし、私たちは、両性の自由な霊力を投入して、低次のものを克服した後で、最後に手袋を脱ぐことができるでしょう。その時初めて、現在、性について述べられていることが、本当に克服されるでしょう。自由な、完全に自由な人間の創造において、また偉大な人類建設のための男と女の共同作業において、手袋はもはや必要ではなくなるでしょう。なぜなら、彼らは自由に手を差し出すことができ、感覚から感覚ではなく、精神から精神へ語りかけることができるでしょうから。これが、未来の偉大な理念です。

今日、古いメーソンに結び付こうとする人が、この意味で働き、結社の古さにもかかわらず、時代の私たちへの要求を理解するなら、未来の人類を形成するためのフリーメーソンの思想の高みに立てるのです。帝王術の秘密を理解することが可能になれば、疑いもなく、今日では力を失った、かつての善きフリーメーソンの再生が、私たちに可能となるでしょう。

オカルティズムを人類にもたらす道の一つは、フリーメーソンを復活させることです。フリーメーソンは、その欠点を隠さずに外にさらすことによって、最良のものを輝やかすことができるのです。フリーメーソンは偉大な帝王術の単なる戯画に過ぎません。とはいえ、その中に微睡んでいる諸力をふたたび覚醒させる努力を怠ってはいけないのです。▼それは、神智学運動と並行して行われる領域で、私たちに課せられている仕事です。私たちに課せられた問題を、心を静めて宇宙作用の深みから理解しようとするなら、また、両性の魂の中に、両性の戦いの中に、今日現れているものを理解しようと望むなら、フリーメーソンの中に微睡んでいる諸力から、未来のための形成力が流れて来なければならないのです。

人の噂は、すべて取るに足りません。答えを深みから汲み取らないなら、私たちに課せられた問題に答えることはできません。もし今日の社会問題、婦人問題が、宇宙作用の深みから認識されず、それらの作用力と一致させられないならば、それらの問題は無にひとしいのです。

過去における偉大な諸行為が、過去のメーソンから汲み取られた、というのが真実であるように、来るべき未来の偉大な実践的な諸行為は、未来のメーソンの理念の深みから、汲み取られなければならないのです。

†1――三八〇〜三八二ページを参照。
†2――三八二〜三八三ページを参照。

次ページ▼一九〇六年一月二日のベルリンでの講義のためのシュタイナーのメモ（手帳番号二二五）

Lessing
(レッシング)

1875 Adam erster Freimaurer
(1875年　アダム　最初のフリーメーソン)

Werkmaurerei
(石工組合)

Goethes Märchen: Weisheit, Schönheit, Stärke.
(ゲーテの童話：叡智、美、力。)

decken!
(隠蔽する！)

hl. Gral.
(聖杯。)

Abel Kain
(アベル　カイン)

Priestertum-Maurertum
(祭司集団―フリーメーソン)

Durch Schuld erkämpfen.-
(罪によって勝ち取る。―)

Tempel Hiram Abiff
(神殿　ヒラム・アビフ)

Gruppen
(諸集団)

Elohim-Eva　　Jehovah
(エロヒーム―エヴァ　エホヴァ)

Kain　　Adam-Eva
(カイン　アダム―エヴァ)

Abel
(アベル)

Feuersöhne
(火の子ら)

Erdennsöhne: Gedanke, Fortschritt, Wahrheit.
(地上の子ら：思考、前進、真実。)

Enoch-Steine behauen, Häuser bauen.
(エノク―石を削る、家々を造る。)

Irad Mehujael
(イラド　メフヤエル)

Methusael T
(メトサエル T)

Lamech Tubalkain (Höhlen zum Schutz vor der Sintflut)
(ラメク　トバル・カイン〔大洪水から身を守るための洞窟〕)

Tubalkain
(トバル・カイン)

Nimrod-Jagd Babylon
(ニムロドー狩猟　バビロン)

Adoniram
(アドニラム)

Tempel. Goldener Thron. prachtvolle Bauten.
(神殿。黄金の玉座。数々の壮麗な建造物。)

Saba : Balkis.
(シバ：バルキス。)

Adoniram : Blick.
(アドニラム：まなざし。)

T

drei Gesellen : syrische Maurer : Fanor
(三人の職人：シリアの左官：ファノール)

phön. Zimmermann : Amru
(フェニキアの大工：アムル)

israel. Grubenarbeiter : Methusael
(イスラエルの坑夫：メトサエル)

Eherenes Meer :
(青銅の海)

Benoni
(ベノニ)

Stimme von oben :
(上方からの声)

‹Sei ohne Furcht, ich habe dich unverbrennbar gemacht ; stürze dich in die Flammen.› –
(「恐れるな、私はお前が焼き殺されないようにした。焔の中に飛び込め」)

In den Mittelpunkt der Erde : Tubalkain
(地球の中心点へ：トバル・カイン)

Hammer
(槌)

Had-Had Sarahil
(ハドハド　サラヒリ)

ゲーテと薔薇十字会との関係について[†1]

ゲーテの薔薇十字秘儀を研究するには、顕教的な道と秘教的またはオカルト的な道の二通りがある。秘教的な道は、ゲーテの薔薇十字的な心情や知識を表出した作品の研究によって得られる。その作品には次のようなものが挙げられる。

一、詩編『秘密』。最高の位階である一三の位階を有する一二のロッジの秘儀が描写されている。その趣旨は、パルチヴァルの薔薇十字秘儀の参入式〔聖杯式〕における前庭の体験を暗示することである。

二、『ファウスト』のモティーフ。ホムンクルスはアストラル体であり、「母たち」に至る道は、「黄金の三角形」と「失われた言葉」の探求を意味している。

三、『ヴィルヘルム・マイスター』の各々の箇所、特に「遍歴と魂の変容」には、宇宙的な直観に至るまでの意識の拡がりが叙述されている〔宇宙的事象の瞑想。マカーリエのヴィジョンはそのような瞑想によるもの〕。

四、メルヒェン『緑蛇と美しい百合姫』は、クリスチャン・ローゼンクロイツによってもたらされた錬金術的秘儀伝授の形式を描いている。それは――ロッジの不十分な言い伝えによるものではない――正式の文書に〇三〇の位階と書かれているもの〔メーソンの普通の用語では第三〇の位階〕であり、この位階の秘密すべてが、象徴的な用語でこのメルヒェンにこめられている。正式の文書に〇一三の位階と書かれ、また第四の位階とも呼ばれるロイヤル・アーチの位階の秘密がすべて、ヘラクレスの伝承と同様、描写されている。

五、薔薇十字の秘儀伝授について重要な内容を、詩編『パンドラ』も内包している。

*

ゲーテの薔薇十字主義を、秘教的、オカルト的に研究するための手段は、本来の〇二〇の位階への秘儀参入〔イニシエーション〕の際に与えられる――その位階は、秘密を隠すために第六三位階とも書かれ、六×三＝一八位階〔薔薇十字（ローズ・クロワ）〕と読む。その場合、ゲーテがライプツィヒ時代とシュトラスブルク時代の中間に受けた秘儀が、オカルト的な道として示されている。その秘儀は、彼の中で徐々に実を結んで、ある特定の薔薇十字的使命を果たすことを可能にした。このことについて、これ以上書き記すことはできない。六三＝六×三＝一八の位階の本当の薔薇十字的ロッジでは、もう少し口頭で伝えることができるだろう。

†1――このテキスト原文は、マリー・シュタイナー・フォン・ジーフェルスの手書きによるものだけが残っている。これは彼女のメモの中で、一九〇六年にルドルフ・シュタイナーがエドゥアール・シュレーのために書いたテキスト『人類における三つのロゴスの象徴と発展』*Zeichen und Entwickleung der drei Logoi in der Menschheit*（『ルドルフ・シュタイナー遺稿刊行会会報』*Nachrichten der Rudolf Steiner-Nachlaßverwaltung* 一九六五年、ミカエル祭第一四号、並びに『ヨハネの黙示録』*Die Apokalypse des Johannes* 全集番号一〇四、第六版、一九七九年に収録）のすぐあとに続いていることから、シュタイナーがシュレーのために一九〇六年頃に書いたものの写しと思われる。

編集者による註

テキストの日付は、そのつど相応する講義の始めにある。
全集に収録されているルドルフ・シュタイナーの著作は、以下においては書誌上の通し番号と、最後の版が出版された年を附して掲載されている。

五旬祭——人間の霊を解放するための祝祭　一九〇四年五月二三日

［テキスト資料］：フランツ・ザイラーの速記文字による覚え書きと、ヴァルター・フェーゲラーンの簡単な速記文字による覚え書きによる。
［テキストについて］：この短くまとめられた覚え書きしか残されていない、地上での人類進化の初期に関する講義は、部分的には——原文には特に明記されていないが——H・P・ブラヴァツキーのドイツ語版『秘密教義』*Geheimlehre* 第二巻の記述を解釈している。

p17——▼**今日の集まりが小人数になるだろうということは、あらかじめ予想できていましたが**　シュタイナーはロンドン旅行から帰ったばかりで、講義の告示が恐らくその直前だったためだろう。
p17——▼**ベザントさんが……聴く機会をもつことができるのです**　アニー・ベザント（一八四七～一九三三年）。一九〇七年からは神智学協会代表。一九〇二年秋、ドイツ支部創立の際に一度、ベルリンで講演している。一九〇四年九月、シュタイナーの招きに応じて、ドイツの諸都市で講演を行った。英語による彼女の講演のあと、シュタイナーによってドイツ語でその内容が紹介された。
p17——▼**次の公開講演は、……月曜の例会がまたここで開かれます**　この二つの公開講演は、一九〇四年五月三〇日と六月六日例外的に月曜日に行われた（『霊的心理学と世界考察』*Spirituelle Seelenlehre und Weltbetrachtung* に収録。全集番号五二、一九七二年）。通常は月曜夜は、協会員のための講義だった。

p17――▼**神智学的な宇宙論について……お話しするつもりです**　一九〇四年五月二六日、六月二日、九日の三つの講義のこと（未公刊）。

p17――▼**神智学の諸要素についての講義**　すでに四月に予告され、秋に行われた神智学の基礎概念についての講義のこと。『人間の根源と目標、霊学の基礎概念』*Ursprung und Ziel des Menschen. Grundbegriffe der Geisteswissenschaft*（全集番号五三、一九八〇年）に収録。

p18/19――▼**文書は、唯一バチカン図書館にあって……写しを持っている……サン・ジェルマン伯爵**　このことはH・P・ブラヴァツキーの『秘密教義』（一八八八年）によって公けにされた。第二巻（ドイツ語版、ライプツィヒ、発行年不明、二四九ページ）に、「ヨーロッパで最後の一冊がサン・ジェルマン伯爵の手元にあった、と言われているバチカンのカバラ文書は、教義のもっとも完全な記述を含んでいる」とある。

p19――▼**アストラル光の中で読むことのできる人**　ここではシュタイナーは聴衆によく知られているブラヴァツキーの能力を指しているのだろう。コンスタンツ・ヴァハトマイスターらによって書かれ、一八九三年に出版された、『H・P・ブラヴァツキーの思い出と秘密教義』*Reminiscences of H. P. Blavatsky and The Secret Doctrine* にあるように、彼女は稀覯本を、アストラル光で読むことができた。

p19――▼**サン・ジェルマン伯爵**　一八世紀の、もっとも謎めいていて、もっとも物議をかもした人物。彼の生誕、死亡年も、本名もわかっていない。一九一一年九月二七日のノイシャテルでのシュタイナーの講義『秘教キリスト教と人類の霊的導き』*Das esoterische Christentum und die* *geistige Führung der Menschheit*（全集番号一三〇、一九七七年）によればこの名前はひとりの人物だけではなく、複数の人物にも用いられた。この名前の本当の持ち主の中にはクリスティアン・ローゼンクロイツの個性が生きていた。

p19——▼**私のアトランティスについての諸講義**　一九〇四年一月に行われた諸講義だが、これに関する記録は残されていない。

p19——▼**まず全体の関連をつかむために……**　この段落は、フェーゲラーンのメモによると次のようである。「はじめに、私たちは今日ある二大潮流について知っておく必要がある。それは第五根幹人類期の感情の中に密かに働いており、互いにさまざまに争い合っている。一方はインドと南ヨーロッパの信仰の中にもっとも純粋に見出され、ユダヤ教やバビロニア人の世界観の根底をも成している。そしてもう一方は、ペルシア人の信仰と考え方の中に含まれるもので、それはペルシアから西側を通ってゲルマンの領域にまで延びている」。

p20/21——▼**私はこの二つの流れの……南方系……北方系世界観**　『西洋の光の中の東洋——ルツィフェルの子たちとキリストの兄弟たち』*Der Orient im Lichte des Okzidents. Die Kinder des Luzifer und die Brüder Christi*（全集番号一一三、一九六〇年）の一九〇九年八月二七日のミュンヘンでの講義（第五講）を参照。

p20——▼**デヴァ神たち**　天上界（デヴァハン）の神々に対するインド的な名称。

p20——▼**アシュラたち**　インドの言葉で、シュラス＝神々（アシュは呼吸の意）、非神たち＝ア・シュラス。太古の東方諸領域で用いられ、後にシュタイナーによってサタン的本性に対する名として用いられた。この講義に関しては、ブラヴァツキーのドイツ語版『秘密教義』（例えば、第二巻第二部第四章、「堕天使の神話について、さまざまな視点から」、五二五ページ）の中で述べられているような、アシュラスの観点が取り上げられている。「アシュラスは、後に悪い霊と低次の神々に変容し、そして永遠に偉大な神格——秘められた叡智の神々——と戦う、秘教的な存在である。リグ・ヴェーダの最古の文献では、アシュラという表現が、至高の霊に用いられ、偉大なアシュラがゾロアスター教のアフラであるとされた。またアシュラスは霊的存在、神的存在になっている。インドラ、アグニ、ヴァルーナの神々が、アシュラスに属していた時があった。レムリア期からアトランティス期への移行期になって初めて、この本来高次の神々は、神でなくなった」。

シュタイナーの行った連続講義『惑星の進化』（一九〇四年一〇月一七日、ベルリン）の覚え書きでは、このテーマについて次のように記述されている。「霊的進化の原則の方向を知ろうとするなら、私たちは次のようなアトランティス人類の重要な事実を確かめる必要があります。それははじめは霊的存在でしたが、独立性を獲得したいために、反逆者、扇動者になりました。シュラスがアシュラスになったのです。このときまで、彼らは地上に潜伏していました。それはまさに今日の周期における、人類の知的な、霊的側面を代表する権力です。このルツィフェルの本性は、初期の数世紀のキリスト教をも代表していました。それについては二つ文書があります。ひとつはバチカンにあり、もうひとつは写本で、それは西洋の秘儀参入したキリスト者、サン・ジェルマン伯爵が持っています」。この連続講義の覚え書きは、『ルドルフ・シュタイナー全集版紀要』*Beiträge zur Rudolf Steiner Gesamtausgabe* の六七／六八号、六九／七〇号、七一／七二号、七八号にまとめられている。

p22——▼**前述した文書に……**　この段落は筆記が不完全であることから、とりわけ注意を要する。これに関しては、ブラヴァツキーの『秘密教義』第二巻、「第四人類の歴史」の段落を参照。

p22/23——▼**「神の子たちは、人の娘たちの美しいのを見て、自分の好む者を妻にめとった」**　「創世記」第六章二節。ブラヴァツキー『秘密教義』第二巻第二部第四章、「堕天使の神話について、さまざまな視点から」も参照。

p24——▼**「プロメテウス伝説」の中に象徴的に表現されています**　シュタイナーはここでも、ブラヴァツキーの『秘密教義』第二巻に従っている。

p24——▼**「あなたは苦しんで子を産み……」**「創世記」第三章一六節。

p27——▼**この「くらい地上」の、「はかない客人（まろうど）」であり続けることのないように……「死ね、そして生まれよ」**　ゲーテの詩「昇天のあこがれ」*Selige Sehnsucht* からの自由な引用。「死ね、そして生まれよ　このこころを／わがものとしないかぎり／おまえは　このくらい地上で／はかない客人（まろうど）にすぎないだろう」（白凰社、井上正蔵訳）。

p27——▼**「あかしをするものは三つある。御霊と血と水である」**「ヨハネの第一の手紙」第五章七節。すでに一九〇四年四月二九日の講義の中で、シュタイナーはこの手紙の箇所を詳しく解説している。それによると、この血と水は今日の物質概念とは結びつかない。「天であかしをするものが三つある。父と言葉と聖霊であり、この三つはひとつである」と言うときには、神智学的には「アートマン、ブッディ、マナスが上位の原則である」という意味である。また、「地上であかしをするものが三つある。御霊と血と水である」と言うときには、三つの下位の原則、三つの魂の要素を意味する。

血は、私たちの魂のもっとも下位の部分であるアストラルを意味し、物質的な血のことではない。「ユダヤの秘教は、血の動きがアストラル体に起因すると信じていますが、それは正しいのです。直接魂を通らずにも肉体に作用する影響はすべて、ユダヤの秘教では血と呼ばれています。それは活動しており、成長しています。一方私たちは、肉体を通って流れる赤いジュースだけを、血と呼んでいます」。

水は、神秘学用語では、カマと呼ばれる感情、情熱、欲望などを意味している。「なぜ水と呼ばれているのでしょうか。御承知の通り、人類は今日、古い時代よりも、より物質的に考えることに慣れています。古いカバラ学者は、水の中にただ流動する四大元素だけではなく、ある比喩をも見ていました。それは次のような理由からです。水の中には私たちがもっとも根源的と考えるべき動物が生きています。流動する元素から、太古にそのような動物が生まれました。海生動物、クラゲ、両生類、それらは水から出て、大地に上がりました。水から出たとき、情熱や感情は生じていませんでした……。私たちは、血を波立たせる下位の魂、快、不快を感じる本来の内的な苦痛を上位の魂から区別していますが、カバラ学者はこの魂の要素を水と呼んでいます。彼らはこの魂の要素が水に由来すると考えているからです。次に来るのは上位の、思考する魂、霊です……」。

p28――▼**アストラル光の中で見ることのできるわずかな人びと**　一九ページ「アストラル光……」の編註を参照。

p29――▼**協会をではなく、精神運動を創始した偉大な奥義に達した人たち**　これに関連してシュタイナーは、一九〇五年一月二日に、エソテリック・スクールに参加すべきある協会員に書簡で、同じように述べている。「あなたはすべての神智学運動の背後に、私たちが〝マイスター〟あるいは〝マハトマ〟と呼んでいる高度に進歩した存在たちがいることをご存じです。この卓越した存在たちは、他の人類がこれから歩むべき道をすでに後にしています。彼らは〝叡智と人類感情の調和との偉大な師〟として働いています。彼らは、今日すでに、より高次の次元（段階）で働いていますが、そこに他の人間たちが達するには、次の進化段階、いわゆる〝周期〟でふさわしく形成されなければなりません。彼らは、彼らが遣わした〝使者〟――H・P・ブラヴァツキーはその最初の人物であり、従って神智学運動にとっての最初の人物です――を通して物質界に働きかけます。マイスターたちは、外的な組織や協会を創立せず、それらを執りしきることもしません。神智学協会は、マイスターたちの働きを物質界に促すために、創立者（ブラヴァツキーやオルコット等）によって設立されましたが、しかし協会そのものは、そのようなマイスターたちから一度も影響を受けたことはありません。協会の存在も導きも、物質界の純粋な人間の手によるものなのです」。これに関しては、『エソテリック・スクールの初期の歴史と内容から――一九〇四～一九一四年』*Zur Geschichte und aus den Inhalten der ersten Abteilung der Esoterischen Schule 1904 bis 1914*（全集番号二六四）、および一九〇五年一〇月二二日の講義（本書に収録）における叙述を参照のこと。

カインとアベルの対立　一九〇四年六月一〇日

[テキスト資料]：フランツ・ザイラーの速記文字による覚え書きとヴァルター・フェーゲラーン並びにマリー・シュタイナー・フォン・ジーフェルスの普通の文字による覚え書き。

p31――▼**カインとアベルの物語の中には……先回ひと言述べておきました**　一九〇四年五月二七日の講義の最後の発言。「次回私は、皆さんもたびたび聞いていらっしゃる最も意味深い物語のひとつについて、詳しくお話したいと思います。その内的意味は比類なく深いのです。すなわち、カインとアベルの物語です」。

p31――▼**カインとアベルの関係を取り上げますが**　ブラヴァツキーのドイツ語版『秘密教義』*Geheimlehre* 第二巻、「神的ヘルマフロディーテ」（一三一ページ以下）を参照。ルドルフ・シュタイナーの後の講義『人間のオカルト的発展は、その莢である肉体・エーテル体・アストラル体にとって、そして自我にとってどのような意味があるのか？』*Welche Bedeutung hat* *die okkulte Entwickelung des Menschen für seine Hüllen—physischen Leib, Ätherleib, Astralleib—und sein Selbst?*（全集番号一四五、一九七四年）も参照。

p31——▼**エノク書**　聖書外典。

p32——▼**創世記第五章の冒頭の文章**　シュタイナーはこの文章を自由な表現で引用している。ルター訳では次のようになっている。「これは人間の系譜の書である。神は人を創造された日、神に似せてこれらを造られ、男と女に創造された。創造の日に、彼らを祝福されて人と名付けられた。アダムは一三〇歳になったとき、自分に似た、自分をかたどった男の子をもうけた。アダムはその子をセトと名付けた」。シュタイナーは、後になって度々「男と女に創造された」という箇所は、「男であると同時に女に創造した」と適切に訳さなければならないと主張している。例として『エジプトの神話と秘儀』*Ägyptische Mythen und Mysterien*（全集番号一〇六、一九七八年）の第八講、または『聖書の創世記の秘密について』*Die Geheimnisse der biblischen Schöpfungsgeschichte*（全集番号一二二、一九七六年）の第一一講を参照。

p33——▼**「アベル」はギリシア語の「プネウマ」……明らかに女性的な特徴を持っています**　『マタイ福音書』*Das Matthäus-Evangelium*（全集番号一二三、一九七八年）の第五講を参照。

p35——▼**脳は男性的に……**　この節は不明であるから、本書に収録された一九〇五年一〇月二三日と一九〇六年一月二日の講義の詳論と比較せよ。

p37——▼**「神々の子らがカインの系統からでた娘たちを好きになったとき」、それは罪になるのです**　二一二ページ「神の子たちは……」の編註を見よ。

p37——▼**そこで、一般に公開された旧約聖書では一度も言及されたことがなく、ただ暗示されていたにすぎない一族が生まれました**　ルター訳の「創世記」第六章四節は次の様な内容である。「その当時も地上に専制君主がいた。それは神の子たちが人間の娘たちの中に入って、生ませた者であり、偉大な力を持つ有名な男たちであった」。

p37――▼**「ラクシャサ」と……インド人の「アシュラ」に似ています**　ブラヴァツキーの『秘密教義』によると、東洋の秘教哲学の中には、ラクシャサ族の系統について、多くの解釈がある。ドイツ語版第二巻三〇一ページでは、彼らはギリシアのティタン族に似た巨大な悪魔と名付けられている。ルドルフ・シュタイナーの蔵書の中にイギリスのオカルティスト、C・G・ハリソンの独訳本がある。『超越的な宇宙』*Das transszendentale Weltenall*（ドイツ語版初版、一八九七年）。ルドルフ・シュタイナーは、この独訳本を当時の諸講義のために――シュタイナー自身の覚え書きにはっきり記されているわけではないが――利用している。すなわちこの書の第五講では「インドの文書の中で、アシュラとして知られた、半人間的生物、堕天使の子孫は、時としてラクシャサまたは悪魔とも名付けられている」と述べている。シュタイナーは、アシュラについて本講義では、一九〇四年五月二三日の講義（本書に収録）とはまた異なった諸力を考えている。

p38――▼**それによって、ラクシャサ存在たちは麻痺し、無気力の状態に陥りました**　この節は、マリー・シュタイナー・フォン・ジーフェルスの覚え書きの中では次のように書かれている。「ラクシャサは次のことによって麻痺状態に入った。すなわち、二つの方向からの働き掛けが彼らにあった。物質界に結びついた古代の修行者と、純粋に霊的存在であるキリスト。この二つの方向からの働き掛けによって、ラクシャサの力は麻痺状態に陥った。そこで宇宙からの働き掛けが生じた。そのラクシャサの諸力が現実的な作用を持ってはならない、というのである。これが反キリストに対するキリスト原理の戦いである」。C・G・ハリソンの前掲書は、これについて次のように述べている。「アシュラの本質は火であり、ダイナミズムである。そして悪に向かう力はおそるべきものだ。この力はいつもイエス・キリストの出現により否定され、そして、タデオの聖ユダが仮定したように〝最後の審判まで永遠の鎖に繋がれている〟。学問的に言うならば、次のように説明される。アシュラは前にも後ろにも動けないように、地球と第八領界の間に封じ込められている。そこでは地球と第八領界の牽引力が、その二つの軸の合一する〝大いなる日〟まで、均衡を保っているが、その最後の審判の日に、アシュラの力は二度と復活することができないように、第八領界の渦の中に封印されてしまう。聖ユダのこの文章は、不幸なことに誤解されて、ルツィフェルと最初の堕天使たちのことにされてしまったから、そのことによって、ミルトンや中世の伝説が生まれた」。

p38——▼**ノストラダムス**　本名はミッシェル・ド・ノートル・ダム（一五〇三〜一五六六年）。フランスの天文学者であり医者である。フランス語による彼の予言が有名。

p38——▼**マリー・アントワネット**　一七五五〜一七九三年。オーストリアの女帝マリア・テレジアの娘、そして一七七四年以来、フランスの王妃。彼女はサン・ジェルマン伯爵の警告に注意を払わずに、断頭台で生涯を終えた。

p39——▼**イエス・キリストが死後なお一〇年間地上にとどまっていたことを、皆さんは知っていますね**　ここでは、シュタイナーはイギリスの神智学者G・R・S・ミードの著作『ピスティス・ソフィア——グノーシス派の福音書』*Pistis Sophia. A gnostic gospel*（ロンドン、一八九六年）、並びに『失われた信仰の断章』*Fragments of a faith forgotten*（ロンドンおよびベナレス、一九〇〇年）をもとにしている。ドイツ語版はベルリンで一九〇二年に出版されたが、そこには、イエスが復活後一一年の間弟子たちのなかにとどまり、彼らを指導したという記述ではじまる『ピスティス・ソフィア』の概要が含まれている。

p39——▼**『ピスティス・ソフィア』**　グノーシス派のヴァレンティヌスによって書かれた著作の一つ。紹介者イギリス人アスキューの名にちなんで『アスキュー文書』としてイギリスにもたらされ、一八五一年にペーターマンによって、はじめてベルリンでラテン語訳で公開された。一八九五年最初のフランス語訳が出され、一八九六年ミードによって最初の英語訳が、一九〇五年カール・シュミットによって初めてのドイツ語訳が『コプト系グノーシス派の文書』*Koptisch-gnostische Schriften* 第一巻として出版された。

p39——▼**シネットの『秘密仏教』**『秘密仏教』*Esoteric Buddhism* 一八八三年。ドイツ語で『秘密教義または密教』*Die esoterische Lehre oder Geheimbuddhismus*（ライプツィヒ、一八八四年）。『一九世紀のオカルト運動と世界文化との関連』*Die okkulte Bewegung im 19. Jahrhundert und ihre Beziehung zur Weltkultur*（全集番号二五四、一九六九年）を参照。

p39——▼**ドルイド僧たちが、「霧の国」や「巨人ユミル」**　本書に収録された一九〇四年九月三〇日の講義、ならびに『秘教の諸要素』*Grundelemente der Esoterik*（全集番号九三a、一九七六年）の第一講と第三一講を参照。

p39/40——▼**三世紀以降の輪廻転生……なぜなら、当時の人は人間存在を、カマ・マナスのところまで引き下ろそうとしたのですから**　『秘教の諸要素』（第二三講）を参照。

ドルイド僧とドロット僧の秘儀　一九〇四年九月三〇日（覚え書き）

［テキスト資料］：マリー・シュタイナー・フォン・ジーフェルスによる簡単な覚え書きだけが現存する。四四ページの角括弧で囲まれた二つの文は、原文の覚え書きでは損傷が激しいため、発行者がまとめた。

三九九ページ以下の補遺は、ドルイドとスカンジナビアの秘儀についてのチャールズ・ウィリアム・ヘックソーン『秘密協会・秘密結社・秘密教義』*Geheime Gesellschaften, Geheimbünde und Geheimlehren*（ドイツ語版、ライプツィヒ、一九〇〇年）から引用した。この本はシュタイナーの蔵書の中にあり、彼の手で傍線が引かれていて、本書や他の講義のために使用されたことは明らかである。

プロメテウス伝説　一九〇四年一〇月七日

［テキスト資料］：フランツ・ザイラーの速記文字による覚え書きと、マリー・シュタイナー・フォン・ジーフェルスの普通の文字による覚え書き。

プロメテウス伝説についてシュタイナーは、後にも言及している。たとえば『エジプトの神話と秘儀』*Ägyptische Mythen und Mysterien*（全集番号一〇六、一九七八年）の第一〇講、『地上的そして宇宙的人間』*Der irdische und der kosmische Mensch*（全集番号一三三、一九六四年）の第七講、『人間霊の現在と過去』*Gegenwärtiges und Vergangenes im Menschengeiste*（全集番号一六七、一九六二年）の一九一六年四月一六日の講義、『魂の生活の変容』*Metamorphosen des Seelenlebens*（全集番号五九、一九七一年）の一九〇六年一〇月二一日の講義。

プロメテウスに関する講義に続いて、アルゴノオト伝説とオデュッセイ、ジークフリート伝説とトロイア戦争についての講義があるが、これらは、『ギリシア神話とゲルマン神話における秘教と世界史』*Esoterik und Weltgeschichte in der griechischen und germanischen Mythologie* に掲載されている。これは他の講義と一緒に全集版として出版される予定。

p47――▼**これまでの金曜講義**　一九〇四年、シュタイナーは月曜日毎に行われる「支部の夕べ」の他に、時々金曜日にシュルター通りのクララ・モックス嬢の家で、非常に小人数のサークルのために講義した。主なテーマは神話と伝説だった。そこで行われた講義はすべての筆記録が保存されているわけではない。不完全な覚え書きがあるだけである。この巻に収められた一九〇四年の諸講義は――一九〇四年五月二三日の最初の講義を例外として――すべてこの金曜サークルで行われた。一九〇五〜一九〇六年の諸講義はベルリン支部の月曜サークルで行われた。一九〇五年一〇月の諸講義はドイツ支部の総会参加者を前に行われた。

p50――▼**マヌ**　名前はサンスクリット語のman、すなわち「考える」に由来する。インド系神智学の用語では、高次の霊的諸存在を示している。それらの存在たちに、新たな人類の形成が課せられている。第五根幹人類期つまり後アトランティス期のマヌについては、シュタイナーの『アカシャ年代記より』*Aus der Akasha-Chronik*（全集番号一一、一九七三年）、『神秘学概論』*Die Geheimwissenschaft im Umriß*（全集番号一三、一九七七年）、『輪廻転生問題との関連における霊的経済学の原理』*Das Prinzip der spirituellen Ökonomie im Zusammenhang mit Wiederverkörperungsfragen*（全集番号一〇九／一一一、一九七九年）を参照せよ。

p51――▼**第五根幹人類期が火のしるしの下に生きているという自覚は、まず最初にプロメテウス伝説に現れています**　ブラヴァツキーの『秘密教義』*Geheimlehre*（ドイツ語版、第三巻、「エソテリズム」、三三〇ページ）にそのことについての指摘がある。すなわちプロメテウスは、全人類のシンボルであり人格化である。彼は、「人類の子供時代に起こった、いわゆる〝火の洗礼〟に関わっている。それは偉大なプロメテウス秘儀に属するものだが、プロメテウス秘儀そのものについては、今日では、ただ一般的な特徴のみしか言及されえない」。

p53――▼**アトランティスについて記述しているスコット＝エリオットの小冊子**　『アトランティス』*Atlantis*（ライプツィヒ、発行年不明）またはシュタイナーの『アカシャ年代記より』の中の「アトランティスの先祖について」を参照。

p56――▼**アダム・カドモン**　『三位一体の秘密』*Das Geheimnis der Trinität*（全集番号二一四、一九七〇年）の中の一九二二年八月二二日オックスフォードでの講義を参照。

p57——▼**[不明な文章がつづく]**　以下のような不明な文章が続いている。「どの伝説も変化します。伝説は太古に由来しており、そして特定の箇所が変化しています。どの伝説にもそのようなところがあり、そこは言葉通り受けとらなければならないところです」。

薔薇十字会の秘儀　一九〇四年一一月四日

[テキスト資料]：マティルダ・ショルの速記文字の覚え書きとマリー・シュタイナー・フォン・ジーフェルスの普通の文字による覚え書き。

p59——▼**一五世紀のはじめ**　覚え書きには「一四」世紀となっている。シュタイナーは時おり、イタリア人のような世紀の数え方をした。イタリア人は一四〇〇年代のことを「一四世紀」と呼び、従って実際には一五世紀のことである。それに対して「クリスティアン・ローゼンクロイツは一五世紀の前半に……」と一九〇七年に手書きされたものがある。『往復書簡と資料――一九〇一～一九二五年』*Briefwechsel und Dokumente 1901-1925*（全集番号二六二、一九六九年）も参照のこと。

p59——▼**クリスティアン・ローゼンクロイツ**　一四～一五世紀の人物で、一般的には歴史上実在の人物とはされていない。彼は、作者不明の伝説的な薔薇十字会の二つの文書、「同胞団の名声または薔薇十字の賞賛すべき結社の同胞会の発見」（カッセル、一六一四年）と「同胞団の信仰告白または高く尊敬されている薔薇十字会の賞賛すべき同胞会の信仰告白」（カッセル、一六一五年）で知られている。これらによると、この貴族出身のドイツ人は、一三七八年から一四八四年まで生存していた。そして一六〇四年に書かれ、手書きの写本で広まった後、一六一六年に出版された伝説的な文書『化学の結婚、クリスティアン・ローゼンクロイツ、西暦一四五九年』*Chymische Hochzeit: Christiani Rosenkreutz. Anno 1459* に、その名前が初めて現れる。シュタイナーによると、その作者ヨハン・ヴァレンティン・アンドレーエはクリスティアン・ローゼンクロイツの霊感を受けた者とされている。『哲学と人智学論文集——一九〇四〜一九一八年』*Philosophie und Anthroposophie, Gesammelte Aufsätze 1904-1918*（全集番号三五、一九六五年）の「ルドルフ・シュタイナー、クリスティアン・ローゼンクロイツの化学の結婚」を参照。この論文はワルター・ウェーバーによって近代ドイツ語に訳された『化学の結婚』にも収録されている（バーゼル、一九七八年）。シュタイナーによれば、クリスティアン・ローゼンクロイツは歴史上に実在した人物である。『秘教キリスト教と人類の霊的な導き』*Das esoterische Christentum und die geistige Führung der Menschheit*（全集番号一三〇、一九七七年）も参照のこと。

p60——▼**一五世紀初頭に設立されて以来、同胞団の中でその神話はさまざまに語り継がれ、解釈されてきました**　シュタイナーが、ここで神殿伝説の起源を一四〜一五世紀のクリスティアン・ローゼンクロイツに帰していることは注目に値する。しかし薔薇十字会から発した伝説がフリーメーソンにまで至る経緯については、彼は述べていない。フリーメーソンの中では、この伝説の起源は明確にされていない。一般には、はじめて文献としてあらわれた一八世紀に書かれたとされている。もっと早期に書かれたフリーメーソンの思想の産物ではないかと推測されるが、記録的に証明することはできない。神殿伝説の資料として、ルドルフ・シュタイナーはここでも明らかにヘックソーンのテキスト『秘密協会、秘密結社、秘密教義』*Geheime Gesellschaften, Geheimbünde und Geheimlehren*（ドイツ語版、ライプツィヒ、一九〇〇年）を用いている。本書四〇六ページ以下を参照。

p65――▼**フランス革命以前に、女王マリー・アントワネットの侍女であるダデマール夫人のところに、ある人物が……サン・ジェルマン伯爵**　一八三六年にパリで出版された『宮殿夫人、ダデマール伯爵夫人によるオーストリア大公妃にしてフランス王妃、マリー・アントワネットとヴェルサイユ宮殿の思い出』*Souvenirs sur Marie-Antoinette, Archiduchesse d'Autriche, Reine de France, et sur la cour de Versailles par Madame la Comtesse d'Adhémar, Dame du Palais* が歴史的な原典とされている。これは当時の作家エチエンヌ・レオン、ド・ラモット・ランゴン男爵によって公開された。約五〇年後、ブラヴァツキーとその友人たちによってこの思い出が忘却の中から掘り起こされた。希有なことに、その「思い出」の一冊がオデッサにいるブラヴァツキーの叔母の蔵書の中で見つかったのである。一八七五年にブラヴァツキーと神智学協会を設立したヘンリー・スティール・オルコットは、一八九五年に出版された『古い日記――神智学協会の真実の物語』*Old diary leaves—the true story of the Theosophical Society* 第一巻に書いている。「もしH・P・ブラヴァツキーの叔母マダム・ドゥ・ファデエフが彼女の有名な蔵書のうちのいくつかの記録を翻訳し、出版していたならば、この東洋の導師が担っていた革命以前のヨーロッパの使命を、世界はもっと知ることができただろう」（二三ページ）。イギリス人の神智学者、イザベラ・クーパー・オークリーは二、三年後、その最初の抄本を出し、そのドイツ語訳が雑誌『グノーシス』*Die Gnosis*（二〇号、一九〇三年一二月一五日）に掲載された（一一二ページ「実際、彼は……」の編註参照）。一九一二年に出版された彼女の本、『サン・ジェルマン伯爵―王たちの秘密』*The Comte of Saint-Germain—The secret of Kings* には、ダデマール夫人の思い出から、サン・ジェルマン伯爵を扱った部分がすべて引用されている。ドイツ語訳ではカール・ハイヤー著の『フランス革命の時代から』*Aus dem Jahrhundert der Französischcn Revolution*（私家版、クレスブロン、一九三七年、第二版、一九五六年）に、その重要な部分がある。

p65――▼**サン・ジェルマン伯爵……クリスティアン・ローゼンクロイツ**　この両者が霊的に同一人物であることは、シュタイナーの考察の結果である。さらにノイシャテルの講義でも、そのことが述べられている。『秘教キリスト教と人類の霊的な導き』の一九一一年九月二七日の講義を参照。

p66――▼**「彼らは風を蒔いて、つむじ風を刈り取る」……すでにローゼンクロイツが言っていたのです**　旧約聖書「ホセア書」第八章七節。一一一ページ「『風を蒔く者は……』」の編註も参照のこと。

p66――▼**この世のからだを十字架にかけられる**　一五七ページ「プラトンは……」の編註参照。

マニ教　一九〇四年一一月一一日

［テキスト資料］：フランツ・ザイラーによって、新たに校訂された速記録、および、マティルデ・ショルの覚え書き。マリー・シュタイナー・フォン・ジーフェルスによる普通文字による覚え書き。

［テキストについて］：すべての資料を通してみると、このテキストは講義の要約であることがわかる。とりわけ、講義の最後が、断片的に終わってしまっている。ショルの手書きでは、この内容が後の象徴・儀礼部門の第三位階に属する、と記されている。これらの覚え書きの重要性は、それがシュタイナーの全著作において、唯一のマニ教に関する立ち入った考察であるという点にある。資料として、シュタイナーは、オイゲン・ハインリッヒ・シュミットの『グノーシス――高貴な文化の世界観の基礎』*Die Gnosis – Grundlagen der Weltanschauung einer edleren Kultur* 第一巻（ライプツィヒ、一九〇三年）を用いている。この本は、彼の蔵書の中にあり、彼は雑誌『ルツィフェル』*Luzifer* 一九〇三年六月号に書評を書いている（六九ペー

ジ「雑誌『ルツィフェル』……」の編註を参照）。この本のマニ教に関する章をシュタイナーは、自分の著作のために読み、必要な箇所に下線を引いている。この講義は、トルファンで初めてマニ教の原資料が発見された年に行われた。

p69——▼**ファウスト問題**　『〈ファウスト〉と〈緑蛇と美しい百合姫〉のメルヒェンで明かされたゲーテの霊的方法』*Goethes Geistesart in ihrer Offenbarung durch seinen Faust und durch das Märchen von der Schlange und der Lilie*（全集番号二二、一九七九年）参照。同様に『ゲーテ〈ファウスト〉のための霊学的解釈』*Geisteswissenschaftliche Erläuterungen zu Goethes Faust* 全二巻（全集番号二七二／二七三、一九六七年、とりわけ第二巻における、ファウストと悪についての一九一七年一一月三日の講義）参照。

p69——▼**雑誌『ルツィフェル』の第一号の中でも……**　シュタイナーによって出版された雑誌『ルツィフェル』第一号。冒頭に論文「ルツィフェル」を掲載。この雑誌は、魂の生活、霊的文化、神智学のための定期刊行物として一九〇三年六月に出版された。全集の中では、『ルツィフェル・グノーシス。雑誌「ルツィフェル」並びに「ルツィフェル・グノーシス」一九〇三～一九〇八年からの人智学のための基礎的な諸論文と報告』*Luzifer-Gnosis. Grundlegende Aufsätze zur Anthroposophie und Berichte aus der Zeitschrift 〈Luzifer〉 und 〈Luzifer-Gnosis〉 1903—1908*（全集番号三四、一九六〇年）にある。

p70——▼**聖アウグスティヌス**　偉大なラテン教父アウグスティヌス（紀元後三五四～四三〇年）は、彼自身の言葉によれば、いわゆる改宗する前の約九年間、マニ教の信者であった。『オカルト的な読み方と聴き方』*Okkultes Lesen und okkultes Hören*（全集番号一五六、一九六七年）の中の一九一四年一二月二六日、ドルナハにおける講義を参照。

p70——▼**みずからをマニと呼び、そして西暦三世紀頃に生きていたひとりの人物**　もともとマニは「コルビキウス」と呼ばれていたらしい。彼は「マニ」と自称していた。オイゲン・ハインリッヒ・シュミット（前記の「テキストについて」を参照）によれば、それは「マンダ教徒のアイオーン、マナ・ラバ（「予言された慰め人」、あるいは「パラクレート」を意味する）」のような意味を持っていた。マニは、紀元後二一五年か二一六年に生まれ、二七六〜二七七年に死んだとされている。

p70——▼**中世のアルビ派やワルド派やカタリ派は、この霊統を受け継いでいます……聖堂騎士団……フリーメーソンも、その流れに属しています**　チャールズ・ウィリアム・ヘックソーン『秘密結社、秘密同盟、秘密教義』*Geheimgesellschaften, Geheimbünde und Geheimlehren*（ドイツ語版、ライプツィヒ、一九〇〇年）によれば、中世ヨーロッパに拡がった異教徒運動は「マニ教の子孫」であり、「同時にそれは、聖堂騎士団あるいは薔薇十字会の萌芽、および教権と国家権力との抑圧に対して戦い続ける全ての同盟の萌芽」である。マニ教とフリーメーソンの結び付きに関しては、ヘックソーンによって次のように述べられている。「メーソンのマイスター位階に属するものは、〝寡婦の子供たち〟と自称する。……この称号は多分マニ教の分派と結び付いており、その分派では自分たちを〝寡婦の息子たち〟と呼んだ」（同書四一〇ページ）。

ヨゼフ・シャウベルク『古代の神話と秘儀からみた、フリーメーソンの象徴の手引き書』*Vergleichendes Handbuch der Symbolik der Freimaurerei mit besonderer Rücksicht auf die Mythologien und Mysterien des Altertums* 第三巻三六八ページ（シュタイナーの蔵書の中にある）によれば、ほぼすべてのメーソンの象徴は「古代の建築家たちの信仰と奉仕が、東洋の光信仰と光礼拝、そしてパーシー教（ゾロアスター教の一派）および拝星教、あるいはマニ教であった」ことを示しているという。

p70――▼**また後で論じる聖堂騎士団**　当時、聖堂騎士団だけを論じた講義は残されていない。一五三ページ「聖堂騎士団」の編註を参照。

p70――▼**フリーメーソンは、他の霊統、たとえば薔薇十字会とも結び付いているのですが**　フリーメーソンの源流、および薔薇十字主義との関係は、フリーメーソンの諸文献の中でも論議の余地があり、解明されていない。歴史学によっては、今日までほとんど触れられていない領域でもある。この方面での最初の試みには、合理的な観点を貫いている、フランセス・A・イエーツ『薔薇十字の覚醒』*The Rosicrusian Enlightment*（ロンドン、一九七二年）がある。

p70――▼**マニについての表面的な物語はとても単純です**　この点に関してのシュタイナーの論述は、欠陥だらけの記録しか残されていない。彼はここで、ある伝説を基にして述べている。この伝説をシュタイナーは後に、（場所も日付も書かれていない覚え書きによれば）ある非公開の講義の中でもう一度述べた。その覚え書きの中では、次のように記されている。「三世紀のころ、まずバビロン地方に、マニ、あるいはマネスがあらわれた。マニ教の創始者である。マニ自身についての伝承によれば、スキティアノスとテレビントゥスあるいはブッダは、彼の先駆者だった。テレビントゥスはスキティアノスの弟子であった。スキティアノスの悲愴な死の後、テレビントゥスは、スキティアノスの著作をもって、バビロン地方に逃亡する。彼も不運だったが、ただひとりの老いた寡婦が、彼の教義を受け入れた。彼女は、その著作を譲り受け、これを彼女の一二才の養子に残した。彼女はその子どもを、七才の時、奴隷の少年として、もらい受けていた。そのため〝寡婦の息子〟と名付けられうるこの子は、二四才の時、マニ教の創始者マネスとして登場する」。この伝説は、D・フウォルソン『サビール派とサビスムス』*Die Ssabier und der Ssabismus* 第一巻（ペテルスブルク、ライプツィヒ、一八五六年）一三〇ページ以下の中で、文献的に詳しく調査されているが、以下の文章の出典は、記されていない。

長文に亘るが、以下にその中から重要な箇所を引用しておく。

「マニ教が、マンダ教から由来するということが確認されたのだから、私たちは、マニについての諸教父たちの遺した別の資料を調査しなければならない。エピファニウス、キリルス・ヒエロソリュミタヌス、ソクラテス、そして『マニ論駁書』の著者S・アルケラオス、さらに彼らと部分的に同意見のテオドレトゥス、スイダス、そしてケドレヌスによるなら、マニは、マニ教の創始者ではなかった。彼は、スキティアノスと、後にブッダと自称した弟子のテレビントゥスの後継者である。邪教マニ教から袂を分かちたい思っている人びとは、同時にザラデス(ゾロアスター)、ブッダ、スキティアノスから離れる、と宣誓しなければならなかった。文献によれば、スキティアノスはスキタイ地方出身のスキタイ人であった。それゆえ、彼はその名前を用いた。だから本来の名前は、スキティアノスではない。彼は、使徒の時代に出現し、二つの原理の教えを伝え始めた。彼の血筋からすれば、彼はサラセン人であったかもしれない。彼は、テーバイ北部出身の女性と結婚し、エジプトに住み、エジプトの叡智に精通することになる。ほぼ同様のことを、エピファニウス、ソクラテス、キリルス・ヒエロソリュミタヌスも述べている。ただ、エピファニウスは、スキティアノスがサラセン地方の出身であり、アラビアで学んだ後、インドやエジプトに旅行したのであろうと述べている。

キリウス・ヒエロソリュミタヌスは、スキティアノスはユダヤ教、キリスト教については、考えていなかった、と述べている。スキティアノス自身、あるいは弟子のテレビントゥスは四つの著作を著した。とりわけテレビントゥスは、バビロンに移り住んだ後、死に際してその著作をひとりの寡婦に残した。この寡婦の奴隷だったマニは、彼女を通してこの著作の保持者になり、その教えを自分の弟子たちのために出版した。テオドレトゥス、スイダス、そしてケドレヌスは、テレビントゥスとマニについて、同様のことを述べている。ただマニをスキティアヌスと同一視している。テオドレトゥスは、マニが奴隷である故にスキティアノスと名付けられた、と述べている。スイダスとケドレヌスは、マニが血筋の上でバラモンであった、と述べている。一方、バウアーは、スキティアノスとテレビントゥス＝ブッダという二人のマニの先駆者たちは、歴史上の人物としては存在しないと考えている。〝スキティアノスを使徒の時代に位置付けたり、その直後に、継承者であるマニを出現させたりするようなアナクロニズムは、歴史的真実を曇らせてしまうだろう〟。

しかしこのことは、全く正しくない。使徒の時代は、一一七年に死んだトライアヌスまで達する。なぜなら、エウセビウスによれば、トライアヌスの統治下でまず、福音史家のヨハネが死んだ。使徒の時代にスキティアヌスが登場したというのは、ヨハネの晩年の時期のことであろう。その証拠として、スイダスは次のように述べている。〝皇帝ネルヴァ（九七年以後一年と四カ月の統治）は、福音史家ヨハネを、流刑地パトモスからエフェソスに呼び戻した〟。スイダスはさらに付け加えて、〝当時、すでにマニ教徒たちが現れていた。マニは、異端の教えを説いていた〟。

だが、この報告は、ひとつの思い違いからきている。なぜなら、別の箇所でスイダス自身が次のように述べているからだ。〝マニは、アウレリウス皇帝の時代（二七一年〜二七五年の間統治）に現れた〟。しかし、スイダスは、スキティアノスは皇帝ネルヴァの時代に、二元論の教義を伝えたと、確信していた。しかしすでに述べたように、スイダスは、スキティアノスをマニとあやまって同一視したので、彼は前者の代わりに、後者を取り上げたのであろう。スイダスによれば、スキティアノスは、彼の教義をたずさえて、皇帝ネルヴァの時代、すなわち九七年に登場した。彼の弟子テレビントゥス＝ブッダは一七〇年か一八〇年まで、場合によってはもっと長く、生きた可能性がある、という。

マニは一九〇年に生まれたと思われる。エン・ネディンは、我々にとって全く未知の人物であるモハメット・ベン・イスハク・サハルマニにしたがって、次のような報告をしている。〝マニは、ローマ皇帝（トレボニアヌス）ガルス（彼の統治は二五一年一一月に始まる）の治世第二年に、マニ教徒たちの言い伝えにしたがって、エン・ネディンが付け加えているように、二五三年の四月一日に、ササン朝ペルシアの王シャブール・ベン・アルドシル（サポレス一世）の前に出頭したという〟。しかし、エン・ネディンによれば、マニは、シャブール・ベン・アルドシルの前に現れる以前に、四〇年の間地方で放浪をしながら、信者を募った。彼は二四才のとき、すでに述べたように、自分の教えをたずさえて現れた。そのことから、彼の誕生は、およそ紀元一九〇年にすべきだと推測される。

先に触れた教父たちの報告によれば、マニはテレビントゥスと直接の接触はなく、七才の少年だった彼が、寡婦の家にやってきたとき、その寡婦の所に、当時すでに死亡していたテレビントゥスの著作があったのだ。そう考えれば、年代がよく合う。そして、スキティアノスとテレビントゥス＝ブッダは、両者とも歴史上の人物であった可能性も出てくる。

バウアーは、この両者が同一人物であり、先に触れたように、マニは、両者との直接の接触はなかったのだ、と推測している。しかし、一体スキティアノスとはだれだったのか、そして彼はどこから二元論の教えを学んだのか、という疑問に答えなければならない。『マニ論駁書』は、スキティアノスがスキタイ地方出身のスキタイ人だったにもかかわらず一般にサラセン人と呼ばれていた、と述べている。我々はこの矛盾を次のように解釈する。――スキティアノスは、パルティアの東北地方からやってきた。そこは後の時代に、一般にスキタイと呼ばれた。その後彼は、西南アジア、南メソポタミア、さらに東北アラビア地方に移住した（このためサラセン人とする説が出てきた）。そこで、彼はネルヴァの時代に二元論の教えをかかげて登場し、マニの先駆者になった。

バウアーもまた同じような意見を述べている。――エルハサイ、あるいはエルカサイ、あるいはエルケサイ、すなわちコーランに出ているバビロニアのサビール派やメンダイ派の創始者は、同様に東北部パルティア地方の出であり、同じ地方で同じ時代に、二元論をたずさえて登場した。そして、いわゆるスキティアノスと同じ教えを告げた。そこで先に述べたのと同様に、ある点で、マニの先駆者であった。

ここで、祖国にちなんでスキティアノスと呼ばれた人物と、エン・ネディンが言うエルハザイと偽オリギネスが言うエルカザイ、そしてエピファニウスとテオドレトゥスの言うエルケザイが同一人物であるという推論は明白ではないだろうか。

すでに述べたように、パーシー教のメンダイ派に対する影響は全く疑う余地はない。それはすでにロルスバッハによって予想されていた。バウアーは、すでに述べたように、スキティアノスとテレビントゥス＝ブッダが同一人物であるとして、その歴史的存在であることを否定した。更に、教会に改心したマニ教徒の先の絶縁宣誓において、特にブッダからの離反を明言しなければならなかった、と述べている。他の多くの観点においても、バウアーは、仏教の発展とそのマニ教への影響を見出そうとしている。

そのような早い時期の西南アジアにおける仏教の影響は、十分考えられる。なぜなら、エン・ネディンは、仏教はマニ以前に、すでにトランスオクシアナに浸透していた、とはっきり言っている。

ウェーバーは〝恐らく、生き生きした宗教衝動に突き動かされた仏教の伝道者は、この時代（インドにおけるギリシア人の支配時代）にすでに広くイランの西の国々を越えて広がった〟、と見ている。しかし、ウェーバーは、このことの本来の史料は欠けている、と付け加えている。

他の箇所で、彼は次のように記している。〝仏教がマニ教の教えに与えた重要な影響は、ユエイチの諸王（インド領スキタイ）のもとにおける、仏教の開花を考えてみると最も明らかである。その国々の支配は、しばらくの間東イラン地方の大部分におよんでいた〟。

我々はまた、セゲスタン、ザブリスタン、ケルマンへのブダスプ（ブッダ）の旅行について述べているマースディーの記録が、ペルシアにおける仏教の早い時期での普及を示している、と考えている。我々の見解の様に、スキティアノスが本当に歴史上の人物であり、仏教を広めた人物であったなら、前述のように、メンダイ派に仏教の影響を認めなければならいであろう。もしかしたら、ブダスプすなわちブッダは、サビア人の宗教の創始者である、というイスラム教の著者たちの多くの証言は、歴史的に実際に起こった仏教のメンダイ派への影響に由来するのかもしれない。メンダイ派はイスラム教徒によって、もともとサビール派と名付けられていた。しかし今日、仏教のメンダイ派への影響に関して、確かな見解を打ち立てるに足る、仏教の発展もメンダイ派の発展も今日まで知られていない。だから我々は、主題の理解に役立つような若干の暗示と注意を未来の研究者たちに与えておきたかったのである」。

最新の諸研究が、マニの由来について違った報告をしたために、この言い伝えはもはや省みられなくなったが、もしもマニの「霊的」由来として理解するなら、この伝説は決して無意味なものではないだろう。七三ページ「なぜ、マニは自分を「寡婦の息子」と呼び……」の編註とシュタイナーの『西洋の光の中の東洋――ルツィフェルの子供たちとキリストの兄弟たち』*Der Orient im Lichte des Okzudents. Die Kinder des Luzifer und die Brüder Christ*（全集番号一一三、一九六〇年）所収の一九〇九年八月三一日ミュンヘンでの講義を参照。

p70――――▼**彼は、このほかにも、ミトラ教の秘儀も伝授されていました**　フランツ・キュモン『ミトラの秘儀』*Les Mystères de Mithra*（フランス語版初版、一八九九年、ドイツ語版、一九二三年）vページと一九七ページによれば、マニ教はミトラ秘儀を受け継ぎ、その仕事を継続したとある。

p70/71——▼**マニは自分自身のことをパラクレートと名付けましたが……かの聖霊のひとつの受肉した形姿であると考えていた**　『西洋の光の中の東洋』（全集番号一一三）の一九〇九年八月三一日のミュンヘンでの講義を参照。

p71——▼**アウグスティヌスは自分のカトリック的見解を、彼がファウストゥスと名付けたひとつの人格に代表させたマニ教の教えと対立させました**　著作『ファウストゥス論駁』*Contra Faustum* の中に出ている。ファウストゥスについては、ブルックナー『ミレーベのファウストゥス』*Faustus von Mileve*（バーゼル、一九〇一年）参照。それによると、ファウストゥスはローマ文化圏では最も重要なマニ教の代表者と見做されていた。

p71——▼**マニ教の伝説は、偉大な宇宙伝説であり**　オイゲン・ハインリッヒ・シュミット（前掲書五九五ページ）は、この伝説を次のように再現している。

「〃野蛮な怒りの中で、闇の力たちが互いに迫り、互いに食い尽くしながら、その領域の境界にまで到達した。そこで、彼らは光の国の光線を目にし、その素晴らしい眺めに魅了され、自分たちのいざこざをお互いに止めようと決意した。そして、それまでに全く考えたことも無かった善を自分のものにするためには、何をすべきか相談した。善に対する欲望が非常に強かったのに、それほど多くの闇の力たちがいたので、また攻撃のための準備をした〃。そのように、ボストラのティトゥスは、記している。

リュコポリスのアレクサンドロスも、本質的には同じ仕方で記している。〃物質の中で、上方へ高く昇りたいという欲望が目覚めた。彼らは神的光輝に驚き貫かれて、直ちにそれを手中に収めようと決意した〃（フレーラー『教会史』第一巻、四六七ページ参照）。

迫り来る光の国との出会いに関して、アルケラオスの文書は次のように報告している。(『マニ論駁書』、前掲書参照)。

〝闇が、聖なる大地に侵入したことに、光の父が気付いたとき、彼は生命の母と呼ばれる力を送り込んだ。この力は、自分の中から原人を造り出した。そしてこの原人は、光、火、風、水、地、という五大元素をまとって、あたかも武装した勇士のように降りてきた。そして闇と戦った〟。

マニ自身、神に由来する力を、一般魂、あるいは宇宙魂と呼んだ。我々は、バルデサネスや他のグノーシス派の人びとに現れた、天なる母、あるいは聖霊と同じ形姿をここに認める(バウアー『マニ教』五一ページ参照)。

物質の攻撃に対して、神はどう罰を加えたらよいか考えた、とリュコポリスのアレクサンドロスは言っている。神の家には悪が無いために、罰を与えるべき何物もなかったので、彼はひとつの力を送り届けた。この力とは魂である。そこで魂が、全物質の中に混入していった。そしてその結果、次のようなことが生じた。すなわち、物質の中に神的な力が入り込んで行ったために、素材の世界の中に分離と内的な緊張と分断の力が生じ、それによって死が全物質をのみ込んでしまったのである。

このことは〝内輪であらそっている国は崩壊する〟(「ルカ福音書」第一一章一七節)というキリストの言葉を想起させるであろう。この表現方法は、前記の戦いのイメージの深い秘教的な意味を含んでいる。寛大な天の光であるキリストの道徳は、力には力を、悪には悪をではない。彼は、別の方法で勝利しなければならなかった。それは、静かに浸透していく。すなわち、福音書が意味深長な仕方で述べている様に、発酵母として、物質の中のパン種として、闇に対する光の戦いとして生じる。マニのイメージはすべて、キリストの福音と同じことがより詳しく、より歴史的状況にふさわしく表現されている。
同じ思想は、マニ教徒の英雄物語の中にも現れている。敵との争いで、天の英雄は（ギリシア神話のプロテウスの様に）、さまざまな要素の覆いに身をかくし、絶えず姿を変えて、物質の攻撃には対抗しないようにした。悪霊は、彼を打ち倒し、兵器を自分のものとし、さらに、この英雄の光の本性の大部分を我がものとした。もし、父なる原光に嘆願しなかったら、英雄は完全に悪霊の力の中に陥ったであろう。父は、彼のもとに生命の霊を送った。生命の霊は、救いの手をさしのべ、彼を闇から再び光の高みへ引き上げた。〝だから、マニ教徒たちは、お互いに出会うと、闇から救済されたしるしに、互いに右手を差し出す。なぜなら、闇の中には、あらゆる異端者が住んでいると、マニが言うからだ〟とアルケラオスの『マニ論駁書』（第七章）は述べている。

この箇所は特に興味深い。なぜなら、あの悪の形象を、はっきり「異端」と公言しているからだ。すなわち、「異端」とは、騙しながら、人びとのより良いこころを捕らえるために、光の法衣やキリスト理念の外形を身につけた、正統教会の悪魔的な教えのことなのである。その光は、「原人」から掠奪した光なのである。人類は、この掠奪によって見せ掛けの聖性を身につけているあの混沌の中で苦しんでいる。

しかしそれは、自然の進化や人類の歴史を包括している神話の、一側面にすぎない。「原人」の最も高貴な部分である息子たちを、生命の霊は、太陽と月として、天空の揺るぎない存在にする。太陽と月は、万象を照らす光と生命の象徴であり、キリストとパラクレート（聖霊）の象徴である。

一方、その他の星々は、撒き散らされ、死んだ光として、天を我がものとする夜の悪魔として現れる。この生命の霊は、物質の要素を制御する霊として、あるいは、物質に尺度や限度を定める霊として現れる。だから、この生命の霊は、マニ教徒の場合には、宇宙建設者の名前をもっていた。実際に、ヴァレンティノスの場合には、境界に杭を置く人の役を演じている。自然の形成体、つまり植物界、動物界、人間界の中にとらえられた神的な生命と光の部分は、苦悩するイエスと呼ばれる。イエスは、マニ教における意味では、この神的形姿を意味する。彼は自らの苦悩を、エルサレムの山上で十字架に架けられた肉体の中にのみ、利己的に認めるのではない。彼の神的生命をすべての苦悩する存在の中に、彼の救済思想を待ち受ける世界の中に認める。その意味で彼は世界の救済者なのである。

そして、コンスタンティヌス以来の教会の基本見解の粗野な在り方をよく示しているものは、次の事実であろう。その最大の代表者である、かのアウグスティヌスは、このマニ教の考えの中に、マニ教徒自身が顔を赤らめるような、神的光に対する誹謗と名誉毀損と屈辱しか認めることができなかったのである。

それに対して私たちは、マニ教徒がどのように精妙な仕方で、物質の悪や暴力や魔性に対する神の戦いを具体化するという課題に応えているかを見てきた。私たちはマニ教徒が、いかに美しく、非暴力的な慈悲の聖なる尊厳を表現したかを、また、粗野なアウグスティヌスのローマ的な感覚では予想もつかない様な、高貴な文化形態の曙を実現しようとしていたかを見てきた」。

p73——**▼なぜマニは自分を「寡婦の息子」と呼び** マニ教の研究者であるハンス・ハインリッヒ・シュレーダーは、『ワールブルク研究所の講演集——一九二四〜一九二五年』*Vorträge 1924–1925 der Bibliothek Warburg*（ライプツィヒ／ベルリン、一九二七年）の「マニ教の組織の原形と展開」の中で、次のように記している。「〝寡婦の息子〟が何か、我々は知らない」。

ルドルフ・シュタイナーはそれに対して、一九一三年二月の諸講義『東洋とキリスト教の秘儀』*Die Mysterien des Morgenlandes und des Christentums*（全集番号一四四、一九六〇年）の中で、この講義よりもより詳しく、秘儀の呼称なのだと説明している。

p73――――▼**私のアトランティス時代についての記述や……レムリア時代についての記述から**　雑誌『ルツィフェル』の中の記述。『アカシャ年代記より』*Aus der Akasha-Chronik*（全集番号一一、一九七三年）を参照。

p74――▼**マヌ**　五〇ページ「マヌ」の編註を参照。

p74――――▼**美しい言葉がマニによって語られます**　シュタイナーは、オイゲン・ハインリッヒ・シュミットの次のような文章（前掲書五六二／五六三ページ。シュタイナーによって下線が引かれている）から自由に引用している。

「従って、マニ教徒が認識の源泉と真実の保証とを、（マニが言ったという）外的な権威信仰に求めたのではなく、魂の内的直観に求めたということは、証明できる。マニ教は、秘儀参入者が理解したように、また、それが内的な（秘密の）秘教であったように、ペルシアの民族伝説の変形なのではなく、霊的直観に基づく、真のグノーシスの教えであった。マニ自身が彼の基本書簡の中で、次のように述べている。

〝これらは、救いと永遠の生命の泉の言葉である。それを聴いて信じる者、また、それらを述べ伝え、保持し続ける者は、決して死に陥ることなく、真に、朽ちることのない永遠の生命にあずかるのだ。この神の教えを通して認識（グノーシス）にあずかり、その教えを通して自由になる者は、永遠の生命に入っていく。見えない神の平和と真実の認識とは、いつも、天の教えを信じ、それに従う兄弟や愛するものたちと共にある。正しい光のもとに、すべての悪の企みからおまえたちを守り、世のあらゆる落し穴からおまえたちを守る。柔和な聖霊は真理の中で、自分の眼で自分の魂を見ることができるように、おまえたちの内的感覚を開くのだ〟（最後の言葉は、アウグスティヌスのラテン語のテキストの中で引用されている)」。

p75――▼**これに対してアウグスティヌスは、別の原理を主張しました**　『マニの書簡を駁す』*Contra epist. Manich* 五。

p75――▼**マニ教徒ファウストゥスは言います**　アウグスティヌス『ファウストゥス論駁』五・八の中で、アウグスティヌスが（「ヨハネ福音書」第二〇章二七、二九節によって）「見ないで信じた者は、幸いな者である」と讃えた後で、ファウストゥスは答えた。「この箇所が、理性と判断なしに信じるべきである、と述べていると信じているのなら、あなたは、理性がなくても幸いな人でありうるでしょうか。しかし私は、理性的洞察を持った上で、そして幸いな人になりたいのです」（オイゲン・ハインリッヒ・シュミット前掲書五六一ページからの引用）。シュタイナーはこの箇所に傍線を引いている。

p75――▼**ファウスト伝説**　ヘルマン・グリムの『一五のエッセイ集』*Fünfzehn Essays* 第三巻（ベルリン、一八八二年）の中の「ファウスト博士伝説の成り立ち」を参照。

p75――▼**ルター伝説**　ルターが、「貴公子イェルク」として、フリードリッヒ賢王の庇護の下に、テュービンゲンのヴァルトブルグ城に滞在中（一五二一～一五二二年）、ルターの前に現れた悪魔の頭に、インク壺を投げ付けた、というのは有名な伝説。

p75――▼**ルターは権威ある原則の継承者です**　マルティン・ルター（一四八三～一五四六年）。ドイツ宗教改革の偉大な推進者は、修道会生活を離れるまでは、アウグスト会の修道僧であった。シュタイナーの『人間と人類の進化の真実――唯物主義のカルマ』*Menschliche und menschheitliche Entwickelungswahrheiten. Das Karma des Materialismus*（全集番号一七六、一九六四年）の中の講義「ルター」と「ルター、ヤヌスの双面の顔」（ベルリン、一九一七年九月一一日、一八日）を参照。

p75――▼**生命と形態の共鳴**　生命と形態の概念について、シュタイナーはこの講義の時期に、様々な仕方で語っている。『人間の起源と目標、霊学の基礎概念』*Ursprung und Ziel des Menschen ― Grundbegriffe der Geisteswissenschaft*（全集番号五三、一九八〇年）の一九〇四年一一月三日と一二月一日の講義、『秘教の諸要素』*Grundelemente der Esoterik*（全集番号九三a、一九七六年）の一九〇五年一〇月三〇日の講義（第二七講）を参照。

p77――▼**マニは、薔薇十字会を超える霊統を創造しようとしたのです**　一九〇七年の草稿の中に、シュタイナーは、薔薇十字主義の流れの中に、「高次の位階」として、マニの「悪の働きの真の認識」という秘儀の過程がある、と書いている。『往復書簡と資料――一九〇一年～一九二五年』*Briefwechsel und Dokumente 1901―1925*（全集番号二六二、一九六七年）一五ページ参照。

p79――▼**第五周期になると**　「諸周期」は、七つの生命段階から成り、生命段階は「界」と呼ばれている。第一、第二、第三元素界、鉱物界、植物界、動物界、人間界の七段階である。それらを通って、宇宙は進化していく。これに関しては、『ヨハネの黙示録』*Die Apokalypse des Johannes*（全集番号一〇四、一九七九年）を参照。

p79――▼**ニーチェの言う「金髪の野獣」**　フリードリッヒ・ニーチェ（一八四四～一九〇〇年）は、たとえば彼の著作『道徳の系譜学』*Zur Genealogie der Moral*で、当時たいへん注目された「金髪の野獣」という概念を用いた。しかし、シュタイナーは、他の所で次のように言っている（『外界の霊的背景――闇の霊たちの墜落』*Die spirituellen Hintergründe der äußeren Welt ― Der Sturz der Geister der Finsternis*〔全集番号一七七、一九七七年〕一九一七年一〇月六日のドルナハでの講義）「それを理解した人間は少ないのです。……ニーチェの信奉者自身が〝金髪の野獣〟になってしまうようにそそのかすのは、たしかに悪魔でした。……しかし、もし人間たちが、ニーチェの意味するような〝金髪の野獣〟にならなかったとしても、――社会を破壊しようとするこの一九世紀の衝動から、この二〇世紀の中に、何かが生じたのです」。

p79――▼**第八領界**　この難しいオカルトの概念を、シュタイナーは既にその少し前に解説している。たとえば、一九〇四年一〇月三一日には次のように語っている。「第四周期の前半に、人間はまず、感覚を鉱物界に関係付ける能力を獲得します。第四周期の後半には、人間は鉱物界を救済します。しかしその一部はあとに取り残され、排出されます。なぜなら、それは人間にとってもはや有用ではないからです。それが第八領界を造るのです。それは人間進化にとってもはや役に立たず、ただ高次の存在たちにとって有用なのです」（未公刊の覚え書きから）。一九一五年に、シュタイナーはもう一度「第八領界」の概念を詳しく論じている。『一九世紀のオカルト運動と世界文化との関連』*Die okkulte Bewegung im 19. Jahrhundert und ihre Beziehung zur Weltkultur*（全集番号一九八、一九六九年）参照。

p80――▼**イエズス会〔アウグスティヌス主義〕とフリーメーソン〔マニ教〕**　ここでは、単なる覚え書きでしかないが『社会有機体のための治療要因』*Heilfaktoren für den sozialen Organismus*（全集番号一九八、一九六九年）の中のシュタイナーの詳しい論述を参照。

p80/81――▼**そのように……**（講義終了）　ザイラーの速記には、講義後さらに若干の言葉が記されている。それが、その時の質問に対する答えなのかどうかは不明である。「第六根幹人類期において、キリスト自身があらわれる。――千年王国。本来はアイオンのことであり、ラテン語ではsaeculorumである。第六根幹人類期には、悪と善が共に広がるであろう。……〔欠落〕キリー＝モーターは早く生まれすぎた。第七根幹人類期には、人間一人が一撃で数千を殺せるほどの力を持つであろう」。一九〇六年一月二日の講義（本書に収録）の註を参照。

霊学の観点から見たフリーメーソンの本質と課題Ｉ　一九〇四年一二月二日

［テキスト資料］：フランツ・ザイラーの速記文字による覚え書きと、マリー・シュタイナー・フォン・ジーフェルスの普通の文字による覚え書き。出版のために、ザイラーの速記文字原稿が新たに見直された。

p82――▼**薔薇十字会について述べたとき**　一九〇四年一一月四日の講義（本書に収録）参照。

p82――▼**フリーメーソンの秘密のすべてが、この神殿伝説の中で語り尽くされています**　神殿伝説は、フリーメーソンのマイスターの位階（第三段階）の核心を成している。

p86――▼**ヨハネ・メーソンの加入式を披露しようと思います**　ここでシュタイナーは、相応する箇所に自分で傍線を引いた、チャールズ・ヘックソーンの『秘密協会、秘密結社、秘密教義』を使用している。一九〇四年九月三〇日の講義の編註参照。

p88――▼**フリーメーソンとマニ教との関連については、後でお話しします**　この話がなされたかどうかは、不明である。

p90――▼**ギリシアでは……ディオニュシアクスと呼ばれていました**　ヘックソーンの前掲書の三九六ページによると、ギリシアでは建築家や技術者の団体がディオニュシアクスと呼ばれていた、という。

p90――▼**ヴィトルヴィウス**　ヴィトルヴィウス・ポリオ。シーザーとアウグストゥスに仕えた宮廷建築師。紀元前一六～一三年の間に、ギリシア語の文献と自らの体験から、一〇巻本の『建築術』*De architectura* を著した。

p90――▼**雑誌『ルツィフェル』で……お読みになれば**　シュタイナーは、ここで自分の論文『アカシャ年代記より』*Aus der Akasha-Chronik*（全集番号一一、一九七三年、「レムリア人種」の章）を引き合いに出している。それは当時、雑誌『ルツィフェル』*Luzifer*（後に『ルツィフェル・グノーシス』*Luzifer-Gnosis*）に連載中だった。

p92——▼**マニ教との関連について**　八八ページ「フリーメーソンと……」の編註参照。

p92——▼**第四段階から始まり、さらに高次の……「ロイヤル・アーチ」**　ロイヤル・アーチの位階は、一八一三年の寛容条約の結果、第四の位階となる。九九ページ「一八一三年……」の編註と、「ゲーテと薔薇十字会との関係について」（本書に収録）を参照。

霊学の観点から見たフリーメーソンの本質と課題II　一九〇四年一二月九日

［テキスト資料］：フランツ・ザイラーの速記文字による覚え書き。出版のために速記原稿は新たに見直された。

p93——▼**フリーメーソン員ではない私は**　シュタイナーは、後に、一九〇六年になってミスライム・メンフィス系のメーソンと純粋に形式的な関係を結んだ。『我が生涯』*Mein Lebensgang*（全集番号二八、一九六二年）第三六章、ならびにシュタイナー『エソテリック・スクールの歴史と認識・儀礼部門の内容——一九〇四〜一九一四年』*Zur Geschichte und aus den Inhalten der erkenntniskultischen Abteilung der Esoterischen Schule 1904-1914*（全集番号二六五、一九八七年）を参照。

p94——▼**一五三五年のケルン憲章**　シュタイナーの蔵書の中にあるフリードリッヒ・ヘルトマン『ドイツのフリーメーソン兄弟団の三つの最古の歴史記念碑』*Die drei ältesten geschichtlichen Denkmäler der teutschen Freymaurerbrüderschaft* によれば、一五三五年のケルン憲章は——

一四五九年のストラスブルク・バウヒュッテの最古の要綱と一五六三年のその修正版をふくんだ──ドイツのフリーメーソンの最も古い記録である。しかしヘックソーンらは、これらを外典もしくは偽書と見做している。

p95──▼**この会員とは、ゲーテのことです**　ゲーテは、一七八〇年に、ワイマールの「アマリア」ロッジの会員になった。本書の「ゲーテと薔薇十字会との関係について」を参照せよ。

p95──▼**このフリーメーソン員の詩から、二節を読んだら**　ゲーテの詩「象徴」の最後の二連。

p96──▼**ロイヤル・アーチの位階**　この位階の記述に際して、シュタイナーはふたたびヘックソーンの表現に従っている。

p96──▼**ゼルバベル**　ロイヤル・アーチの位階の最高位者。その名は「光の主、太陽」を意味する。彼は、ソロモンの神殿を再建する。したがって、蘇る太陽を表している（ヘックソーン前掲書四一一ページ）。ゼルバベルという名前は、旧約聖書のゼルバベルを受け継いでいるらしい。なぜなら、ダビデの家系の出であるこの王は、バビロンの捕囚から戻ったユダヤ人たちの指導者であり、イスラエル神殿の造営を完成させたからである。

p96──▼**私は……理想を語っているのです**　この文章の後に覚え書きでは、不明確な文章が続く。「それはある種の記憶であり、記憶の印ですが、しかし結果が欠けています」。

p97──▼**このフリーメーソンの第四の位階は……神殿伝説の本当の意味を教えています**　ヘックソーン（前掲書三九九ページ）によると、「ロイヤル・アーチのないヨハネ・メーソンは、不完全なものと見做されなければならない。なぜなら、マイスターの位階は単にヒラムの死体の発見者たちによってもたらされた代わりの言葉だけしか知らないのだが、ロイヤル・アーチの位階においては、ヒラムによって投げ棄てられた本来のマイスターの言葉が、ふたたび現れているからである」。

p97――▼**フリーメーソンの歴史は、次のような仕方で話されるのです。最初の真のメーソン員は、アダムでした**　フリーメーソンは「その起源は、世界の成り立ちと同じだという。実際、光は人間より先に存在し、人間のために、まずふさわしい居住地を用意しなければならなかった。しかし、光はフリーメーソンの究極目的であり、その象徴である。アイルランドの著述家、エドワード・スプラットは『アイルランド・ロッジの憲章』（一七五一年）で、アダムを最初のフリーメーソン員だとしている。アダムは楽園追放後も、特に幾何学の分野で偉大な知識を所有していた」（ヘックソーン前掲書三九四ページ）。

p98――▼**デザギュリエ**　ジョン・テオフィルス・デザギュリエ、一六八三〜一七四四年。一七一九年から、イギリス最初の大ロッジの大マイスター。デザギュリエは、いわゆる「復興期」、つまりフリーメーソンの蘇生期のもっとも強力な人物と見做されている。著名な科学者であり（アイザック・ニュートンの弟子）、電気学の基礎を準備したひとりに数えられている。

p99――▼**オリエント・メーソン**　エジプトのメーソンとも呼ばれているオリエント・メーソンとは、ミスライム・メンフィス・メーソンのことでる。一〇七ページ「メンフィスとミスライム……」の編註参照。

p99――▼**ドイツにも全世界のフリーメーソンと関係のある、メンフィス・ミスライム・メーソンの一部門があります**　シュタイナーは、ここで『フリーメーソンのスコットランド系メンフィス・ミスライム儀礼』*Schottischen, Memphis- und Misraim-Ritus der Freimaurerei*（一九〇四年）の中の「フランス王旗の記念出版」（一七ページ）の記述を引き合いに出している。それによると、当時一二のグラントリアンと、いわゆる旧派スコットランド儀礼の大参議並びにアメリカ、エジプト、ルーマニア、スペイン、キューバ、ナポリ、パレルモの至聖所の間に友好的な関係が成立した。当時のドイツでは、メンフィス・ミスライム・メーソンは、まだ正規のものとは認められていなかった。

p99——▼**一八一三年の寛容条約**　一八一三年一二月一日の条文の最後に次のように記されている。「古い純粋なメーソンは、ただ三つの位階からのみ成立し、それ以上はない。聖ロイヤル・アーチ結社も含めて、徒弟、職人、親方の位階での三つである。しかし、いかなるロッジ、参事会も、この条項に拘束されないで騎士団の位階の集まりをこの結社の規則に従ってとり行うことはできない」。ハインリッヒ・ボース著の『フリーメーソンの歴史』*Geschichte der Freimaurerei*（第二版、アーラウ、一九〇六年、一六三ページ、シュタイナーの蔵書）より。

p100——▼**メンフィス・ミスライム儀礼のグラントリアンが出した宣言**　「フランス王旗の記念出版。フリーメーソンのスコットランド系メンフィス・ミスライム儀礼。西暦一九〇四年、ベルリン」。この宣言は、シュタイナーによって、本講義で全文が朗読された。

p104——▼**ヴィトルヴィウス**　九〇ページ「ヴィトルヴィウス」の編註参照。

p105——▼**イギリス首相バルフォアー氏の行った、今日の我々の世界観についての談話**　一九〇四年八月一七日、イギリス協会でのバルフォアーの講話は、同年ドイツ語に訳され、『今日の我々の世界観』*Unsere heutige Weltanschauung* という題名で、ライプツィヒで一九〇四年に出版された。この講演は、シュタイナーによって、雑誌『ルツィフェル・グノーシス』*Luzifer-Gnosis* 一一月号の「神智学の鏡の中の今日の文化」という見出しで論評されている。この論評は、全集版の『ルツィフェル・グノーシス』*Luzifer-Gnosis* の巻にある（全集番号三四、一九六〇年）。また本書一一七ページ「原子は……」の編註も参照。

p105——▼**オカルティストはこのことを一八七九年以来、知っていました。私はその理由をさらに述べることができませんが、そうだったのです**　後に、シュタイナーは一八七九年という年の決定的意味について詳しく論じた。たとえば、『外界の霊的背景——闇の霊たちの墜落』*Die spirituellen Hintergründe der äußeren Welt. Der Sturz der Geister der Finsternis*（全集番号一七七、一九七七年）。

p106——▼**オカルティストの会議……二つの方向が生じた。一方は左翼で、自由思想的、もう一方は右翼で、保守的であった**　シュタイナーの『一九世紀のオカルト運動と世界文化との関連』*Die okkulte Bewegung im 19. Jahrhundert und ihre Beziehung zur Weltkultur*（全集番号二五四、一九六九年）の詳しい叙述を参照せよ。この観点のために、シュタイナーは明らかにイギリス人のC・G・ハリソンの著書『超越的宇宙』*Das transzendentale Weltall*（ドイツ語版、一八九七年）を利用していた。

霊学の観点から見たフリーメーソンの本質と課題 III　一九〇四年一二月一六日

［テキスト資料］：フランツ・ザイラーの速記文字による覚え書きと、マリー・シュタイナー・フォン・ジーフェルスの普通の文字による覚え書き。出版のためにザイラーの速記文字原稿が新たに見直された。

p107——▼**メンフィスとミスライムが合体したと言われている特別な儀礼**　オリエント・メーソンまたはエジプトのメーソンとも言われている。結社の伝承では、メンフィス儀礼は、聖マルコによって西暦四六年にキリスト教に改宗したオルムスによって作られたという。一二世紀にパレスチナの騎士たちが、このメーソンの叡智をスコットランドにもたらし、そこで大ロッジを設立した。ミスライム儀礼は、同じく結社の伝承によると、ハムの息子のひとりであるミスライムが起源とされている。彼はエジプトに行って土地を手に入れ、そこを彼の名にちなんで名づけた（エジプトは古くは、ミスライムまたはミツライムと呼ばれた）。彼から、イシス、オシリス、テュフォンなどの教えが発生したという。シュースター『秘密の協会、結社、教団』*Die geheimen Gesellschaften, Verbindungen und Orden*（第二巻、ライプツィヒ、一九〇六年）三〇〜三一ページ参照。ヘックソーンの前掲書（四二二ページ）によると、エジプト的メーソンはカリオストロによって設立され、新たな基礎の上に一九世紀の始めにイタリアで始まったという。他方メンフィス・メーソンは、ミスライム儀礼の模倣として一八三九年パリで設立され、一九世紀の終わり頃にミスライム儀礼に統合された。それ以来、「メンフィス・ミスライム」の名称を名乗っている。ドイツのためには、ジョン・ヤーカー（一一五ページ「アメリカ……」の編註参照）が、スコットランド儀礼とメンフィス・ミスライム儀礼の合体したイギリスとアイルランドにおける至高の大総長として、一九〇二年に「グラントリアン」を設立した。

p108——▼**いわゆるカリオストロ伯爵**　アレキサンダー・カリオストロ伯爵。シシリー島出身のジュゼッペ・バルサモと同一人物視されることに、カリオストロ自身はいつも断固として反対していた。一七九五年にバチカンの牢獄で亡くなる。彼は、サン・ジェルマン伯爵とともに、一八世紀のもっとも評価の定まらない人物とされている。フランソワ・リバドー・デュマの書いた伝記『カリオストロ』*Cagliostro*（ドイツ語版、ミュンヘン、ベヒトレ出版、一九六六年）では、彼を公平に扱う試みがなされている。例えば、宗教裁判の調書から次の箇所が引用されている。「カリオストロに対しては、バルサモを知っているという不利な証言をする人をひとりでも出廷させようとしたが、成功しなかった」。さらにカリオストロの「博学な伝記作者」マルク・アヴァン博士の『未知のマイスター、カリオストロ』*Le maître inconnu Cagliostro* には「バルサモとカリオストロが同一人物である、とは誰も証明していない。モランドもゲーテも、警部フォンテーヌも司教区裁判所の審議も、証拠となる記録を呈示できなかった」とある。

p109——▼**人間の寿命を五五二七歳まで延ばす**　マリー・シュタイナー・フォン・ジーフェルスによる覚え書きには「五五三〇歳」、ヘックソーンの前掲書では「五五五七歳」となっている。フランソワ・リバドー・デュマによれば（前掲書三〇三ページ）、カリオストロには多くの著作があり、とりわけ『寿命を延ばす技術』が残っているはずだが、エジプト儀礼を除いて紛失している。「もしそれらが燃やされていなければ、バチカン文庫にあるはずである。カリオストロは、これらの文書のことをしばしばほのめかしていた。最近の協会統一運動や、〝別れた兄弟たち〟との和解の一環として、バチカン図書館がこの稀有な資料をいつか公開してくれることを望む」。

p111——▼**フランス革命は……と以前申し上げました**　覚え書きには記録されていないが、一九〇四年一一月四日の講義でたしかにあった発言である。

p111——▼**メーベル・コリンズの小説『フリッタ』**　メーベル・コリンズ（ケニングデール・クック夫人のペンネーム）、一八五一〜一九二七年。神智学協会のもっともすぐれた女流作家のひとり。小説『フリッタ、女黒魔術師の本当の話』*Flita, Wahre Geschichte einer schwarzen Magierin*（ドイツ語訳）出版に際して、シュタイナーは書評を書いている。『ルツィフェル・グノーシス』*Luzifer-Gnosis*（全集番号三四、一九六〇年）を参照。

p111——▼**ダデマール伯爵夫人が書いた本……サン・ジェルマン伯爵**　六五ページ「フランス革命……」の編註（一九〇四年一一月四日の講義）参照。

p111/112——▼**「風を蒔く者は、つむじ風を刈り取る」……彼は、この言葉を自分はすでに数千年前に口にし、キリストはそれを繰り返して言ったのだ、と語りました**　ダデマール夫人の手記によれば、伯爵は彼女にこう言った。「マダム、風を蒔くものが嵐を刈り取るのです。イエスはこれを福音書の中で言いましたが、多分私より前ではありません。しかし結局、彼の言葉が記録されて残りました。私の言葉を利用しただけなのです」（ハイヤー『フランス革命の世紀から』*Aus dem Jahrhundert der Französischen Revolution*（一九五六年、九七ページ）から引用）。この言葉は新約聖書にはなく、旧約聖書の「ホセア書」の第八章七節に「なぜなら彼らは風を蒔いて、つむじ風を刈り取る」とある。一九〇四年一一月四日の講義（本書に収録）参照。

p112——▼**皆さんは、サン・ジェルマン伯爵について書かれた本でお読みになったと思いますが、彼は一七八四年に……ヘッセンの領主の宮廷で亡くなりました**　彼は一七八四年二月二七日、エッケルンフォルデで死んだとされている。その証拠としてエッケルンフォルデの聖ニコライ教会の死者名簿に、一七八四年三月二日、彼は「静かに葬られた」という記録がある。

p112——▼**ヘッセンの領主**　カール王子（一七四四〜一八三六年）。領主フリードリッヒ二世の息子。デンマークの陸軍大将であり、シュレスヴィッヒ・ホルシュタイン公国の総督だった。一八二四年に、彼のフリーメーソン的な著書『デンデラ神殿の黄道一二宮を刻んだ石』*La pierre zodiacale du temple de Dendérah*（コペンハーゲン、一八六一年、ドイツ語版、カッセル、一八六六年）と、一八一六年と一八一七年に口述された『我が時代の回想録』*Mémoires de mon temps* が刊行されている。後書のサン・ジェルマンについての記述は、グスタフ・ベルトホルド・フォルツの『サン・ジェルマン伯爵』*Der Graf von Saint-Germain* に引用されている（一九二三年、三五三ページ以下）。本書四一一ページ以下を参照。

p112——▼**しかしダデマール伯爵夫人は回想録の中で……述べています**　カール・ハイヤーの『フランス革命の世紀から』を参照。

p112——▼**実際、彼は一七九〇年……ウィーンで……現れました**　シュタイナーはここで明らかに、雑誌『グノーシス』*Gnosis*（第一巻二〇号、一九〇三年一二月一五日）に掲載されたイザベラ・クーパー・オークリーの論文をもとに述べている。問題となっている記述は次のようである。

「フランツ・グレッファーは、ウィーンを旅行中のサン・ジェルマンについて、奇妙な描写を残している。残念ながら、この記述は私たちには十分満足できるものではない。グレッファー自身、それからしばらく経った一八四三年六月一五日に書いた、と告白している。〝このことを書き留めておこうという、抗い難い衝動が私を襲った。私が語った事実は、どこにも書かれてはいない〟と彼は語っている。注意深い読者は、この奇妙な物語の中に、いくつもの空白があるのを発見されるだろう。それでも、文章は次のように続いている。——

ある日、謎に包まれたサン・ジェルマン伯爵がウィーンにいる、という情報が広まった。この名前は私たちをひどく興奮させた。サン・ジェルマンがウィーンにいる！——私たちのサークルは揺れた。ルドルフ（ルドルフ・グレッファー、フランツの兄弟）は、この驚くべき知らせを耳にするや否や、ヒンベルクの自分の別荘に走った。そこには、天才的な冒険家カサノヴァがサン・ジェルマン伯爵宛てに書いてくれた紹介状があったからである。カサノヴァとルドルフは、アムステルダムで知り合ったのだった。

彼が事務所に急いで戻ってみると、従業員のひとりが彼に言った。〝およそ一時間前に、ある貴族の方がお見えになりました。その方のまなざしは私たちみんなに強い印象を与えました。彼はフランス語で、独り言のように言われました。〈私は、一七一三年にライプニッツが住んでいたフェダルホーフの部屋にいます〉。私たちが話し始めたときには、彼は消えていました。私たちはただ茫然と後に取り残されるだけでした……〟。

五分でフェダルホーフに着いた。……ライプニッツの部屋は空だった。いつアメリカの紳士が戻ってくるか、わからない。旅行鞄と言えば、ただ小さな鉄製の手箱が目につくだけだった。正午ごろだったが、誰も食事のことなど考えなかった。なぜかグレッファーは、リンデン男爵を連れてこようと思った。男爵を〈鴨亭〉で見つけると、二人は国道に向かい、不確かな予感のまま、手綱を緩めて馬車を走らせた。

研究室の扉を明けたとき、二人は驚きの叫び声を上げた。サン・ジェルマンがテーブルについて、パラケルススの著作を読んでいたのだ。彼らは言葉もなく、入口に立ちつくした。謎に満ちた訪問者は静かに本を閉じて、ゆっくりと立ち上がった。二人には、この現れ方が〈奇蹟の男〉以外にはありえない、とわかっていた。従業員が言ったことは、現実の影にすぎなかった。まばゆいばかりの輝きが伯爵を取り巻き、そこからは威厳と崇高さが流れ出ていた。伯爵は彼らを迎え、彼らは部屋の中に入った。悠然とした、堅苦しくないフランス語で、彼はグレッツファーに言った。

〝あなたはザインガルトさんの紹介状をお持ちですが、それは必要ありません。私にはあなたがこの時間にここにいらっしゃるだろうということが、わかっていました。あなたはブリュールからの別の手紙をお持ちですが、その画家を救うことはできません。彼の肺はもうだめです。彼は一八〇五年七月八日に死ぬでしょう〟……

話の終わり頃、サン・ジェルマンは数秒、彫像のように立ちすくんだ。彼の名状し難く、印象深い眼は、精彩がなくなり、生気を失った。ほどなく、彼は活気を取り戻した。別れを告げるかのように、彼は手で合図して言った。〝私はあしたの夜、旅に出ます。コンスタンティノープルにどうしても行かなければならないのです。そのあとイギリスに行って、次の世紀のために二つの発明を準備します（鉄道と蒸気船）。

それらは欠くことができないものになるでしょう。季節が、まず春、そして夏というふうに、徐々に変化するでしょう。段階を追って、季節が静止していきます。周期が終わりを告げるのです。私にはすべてがわかっているのですが、天文学者や気象学者は何一つ理解していません。

私を信じて下さい。私のようにピラミッドの中で学ばなければいけません。私は今世紀の終わり頃ヨーロッパからいなくなって、ヒマラヤに行くでしょう。休もうと思います。私には休養が必要なのです。八五年後には[†1]、私は毎日現れるでしょう。ごきげんよう。愛する皆さん〟。そう厳かに話した後で、伯爵はもう一度手で合図した。二人の伝授者が驚愕して部屋を出たとたん、ひどい雷雨に見舞われた。彼らは、本能的に研究所に引き返した。ドアを開けると、サン・ジェルマンはもういなかった。

私たちは、グレッファー兄弟がサン・ジェルマンの個人的な友人で、薔薇十字会員だったことを知っている。上述の出会いの日付は言及されていないが、同じ文章の別の箇所でおおよそ知ることができる。それは以下のようである。〝サン・ジェルマンは八八年、八九年、九〇年にウィーンにやってきた。そのとき私たちは彼に会うという、忘れ難い栄誉を得た〟。

†1――これは一七九〇年に述べられた。偶然の一致かどうか、八五年後の一八七五年には神智学協会が設立されている。

p113――▼**メーソンの宣言文で**　一九〇四年一二月九日の講義（本書に収録）参照。

p114――▼**ですから雑誌『ルツィフェル』の……ピリオドを打っています**　雑誌『ルツィフェル・グノーシス』の「アカシャ年代記より」の論述のこと。『アカシャ年代記より』*Aus der Akasha-Chronik*（全集番号一一、一九七三年）の「性の分離」の章参照。

p114――▼**『神智学評論』誌には……まったく同じ事柄がやや別の形で書かれています**　記事は一九〇四年一二月の二〇八号に掲載され、筆者はただ「E」とだけ記されている。問題となっている箇所は、ドイツ語訳では以下のようである（R・フリーデンタール訳、ドルナハ）。

「F［自動書記の中で語った人物］は、政治家であり、世俗の人であったが、熱烈な人道主義者である。……彼は非常に憂慮していることを打ち明けた。じきに重要な発見がなされ、それによって医者は今よりもっと大きな権力を手にして、ますます残酷な動物実験に走ることになるであろう。実験には、生体解剖が不可欠だと思われるようになる。しかし皆さんはお気づきだと思うが、それは発見ではなく、ただの記憶にすぎない。なぜなら発見者は、かつてアトランティス人だったのだから。アトランティス人は私たちより医学的な知識を多く有し、肉体に精通していた。

アトランティス人は四大元素を支配し、思い通りに良い天気にしたり、嵐にしたりした。子どもは存在していなかった。というのは不自然な努力を続けた結果、両性の結合なしに、生命を生じさせる偉大な秘密を獲得していたからである。魂は戻ってきて、意志の力でふたたび生まれ変った。その際彼らは、意志力以外の手段を用いずに、自然の四大元素から自分の人体形態を取り出したのだが、結局、このことが彼らの支配を終わらせた。実際、こういうことがさらに続くはずはなかった。ヘブライの伝説にある、生命の樹に、以上のことがかすかに暗示されている。それ以上発達することが不可能だったから、この文明は破滅せざるを得なかった。

……

アトランティス人は宇宙創造の均衡をひっくり返し、みずからの文化を破壊した。地球から生命力を奪い取ったので、生命の流れの蓄えがすべて尽きたのである。だから自然の破滅が惹き起こされた。抗しがたく、恐ろしい嵐が突発し、彼らを呑み込んだ。タイタン族が神々と戦って、打ち負かされたのである。どんな宗教も、この出来事を戒めとして物語っている。〝おまえたちの地球は生きている。もしも生命の流れを取り出すことができたら、おまえたちはあらゆる奇蹟を行えるだろう〟。ほとんどのアトランティス人の魂は、現代の魂と同じだが、しかし今は王座を奪われている。……今は普通の生活に戻り、普通の子として生まれなければならない。……

私はここで、人間がかつて何であり、将来ふたたび何になるのかがわかるように、アトランティスの驚異的な力についてもっとお話ししようと思う。アトランティスでは物質が完璧に発達していた。人類はこの状態には二度と戻れない。しかし完璧さは、ふたたび獲得されるであろう。

アトランティスにおける最高の階級の生活は、非常に単純だった。なぜなら、養分が空気だけから取り出されたのだから。君主、とりわけ祭司は、蘭のように、生命に不可欠なものを大気の成分から取った。生物学者に尋ねてみれば、私の正しいことがおわかりになるだろう。皆さんにはそんなことはできない。自分で自分を物質界に生み出したのではないのだから。皆さんは被造物として生まれたのであり、自らの意志で生じたのではない。……

それは、生命の樹のもつ偉大な秘密の発見であった。この発見は、事柄を単純化した。皆さんが権力の獲得を目的として努力するのをやめない限り、この秘密をふたたび獲得することはできないだろう。それは誕生と死の秘密のことである。私が知っているのは、そのすべてではなく、一部に過ぎない。この素晴らしい力への関与を許される程、私は十分に善良ではないからだ。もしもそうすることができるのだったら、私はすぐ皆さんにこのことを打ち明けようとしただろう。そうすれば神々の望まれたように、永遠に幸福になれたであろうから。

しかし、ひとつの例を挙げて、少しそのことを述べてみようと思う。人間は、七年毎に完全に新しく変るが、またしばらく経つと衰退し、ゆっくりと崩壊する。どうしてかは知られていない。人間が自分で調整して新しい成分を受け取ることができたら、悪いものは決して選ばずに、より良いものを選ぶだろう。そして原子は、人間の意志によって、常に両極に分解していっただろう。人間は単一の細胞の中に含まれている。この細胞は死なず、世代から世代へと続いていく。この細胞はいつも新しい形を生み出し、その形の中でその都度、人間の霊が自らをあらわす。この細胞が身体の中に引き止められて、生殖や力の浪費をすることもないとき、その人間がひとつの周期の間、永遠に生き続けてはいけない理由はなくなる。しかし人間は、自分の子どもとして自らを再生させることで、自らの物質的な存在を破壊する。奥義に達した人が結婚すると、死にさらされた、より低次の存在になってしまう。これは真実である。どんな男も女も、みずからの不死性を譲り渡すことでしか結婚することができない。人間は霊であり、霊は物質になった形態の中心である。しかし細胞が損なわれずに保たれるとき、死を必然と受け入れ、人は死ぬものだ、と信じさせられている。人類全体が、死を必然と受け入れ、死ぬ理由は存在しない。

このことを良く考えれば、これはキリスト教のもっとも重要な教えのひとつだ、ということがおわかりだろう。しかしこの教えは失われた。キリストは、生命の最初の果実になるために、死から復活したのだ。……

これから成されるであろう新しい発見については、すでに述べた。それはかつては知られていたが、運命の定める人間によってふたたび発見されるであろう。そしてその人は、人類の恩人として歓迎されるだろう。古アトランティス時代に、人類の支配階級に身体の秘密が明かされたとき、彼らは生体解剖よりもっと残酷なやり方で、それを学んだ。つまり魂を愚かにしたのである。それによって、進化の力が破壊されたのだ。皆さんが、それについて何も知らないのは幸いである。そうでなければ、世界はふたたび悪魔の棲家になるだろう……」。

p115

▼アメリカ・ミスライム運動の頂点に……優秀なメーソン員である、ジョン・ヤーカー　ヤーカー（一八三三〜一九一三年）はイギリス人であり、イギリスのフリーメーソンに影響を及ぼした。ここで彼を「アメリカの」ミスライム運動の頂点にいたと述べているのは、「フランス王旗の記念出版」（ベルリン、一九〇四年）にある、彼についての誤った記述による。その書によると、アメリカだけがある正当な許可状をもっていて、ヤーカーは一八七二年に、「ニュ

ーヨークのS・G・Cの第三三階級によって、スコットランド系儀礼のマンチェスター・グラントリアンの最高代表者と友好保証人並びにメンフィス・ミスライム儀礼の至聖者」に任命された。ヤーカーは、重要なフリーメーソン作家として、さまざまなところで高位にあり、とりわけ「スコットランド系メンフィス・ミスライム・メーソンのイギリスとアイルランドの至高の大総長」であった。そして一九〇二年に、ドイツにグラントリアンを設けた。

p115――▼**ロイスという人物**　テオドール・ロイス（一八五五～一九二三年）。ヤーカーによってドイツのメンフィス・ミスライム儀礼への加入式を任された。ルドルフ・シュタイナーはこの時ロイスと面識がなかった。これに関しては、資料集である『エソテリック・スクールの歴史と認識・儀礼部門の内容――一九〇四～一九一四年』*Zur Geschichte und aus den Inhalten der erkenntniskultischen Abteilung der Esoterischen Schule 1904-1914*（全集番号二六五、一九八七年）を参照。

p115――▼**有名なカール・ケルナー**　一八五一～一九〇五年、オーストリアの発明家であり大企業家。雑誌『スフィンクス』*Sphinx*（ドイツ神智学協会の機関誌、編集長ヒュッベ・シュライデン）の一八九五年一月号のフーゴー・ゲーリングの記事によると、セルロイド製造の発明者であったケルナーは、医師フランツ・ハルトマン博士と共同で働いた。彼はメンフィス・ミスライム儀礼のイギリスとドイツにおける、至高の名誉大総長であり、一九〇四年の「フランス王旗の記念出版」にも、そのように記載されている。

p115――▼**フランツ・ハルトマン**　一八三八～一九一二年。波乱に富んだ生涯を送り、ブラヴァツキーと個人的に知り合った後で、一八九七年にいわゆる「ライプツィヒ系」神智学協会を設立した。神智学雑誌『蓮華』*Lotusblüten* の編集長。シュタイナーの『わが生涯』*Mein Lebensgang*（全集番号二八、一九六二年）と『書簡II』*Briefe II*（ドルナハ、一九五三年）参照。

p115——▼**ミスライム儀礼の教科は四つ**　ヘックソーン（前掲書四二三ページ）によると、これはカリオストロにまで遡る。

p116——▼**先回、私はイギリスの首相バルフォアーの演説の一部を読みました**　現存する覚え書きに、この記録はない。演説そのものは、一〇五ページ「イギリス首相バルフォアー……」の編註と次の編註参照。

p117——▼**原子は、凍った電気に他なりません。……バルフォアーの演説を、私は非常に重要だと考えています**　これはバルフォアーの『今日の我々の世界観』*Unsere heutige Weltanschauung*（ライプツィヒ、一九〇四年）の、次の箇所のことである。「現在、すでに物質そのもの、我々を取り巻くあらゆる事物の成分を、凝固した電気でしかない、と見做す学者がいる。彼らは、我々の感覚の道具では以前からもはや知覚できないでいる、化学者の言う基礎原子が、合成されているモナード（単子）または従属原子の組織以外の何ものでもないと信じている。そしてまた、このモナードが単に電気に満たされた物質なのではなく、まったく電気そのものである、と信じている。……しかし物質が、このようにして原子群に分かれ、原子群もさらに電気のモナード組織に分解してしまうなら、このもっとも小さな電気的な単位は、結局何から構成されているのか、誰にもわからない。しかしラルモール教授の提示する仮定を受け入れるなら、このモナードは、至るところに存在するエーテルの変化形態以外の何ものでもない。素材の中の結節点に較べられるような変化形態である。……このモナードがエーテルと無関係だとは考えられない。……したがって、我々はここで途方もない変革を前にしているのである。……」。

p119——▼**教皇ピウス九世はフリーメーソンに参入し**　彼は、ジョヴァンニ・マリアとマエタイ・フェレッティ伯爵の間に生まれた。一七九二〜一八七八年。一八四六年に教皇になる。処女懐胎と諸教皇の不謬性の教義の告知者であり、数々の告知において、フリーメーソンと戦った。それにもかかわらず、彼がメーソンに属していたということをめぐって議論が絶えない。レンホーフ／ポスナーの『国際フリーメーソン事典』*Internationalen Freimaurer Lexikon* には、次のように記されている。「バイロイトのフリーメーソン博物館には、教皇用のストールの上に、フリーメーソンの刺繡入りの帯を身につけた教皇の、明らかに偽の写真がある。教皇が結社に属していたというデマは、彼が教皇に選ばれた時期と、その後もくり返し流れた。そのため彼は、一八四九年にみずからそのデマに立ち向かわねばならなかった」。

秘密結社の基礎をなす外展と内展　一九〇四年一二月二三日

［テキスト資料］：フランツ・ザイラーの速記文字による覚え書き。出版のために元の速記原稿が新たに見直された。

p120——▼**一週間後に……お話しする予定です**　一九〇四年一二月三〇日の「三王礼拝（顕現日）の祭について」の講義。『ルドルフ・シュタイナー全集版紀要』*Beiträge zur Rudolf Steiner Gesamtausgabe* 六〇号（一九七七年クリスマス）に収録。

p121——▼**二週間前に私が皆さんの前で読みましたフリーメーソンの宣言を、公開の場で取り上げることは不可能です**　この宣言は一九〇四年一二月九日の講義（本書に収録）の中で全文朗読された。公開の仕方は、ルドルフ・シュタイナーの『我が生涯』*Mein Lebensgang*（全集番号二八、一九六二年）の第三二章を参照。

p123——▼**『ドイツ神学』**　一三八〇年頃。一五一六年ヴィッテンベルクにてルターによる初版（断片的）、一五一八年に完全な版。一五九七年J・アルントによって、初めてドイツ語に翻訳された。さらに一四九七年の写本による原文とフランツ・プファイファーの新ドイツ語訳との対訳本（第三版、ギュータースロー、一八七五年）。

p123——▼**マイスターたちは、歴史上著名な人物ではないのです**　二九ページ「協会を……」の編註を参照。

p130——▼**働いています……**　速記原稿によると、大きな欠落部分には次のような言葉がつづいている。「そして、人びとを結び合わせるために人びとをひきとめる……」。『人智学協会内の出来事——協力員のための会報』*Was in der Anthroposophischen Gesellschaft vorgeht-Nachrichten für deren Mitglieder* 四七号（一九四七年一一月二三日）収録の文章では次のように訂正された。「このアストラル体の色は、クンダリーニとよばれる一定の素材によって作られる。そしてこの素材は、人間が霊そのものに導くものを人間の中にひきとめておく」。

かつて失われ、今再建されるべき神殿Ⅰ　一九〇五年五月一五日

［テキスト資料］：フランツ・ザイラー、ヴァルター・フェーゲラーン、ベルタ・レープシュタイン＝レーマンの速記文字による覚え書き。

p135——▼**これまでの講義で詳しくお話ししてきました**　たとえば一九〇四年九月三〇日と一一月四日の講義（本書に収録）がそれである。

p138——▼**ラオコオン群像**　『魂の生活の変容』*Metamorphosen des Seelenlebens*（全集番号五九、一九七一年）の一九一〇年三月一四日のミュンヘンでの講義の叙述を参照のこと。

p138——▼**トロイアの木馬の伝承**　『ギリシア神話とゲルマン神話における秘教と世界史』*Esoterik*

und Weltgeschichte in der griechischen und germanischen Mythologie（一九五五年、ドルナハ）に収録されている一九〇四年一〇月二八日の講義参照。

p139——▼**リウィウス**　ティトゥス・リウィウス、紀元前五九年に生まれる。彼のライフワークである一四二冊に及ぶローマ史には、最初のローマ市民として、ローマの建設から始まって紀元後九年のドルススに至るまで、変化に富んだ都市と国家の運命が記述されている。

p139——▼**アルバとは祭司服のこと**　カトリックの聖職者が、エジプトおよびヘブライの祭司たちのもっとも古い祭服から借用したもの。袖の先が両腕に向かって細くとがった、足までとどく長いシャツで、教会の職を果たすときに、タラール（聖職者の制服であるガウン）の上に羽織る。

p139——▼**七人のローマ王は、私たちが神智学で知っている七つの原理に他なりません**　このことから、この七人のローマ王がまったく存在していなかったと考えることはできない。いずれにしても一九二四年九月七日、ドルナハで行われた講義（全集番号二三八）には、この七人のローマ王が実在していた、とある。

p139——▼**ストゥーラ・シャリラ、リンガ・シャリラ、カマ・ルーパ、カマ・マナス、高次のマナス、ブッディ、アートマン**　これら神智学的インド的名称を、シュタイナーはまもなくドイツ語の肉体、エーテル体、アストラル体そして自我、霊我、生命霊、霊人に置き換えた。

p144——▼**プロメテウスの伝説**　一九〇四年一〇月七日の講義（本書に収録）を参照。

p145——▼**エホヴァは「形態の神」とも呼ばれます**　これに関しては『秘教の諸要素』*Grundelemente der Esoterik*（全集番号九三a、一九七六年）の一九〇五年一〇月二五日の講義を参照。

p145——▼**第八領界**　七九ページ「第八領界」の編註参照。

p146——▼**今日のフリーメーソン員はそのことを理解せず、人間は自分固有の自我に従って働くべきだと信じています**　フェーゲラーンとリープシュタインは「自分固有の自我」を「霊的な自我」

にしている。ザイラーの覚え書きでは、「利己的な自我」となっているが、この箇所は、多分、「霊的＝Geistigen」と「固有＝Eigenen」を取り違えたのだろう。

p148——▼**神智学的な基盤の上に立って社会改革に着手することができるなら**　これに関しては、同じ頃にシュタイナーが初めて社会問題に対する考えを記述した論文「神智学と社会問題」（『ルツィフェル・グノーシス』誌掲載＝全集番号三四、一九六〇年）を参照のこと。また一九一九年の著書『現在と未来を生きるのに必要な社会問題の核心』*Die Kernpunkte der sozialen Frage in den Lebensnotwendigkeiten der Gegenwart und Zukunft*（全集番号二三、一九七六年）も合わせて参照のこと。

p149——▼**アルベルト・シェッフレは社会学に関する本を書きました**　アルベルト・エバーハルト・フリードリヒ・シェッフレ、一八三一〜一九〇三年。経済学者。社会学的な著書を数多く執筆した。他の関連で、シュタイナーは彼の著作『社会組織の構成と生命』*Bau und Leben des sozialen Körpers*（全四巻、テュービンゲン、一八七五〜一八七八年）に言及している。

かつて失われ、今再建されるべき神殿Ⅱ　一九〇五年五月二二日

［テキスト資料］：ヴァルター・フェーゲラーンとベルタ・レープシュタイン＝レーマンの速記文字による覚え書き。

p150——▼**ソロモン神殿……それについての聖書の言葉の一つひとつは**　旧約聖書の「列王記上」第五、六、七、八章。「歴代誌下」の第一章から七章。

p151——▼**ジャン・パウルは自分のこの体験をこう語っています**　ジャン・パウル（ジャン・パウル・

フリードリヒ・リヒターの筆名）、一七六三〜一八二五年。詩人、小説家、思想家。彼はこの体験を『ジャン・パウルの人生の真実――幼年期の自伝』*Wahrheit aus Jean Pauls Leben. Kindheitsgeschichte von ihm selbst geschrieben*（全三巻三分冊、ブレスラウ、一八二六〜一八二八年、第一分冊五三ページ）の中で語っている。

p151――▼**「ヤハヴェ」という名前は、塗油の秘蹟を授けられた祭司のみが、至聖所で唱えることを許されました**　「一年に一回、すなわち贖いの日にだけ、高位祭司が至聖所の中で（「レビ記」第一六章三〇節）声をだして唱えた」と、ハンス・ルードヴィヒ・ヘルトは、一九一七年一月アレクサンダー・フォン・ベルヌスが編集出版した季刊誌『王国』*Das Reich* 一九一七年一月号に掲載された、口に出してはならない神の名に関する論文「ゴーレムとシェーム」で述べている。

p152――▼**一つはノアの方舟で、もう一つはソロモンの神殿です。この二つは、ある意味で同じであると同時に、根本的に異なってもいます**　シュタイナーは一九〇七年一二月二八日のケルンでの講義の覚え書き（全集番号一〇一）において次のように述べている。

「一〇〇年単位ではなく、一〇〇〇年単位の長い時間で考えてみるなら、体の形姿が、思考、諸感覚、イメージに従って、数千年以前にどのようになっていたかが分かります。進化の途上で、偉大な指導的存在たちがふさわしい時に、人類に正しい考え方をさせ、それによって、人間の形姿が変容されます……。

一体どこから人体の今日の大きさが生じたのでしょうか。それはアストラル体とエーテル体の中にあったものの結果なのです。すなわち、始めに思想、形象、知覚等がありました。死の直後に起こる事柄を思い出しますと、私が申し上げようとすることがよくおわかりでしょう。死の最初、肉体からアストラル体とエーテル体が離れます。睡眠とは、アストラル体と自我が肉体から離れ、エーテル体と肉体がベッドに横たわっているという状態です。死と睡眠との違いは、死の場合、肉体だけがベッドに横たわって残り、エーテル体は他の諸体と共に離れていくことにあります。そこで、ある特別な現象が起こります。それは知覚と呼ぶこともできますが、ある表象と結び付いた知覚なのです。つまり、人間はあたかも自分が成長していくかのように感じます。それから、あの記憶のタブローが現れます。しかしまず、彼はあらゆる方向に拡大して行くかのように感じます。そしてあらゆる方向の次元に拡がるのです。壮大な次元の中に自分のエーテル体を見るということは、とても重要なイメージです。事実、後アトランティス期の人間の場合のように、エーテル体と肉体がまだぴったりと結び付いていなかったアトランティス期には、この表象がまず呼び起こされねばなりませんでした。今日の人間の場合には、当然のように死後に起こるこの表象が、まず呼び起こされなくてはなりませんでした。今日の人間が、死後に体験するあの大きさを心に思い描いて見るとき、肉体を今日の形態にするための原因となる思考形態が作り出された理由が分かります。ですから、まだ必要に応じてエーテル体が肉体から離れていた頃の人間に正しい尺度が与えられたとき、肉体は現在の大きさをもつようになりました。そして、この形態は、人類進化の指導者たちによって定められたのです。様々な洪水伝説、とりわけ聖書の洪水伝説には、それについての正確な記述があります。みなさんが人間の肉体が正しく形成されるために必要なエーテル体の形態を思い描くなら、その時初めて、ノアの方舟の大きさが理解できます。

なぜ、聖書ではノアの方舟の寸法が正確に述べられているのでしょうか。それは以下の理由によるのです。すなわち、アトランティス期から後アトランティス期へと移行すべき人間が、自分のまわりに必要な大きさとして、五〇エレの幅、三〇エレの高さ、三〇〇エレの長さを形造っているからです。後アトランティス期の身体が正しい大きさに造られる原因となる思考形態を、人間は長さと幅と高さから造り出したのです。ここに今日の身体の大きさが由来する象徴があるのです。ノアが方舟の中で体験した思考形態が、その作用を引きおこしたのです。人は無意味にノアの方舟の記述をしたのではありません。後アトランティス期において、正しい仕方で人体を造り上げるために、方舟をそのように造らせたのです。人類は象徴の力で育ってきたのです。この象徴は今日、ノアの方舟の寸法を人体の寸法の中に担っています。両手を上に伸ばしたときの今日の人体の寸法が、ノアの方舟の寸法なのです。

さて人間はアトランティス期から後アトランティス期に移行しました。私たちの後に続く人類期、すなわち第六亜人類期では、再び人体が全く異なる姿をとるようになるでしょう。そして、今日の人間は、次の亜人類期の身体が正しい寸法を得ることのできる思考形態を体験しなければなりません。それが人間に与えられなくてはなりません。今日の人間は、五〇対三〇対三〇〇の寸法に造られています。未来の人間は、全く異なった姿になるでしょう。

人間の未来の姿を造るための思考形態が、どのように人間に与えられるのでしょうか。それは既に申しあげました。それはソロモンの神殿の寸法の中にあります。ソロモン神殿の寸法が、物質的形態の中で実現されたとき、第六亜人類期の人体の姿が深い象徴として表現されるのです。

人類の中で働いている事柄はすべて、内から生じます。外からではありません。ある時代に思考内容であり感情であるものは、次の時代には外的な形態になります。人類を導く個性たちは、何千年も前に、後に外的事実となるべき思考形態を人類の中に植え付けなければなりません。思考形態の機能は、そのような象徴的な形姿によって促されるのです。思考形態は、すべてそのような現実の意味をもっているのです」。

p152——**▼方舟の寸法は人体の寸法の比率と同時に、ソロモンの神殿の寸法の比率とも一致していまし**

た　ここで、シュタイナーが論拠としている文献の出典は明らかではない。ネッテスハイムのアグリッパの『カバラ』*Cabbala*（シャイブル版、シュトゥットガルト、一八五五年）の中の「人体に関しての寸法と比率と調和について」の章の中には次のような一文がある。

「神は、神御自身が全宇宙の機構から人間のプロポーションを取り出してこられたように、人間の寸法に従って方舟を造るように、と指示された。だから、前者は大宇宙であり、後者は小宇宙である。何人かの人体学者は、前記の関係において、人体の寸法を六フィートに定め、一フィートを一〇度とし、一度を五分にすると、人体の大きさは、六〇度、すなわち三〇〇分である。そして、モーセの記述によるなら、方舟の寸法は、人体の長さが三〇〇分、幅が五〇分、奥行が三〇分であるごとく、同じように幾何学的上〝エレ〟に応じている。だからノアの方舟は、単に三〇〇エレの長さだけでなく、同じように五〇エレの幅、三〇エレの奥行あるいは高さを持っている。両者において、長さは幅に対しては六倍、長さは奥行に対して一〇倍、そして幅と奥行の関係は、五対三である」。

　さらにフランツ・コシーの著作『ノアの方舟に関する幾何学的、力学的観点からみた三側面の詳しい計算』*Ausführliche Berechnung der drei Seitenverhältnisse bei der Arche Noes vom geometrischen und mechanischen Standpunkte*（ヴェンツェル・バウァーネープルによるポーランド語からのドイツ語訳、ビリン、一八九九年）によると、数学的にみると方舟の寸法は「四角で、内部が空洞の物体の幅と高さの適切で可能な唯一の比率を示している。それは最小の材料を用い、最大の容量（体積）と最強の堅牢性を達成するために、幅は五、正確には五・三二二三二で、高さは三、正確には二・九六七七六八のようにした。この比率でノアの方舟は造られた」。

p152——**▼私たちが、ソロモン神殿に入っていきますと……**　この箇所はベルタ・レープシュタイン＝

レーマンの覚え書きに従っている。フェーゲラーンでは、この箇所は非常に不完全である。たとえば「五分節化された人間は、高次の自己を自覚しています」の後にただ以下のことだけが書かれている。「……神殿は五分節化された人間を内包するように建てられている。その……は神殿の最も重要なところである。正方形は神聖である。屋根、屋根組み、側柱は関連し……祭壇の前には二つのケルビームが立つ」。

p153——▼**聖堂騎士団**　シュタイナーの『人類の発展の内的衝動——ゲーテと一九世紀の危機』*Innere Entwicklungsimpulse der Menschheit. Goethe und die Krisis des 19. Jahrhunderts*（全集番号一七一、一九六四年）の記述を参照。

p156——▼**さて、第一亜人類期から第四亜人類期まで進んできました……**　テキストは明らかに不完全に記録されている。シュタイナーの講義『秘儀の真実と降誕祭の衝動——古代神話とその意味』*Mysterienwahrheiten und Weihnachtsimpulse. Alte Mythen und ihre Bedeutung*（全集番号一八〇、一九六六年）の中の一九一八年一月八日の講義の、黄道一二宮上の太陽の運行と亜人類期（文化期）との関連性についての記述を参照。

p157——▼**ほとんどの人が十字架上の文字を正しく解釈できません……**　この段落は叙述が極めて不完全に記録されていることを考慮に入れなければならない。段落の最後に、フェーゲラーンの覚え書きとして「しかしこの神殿……」とのみある。一方、これも不完全だが、レープシュタインの覚え書きには、「しかし、人間はこの神殿をまだ理解していない」とある。多分、それは次のようであろう。「しかし、人間はまだこの神殿をどのように建てるべきかを理解していない」。

p157——▼**プラトンは次のように言っています。「宇宙魂が宇宙体の十字架にかけられている」**　シュタイナーは度々この言葉を『ティマイオス』*Timaios*（第八章）の宇宙の成立についての対話からの引用としているが、しかしそこにはこのような表現は見当たらない。むしろ友人のウィーンの哲学者で聖職者の、ヴィンツェンツ・クナウアーの著作『哲学の発展における主要問題とターレスからロベルト・ハーマーリンクに至るまでのその部分的解答』*Die Hauptprobleme der Philosophie in ihrer Entwicklung und ihrer teilweisen Lösung von Thales bis Robert Hamerling*（ウィーンおよびライプツィヒ、一八九二年、九六ページ）によっている。シュタイナーの蔵書の中のこの本の次の部分には、力強く下線が引かれている。「『ティマイオス』の中では、神話がこれについてこう語っている。——神はこの宇宙魂を十字形にして宇宙の中に置いた。そしてその上に宇宙体を張り付けた」。

『ティマイオス』そのものの中では次のようになっている。「（神が宇宙魂を半分に分け）Chiの字母（X）の形に、その二つを結び、各々が輪をなして、両者ともに交差点と反対側で自分自身に出会うようにした。神は両方に同じ形を与え、その空間に回転運動を起こした。一つの円は外側に、もう一つは内側に回転するようにした」（『哲学叢書第一七九巻』*Der philosophischen Bibliothek Band 179* ライプツィヒ、一九一九年、オットー・アペルトの翻訳から引用）。

古代人の世界観にとって、全宇宙の中の二つの円、赤道と黄道はきわめて重要だった。翻訳者はこの『ティマイオス』の箇所に註を加えている。「そして、プラトンの叙述では、魂自身、神秘的な経過に従って、黄道と赤道の空間的な形に広がる。この向かい合った最大の円が、ギリシア文字のXの形によって、具体的に表されているということは、全く適切な比較である（その際、Chi（X）という文字を垂直の方向にではなく、水平に置くように考えなくてはならない）。なぜなら、この二つの円は二三度五分の所で交わっている。赤道の回転は東から西に（つまり右から左へ、なぜなら、古代人は宇宙の方位を決定する際に、眼差しを北の方向に向けて考えたから）黄道の回転は西から東に向かっている」。

補足して更に述べるなら、殉教者である教父ユスティヌスは最初の弁明で、プラトンの宇宙創造の教えの源泉は旧約聖書であると示唆した。「また、プラトンがティマイオスの中で、宇宙の解明のために神の子について言ったこと、〝神は子をChi（X）のように全宇宙の中に創った〟は、モーセからとられている。なぜなら、モーセの書には次のように記されている。イスラエル人たちがエジプトから逃れ、砂漠にあった時、民族を死に至らしめる、まむし、毒蛇等あらゆる種類の毒のある動物たちに出会った。そこでモーセは、神の啓示と原鉱石を受け、それから十字架を造り、これを幕屋の上に立て民に向かって話した。〝もし、おまえたちがこの十字架を見て、信頼するなら、おまえたちは治癒するであろう〟。さらに述べて、蛇たちは殺されたが、人びとは死から脱した。これをプラトンが読み、正しく理解できず、十字架ではなく、X形だと思った。そこで彼は、最初の神の最も身近な力が宇宙にX形に拡がっている、と語った」（『教父叢書――初期キリスト教の護教家と殉教者』*Bibliothek der Kirchenväter. Frühchristliche Apologeten und Märtycrakten* 第一巻、ケンプテン、ミュンヘン、一九一三年、七三／七四ページ）。

p160――▼**私たちの人類期の始めに、すでにこの二つの流れの影響が現れてきました……**　フェーゲラーンのテキストには、断片的に次のように記録されている。「二つの流れがあります。まず古い方の流れは、神々自身として、宇宙建設の際にやってきた流れ、第二の流れは、この叡智の神殿の中で常に造られなければならない……」。

かつて失われ、今再建されるべき神殿III　一九〇五年五月二九日

［テキスト資料］：フランツ・ザイラー、ヴァルター・フェーゲラーン、ベルタ・レープシュタイン＝レーマ

ンの速記文字による覚え書き。およびマリー・シュタイナーの普通文字のノート。

p162——▼**十字架をめぐる物語全体については、聖伝説と言われるものがありますが**　ヤコブ・ド・ヴォラギヌの一三世紀に書かれた伝説集『黄金伝説』*Legenda aurea* にある十字架の木の伝説のこと。

p163——▼**モーセが、この木で有名な杖を作った**　ユダヤ神秘主義の伝承によると、発言し難い神の名が書かれたモーセの杖とは、生命の樹に他ならない。その話は『ユダヤの伝説』*Sagen der Juden*（ミーヒャ・ヨセフ・ビン・ゴリオンによる収集。フランクフルト、インゼル出版、一九六二年、四三一ページ）に次のようにある。

「モーセが、彼を監禁したメデヤン人リウエル（エテロ）によって再び解放されたとき、彼は庭に出て、神に感謝した。

祈っていると、眼前に、数々のサファイアがはめ込まれた立派な杖が大地から生えているのが見えた。彼が近寄ると、見よ、ありのままの神の御名が、その杖には刻まれていたのだ。彼がその名を口にして杖を摑むと、小さな灌木を引き抜くくらいにたやすく大地から抜けた。天と地とその全軍勢の創造を終えられた後で、神はその杖ですべての御業（みわざ）を成し遂げられたのである。

神がエデンの園から最初の人間を追放されたとき、アダムはこの杖を手に取って、自分が生まれ出た畑を耕した。その後、杖はノアに、ノアからセムとその一族に、そしてユダヤ人のアブラハムにまで伝えられていった。アブラハムは、彼の全財産を息子のイサクに譲り渡したが、そのときこの杖もともに渡した。その後、イサクの息子ヤコブがメソポタミアへ逃亡したが、ヨルダンを越えるとき、杖だけは持って行った。そして父のもとに帰るときも、エジプトへ下ったときも、杖だけは忘れずに手にしていた。彼はこの杖を、力ずくで兄のエサウから奪ったものの一つとして、他の兄弟ではなく、ヨセフに贈った。[†1] ヨセフの死後、エジプトのメデヤン人リウエルのものになり、彼はその杖を庭に植えた。

さてケニ人の勇者は皆、杖を大地から引き抜こうと試みた。というのは、それを成し遂げた者は、チッポラを妻に迎えて帰ることができるからである。しかしそれは誰にもできなかった。こうして杖は、ふさわしい者が来るまでリウエルの庭に突き刺さったままだった。この不思議な杖がモーセの手にあるのを見たとき、リウエルは非常に驚いて、娘のチッポラを妻に与えた」。

†1――「創世記」第四八章二二節をほのめかしている。

p170――▼**ジョルダーノ・ブルーノは、それを宇宙魂と呼びました**　ジョルダーノ・ブルーノ『原因と原則と一者について』*Von der Ursache, dem Prinzip und dem Einen* 第二対話篇（ドイツ語版、パウル・ゼリガー訳、ライプツィヒ、レクラム社、発行年不明、七〇ページ）。「普遍的な理性は、もっとも内的で真実で固有の能力であり、宇宙魂の潜在的な部分である……」。

p170――▼**プラトン……宇宙魂が宇宙体の十字架にかけられている**　一五七ページ「プラトンは……」の編註参照。

p171――▼**なぜなら、ゲーテが言ったように、どんな事柄も、比喩としてのみ受けとることができるからです**　『ファウスト』*Faust* 第二部、最後の合唱、「すべて過ぎゆくものは、喩えに過ぎない」。

p176――▼**偉大な詩人ゲーテも、メルヒェン『緑蛇と美しい百合姫』の中で**　これに関しては『〈ファウスト〉と〈緑蛇と美しい百合姫〉のメルヒェンで明かされたゲーテの霊的方法』*Goethes Geistesart in ihrer Offenbarung durch seinen Faust und durch das Märchen von der*

Schlange und der Lilie（全集番号二二、一九七九年）と『どこに、そしていかに霊を見出すか』*Wo und wie findet man den Geist?*（全集番号五七、一九六一年）のゲーテの黙示についての顕教的と秘教的な二つの講義を参照のこと。

p177——▼**「罪は律法によってこの世にやってきた」**　パウロ「ローマ人への手紙」第五章一三節、第八章二節。

かつて失われ、今再建されるべき神殿Ⅳ　一九〇五年六月五日

［テキスト資料］：ヴァルター・フェーゲラーン、ベルタ・レープシュタイン＝レーマンの速記文字による覚え書き、並びにマリー・シュタイナー・ジーフェルスによる普通文字による覚え書き。覚え書きは部分的に非常に不完全であり、文字通りの再現と見做されるべきではないことに注意しなければならない。

p180——▼**すでに一年前に**　一九〇四年五月二三日の講義（本書に収録）の中で。

p181——▼**上昇する曲線上……下降する曲線上**　周期の中で各進化が進んでいき、初めは下降の方向に、すなわち霊の物質化の方向に、それから上昇の方向、すなわち物質から霊に逆戻りしていく。

p182——▼**宇宙論的に見ると、月紀の進化が地球紀の進化に先立っていました**　ここに続く表現については、基礎的な著書『アカシャ年代記より』*Aus der Akasha-Chronik*（全集番号一一、一九七三年）と『神秘学概論』*Die Geheimwissenschaft im Umriß*（全集番号一三、一九七七年）を参照。

p182——▼**周期……アルーパ……ルーパ……アストラル**　これに関しては次のように補足しなければならない。七つの周期、あるいは界（第一、第二、第三＝元素界、第四＝鉱物界、第五＝植物界、

第六＝動物界、第七＝人間界）を通して、地球の進化は進む。各周期、あるいは各界は、再び七つの形態状態、球期を通って進む（アルーパ・メンタル、ルーパ・メンタル、アストラル、物質的、彫塑的アストラル、知的、元型的）。各球期、あるいは形態状態はふたたび七つの期間を通して進化する。それらは私たちの球期の場合は、根幹人類期と名付けられている。

p190——▼**秘儀参入者が、その道を準備し……【欠落】**　ここにどの覚え書きでも不明瞭な記述が続く。フェーゲラーンの速記では、次のようになっている。「それからアストラル体はマナスによって貫かれる。ブッディはエーテル体に入り、父の原則は肉体に入る。それは、脳を作ることができ、人間が、〝私〟と言えるところまで作用する。そのことがセム人の場合に生じた」。

p193——▼**『途上の光』に次のような言葉があります**　『途上の光』*Light on the path* は「東洋の叡智のことを知らないが、その影響を切に願うものにとって精神の喜びとなるものに至るための著作」という副題をもつ、神智学者メーベル・コリンズ（一八五一～一九二七年）の著作。シュタイナーは一九〇三年から四年にかけて、それについての解説を書いた。『神秘修行のための案内』*Anweisungen für eine esoterische Schulung*（全集番号二四五、一九七九年）参照。

p193——▼**ヘラクレイトス……もし、おまえが……**　ルドルフ・シュタイナーは、ヴィンセント・クナウアーの『哲学の発展における主要問題とターレスからロベルト・ハーマーリンクに至るまでのその部分的解答』*Die Hauptprobleme der Philosophie in ihrer Entwicklung und teilweisen Lösung von Thales bis Hamerling*（一八九二年、九七ページ）から、任意に引用している。「（身体から分離した人間の魂は）すでにヘラクレイトスの教訓詩に次のように記されている。

おまえが、肉体から解放され自由なエーテルに上昇するならば、
魂は死から逃れて、不死なる神になるだろう」。

p194——▼**土曜日、日曜日、月曜日……という一週間の名の付け方**　『往復書簡と資料——一九〇一

〜一九二五年』*Briefwechsel und Dokumente 1901-1925*（全集番号二六二、一九六七年）の中のシュタイナーの文章を参照。

オカルティズムの光に照らしたロゴスと原子　一九〇五年一〇月二一日（覚え書き）

［テキスト資料］：シュトゥットガルトのアンナ・ヴァイスマンとマリー・シュタイナー・フォン・ジーフェルスによる普通文字による覚え書き。アンナ・ヴァイスマンの覚え書きには、「非常に限定された人びとの集まりにおける講義」とある。テーマについては、三九二ページ以下の附記も参照のこと。

p196――▼**デヴァ神**　デヴァハン界、つまり天上界の神々。

p197――▼**太陽がひとつの星座を通過するのに、約二六〇〇年かかります**　シュタイナーは、この年数を後でより正確に述べている。それによると、太陽の春分点は黄道獣帯を、一二×二一六〇＝二五九二〇年、つまり一プラトン宇宙年で通過して、循環は完成する。一般に生まれ変るのは、一六〇年のこの周期に関連している。このことは、『人間と地球の生命について――キリスト教の本質について』*Vom Leben des Menschen und der Erde—Über das Wesen des Christentums*（全集番号三四九、一九六一年）のドルナハでの一九二三年四月九日の講義に、より詳細に述べられている。プラトン宇宙年の春分点の移動については、ヨアキム・シュルツ『星のリズム』*Rhythmen der Sterne*（ドルナハ、一九七七年、六五ページ以下）を参照。

p199――▼**オカルト的な書物には、原子についての描写があり、図が載っています**　シュタイナーは、ここで明らかに神智学文献に掲載された原子の模型を引き合いに出している。この講義とちょうど同時期に、アニー・ベザントとC・W・リードビーターの一八九五年の研究書『オカルト化学』*Occult Chemistry* が図版入りで出版された。その図のいくつかは、アニー・ベザントの著書のうち、もっともよく読まれる『太古の叡智』*The ancient Wisdom*（第二版、一八九九年）にも記載されている。原子の形態を、初めてこのように再現したのは、アメリカ人バビットで、その著書『光と色の原則』*The principles of Light and Color*（一八七八年）に載っている。ベザントとリードビーターの論文も、この本について言及している。

p199―――**▼ある特別な白いつまり善なるロッジがありました。このロッジは、一二人の成員で形成され、その中でもとりわけ活動している七人が**　これに関する詳細は、ルドルフ・シュタイナーの『エソテリック・スクールの初期の歴史と内容から――一九〇四～一九一四年』*Zur Geschichte und aus den Inhalten der ersten Abteilung der Esoterischen Schule 1904-1914*（全集番号二六四、一九八四年）を参照。

p201―――**▼第五周期の新しい物質的な地球**　「周期」とは、神智学的な名称では、生命の七つの時期をさし、シュタイナーによってまた「生命状態」（第一・二・三元素界、第四鉱物界、第五植物界、第六動物界、第七人間界）とも呼ばれた。各界は、また七つの形態状態（球期）＝アルーパ、ルーパ、アストラル、物質的、彫塑的アストラル、知的、元型的を通過する。私たちは現在第四生命状態（鉱物界）の第四形態にいる。「第五周期の新しい物質的な地球」ということは、第五生命状態（植物界）の第四物質形態を意味する。『ヨハネの黙示録』*Die Apokalypse des Johannes*（全集番号一〇四、一九七九年）参照。

p202―――**▼ディオニシウス**　ディオニシウス・アレオパギタ。「使徒行伝」第一七章の三四節にパウロの弟子として言及されている。五世紀の終わりに彼の名で、『天上のヒエラルキア』と『教会のヒエラルキア』の二書が、シリアで出現した。両書は、九世紀にスコトゥス・エリウゲナによってギリシア語からラテン語に翻訳された。ドイツ語で読めるものとしては『聖ディオニシウス・アレオパギタが書いたという著書』*Des heiligen Dionysius Areopagita angebliche Schriften*（J・G・V・エンゲルハルト訳、シュルツバッハ、一八二三年）、『天使と教会のヒエラルキア』*Die Hierarchie der Engel und der Kirche*（一九五五年、ミュンヘン）がある。

p202――――**▼ニコラウス・クザーヌス**　一四〇一〜一四六四年。ドイツの神秘家。シュタイナーの『近世の霊的生活の発端における神秘主義と現代の世界観に対するその関係』*Die Mystik im Aufgange des neuzeitlichen Geisteslebens und ihr Verhältnis zur modernen Weltanschauung*（全集番号七、一九六〇年）参照。

p203――――**▼ゲーテが「地の霊」について語ったことは**　『ファウスト』*Faust* 第一部、書斎の場。

神智学運動とオカルティズムの関係　一九〇五年一〇月二二日

［テキスト資料］：フランツ・ザイラーの速記文字による覚え書き。出版のためにマリー・シュタイナーによって整理された。

p209――――**▼ベザント支部**（当時のベルリン支部の名称）**の正式な集会が行われる**　支部の定例会を意味している。

p214――――**▼ピタゴラスが、どのように彼の天体の音楽を……**　ピタゴラス（紀元前約五八二〜五〇〇年頃）の世界観によれば、宇宙は調和のある秩序正しい全体（天球の諧調）であった。

p215――――**▼インド人の太古のヴェーダ**　ヴェーダ、すなわち「聖なる知識」と名付けられた、サンスクリット語で書かれたヒンズー教の最古の宗教書の総体は超地上的な由来をもつという。それは長い間、口述で伝わってきた。ヴェーダの伝承は主として、一、サンヒタス、二、ブラフマナス、三、アラニャカス、四、ウパニシャッドに分類される。サンヒタスは、歌、供犠形式、呪文の諸文献である。四部に分けられたこの諸文献を、一般には「四つのヴェーダ」と言う。

p220――▼**ケンタッキーの洞窟の暗やみの中で、動物たちが必要のない視力を失っていった**　この例は、シュタイナーによって度々引用されている。アメリカにある洞窟の中で、はじめて痕跡器官の存在が確認された。ダーウィンの『種の起源』*On the Origin of Species* 第五章の「変種の法則」を参照。

フリーメーソンと人類の進化ー　一九〇五年一〇月二三日（男性のみ）

［テキスト資料］：フランツ・ザイラーの速記文字による覚え書き。出版のために速記文字原稿が新たに見直された。

p225――▼**少なくとも一七世紀の終わりまで、フリーメーソンでは、どんな女性も会員となることが固く禁じられていた**　二三七ページの「一八世紀の『養子ロッジ』……」の編註参照。

p226――▼**旧約聖書の形がととのったのは**　紀元前五世紀、バビロン捕囚からユダヤに戻ったユダヤ人律法学者エズラによってととのえられた。

p227――▼**古代ギリシアの神話では、巨大な乳房をもったゼウスが描かれています**　小アジアに保存されているタイプのゼウス像には、上半身にいくつかの乳房、または隆起があり、エフェソスのアルテミス神殿の有名な彫像と上半身が似ている。『ストラティオのゼウス』のレリーフと、カリエンによる『ランデオスのゼウス』のメダル像など。

p230——▼**これは人間自身の中の出来事です**　これに関してはシュタイナーの後の講義『人間のオカルト的な進化は、肉体、エーテル体、アストラル体にとって——そして自我にとって——どのような意味があるのか』*Welche Bedeutung hat die okkulte Entwickelung des Menschen für seine Hüllen—physischer Leib, Atherleib, Astralleib—und sein Selbst?*（全集番号一四五、一九七六年）を参照。

p230——▼**私は留保しました……**　フランツ・ザイラーの速記によると、この箇所は次のようである。「アベルの一族と、カインの一族の素質について語ることを、私は留保しました」。速記原稿を新たに見直した結果、この文章が次のようにも読めることがわかった。「アベルの一族と、カインの一族をひとつにすることを私は留保しました」。

p237——▼**一八世紀の「養子ロッジ」の設立**　一八世紀初頭にフランスで、一見フリーメーソンに似ているが、女性も入会できる結社がいくつかできたとき、フリーメーソンの中にいわゆる養子ロッジができた。この名称は、そのようなロッジは正規のメーソン・ロッジによって養子にされなければならず、女性の各高位者は、同じ位階の男性高位者によって支持されるということを意味する。フランスのグラントリアンが、養子ロッジの指導を規定した規約を公布したあとで、一七七五年、最初の養子ロッジがパリで始まった（ヘックソーン前掲書四四九ページ以下を参照）。

p237——▼**私たちの協会の女性創設者も、そのような養子ロッジの会員でした**　これはブラヴァツキー（一八三一～一八九一年）のことである。彼女の最初の偉大な著作『ヴェールを脱いだイシス』*Isis Unveiled* が出版されたあとで、一八八八年にジョン・ヤーカー（一一五ページ「アメリカ……」の編註参照）によって、メンフィス・ミスライム・メーソンの最高養子位が、彼女に授けられた。

フリーメーソンと人類の進化II　一九〇五年一〇月二三日（女性のみ）

［テキスト資料］：非常に詳細に書かれた四種類の覚え書きを元に、別の三つの覚え書きで補足した。

p239――▼**エズラ**　二二六ページ「旧約聖書の……」の編註参照。

p241――▼**ゼウスが、女性的な胸をもって描かれているのです**　二二七ページ「古代ギリシア……」の編註参照。

p246――▼**ヒラムは、第三亜人類期と第四亜人類期の境目に存在していた**　ヒラムは紀元前九九三年から九五三年とされているソロモン統治の時代に属する。シュタイナーによると、第四亜人類期の始まりは紀元前七四七年である。

p246――▼**マンヴァンタラ**　神智学の用語。宇宙の万物は、物質界に顕現する時と、アストラル界に退行する時を繰り返している。前者の場合をマンヴァンタラ、後者の場合をプララヤという。

p248――▼**古代ヘブライ語のマントラには、それを十分に強く発声すれば宇宙を生み出す、といわれているものがあります**　これは発声され難い神の名のことだろう。その名は、ハンス・ルードヴィヒ・ヘルドの「ゴーレムとシェームについて」（『王国』*Das Reich* 第一巻四号、一九一七年一月）によると、「非常に複雑な文字の配列を現しており、一二か四二か七二の文字からなる名前がそれにあたる、とされている」。その知識は、「神の創造の秘密を、はじめからおわりまで明かしているという」（五二八ページ）とある。

p248――▼**おまえと女、おまえの子孫と女の子孫の間に私は敵意を置く**　「創世記」第三章一五節。

p250――▼**そのような養子ロッジのひとつに、H・P・ブラヴァツキーも属していました**　二三七ページ「一八世紀……」の編註参照。

オカルト的認識と日常生活との関連　一九〇五年一〇月二三日（夜）

［テキスト資料］：フランツ・ザイラーの速記文字による覚え書きを、氏名が明らかでない三人の聴衆の覚え書きで補った。

p253――――▼**一週間前に申し上げました**　その前に行われたベルリン支部の定例講義のこと（一〇月一六日月曜日）。シュタイナーは次回の会合を予告する際に、次のように述べている。「来週の月曜日の集会には、オカルティズムとエソテリズムと神智学についてお話ししましょう。このテーマが、現在あるさまざまな流れと結びついているということに、注意を向けていただきたいのです。他の支部会員たちも、できるだけ多く招くようにしてください」。

新しい形式の帝王術　一九〇六年一月二日

［テキスト資料］：いくつかの覚え書きがある。

(a)筆者不明の手書きの記録（もっとも詳しい資料）

(b)ベルリンのフランツ・ザイラーの速記原稿をタイプライターで打った清書。これについては、オリジナルの速記原稿もある。これを新たに照合して、以下のことが判明した。それは不完全なものであり、ザイラーが転記した際に、彼は自由に文章を直し補足した。時おり(a)によって補足している。

(c)筆者不明の大変短い記録。内容は(a)に一致している。

(d)短く、空白があるベルタ・レープシュタインの覚え書き。

(e)マリー・シュタイナー・フォン・ジーフェルスの覚え書き。

(f)筆者不明の覚え書き。

本書では、(a)を中心に、(b)並びに他の資料も参照した。

すべての覚え書きにおいて、不完全に記録されているテキストの箇所は、以下で明らかにしている。

[テキスト中の図に関して]:

○聖杯の象徴としての六芒星形

二八八ページの論述は、不明瞭に記録されているように思われる。三角形についてのみ語られ、六芒星形については語られていないことが目につく。しかし、ザイラーの速記録では、「中世のオカルティストは、聖杯の象徴を三角形として表現した。これは生命あるものの中に導師の力を呼び起こすための象徴である」という言葉のあとに、六芒星形を描いている。それは速記しながら描かれたのだろう。二つの三角形と六芒星形が本書には取り上げられている。それは覚え書き(d)(レープシュタイン)から採られた図形である。なぜなら、この覚え書きが図形をもっともよく示しているからである。

覚え書き(f)では、この図に関するテキストが次のように記録されている。

「✡ この三角形は聖杯の象徴であり、そして又、生命あるものの中に導師の力を呼び起こすための象徴でもある。これは、『ザノーニ』では、ヴリルとして描かれたキリストの力である。それは今は、ほんの萌芽状態にあるが、未来においては、帝王術となり、高位の本来の内容となるであろう。人間はそれを、いろいろ訊ねるのではなく、独力で獲得しなければならない」。

覚え書き(f)は、他の覚え書きには見られない異文を記している。

「芸術と学問と宗教に現れるすべては、神の賜物でなく、また、それ故十字架の象徴で表現されていないかぎり、フリーメーソンに由来する。それ故、フリーメーソンの図は

六芒星形 ✡ カインと十字架 ✝ アベルである」。

他の覚え書きには、この図はない。

象徴としての六芒星形の解釈については、シュタイナー『中世の秘儀の場』*Mysterienstätten des Mittelalters*（全集番号二三三a、一九七九年）の一九二四年一月一二日の講義を参照。アレクサンダー・シュトラコッシュは、シュタイナーの個人的発言を伝えている（季刊『ドイツにおける人智学活動の報告』*Mitteilungen aus der anthroposophischen Arbeit in Deutschland* 第一二年度第四号、通し番号四六、一九五八年クリスマス）。一九一一年に、人智学の活動のために、シュトゥットガルトのラントハウス街七〇に建てられた家のホールの窓の上部に、六芒星形が取り付けられた。シュトラコッシュは、そこに五芒星形を予想していたので、それについて質問し、その答えを記録した。「六芒星形は本来、キリストと金星紀のためのしるしである」。

○T(タウ)文字

二九四ページ以下のT(タウ)文字に関しての説明は、断片的で、すべての覚え書きが異なって記録している。覚え書き(a)では、次のようになっている。「このT(タウ)文字は、フリーメーソンにおいては、重要な役割を演じています。それは、上部を取り去った十字架に他なりません。鉱物界は取り去られた、と言う意味です。しかし、十字架を得るために、植物界を作用させますと、それによって、上に延びた十字架が得られます。⊥」。

このテキストと図は、不確かのように思われる。(a)を一度前以て訂正したマリー・シュタイナーはこの図を省き、次のようにした。「しかし、十字架を得るために、植物界を作用させますと、それによって、上に延びる十字架が得られます。↓↑T」。

覚え書き(b)は次のようである。「このT文字は、フリーメーソンにおいて大きな役割を演じています。それは十字架以外の何物でもありません。ただ角材の一つが省かれています。鉱物界が、十字架を得るために、取り去られました。皆さんは、植物界を作用させると、上に延びる十字架を得るでしょう。⊥」。速記録では、「上に延びる十字架を得るために」の後に空白がある。そのために「上にのびる十字架」の後に、⊥が入っているが、清書には入っていない。

覚え書き(d)はただ次のようである。

「T文字は、大きな役割を演じている。T

それは十字架以外の何物でもない。

もし、植物が生殖力を……」

この覚え書きで目に付くことは、確かにT文字が描かれ、逆になったT文字は描かれていないが、しかし、その他の場合には、もれなく記号が記されている。

覚え書き(f)は、次のようである。「T文字は上部の角材を取り去った十字架です。鉱物界は取り除かれ、人間はすでにそれを支配しています。そこで、植物界に作用して、⊥を得ます。大地を超える力として、大地から、魂から発展するものは、未来のフリーメーソンの象徴です」。他の覚え書きには、このような論述は記されていない。

p268――▼**大半の皆さんは、私が今年の総会で同じテーマでお話しした時**　一九〇五年一〇月二三日の二重講義（本書に収録）のこと。

p269――▼**一七、八年前……**　シュタイナーはここで、一八八〇年代ウィーンにおける女流詩人マリー・オイゲニー＝デレ＝グラツィエのグループとの交流を語っている。『我が生涯』*Mein Lebensgang*（全集番号二八、一九六二年）を参照。

p270——▼**この話がまったく深刻な問題として［集まりの中で］討論されました**　そのきっかけは、フリーメーソンの悪魔礼拝に関するレオ・タクシルのセンセーショナルな著作（『三人の主要な兄弟たち』）から起こった、教会とフリーメーソンとの間の論争である。その論争が行われている間に、この本は約一〇万部が売られたという。次の註を参照せよ。

p270——▼**こんな話も残っています……レオ・タクシル……大変な話題となったのです**　シュタイナーはここで有名になったタクシルとヴォーガンの詐欺を引き合いに出している。レオ・タクシル（ガブリエル・ヨーガン・パジェの筆名、一八五四～一九〇七年）はイエズス会の教育を受けたが、七〇年代からは、反教権的文筆家として、また多数の自由思想家連盟の創始者として知られている。一八八一年にパリのロッジ「フランス光栄神殿」に加入したが、メーソン員のヴィクトル・ユーゴーとルイ・ブランの手紙を偽造したかどで、間もなく除名になったが、一八八五年四月に、改悛して教会に戻った。一八八四年四月二〇日のレオ一三世の回勅「人間の由来」が、悪魔と同盟を結んでいるとして、フリーメーソンの仮面を剝ぐように求めているのに応じて、彼は、主要著作『三人の主要な兄弟たち』*Les Frères Trois-Points*（パリ、一八八五年、イエズス会士H・グルーバー訳のドイツ語版、パーデルボルン、一八八六～一八八七年）並びに他の著述で、虚構のフリーメーソン組織「パラディスム」の仮面を剝ぐ活動を始めた。そして、一八八七年には、レオ一三世の私的謁見を得た。彼とその仲間、ドイツ人カール・ハックス（偽名ドクター・バタイユ、教皇派新聞「ケルン民衆紙」の社主の義弟）とイタリア人ドメニコ・マルジオッタは、カトリック教会の間で大変な評判を受けた。その頂点をなすのは、タクシルがミス・ダイアナ・ヴォーガンを証人に仕立て上げたときだった（『ダイアナ・ヴォーガン嬢――あるパラディスム出身とされた女性の思い出』*Miss Diana Vaughan. Mémoires d'une Expalladiste.* 一八九五～一八九七年）。

教会の最高位の人物たちの協力のもとに、タクシルは一八九五年に反フリーメーソン連盟を組織した。そして一八九六年秋にトレントにおいて第一回反フリーメーソン国際会議を召集した。その国際会議には、司教三六人、司教代理人五〇人、ほとんどが司祭から成る反メーソン主義者七〇〇人以上が参加した。ザルツブルク大司教、枢機卿のハラーレとドイツのカトリック貴族の指導者カール・ツー・レーヴェンシュタイン公が議長を務めた。

国際会議では、タクシルとヴォーガン嬢の証言に応じて、公の声明文を出すことになった。ただ少数の懐疑家だけが、証拠を求めた。

タクシルの仮面を剝がした最初の人物は、一八九六年刊の『カトリックのいかさま師』*Katholischer Schwindel* の著者でフリーメーソンのゴットフリート・ヨーゼフ・フィンデルである。しかし一般には、長い間タクシルを信頼していたイエズス会士H・グルバーの三部作『レオ・タクシルのパラディスム説話』*Leo Taxils Palladismus-Roman* が最初と見做されている。この作品は、一八九七年に出版された。タクシルは、一八九七年四月一九日のパリの大集会で、すべては自分が仕組んだいかさまであり、悪魔ビクストリュや悪魔の花嫁ヴォーガン嬢などどこにも存在したことはない、と告白した。『フリーメーソン事典』*Allgemeinen Handbunch der Freimaurerei* 第二巻（M〜Z）、第三版（一九〇一年）、四四九ページ（見出し語 Taxil）によると、タクシル自身による暴露は、意図するより早く行われた。なぜなら、「彼の告白によると、フィンデルの書の出版の後、ごまかしがきかなくなったから」である。

［参考資料］：ヘースブルック伯爵『教皇庁の社会文化活動』*Das Papsttum in seiner sozial-kultu-rellen Wirksamkeit* 全二巻、ライプツィヒ、一九〇〇年、第一巻、三三八ページ以下。カール・ハイゼ『三国協商――フリーメーソンと世界大戦』*Entente—Freimaurerei und Weltkrieg* 第二、三版、バーゼル、一九二〇年、二四〜二五ページ。フリードリッヒ・ハッセ

ルバッハー『仮面を剝がされたフリーメーソン』*Entlarvte Freimaurerei* 第四巻、ベルリン、一九三九年。

p271――▼**フリーメーソン結社に所属していたレッシングが言ったことが……**　メンケベルクの『フリーメーソンとしてのG・E・レッシング』*G. E. Lessing als Freimaurer*（ハンブルク、一八八〇年）によると、レッシングは、ハンブルクにおいて一七七一年一〇月一五日ロッジに入会した後、マイスター・ローゼンベルクから「やっぱり私の言う通りだったでしょう？　宗教や国家に敵対するものなど何もなかったでしょう？」と尋ねられたのに対して、「ああ、そのようなものが見出せたら、と思います。その方が、私にとっては、ずっと好ましかったでしょう」と答えた。

p272――▼**一八七五年に出版されたある著作では、最初のフリーメーソン員はアダムであった、と主張されています**　シュタイナーが、どの書物から引用しているのかは定かでない。しかしヘックソーンによると、引用した箇所は、すでに一七五一年に出版された『アイルランドのフリーメーソン・ロッジの法典』*Konstitutionenbuch für irländische Logen* の中に見出せる。

p273――▼**これは、スコットランドの認定儀礼の中で最も純粋な形で守られ、その中にエジプト儀礼、メンフィス・ミスライム儀礼と名付けられたものが保持され続けている、というのです**　以上はザイラーの速記によるものだが、覚え書き(a)では、「いわゆるスコットランドの?儀礼あるいは、エジプトの、ミスライム儀礼やメンフィス儀礼のような儀礼」とある。レープシュタインの覚え書きはただ「スコットランドあるいは仮の儀礼であるメンフィス儀礼」とある。

p274――▼**ゲーテのメルヒェン『緑蛇と美しい百合姫』**　一七六ページ「偉大な詩人ゲーテも……」の編註を見よ。

p275――▼**芸術家の眼は、秘儀の中で起こったことを見つめ**　覚え書き(a)では、「秘儀の中で」の代わりに「霊界の中で」とある。

p275——▼**インド文化期からエジプト文化期まで……**　この文章は、すべての覚え書きが不完全である。ここではマリー・シュタイナーが、覚え書き(a)で訂正したものを生かしている。

p275/276——▼**アリストテレスの「カタルシス」という概念が何を意味するのかを……レッシングが悲劇……**　『ルツィフェル・グノーシス』*Luzifer-Gnosis*（全集番号三四、一九六〇年）の中の「アリストテレスの神秘劇論」、『演劇論集——一八八九～一九〇〇年』*Gesammelte Aufsätze zur Dramaturgie 1889-1900*（全集番号二九、一九六〇年）、『言語形成と演劇芸術——演劇講座』*Sprachgestaltung und dramatische Kunst. Dramatischer Kurs*（全集番号二八二、一九六九年）を参照。

p278——▼**あの不思議な器の象徴的な伝説の中に……**　シュタイナーは、この諸講義の時期に度々聖杯の秘密について語っている。たとえば、一九〇五年五月一九日のベルリンでの講義（『人智学協会内の出来事——協会員のための会報』*Was in der Anthroposophischen Gesellschaft vorgeht — Nachrichten für deren Mitglieder* 四七～五〇号、一九三六年）、一九〇六年七月二九日のランディンでの講義と一九〇七年一月一六日のカッセルでの講義（共に『キリストの秘儀』*Das christliche Mysterium*〔全集番号九七、一九六七年〕に収録）。

p279——▼**最近の私の講義**　一九〇五年一〇月二三日の二重講義（本書に収録）のこと。

p279——▼**他方、これらの性生活に由来する象徴が……**　この文章は、言葉通りではない。どの覚え書きも互いに異なっている。覚え書き(a)の原文では「他方、この象徴が——私はこのことを特別に強調したいのですが——全世界に共通の、そして最高の分野にも通用する、男性的と女性的の二つの諸力に関係がある、ということもご存じでしょう」となっている。

ザイラーの清書は(a)と同じであるが、速記録では欠落している。

覚え書き(d)（レープシュタイン）は「諸象徴は、全世界に共通の諸問題と関係があります。その意味は……男性的と女性的の根源的な諸力」とある。

マリー・シュタイナー・フォン・ジーフェルスの覚え書きでは、「二つの性は、両極の原則として、我々に働きかけてくる、二つの大きな流れの表現である」となっている。

本書では、編集者によって適宜に書き換えられている。

p281――▼**プラトン……「宇宙魂が宇宙体の十字架にかけられている」** 一五七ページ「プラトンは……」の編註を参照。

p283――▼**そうすることによって、自然の中の生命なきものに魂が吹き込まれるのです** 覚え書き(a)と(b)は「Beseelung」（魂を吹き込むこと）、それに対して覚え書き(d)は「Besiegung」（勝利すること）となっている。

p285――▼**そして、民族大移動による混乱と……** この文章は、覚え書き(a)と(b)は、不完全なので、(d)と(e)を基にして補われた。

p285――▼**このことは文献的にも証明できます** シュタイナーは、ここで明らかに（一九〇五年五月一九日ベルリンでの講義を参照。二七八ページ「あの不思議な……」の編註も参照）ヴォルフラム・フォン・エッシェンバッハの時代に属するハルトマン・フォン・アウエ（一一六五?～一二一五?年）の『貧しきハインリヒ』*Der arme Heinrich* のことを考えている。シュタイナーは、後にも度々この作品に言及している。たとえば、『新旧の秘儀参入法』*Alte und neue Einweihungsmethoden*（全集番号二一〇、一九六七年）の一九二二年二月二六日ドルナハでの講義。

p286――▼**それに対してカインは、自分の労働によって得たものを捧げました** 覚え書き(a)だけにこの文章がある。覚え書き(d)（レープシュタイン）は、他の覚え書きにはない文章を含んでいる。

「アベルは、未来において、魂を通して聖なるものを創造できる人である」。

p288――▼**十字架によって象徴される力を人間に与える総合力〔共同の力〕は**　覚え書き(a)は、「共同の力」、ザイラーの清書は「全体の力」、その速記では、やはり「共同の力」と読める。覚え書き(d)（レープシュタイン）の全文は、「客観的な愛は、宇宙を創造した神々のもとにあった。今日の知力である、超人的ともいえる力が、後に愛になるのである。マナス、ブッディ、アートマンは、全体の力である。権力が十字架に委ねられる」。

p289――▼**たとえ教会が、十字架の力を保持していたとしても、それが私の魂にとって何の役に立つでしょうか。もし私が、十字架の力……**　覚え書き(a)は「十字架の」の代わりに「キリストの」となっている。それに対して、ザイラーの清書と速記は、覚え書き(d)（レープシュタイン）と同様に、「十字架の」になっている。

p289――▼**ヴォルフラム・フォン・エッシェンバッハの『パルチヴァル』**　成立は、一二〇〇年から一二一〇年頃。初版一四七七年。それから長い間不明だったが、一七五〇年頃、ふたたび知られるようになった。ラハマンの原典批判版（一八三三年）以後数多く出版されている。

p291――▼**ブルワー・リットンの未来小説『ヴリル』**　エドワード・ジョージ・アール・ブルワー・リットン（一八〇三～一八七三年）の『来るべき人種』*The Coming Race*（一八七〇年、ドイツ語版『ヴリル、または未来の人間』*Vril oder eine Menschheit der Zukunft*）はシュタイナーの指示に従って、ギュンター・ヴァクスムートによって翻訳された。シュトゥットガルト、一九二二年、新版ドルナハ、一九五八年。一九〇六年一〇月一三日ライプツィヒの講義（『キリスト教の秘儀』*Das christliche Mysterium* 全集番号九七、一九六七年）の質疑応答で、エドワード・ブルワーの小説『ヴリル』の意味についての質問に対して、シュタイナーは次のように答えている。「かつて世界に存在したものはすべて、ふたたびやって来ます。ヴリルの力は、何か特別なものに基づいています。現在人間は、本質的に鉱物界の諸力を使用できるだけです。重力は鉱物界のものであり、電気も同様に鉱物界のものです。鉄道の建設は、石炭のおかげです。しかし、人間は、植物の力を使用する方法を知りません。穀物畑で茎を成長させる力は、まだ潜在的な力です。人間は、この力を石炭の力同様に支配下に置くでしょう。これが〝ヴリル〟です。それは、イスラム教の行者たちがまだ使用しているのと同じ力です。彼らは、先祖返りの状態の中に生きています」。

p294――▼**メーソンについての先回の私の講義を聴いた方は……**　一九〇五年一〇月二三日の二重講義（本書に収録）のこと。

p294――▼**私が先回の終わりに申し上げたことを、もう一度取り上げさせてください**　一九〇五年一二月二八日の講義で（未公刊）次のように言っている。「皆さん、私がすでに行った（本書の中の一九〇四年一二月の諸講義の）指摘で、今年最後の考察を終わらせてください。破壊行為が私たちの回りで非常に多く行われています。注意深い観察者なら、たとえ霊能者でなかったとしても、次のことがわかるでしょう。今、私たちは巨大な破壊行為の始めに立っています。前世紀に発達した外的な物質との関係においてです。なぜなら、物質上の発達はあるところにまでしか進まないのですから」。

p295――▼**モーターを設計したキリー**　アメリカ人のジョン・ウォレル・キリー（一八三七年生）は、一九世紀の後半に、自動モーター、いわゆるキリーモーターの考案者として有名になった。彼の実験については、ブラヴァツッキーの『秘密教義』*Geheimlehre* 第一巻（ドイツ語版第三版、ライプツィヒ、発行年不明）第九章、「来るべき力」、六〇四ページ以下で論じられている。シュタイナーの講義の中にも、それについての様々な発言が見られる。たとえば、一九一六年六月二〇日ベルリンでの講義（『宇宙存在と自我性』*Weltwesen und Ichheit* 全集番号一六七、一九六三年）。第一次大戦中に行われたこの講演で、シュタイナーは次のように発言している。「それは、まだ一つの理想でした。ありがたいことに、当時は理想だったのです。なぜなら、もしこのキリーの理想が当時実現していたら、この戦争に何が起こったでしょうか」。また『我々の時代の社会の基本要求——変化する時代状況の中で』*Die soziale Grundforderung unserer Zeit. — In geänderter Zeitlage*（全集番号一八六、一九六三年）の一九一八年一二月一日ドルナハでの講義を参照。

p295——▼**この霊的な力は、T（タウ）文字によって象徴化され、すでに聖杯の姿によって詩的に暗示されました**　覚え書き(a)と(b)は共に「聖杯のT（タウ）文字によって」とあり、他の覚え書きにはこの箇所はない。「聖杯の姿」はマリー・シュタイナーによって、訂正されたものである。もしかしたら、書き間違いでそれは次のようであるべきだったのかも知れない。「聖杯の鳩によって」。

p296——▼**ゲーテはこれを『ファウスト』の第二部のホムンクルスの挿話の中で……**　後の諸講義『ゲーテの〈ファウスト〉のための霊学的解釈』*Geisteswissenschaftliche Erläuterungen zu Goethes Faust*（全二巻、全集番号二七二／二七三、一九六七年）を参照。

p299——▼**それは、神智学運動と並行して行われる領域で、私たちに課せられている仕事です**　シュタイナーはここで、エソテリック・スクールで間もなく開設される象徴・儀礼部門を示唆している。『我が生涯』*Mein Lebensgang*（全集番号二八、一九六二年）とシュタイナーのエソテリック・スクールの歴史に関する資料編も同様に参照。

附記

——本書の講義で、フリーメーソンとの関連で語られた原子について

ルドルフ・シュタイナー全集の中には、原子論や、原子と未来の新しい自然力について、極めて多様な発言が見受けられる。深刻な誤解を招かないために、これらのさまざまな発言は、分けて判断されなければならない。とりわけ、世界観としての原子論に対する批判と、オカルティズムの観点からなされた、原子の本性についての発言とは、区別されなければならない。

世界観としての原子論に対する批判は、すでにもっとも初期の二つの論文、「原子論的観念への唯一可能な批判」（一八八二年）と「原子論とその反論」（一八九〇年）[†1]の中に見られる。その言わんとするところは、原子の中に「全存在の根本原理」を見ようとすることは許されない、ということである。電報では、電線と電気は通信内容の仲介者に過ぎないように、原子も、霊的な働きの仲介者、または担い手としてのみ理解され得る、という基本姿勢は、彼の全著書を貫いている。彼の最後の文章のひとつである、自伝『我が生涯』（第三二章）にも、「原子または原子構造は、霊的な働き、有機的な働きの結果としてのみ存在し得る」とある。

本書に収められた諸講義でなされた原子についての発言では、まったく別のことが問題になっている。そこでは非常に小人数の集まりの中で、オカルティズムの立場から、自然の原初の構成物質としての原子を、

フリーメーソンとの関連で語っている。というのは、フリーメーソンの儀礼象徴によって本来の自然が聖化されるように、この講義と共に準備された彼のエソテリック・スクールの儀礼象徴の部分によって、「実験台が未来の祭壇」になり、無私の衝動が、すべての社会生活に植えつけられなければならないこと、また功利主義に支配された私たちの文化が、利己主義によって堕落すべきではないことを、明らかにしようとしたからである。そのために彼は当時、オカルティズムの観点から提示した、未来の「社会の主要法則」を次のように公表した。

個人の仕事の成果を、自分のために利用することが少なくなるほど、つまり自分の仕事の成果を同僚に分け与え、そして自分の仕事で自分の欲求を充たすのではなく、他者の仕事によって充たすようになればなるほど、ともに働く人間の社会全体は救済されるのである。†2

一九世紀から二〇世紀への転換期に、ある最新の物理的認識が人類の手に入ることで、オカルト的な観点に立って原子について語ることが、オカルティズムからではなく、外的な科学からも促進されるだろう、とシュタイナーは考えていた。人間の魂が、霊学的な意味で深められるときにのみ、現代の自然認識と技術は、人類を救済するためだけの進化段階へと至るであろう、という洞察が、原則として霊学を公表する決心をシュタイナーに固めさせたのである。彼はオカルティストとして、「新しい出発点が原子から鉱物＝物質界に」まで及ぶことを知っており、当時、物理学が原子と電気とエーテルとの関連を研究し始めたことを、人間の思考の進化における途方もなく重要な転換期である、と認識していた（本書に収録された一九〇四年一二月一六日の講義を参照）。

このような理由から、彼は当時イギリスの首相であったバルフォアーの、この方向を示唆した演説を、非常に重要視している。一九〇四年八月一四日にイギリス学術協会で行われたその演説は、その年のうちに

『今日の我々の世界観』（ライプツィヒ、一九〇四年）と題されて、ドイツ語で出版された。一九〇四年一二月の講義で、この演説について指摘した当時のシュタイナーは、すでに『ルツィフェル・グノーシス』誌の一一月号で、そのことに論評を加えている（全集番号三四参照）。

人間は原子の中にまで入って考えることを学び、その力を利用できるようになる、という予言（一九〇四年一二月九日、一六日、二三日の三回講義）は、この力が全体のために没我的に利用されないときには、ひどい危険を生じさせるであろうと警告し、さらに「もっとも小さな建築石材」である原子で建設がなされることを「未来のもっとも重要な事柄」であると指摘している。

後者については、それ以上説明されなかったが、一九〇五年一〇月二一日の講義の覚え書きと、一九〇七年一〇月二一日の講義の補遺によって、いくらかは輪郭づけられている。それによると、オカルティストは、原子を「成長」させることができるとあり[3]、同時に、縮小させることもできる、とも述べられている。これは、当時の聴衆にとって、まったく未知の考え方ではなかった。というのは、神智学協会の文献、とりわけC・W・リードビーターとアニー・ベザントによる文献には、エーテル界を見る能力の一部分として、拡大し縮小する力について多く述べられているからである。その記述のほとんどは、原子の見霊研究の記述と関連させて述べられている。ちょうど一九〇五年、アニー・ベザントはそのことについてさまざまに語ったり、書いたりしていた。二人が共同で発表した「オカルト化学」についての一八九五年の研究も、この時期に新たに出版されている[4]。

シュタイナーはこのような叙述の仕方を、世界観の基礎としての自然科学的原子論と同じ意味での唯物的な唯心論であると見做した。というのは、このような神智学的文献においても、原子を、具体的な霊の働きの成果や仲介者として捉えずに、存在の根本原理と考えていたからである。

シュタイナーは同じ理由から、エーテル的に拡大、縮小するときの、単なる外的な技術について触れるだけでなく、二〇世紀から、徐々にエーテル的な見霊が、人間の新しい生得の能力として現れるであろう、それによってエーテル界にふたたび出現するキリストを知覚することができるだろう[†5]、と語った。さらにまた、素材としての原子があるだけではなく、物質がキリストの力で次第に本質的な変容を遂げつつある、と教える化学者や物理学者も存在するようになるだろう、と語った[†6]。

将来は、原子で建てられるだろう、と暗示した場合には、エーテル的な生きた力を問題にしていることが、一九〇六年一月二日の講義（本書に収録）から明らかである。少し後に行われた講義（ミュンヘン、一九〇七年一二月四日、全集番号九八）では、このことがより明確に、次のように述べられている。

……人間が、見霊の第一段階に至るまで修行を続けたとき、植物の生命や、生命の法則が、現在の鉱物界の法則のように明らかなものになっているでしょう。

皆さんが機械を組み立てたり、家を建てたりするとき、それは鉱物界の法則にならって作られます。しかし、植物をそのように作ることはできません。皆さんが植物を手に入れたいなら、これらの作業を自然の根底に存在する本性たちに委ねなければなりません。後に、植物が研究室で生み出せるようになるのは、それが人間にとってひとつの秘蹟であり、聖なる行為になったときです。実験台が祭壇になるまでに、人間が真剣になり、清められたとき、生あるものすべてを生み出すことが、はじめて許されます。それ以前には、生物がどのように構成されているかについて、少しも明かされないでしょう。言い換えれば、現在の認識する自我は鉱物界に生きていますが、植物界へと上昇して、現在私たちが鉱物界を理解するように、植物界を理解するでしょう。そしてさらに意識を進化させていけば、動物界や人間界の法則性をも理解することを学ぶようになるでしょう。すべての人間が、植物と動物と人間の本質を理解することを学ぶでしょう。それが未来の展望なのです。本当に理解していることだけを、機械に応用することができるのです。たとえば時計のように。それが聖なる行為にならないうちは、自然の背後にある本性たちの助けなしには、生きている自然界を、現在の人間は、決して語ることができないでしよう。

†1——『ルドルフ・シュタイナー全集版紀要』*Beiträge zur Rudolf Steiner Gesamtausgabe*（六三号、一九七八年九月二九日、ミカエル祭）に転載された。

†2——『ルツィフェル・グノーシス』*Luzifer-Gnosis*（三四号）にある論文「神智学と社会問題」（一九〇五年一〇月）、また『霊学と社会問題』*Geisteswissenschaft und soziale Frage* と題された別冊子にも掲載されている。

†3——何年もの後、一九一五年六月二二日のベルリン講義（『人間の運命、民族の運命』*Menschenschicksale, Völkerschicksale*〔全集番号一五七、一九六〇年〕所収）において、シュタイナーは再度、原子と木星進化との関連について語り、本書に記載された講義についても言及している。原文は次のようである。「以前にも、全宇宙によって準備された原子について、お話ししたことがあります。その講義は、ベルリンで活動し始めたとき、一番最初に行われたものです」。

†4——後に内容をふくらませて、『原子論』*Atomlehre* という題でドイツ語版が出版された。その一冊がシュタイナーの書庫に見られる。

†5——『エーテル界におけるキリストの出現』*Das Ereignis der Christus-Erscheinung in der ätherischen Welt*（全集番号一一八、一九七七年）参照。

†6——『人間と人類の霊的導き』*Die geistige Führung des Menschen und der Menschheit* 第三章（全集番号一五、一九七四年）参照。

補遺

チャールズ・ウィリアム・ヘックソーンの『秘密協会・秘密結社・秘密教義』*Geheime Gesellschaften, Geheimbünde und Geheimlehren*（ドイツ語版、ライプツィヒ、一九〇〇年）から、ドルイド教徒とスカンジナビアの秘儀（一九〇四年九月三〇日の講義参照）、並びに神殿伝説の記述を以下に掲載しておく。ルドルフ・シュタイナーの蔵書であったこの本は、彼の手で傍線が引かれ、本書に収められた講義のために使われたのは明らかである。

ドルイド教徒

語源的に……寺院……秘儀の場所……儀式……教義……政治的・司法的な権力……女祭司たち……没落と終焉

ドルイド教徒の秘密教義の多くは、古代東洋の祭司のそれに似ており、顕教的なものと秘教的なものに分かれる。ドルイド教はガリアとブリタニアで威力を発揮したが、その儀式は中心拠点であるアングルシー島のあるブリタニアでもっとも発達した。通常「ドルイド」という言葉は、とりわけ聖なるものとして崇拝されていたオークの樹を意味するギリシア語の「δρῦς」（ドルース）から派生している。しかしまたゲール語で「賢者」または「魔術師」を意味する「druidh」を語源とすることも可能である。

ドルイド教徒が聖なる火を守っていた寺院は、大抵は高地やオークの密林にあった。その建築様式は、再生の象徴としての十字型、宇宙を意味する円型、神霊の動きを暗示する翼型、ドルイドのオシリス「Hu」（フ）のシンボルである蛇型、または多くの伝説で宇宙または一組の男女が生じた宇宙卵を想起させる卵型かのいずれかであった。建築物は未加工の粗石でできており、その石の数は天文学を基準にして決められていた。中央の石は他のどれよりも大きく、神の代理として深い尊敬を受けていた。特にイギリスのストーンヘンジ、エーヴベリー、シャップにある石の寺院はそのことをよく表している。石が手に入らないところでは、代わりに自然の土を積み重ねて作られたため、その場合には寺院は溝に囲まれた高い塁壁でできていたが、そのような丘を作るには大変な労力が費やされた。たとえばスチュークリーの計算によると、今日シルベリーヒルのような丘を積み上げるには、約二万ポンドかかるという。

秘儀の中でもっとも聖なる領域はクロムレック(環状列石)またはドルメンと呼ばれた。それはパストス(秘儀または再生の場所)として用いられ、まっすぐに立った三つの石の上に平らな石が乗っていて、一種の小室になっていた。とはいえこのクロムレックまたはドルメンは、秘儀参入に必要な広大な諸部屋のほんのわずかな部分にすぎなかった。秘儀の場所全体はコエル＝シディと呼ばれ、多くの部屋、小室、穹窿のある部屋、浴室、見事な回廊などが本堂のまわりを大きくとり囲んでいた。その地下には普通、あらゆる秘儀に見られるような、志願者を恐怖におとしいれ、試練を与えるための設備があった。

ドルイド教は、当時それらの土地ではよく知られていた宗教的、哲学的な研究のすべてを網羅していた。その儀礼は明らかに天文学的な諸事象と関連づけられていた。主神は、男性的なものと女性的なもの、偉大な父と偉大な母、フとコリドゥェンの二神からなる。それはオシリスとイシス、バッカスとケレスなどに相応する二神である。秘儀の祭は三カ月毎に行われ、その正確な時間は太陽の運行によって定められた。すなわち二至(夏至、冬至)と二分(春分、秋分)である。年祭は五月一日の前夜に挙行され、国中の数多くの石の丘やクロムレックの上に祝いのかがり火を点火して開始された。火は夜を徹して燃え続け、当時墳墓の方角から昇ったであろう太陽に敬意を表して、火を囲み、合唱に合わせて踊った。陽気な祭は五月一日の昼まで続き、太陽が天頂に達するや否や、祭司と信者たちは森に引きこもり、狂宴にふけった。

志願者の厳粛な秘儀参入式は真夜中に行われ、三段階になっていた。予言者、吟遊詩人、ドルイド僧である。志願者は太陽であるフの死を暗示する棺に寝かされ、第三段階では太陽がふたたび現れて彼の復活を象徴する。彼の勇気を試す点は、太古の他の秘儀で行われていたものと似ていた。

一二月二五日の祭は、太陽神の誕生の日を告げるために、大きな薪の山に点火して祝われた。この冬至の日から太陽神は成長し、次第に上昇し始めると信じられていた。このような祭はドルイド教だけではなく、古代ではいたるところで行われていた。火は太陽の力とその灼熱を暗示する。薪に用いられた常緑樹は、太陽の甦った力が植物に作用することの象徴として用いられた。夏至の祭は六月二四日に行われた。キリスト教の教会もこの異端の祭日を引き継いで、ひとつはクリスマス、もうひとつは聖ヨハネの日としているが、それはかつての天文学的な意味に代わって、神学的な意味が入り込んだだけである。クリスマスの時期に、キリスト教の教会で常緑樹（樅の木）が使われているのは、ドルイド教徒の風習を引き継いでいるのである。

ドルイド教の主な教義は、唯一の至高存在、報酬と刑罰を伴うあの世、魂の不死と魂の流転であった。さらにドルイド教徒は、水が原初の本来の原理であり、創造以前に何にも汚されていない純粋な形で存在していた、と信じていた。しかしこれは彼らの他の教義、すなわち夜（カオス）は昼が創造される前からあった故に、夜から昼が生じたという教訓と明らかに矛盾している。彼らにはまた、時間は囚えられた永遠の断片に過ぎず、宇宙には無限の系列があるという教えもあった。彼らの教義はおおむねピタゴラス学派のそれに似ていた。三、七、一九（=合わせると月の周期）と、七の二乗に三をかけた一四七の数字に彼らは非常な敬意を表した。占いも高く評価されていて、鳥の羽根、人身御供、白い馬、水の回転占い、籤（くじ）占いが用いられた。しかしまた相当な学問的知識をも彼らは持ち合わせていたのである。

ドルイド僧の権力はしばしば支配者の力さえも凌駕した。彼らだけが宗教を解する者であり、すべての供物の管理をした。彼らの許可なしに一介の私人が供物を捧げることは許されなかった。破門は死罪に次ぐ恐ろしい罰則であったが、それを定める権利は彼らが有し、その結果には最高権力者でさえも従わなければならなかった。彼らの了解なしには、偉大な帝国議会は宣戦布告もできず、講和も結べなかった。彼らが下した裁断は変更されることがなく、それによってあらゆるもめごとを調停し、死刑さえも宣告することができた。彼らの祭壇は人の血に浸っていた。ときおり格子模様に編まれた大きな塔の中に大量の男女、子どもを閉じ込め、そのまま火を放って火あぶりにした。その犠牲者たちは、功名心の強い、血に飢えた祭司たちの威信を高めるために仕えたのである。祭司たちは犯罪者を生け贄にすることを優先させたが——名目上は神々にとって好ましかったので——、不足したときには罪のない者で「満足」した。そのような供犠はとりわけ戦の前夜や国全体を不幸が襲ったとき、または高い地位にいる人物がひどい病にかかったとき、回復を祈願して捧げられた。

金属の帯を締め白衣をまとった女祭司たちが未来を予言するときには、自然現象を観察して占ったが、実際には人身御供で占った方が好まれた。彼女らには戦争捕虜や、ドルイド僧によって死刑を宣告された者を殺すという使命もあったが、その殺された者の内臓から立ち昇る湯気と、傷口から流れる血の流れ方で占ったのである。彼女らの多くは一生の純潔を貫いたが、他は相当ひどい道徳の退廃に耽っていた。純潔な女祭司たちは人気(ひとけ)のない、波に洗われる岩に住み、その神託所は船員たちから、奇蹟の寺院と呼ばれていた。かなりの数の女祭司が船乗りたちに予言をしたが、彼らは、彼女たちがありとあらゆる力を有していると信じていた。これはとりわけセナ島またはリアンビス島——マーリン(中世の最高の魔法使い)の誕生地という言い伝えがある——に住んでいた九人の女祭司にあてはまる。ロワール河の河口付近に住んでいたドルイド教の女祭司たちは、毎年自分たちの神託所を壊しては新たに建てるのを常としていた。その際彼女たちのひとりが新しい「聖なる」建築材料を落としてしまったときには、他の女たちが耳をつんざくような鋭い叫び声をあげながら当人に飛びかかってずたずたに引き裂き、その血みどろの肉片を撒き散らしたのである。

ローマ人の進攻にしたがって、ドルイド僧の権力は衰えていった。彼らはついに紀元六一年にネロ治下のブリタニア総督であったスエトニウス・パウリヌスによってアングルシー島にあった拠点の砦を攻撃され、完璧にたたきのめされ、自分たちがローマ人の捕虜のために用意しておいた火あぶり用の薪の山で大量に焼かれた。ガリアでは彼らは、特にフェニステール岬とセナ島の近くで、キリスト教によって決定的に排除されるまで、二〇〇年程残存していた。しかしドルイド主義が排除されても、彼らの宗教的な風習の多くはなお長い間残っていた。ブリタニアにおいては、例えばカヌート大王（一一世紀）は、民衆に太陽と月と火を崇拝することを禁じなければならなかった。フリーメーソンでは今もなおドルイド的な修行が残っている。星の崇拝も同様である。フリーメーソンが、カヌート大王の勅令が下されてまもなく、そのことの結果として結成されたということ、ドルイド主義が徹底的に禁止されたために、きわめて厳しい秘密保持がなされていということが、専門家たちによって主張されている。

スカンジナビアの秘儀

ドロット僧……その根絶……儀式……天文学的解釈……冬至祭

古代スカンジナビアの祭司は「ドロット」と呼ばれ、伝説の中で後にオーディンと呼ばれるようになったスキタイの王子ジッゲによって創設された。この集団は一二人で構成され、裁判官の役割も果たしていた。これがイギリスを始めとして、他の多くの土地に広がった一二人から成る陪審員裁判の起源である。彼らの権力は大きく、人身御供を好きに選ぶことができた。ふさわしいと思えば、君主でさえも例外ではなかった。そのため、この全権力をもった祭司たちと良い関係をもてるように、あらゆる人が努めた。さらに結社を継承したのがある一族に限られたために、彼らはとてつもなく裕福になったが、気紛れな経済管理がついに度を越してしまった。彼らの支配に終止符を打つことを約束したからこそ、キリスト教はスカンジナビアで大歓迎されたのである。住民はそれまで蒙った数々のひどい仕打ちに対する復讐に駆られてドロット僧を殺し、宮殿や神殿や偶像を取り壊し、ゴート人的迷信に関する一切のものを破壊した。残ったのは人の手では破壊できなかったもの――秘儀参入に用いられた若干の環状列石や磨かれていない巨大な石碑、岩山に掘られたいくつかの洞窟群とわずかな自然洞窟だけであった。

すべての儀式は天文学的な意味を持っていた。秘儀の場所は他のほとんどの秘儀と同じように、自然または人工の洞窟であった。秘儀を受ける者はおそろしい試練を受けなければならず、また実際にそれを残酷に行うように祭司たちは心がけていた。志願者は——東洋の秘儀とは違って——七つではなく、九つ（九は神秘に満ちた三の二乗である）の地下空間をさまよった。彼は闇の君主ロキに殺されたスカンジナビアのオシリス、すなわちバルドゥルの死体を探し出して、その死んだ太陽神をあらゆる手段を尽くして生き返らせよという指示を受けたが、これは通常成功した。次いで、至聖室の中で抜き身の剣に秘密厳守の厳粛な誓いを立て、さらに人間の頭蓋骨に注がれた蜂蜜酒を飲んでその誓いを確かなものにした。最後にスカンジナビア人の神聖な象徴、十字のしるしが彼の剣に捺され、善なるバルドゥルの贈り物である魔法の指輪が手渡された。

『エッダ』の第一歌は明らかに、秘儀と結びついた儀式を歌っているが、そこでは、志願者が神々（アース）の有する知識を手に入れようと懸命である、と記されている。彼は黄金の板で覆われた広大な屋根をもつ宮殿を見つける。すると七つの花を上方に投げ上げているひとりの男に会う。宮殿は宇宙を意味し、屋根は天を、黄金の板は星々を、七つの花は七つの惑星を意味する。名前を聞かれて志願者は、「遍歴者」と答える。ここで秘儀志願者は周囲を歩き回るが、それは生命に欠かせないものを人類に与える太陽を示唆している。太古の秘儀伝授者は太陽を、宮殿の王と呼んだ。遍歴者はただちに三つの座を見つける。低いところには「崇高な王」、中間のところには「崇高なものと同等」、そして一番高い席には「三の数」が座している。この座せる三者はエレウシスの秘儀の新参者が見た人物たち、すなわち導師と松明を持つ人と祭壇祭司に相応する。またフリーメーソンのマイスターと一番目と二番目の番人にも相応する。それは太陽と月と偉大な宇宙建設者（デミウルゴス）を表している。しかしスカンジナビアの三位一体は、一般的には上位神のオーディン、その最初の息子トール（オーディンと人間の仲介者であり、宇宙の上に無制限の権力を持つ故に、一二の星々が彼の頭を取り巻いている）と、愛と結婚を支配する両性具有のフレイヤによって表されている。

新しく秘儀を授けられた者は、最古にして最大の神が「アルファーダー」（＝万物の父）であり、一二の異名を持つと教えられた。これは太陽の一二の特性、一二の星座、そしてエジプト、ギリシア、ローマの一二の高次の神々を思い起こさせる。すでに言及した秘儀参入の儀式に登場する善なるバルドゥルもスカンジナビアの神話の神々に属する。バルドゥルは太陽に愛された東洋のミトラである。バルドゥルは夢の中で、彼に襲いかかる危険を予知する。彼が自分の懸念をワルハラの神々――古代スカンジナビアのオリンポス神たち――に伝えると、神々は彼をなだめ、彼に何も起こらないように、自然のあらゆる生き物に彼を苦しめないことを誓わせた。ただミスペル（宿り木、セイヨウカリン）だけはあまりにも無邪気だったので、その対象からは外された。神々は気晴らしに、バルドゥルにさまざまな危険なものを投げつけたが、彼は傷ひとつ負わなかった。盲目の神ヘードル（運命）ははじめ話し合いに参加していなかったが、悪の神ロキ（闇、冬）がヘードルの手にミスペルを渡して、それを投げるように説得したために、バルドゥルは倒れて死んだ。そのことからスカンジナビア、ガリア、ブリタニアのドルイド僧は冬至に、ミスペルの枝（宿り木の枝）を集める習わしがあった。曲がったナイフは、バルドゥルの殺害が行われた黄道一二宮の部分を暗示しているが、彼らはそのナイフで宿り木を切り取った。スノリの『エッダ』には、別の言い伝えがある。それによると、オーディンが殺されたとき、スカンジナビアのイシスまたはヴィーナスであるフレイヤは、彼の死体を探しに出かけたという。まったく同じ伝説がエジプトのオシリスとイシス、ギリシアのケレスとプロセルピナについて物語られている。これらの天文学的な意味は同じである。

スカンジナビアの、そしてドルイドの主な祝祭のひとつは、冬至祭であった。一年で夜がもっとも長いことから、原初の闇から世界が創造されたという意味で、「母の夜」と呼ばれていた。この祭りは「ユール」（冬至）と名づけられ、喜びを表す祝祭であった。イギリスとスコットランドではクリスマスのことを今日もなお「ユール」と言い、「クリスマス」という言葉と同じくらい頻繁に使われている。

神殿伝説

ソロモンは神殿の建設を決定すると、建築師を呼び集めてグループに分けた。そして彼と親交のあったテュロスの王ヒラムが遣わしたアドニラムまたの名をヒラム・アビフに建設の指揮をとらせた。

伝承によると、神秘の神殿の建築師の由来は次のようである。エロヒーム（原初の神）のひとりと結婚したエヴァは、カインという名の息子を産んだ。一方、別のエロヒーム、つまりエホヴァまたはアドナイがアダムを創ってエヴァと結婚させ、アベルが産まれた。カインが熱心に農作業をしてもわずかな収益しか得られないのに対して、アベルはのんびりと家畜の番をしていた。エホヴァがカインの捧げものを拒否したので、火から産まれたエロヒームの子らと、ただ大地から産まれた人間との間にいさかいが呼び起こされた。その結果カインはアベルを殺した。アドナイはカインの末裔を迫害し、芸術と科学の発端となったこの高貴な一族をアベルの末裔の支配下においた。

カインの息子のエノクは石を削り、家々を作って市民的な社会を形成する術を人間に教えた。エノクの息子イラデと孫のメホヤエルは堤防を築き、杉の原木で角材を作った。カインの別の子孫であるメトサエルは、T（タウ）文書と象徴的なT文字を案出し、火の系統の労働者が互いを認知できるようにした。その予言が世間に理解されることがなかったレメクには、四人の子どもがあった。長子としてらくだの皮加工を教えたヤバル、竪琴を創案したユバル、紡績と織物の母であるナアマハ、最初の溶鉱炉を作り、最初の金属加工を行ったトバル・カインである。トバル・カインは、一族を大洪水から守るために山の中に地下洞を掘ったが、それにもかかわらず彼と息子しか生き残ることができなかった。ハムはノアの二番目の息子であるが、その妻はトバル・カインの息子を愛してニムロドを生んだ。ニムロドは狩猟を考えだし、バビロンを建設した。トバル・カインの子孫であるアドニラムまたはヒラム・アビフは、火の子らを、思考と前進と真理の子らと結びつけるべく、自由な男たちによる騎士団を指揮する使命を神から授かったという。

ヒラム・アビフは素晴らしいソロモンの神殿を建て、見事な黄金の王座を作り、壮麗な建物を数多く建てた。しかしいくら偉大でも、彼はまわりから理解されず、孤独であった。わずかな人びとだけが彼を愛し、他の多くは彼を憎んだ。ソロモンも彼の優れた才能と名声を羨み、ねたんでいた。しかし王の叡智は広く知れ渡っていたので、シバの女王バルキスが王に謁見し、そのすばらしい統治ぶりを学ぶために、ある日エルサレムにやってきた。金色の衣服をまとい、金箔の杉の座にいる王を見たとき、彼女は象牙製の手のついた黄金の立像だと思ったほどだった。王は王女をこの上なく手厚くもてなし、宮殿と見事な神殿を案内した。見るものすべてに彼女は感激し、驚嘆した。その彼女の個性的な美しさが彼の心を捉え、やがて王は王女に求愛した。誇り高き男を征服し得たという喜びから、彼女は求愛に応じた。もう一度神殿を訪れたとき、これらの見事なものを作り上げた謎めいた建築師に会いたいと彼女はふたたび願い出た。ソロモンはためらい、できるだけ会わせまいとしていたが、ついにヒラム・アビフを連れて来させることを承知せざるを得なかった。そしてこの男がシバの女王を一瞥した瞬間、彼女は動揺したがすぐに落ち着きを取り戻した。ソロモンの怒りと嫉妬からヒラム・アビフを守ったのだ。彼女が神殿建築に取り組んでいる労働者たちを見たいと申し出たとき、王はそれは不可能だときっぱりと断った。そこでヒラム・アビフが彼女からよく見えるように石の上に乗って、右手で空中にT(タウ)文字のシンボルを描くと、すべての労働者が四方八方から一斉に駆けつけてきた。このことにバルキスは大いに驚き、王の求愛を受けたことを密かに後悔した。というのは彼女の中で力強い建築師への愛が燃え上がったからである。嫉妬深いソロモンはヒラムを恋仇と見て、彼を辱め、破滅させようと心に決めた。

神殿建設者の中に、シリア人の左官ファノール、フェニキア人の大工アムル、ヘブライ人の坑人メトサエルがいた。彼らは役に立たず怠け者だったので、親方(マイスター)への昇進をヒラム・アビフが拒んでいた。そのため彼に悪感情を抱いていたこの三人組は、対抗してソロモンに仕え、共謀して「青銅の海」の鋳造を邪魔しようと企んだ。その鋳造が成功すれば、その栄光によってヒラム・アビフが王位につくことは確実だったのである。しかし、師のヒラム・アビフを尊敬していた若き労働者ベノニは、この三人の悪巧みを見破り、王に打ち明けて企みを頓挫させようとした。バルキスも出席して鋳造が始まった。溶鉱炉が開くにしたがって大量の液状の青銅が巨大な型に流れ込んだが、あふれて外に流れ出したため、集まっていた多くの人びとは焼き殺されないように逃げ出した。ヒラム・アビフはそれでも神のような静けさで、偉大な水の精を使って火の流れを止めようとしたが無駄だった。水と火が混ざって熱い湯気が昇り、火の粉となって襲いかかってきたのである。この不運な建築師は、慰めを求めて忠実なベノニを探したが、見つけることはできなかった。というのはこの気高い若者は、進言にもかかわらずソロモンが悪企みを阻止しないのを見てとると、自分で親方を破滅から救おうと伺っていたのだが、そのときに殺されてしまったからである。

ヒラム・アビフは不運の現場にとどまっていた。悲嘆にくれて、火の海の危険が迫るのを顧みようともしなかった。まず彼が考えたのは、シバの女王の落胆と心痛であった。彼女は鋳造の成功を待ち望んでいて、今日はそれを祝うために来ているのだった。突然上方から不思議な叫び声が響いた。「ヒラム！　ヒラム！　ヒラム！」。仰ぎ見ると巨大な姿が空に浮かんでおり、彼にこう話しかけた。「恐れるな、わが息子よ。私はお前が焼き殺されないようにした。炎の中に飛び込め！」。

そこで彼は溶鉱炉の中に入ったが、傷ひとつ負わなかった。いい知れぬ歓喜を感じながら、抗い難い力に駆り立てられて、どんどん中へ押し進んだ。「私をどこへ連れて行かれるのですか？」と彼は尋ねた。「地球の中心、世界の魂、自由が支配する、偉大なカインの王国へ。そこではアドナイ（エホヴァ）の暴君的な妬みはやみ、私たちは彼の怒りに邪魔されずに、認識の木の実を味わうことができる。そこはお前の父たちの故郷なのだ」――「私は誰ですか、そしてあなたはどなたですか？」――「私はお前の父たちの父であり、レメクの息子トバル・カインである」。

トバル・カインはヒラム・アビフを火の聖域に導き、彼にアドナイの弱点と低級な情熱について話して聞かせた。アドナイは彼自身が創ったものに対して敵意を持ち、人間に多くの恵みを与えた火の精に復讐するために、人間に冷酷に死を宣告したのだという。ヒラム・アビフはまもなく彼の原初の父、カインの前に立った。その美しさには彼を産み出した光の天使が映し出されていた。カインの高貴な心情がアドナイに妬みを引き起こしたのである。彼は冷酷なエホヴァが彼に下した苦しみについて語った。突然「トバル・カインとその妹ナアマハの末裔よ」という声が鳴り響いた。「お前にひとりの息子が生まれるだろう。その子をお前は見ることはないが、お前の数多くの子孫が一族を不滅のものにするだろう。お前の一族はアダムの一族を凌いで世界を支配するだろう。何百年にも亘ってその勇気と気高い能力は、不遜なアダムの一族に奉仕し続けるであろうが、ついには最高のものが最強のものになり、ふたたび拝火教が地上で信じられるようになるのだ。お前の無敵の末裔は専制政治のアドナイの共犯者である王たちの権力を打ち壊すだろう。行け、わが息子よ。火の精はお前とともにある！」。

トバル・カインは、みずからが多くの偉大な事業を成し遂げたときに用いた槌（つち）を彼に手渡して言った。「この槌と火の精の助けで、愚かな人間の悪意によって成し遂げられずに残った仕事を迅速に終わらせるがよい」。

ふたたび地上に出るや否や、ヒラム・アビフは高価な槌の驚異的な力を試し、明け方には「青銅の海」の鋳造を完成させた。名人とバルキスは歓喜し、あわてて駆けつけた民衆は、昨日の不運を一夜のうちに取り戻した神秘の力に驚嘆した。

その後まもなく、ある日バルキスが供を引き連れてエルサレムの外に散歩に出ると、考えにふけってひとりで歩いていたヒラム・アビフに遭遇した。そして二人は互いの愛を打ち明けたのである。ハドハド（シバの女王のそばで火の精の使いをする鳥）はヒラム・アビフが空中に神秘なT（タウ）文字を描くのを見て、彼の頭のまわりを飛んで手首に止まった。そこで昔王女の乳母だったサラヒリが叫んだ。「予言は適中しました！火の精が定めたバルキスの夫、彼女だけがその愛を受けることのできる夫がハドハドにはわかるのです」。

二人はもはやためらうことなく結婚の約束を交わすと、これからのことを相談した。ヒラム・アビフはまずエルサレムを去ってアラビアへ赴き、バルキスは王の監視の目をごまかして婚約が解消できたらすぐにヒラム・アビフの後を追う、ということだった。彼女の方はうまくいった。ある日ソロモンが酒に酔ったとき、彼女は彼の指から婚約指輪をはずしたのである。一方ソロモンは嫉妬にかられて、「青銅の海」の溶鉱炉をだめにした三人の職人に、恋仇を殺したいとほのめかした。それを受けて彼らは、旅立ちの前にもう一度神殿を訪れたヒラム・アビフを打ち殺してしまった。しかし彼は、息を引きとる前に、マイスターの言葉が彫ってある黄金の三角形を首からはずして深い泉の中に投げ入れた。殺人者たちは死体をくるんで、人気のない丘に埋め、その上にアカシアの枝を植えた。

ヒラム・アビフが七日間ずっと姿を見せないため、彼を探すことを民衆が願い出た。ソロモンが嫌々ながら探させると、三人のマイスターが遺体を発見した。マイスター昇進をヒラム・アビフが拒んでいたことから、例の三人の職人に殺人の疑いがかけられた。そして三人の職人に秘密を漏らされることを恐れたマイスターたちによって、念のためにマイスター同志の合言葉が変えられることになった。遺体を引き上げるときに思わず口をついて出る言葉が、新しいマイスターの合言葉になるのである。彼らのうちのひとりが死体から皮がはがれるのを見たとき、思わず「Makbenach」(「兄弟が打ち殺した」または「肉が骨から離れた」というような意)と叫んだので、これを合言葉にした。三人の殺人者は捕らえられ、裁判官の手にかけられる前に自殺した。彼らの首は王に引き渡された。ヒラムの遺体には黄金の三角形がなかったために探されて、ついに泉の中で見つかった。ソロモンはそれを神殿のもっとも人里離れた秘密の地下室にあった三角形の祭壇の上に置かせた。そして三角形をよりうまく隠すために、十戒の刻まれた立方形の石をその上に置いた。その地下室はただ二七人の選ばれた者だけが知っていたが、最後には壁で囲まれてしまった。

サン・ジェルマン伯爵

（グスタフ・ベルトホルド・フォルツ『サン・ジェルマン伯爵』*Der Graf von Saint-Germain* より）
一一二ページ「ヘッセン……」の編註の補遺

ベルリンとハナウからの帰途、アルトナで、私は悪名高いサン・ジェルマン伯爵と会った。彼は、私が狩猟家ではなく、また高度の自然科学の研究の妨げになるような趣味を何ももっていないことを耳にしたとき、私に特に好意をもったようだった。そして、「シュレスヴィヒへあなたを訪ねて行きます。私たちが一緒に、偉大な事柄を成し遂げるのを、あなたはおわかりになるでしょう」と言った。私は、彼が示そうとする好意を、さしあたりは受け入れられない理由が数多くあることをほのめかしたが、彼は応えて、「あなたを訪ねてお話ししなければならないことは、私にはわかっているのです」と言った。議論を避けるために、病気で身を引いているケッペルン大佐が数日のうちに私の後を追ってくる、あなたは彼とそのことについて話し合えばいい、と言うしかなかった。そして私はケッペルンに、できるだけサン・ジェルマン伯爵の機先を制して、彼がシュレスヴィヒに来ることを思い留まるように、できる限り忠告してもらいたい、と手紙を書いた。ケッペルンはアルトナに来て、サン・ジェルマン伯爵と話し合ったが、彼の答えは、「あなたのおっしゃりたいことは分りました。しかし私はシュレスヴィヒに行かなければならないのです。とりやめたりはしません。他のことはどうでもいいのです。私の住むところを用意するなどの配慮をお願いします」ということだった。ケッペルンは、この話し合いの結果を告げたが、私には同意しかねるものだった。

とにかくこの特異な男について、私はプロイセン軍で多くの情報を入手していた。とりわけ友人のフランケンベルグ大佐と、彼について語り合った。大佐は、私に次のような話をした。「彼は詐欺師ではありません。大変な知識の持ち主だと思います。妻とドレスデンにいたとき、彼もそこにいて、何くれとなく私たちに心を配ってくれました。妻がイヤリングを売ろうとしたときには、宝石商が不当な安値をつけたので、妻はそのことを伯爵のいる席で話題にしました。そうしたら彼は〝それを私に二、三日預けてられませんか〟と言って持ち帰り、そしてそれを前より美しくして返してくれました。宝石商に見せたところ、〝これはすばらしい。以前あなたが持ってこられたものとはまったく違います〟と言って、前より二倍以上の値段で買い取ってくれました」。

サン・ジェルマン伯爵は、その後まもなくシュレスヴィヒへやって来た。彼は私に、人類のために自分が成し遂げたい数々の事柄について話した。私は気乗りしなかったが、しかしどう考えても重要と思われる知識を、誤った知恵や貪欲さから拒否することが最後には気にとがめられて、私は彼の弟子になった。

彼は、費用のほとんどかからない染料の改良や、金属の改良について多くのことを話した。さらに、たとえできたとしても黄金を作る必要はまったくない、と付け加えて、この原則に絶対に忠実であり続けた。宝石は仕入れにお金がかかるが、その改良法を心得ていれば、その価値は限りなく上昇する。自然の中で彼が改良したり、役立つようにできないものはほとんどなかった。彼は私に、自然の事象に関するほとんどあらゆる知識を明かしてくれた。ただしそれらはすべて基礎的なものであり、自分で試行しながら目的を達成する手段を私に探らせて、進歩すると非常に喜んだ。金属と石に関しては、このように進められたが、しかし染料については、他の極めて重要な若干の知識と同じように、直接私に打ち明けてくれた。

彼に関する物語は、好奇心をそそるだろう。私は真実をまったく忠実に、彼の言葉をいくつか交えて再現し、必要な説明だけを付け加えるつもりである。

彼が語ったところによると、私のところに来たとき、彼は八八才だった。そして九二才か九三才で亡くなった。彼はジーベンビュルゲンのラコッツィー侯爵とその最初の夫人であるテケリの子息である、という。そしてメディチ家最後の人物に庇護された。その人物は、子どもであった彼を自分の部屋に寝かせた。彼の二人の兄弟である、ヘッセン・ラインフェルスまたはローテンブルグ――私が間違っていなければ――の王女の子息たちが、皇帝カール六世に降伏し、皇帝と皇后にならってサン・カルロとサンタ・エリザベッタの名を授けられたと聞いたとき、彼はこう考えた。「よし、では私はサンクトゥス・ゲルマヌス、聖なる兄弟と名乗ることにしよう」。

勿論、私には彼の出自を保証することはできないが、彼がメディチ家最後の人物に非常に寵愛されたことは、他からも聞いたことがある。よく知られているように、メディチ家は、最高度の科学に精通しており、彼がそこでそのような知識を最初に得たとしても驚くにはあたらない。しかし彼は、自分自身の努力と、数々の研究によって自然の諸力を探求したのだと主張していた。

彼は薬草と植物について非常に詳しく知っており、自分で発見した薬を常用していた。その薬が、彼の生命と健康を引き延ばしたのである。私はまだ、彼の全処方箋を所持しているが、彼の死後、医者たちは彼の学問に激しく反対した。私たちには、薬剤師でもあったロッサウという医者がいた。サン・ジェルマン伯爵が彼に処方した数々の薬や、またとりわけお茶を調合するために、私は彼に毎年一二〇〇ターラー支払っていた。そのお茶を、金持ちたちは代金を支払って、貧しい人びとは無料で手に入れた。ロッサウは、その貧しい人びとの世話もしたし、また多くの人びとを癒し、私の知るかぎりでは死んだ人はいなかった。しかし彼の死後、私はあらゆる方面から聞かされるいろいろな意見にうんざりし、処方箋をすべて回収して、ロッサウの代わりを探すことは二度としなかった。

サン・ジェルマン伯爵は、染料工場をこの地方に設立しようとしていた。亡くなったオッテの工場が、エッケルンフォルデで空き家のままになっていた。私は、郊外にあったこの建物を安く買い、サン・ジェルマン伯爵に引き渡し、絹の布地や亜麻布なども買い入れた。さらに、こうした工場には多種多様な用具類も必要だった。

その工場で、一五ポンドの絹が大鍋で染められているのを見たが、それは私が学習したときに、コーヒーカップで実際に試みたのと同じやり方だった。その大鍋染色は完全に成功した。大量ではうまくいかない、などとは言えないのである。

不運にも、サン・ジェルマン伯爵はひどいリュウマチにかかってしまった。エッケルンフォルデへ来たとき、じめじめした下の部屋に住んだためで、彼のあらゆる治療薬をもってしても完治しなかった。

エッケルンフォルデに何度も彼を訪ねては、非常に興味深い教えを受けて戻ってきた。私は彼に尋ねたいことを、事ある毎に書きとめていたのだ。

晩年のある日、彼の病がひどく、まさに死ぬのではないかと思ったことがある。彼自身も、そう信じていた。すると、彼は急にいなくなった。私は、彼の寝室で昼食を摂った後、ベッドの前にひとりで座っていなければならなかった。そのあと、戻ってきた彼は、私に多くの事柄を腹蔵なく語り、多くの予言を述べて、私に、できるだけ近いうちにまた来るようにと懇願した。私が帰る頃には、彼は前ほどひどくはないように見えたが、その分口数は少なくなった。

一七八三年にカッセルに行った時、私のいない間に自分が亡くなったら、封印してあるメモを見つけるように、それは私を満足させるだろうから、と彼は言った。しかしこのメモは結局見つからなかった。多分、彼は不誠実な人の手にそれを託してしまったのだろう。私は、メモに何が書いてあるのか、存命中に教えてくれるようにと、何度も彼にせがんだ。すると彼は悲しそうにこう叫んだ。「とんでもない！　今しゃべってしまったら、惨めになってしまいます」。

彼はおそらく、世界でもっとも偉大な哲学者のひとりだっただろう。彼は人間を愛していた。貧しい人びとに与えるためだけに、黄金を求めた。動物を愛した彼の心は、人びとを幸せにすることで一杯だった。数々の新しい楽しみや、より美しい素材、より美しい染料を安価で調達することが、世間を喜ばせることだと信じていた。彼の素晴らしい染料は、ほとんど無料だったのだ。私は、彼ほど明晰な精神の持ち主を知らない。そして珍しい歴史上の知識を、彼は兼ね備えていた。

彼はヨーロッパ中の国々をまわったが、ここほど長く滞在した場所を私は知らない。彼はヨーロッパの国々すべてを徹底して知っていた。コンスタンティノープルとトルコには何度も滞在した。しかしもっとも愛した国は、どうやらフランスのようだった。彼はポンパドゥール夫人によってルイ一五世に紹介され、王の小さな晩餐会にも出席したのだ。ルイ一五世は、彼を非常に信頼した。そしてイギリスとの和平交渉のために、彼をハーグへ送り込んだ。王は、大臣たちの知らないうちに密使たちを使うことがよくあったが、正体がばれると、彼らを見殺しにした。ショアズール公爵は、王の画策によって迎えた客を捕まえさせようとした。しかし彼はうまく逃げ出し、サン・ジェルマンという名を捨てて、ウェルダン伯爵になった。

彼の宗教哲学的な諸原則は、純粋な唯物主義だった。彼はそれを鋭い切り口で人に語って聞かせることを心得ていたので、彼を言い負かすことは難しかった。しかし私は何度も、彼の持論の欠点を指摘する幸運に恵まれた。

彼はキリストの崇拝者などでは決してなかった。私の聞きたくない事を、彼が敢えて言うので、私は彼に言った。「愛する伯爵、あなたがイエス・キリストを信じるか、信じないかはあなたの勝手です。しかし率直に言うと、あなたが私のそばで、私が心から敬服しているキリストのことを話されるとき、私はひどく悲しくなるのです」。彼はほんの少し考え深げにして、答えた。「イエス・キリストは〝無〟ですが、あなたの悲しみを引き起こすのは〝存在〟です。もう二度とこのことについてあなたとお話ししないと、約束します」。

臨終の時、私は不在だった。彼はロッサウに、私がカッセルから帰ったら伝えるようにと、次の言づけを頼んでいた。「死ぬ前になってやっと、私の考えを変えるように神が恵みをかけられた。それがどんなにあなたを喜ばせるか、私にはわかっている。そしてあなたは、別の世界にいる私の幸福のために、さらに多くのことをしてくれるだろう」。

解説

高橋　巖

宗教、学術、技芸など、文化のさまざまな分野の中には、一般に公開することの許されないような「門外不出」の、または「一子相伝」の「秘伝」が存在している。そういう「エソテリック」（秘教的）な伝授の形式は、奥義とか免許皆伝とかという言葉の好きな日本人に限らず、世界のあらゆる民族の伝統文化にあって、そこに固有の深い奥行きを与えている。

秘伝の物語を読むと、多くの場合、きびしい修行の果てに神的存在と出会い、特別聖なる何かをその存在から伝授されるというような、人間の能力を超越した「霊的な体験」から始まっている。そして、特定の集団がエソテリックな内容を保持している場合には、それを外に漏らした者は死罪に価するとさえ考えられていた。

一九世紀後半の頃から、物質界を超越したところに霊的な働きを認めるのをいさぎよしとしない、近代合理主義が人びとの心に浸透するようになった。すべてを批判的に吟味する科学の光が社会の隅々にまでいき亘り、真理が万人によって求められることを自ら欲する時代が到来したのである。

本来ありうべくもない超感覚的な事象でさえも、「象徴」という名の下に、民俗学、人類学もしくは心理学によって対象化され、解釈され、発表されるようになった。そうした学問の民主化、秘教の顕教化の流れの中で、H・P・ブラヴァツキー（一八三一～九一年）の『ヴェールをぬいだイシス』（一八七七年）と『秘密教義』（一八八八年）は、ひとつの決定的に新しい方向づけを与えた。「エソテリック」という言葉が彼女によって、まったく新しい意味づけを与えられたのである。

彼女は、近代合理主義の洗礼を受けた人間の意識にも納得できるような仕方で、われわれ人間という日常の存在の内部に、途方もないエソテリックな能力が組み込まれていること、自然科学が次々にその謎を解明しつつあるように見える大自然、大宇宙の中にも、壮大なエソテリックな目的が組み込まれていること、そしてひとりのはかない人間存在と、果てしない大宇宙との間に、深いエソテリックな結びつきがあることを、「神智学」という思想体系の中で明らかにしようと努めた。

彼女によれば、そのような人間観、宇宙観は、太古から特定の人びとの間に「秘密の教義」として伝えられてきたが、今や、その知識はすべての人の前に開示されるべき時代になったのである。予想しえぬ程急激に現れる社会的な変化の中で、もっぱら個人の意識だけが頼りになるような時代が来たのに、科学の精神では個人の尊厳を保証する根拠を見出だすことができない。時代のこの危機的状況の中で、ブラヴァツキーは個人の精神の自由を拘束することのない、新しいエソテリズムを確立する必要を痛感していた。しかし、秘密結社の形式をとると、誓いや義務を通して個人が集団に拘束されたり、集団の道具にされたりすることになりかねない。そうではなく、自由な立場で参加でき、しかもそれぞれが自分の内にひそむエソテリックなものに出会うことができるような学校（スクール）に似た協会形式を彼女は模索した。そしてその結果、一八七五年に神智学協会を発足させたが、彼女はこの協会の基本姿勢を次のように表現している。

一、信仰、人種、身分、男女などによる社会的差別をしない。
二、東洋の叡智を学び、その普及に努める。
三、自然と人間との内部に働いている霊的な法則を探究する。

そしてこれら三つの基本姿勢を貫く協会のモットーとして、「いかなる宗教も、真理より高くはない」、という言葉を選んだ。

ブラヴァツキーは一八九一年に没したが、その頃ルドルフ・シュタイナー（一八六一〜一九二五年）は、ワイマールにあって、ゾフィー版ゲーテ全集の自然科学部門の編纂に携わる傍ら、彼の哲学上の主著ともいうべき『自由の哲学』（一八九四年）と取り組んでいた。「人間に自由はあるのか」ではなく、「いかにして人間は自由を獲得するのか」を、同時代の哲学者たちの思想を視野に入れながら論じたこの著作を今読んでみると、時代に対する向き合い方において、ブラヴァツキーと非常に共通しているところがあることに気づく。しかもその姿勢は、同時代の前衛的な芸術家、作家たちやアナーキスト、社会主義者たちとも共通していた。したがってシュタイナーは、一八九七年にワイマールからベルリンに移ると、カール・リープクネヒトの創設したベルリン労働者育成学校で講義したり、「ジョルダーノ・ブルーノ同盟」や「来たるべき人びと」のようなアナーキストたちのグループに積極的に参加したり、ドレフュス事件（一八九四〜九九年）に際しては、エミール・ゾラと同じ立場から論陣を張ったりもした。

そのようなシュタイナーがブラヴァツキーの思想に共鳴して、神智学協会に加入したのは、一九〇二年一月一七日、彼が四〇歳のときのことである。同年一〇月にドイツ支部が設立され、彼は事務総長に選ばれた。シュイタナーがエソテリック・スクール（Esoteric School 略してE・S）、を、神智学協会のために、神智学協会に魂を吹き込むために、不可欠なものであると考えるようになったのは、いつ頃からだったのだろうか。一九〇三年五月一日にはマリー・フォン・ジーフェルス宛に次のように書き送っている。――「ドイツでE・Sのメンバーが一緒に働くことができたらいいですね。E・Sこそが神智学協会の魂にならなければいけないと思います」。

このエソテリック・スクールは、一八八八年、ブラヴァツキーによってロンドンに創設され、彼女がこの世を去る一八九一年まで、インドのアディヤールに本部のある神智学協会からはまったく独立した組織として、もっぱら彼女の指導の下にロンドンで続けられた。はじめは「神智学のための東方スクール」（Eastern School for Theosophy 略してE・S・T）と呼ばれ、その名の通り、本来は東洋の古い叡智を学ぶための機関だったが、後にエソテリック・スクールと改名された。ブラヴァツキーの死後、その指導はアニー・ベサントに引き継がれた。ドイツでも、E・Sを求めた人は、ロンドンのベサントの下で指導を受けた。

一九〇四年五月七日から一四日まで、シュタイナーとマリー・フォン・ジーフェルスは出版されたばかりの『神智学』を携えてロンドンへ赴き、アニー・ベサントにE・Sへの思いを打ち明けた。アニー・ベサントは二人の申し出を非常に好意的に受けとめ、早くも五月一〇日には、ドイツとオーストリアのE・Sメンバー全員宛に、ルドルフ・シュタイナーがドイツとオーストリアにおけるE・Sのアーチ・ウォーデン（総責任者）として働くことを承認した、と通知している。

本書の第一講「五旬祭」は五月二三日、つまりロンドンからベルリンへ戻った九日後に行われ、「自由の中で戦うことによって文化を獲得していく」（本書二四ページ）過程の中で、人間が知的な生活からふたたび霊的な生活へ進んでいくという、現代における「進化のもっとも大きな目標」（本書二七ページ）を明確に打ち出している。そして雑誌『ルツィフェル・グノーシス』に同年六月から一九〇八年まで「いかにして超感覚的世界の認識を獲得するか」の連載を続ける（単行本は一九〇九年刊）。霊的修行についてのこの主著は、利害関係の渦巻く人間社会の中で物質生活をより充実させるために働く市民の生き方と、人里離れたところで霊的存在との出会いを求める修行者の生き方とをひとつに結びつけることで、近代意識にふさわしいエソテリズムの道を切り開らくために書かれた。人間のアストラル体ではなく、人間の自我は、孤独の中でではなく、社会的な人間関係の中でしか育成することができない。だからこそ、われわれは繰り返してこの世の人間関係を求めて生まれて来るのである。同じ思想を「五旬祭」の講義では、プロメテウスという神話的形姿を通して語っている。そして次の第二講「カインとアベルの対立」では、この観点が人類の二つの霊統として一般化され、最終講の「新しい形式の帝王術」にいたるまでの本書のライトモティーフになっている。

一九〇四年六月一八日から二一日までアムステルダムで神智学協会の国際会議がひらかれた。そのあと、ベルリンに戻ったシュタイナーは、アーチ・ウォーデンとして「エソテリックな時間」を指導し始める。七月九日のことである。E・Sは本来、二つもしくは三つのクラス（または部門）に分けられ、一、象徴の神秘学的な理解、二、ヨガ、三、キリスト教グノーシスの教義、四、ピタゴラス派の教義を体験的に修得することを目指した。神智学協会員として二年以上経験を積んだ者だけに入学が許されたが、その場合にも少くとも一年間（後には二年間）は試みの集りである傾聴会またはシャーヴァカ会（Probationary—or Hearer

―, Shâvaka Orden）で学ばなければならなかった。シュタイナーの指導するE・Sはまだこのシャーヴァカ会に属していたが、彼はそのことに頓着しないで、すぐにもっとも本質的な教えを説き始めた。

シュタイナーのプランによれば、第一クラス（部門）では教義と瞑想法を学び、第二、第三部門ではその教義の認識の上に立てられた儀礼（認識儀礼）と瞑想法を実践する。そしてこの三つの部門は並行して、同じメンバーを対象として行われた。

E・Sを三つのクラスに分ける意味について、シュタイナーは一九一六年四月四日のベルリンでの講義で次のように語ったことがある。――「すべてのオカルト兄弟団は、三つの位階を基礎にしています。第一の位階では、象徴の正しい解釈が求められますが、この場合、〝正しい〟とは、私たちが今生きている第五後アトランティス期（一五世紀以降の約二千年間――訳者）にふさわしい仕方で、霊界についての知識を内的に体験することを意味します。第一の位階では物質界の法則から独立した知識を学ばなければなりませんから、私の著した『神秘学概論』に述べてあることを、知っていなければなりません。

第二の位階の人は、『いかにして超感覚的世界の認識を獲得するか』に述べた事柄を、内的に生きいきと学ぶことができなければなりません。そして第三の位階の人は、記号と握手と言葉とによる重要な象徴を伝授されるのですが、それと同時に、それらの象徴の意味を知ることができなければなりません。そうすることによって、肉体の外で生きる、ということの意味が理解できるようにならなければいけないのです。

次いで高位の位階にいたります。確かに、そこは多くの虚栄がはびこる場所です。実際、位階が九〇または九〇以上に達することもあるのです。自分がそのような高い位階にいたとしたらどうだろうか、と考えてみて下さい。いわゆるスコットランド・メーソンの高位制は、おそろしいくらいの誤解に基づいて、三三の位階を定めています。三〇の位階は今述べた三つの位階の上に立てられています。三つの位階そのものに深い意味があるというのに、なおその上に三〇の位階があるというのです。

実は、オカルト学では、一〇進法とは異なる数え方をします。三三という数は、実際には、三×三、つまり九と読むのです。ですから、三三ではなく、九なのです。……

それにしても、三つの位階の上に、さらに六つの位階があるのですが、しかし現代においては、まだこの六つの位階に達することはできません。そうすることは不可能です。なぜなら、第五後アトランティス期の人類の意識は、まだそこまで進化していないからです」。

さて、先ほどE・Sの指導はもっぱらブラヴァツキーによって行われたと述べたが、この世の組織としてのE・Sではなく、霊的な関連の中でのE・Sは、眼に見えない、アストラル界のマイスター（マハトマ）たちの指導の下にあった。ブラヴァツキーは、彼女自身によれば、マイスターたちの意思を地上に降ろす役割を果していたにすぎない。シュタイナーの言うところによれば、マイスターは一二名から成り、その中でクートフミはエジプト文化期からギリシア文化期への移行を指導し、ヒラリオンはギリシア文化期を指導し、ナザレのイエスはギリシア文化期からゲルマン文化期（第五後アトランティス期）への移行を指導し、サン・ジェルマン伯爵はゲルマン文化期を指導し、モリヤはスラブ文化期（第六後アトランティス期）を指導するという。別の機会には、マイスター・モリヤは人類の進化の目標を教え、マイスター・クートフミはこの目標へ到る道を教える、とも彼は述べている。

シュタイナー自身も、マイスターたちの意向に沿って活動していた。一九〇五年一月一九日のマリー・フォン・ジーフェルス宛の手紙には、次のような一節がある。――「たとえどんなことがあったにせよ、私たちの時代は神智学を必要としているのだ、ということをマイスターが私に納得させたのでなかったなら、私は一九〇一年以後も、ただ哲学論文だけを書き、文芸や哲学の話をし続けたでしょう」。

本書の諸講義を行っていた頃のシュタイナーは、ブラヴァツキーの素描をもとに、ヘルマン・シュミーヒェンが油彩で画いたクートフミとモリヤの肖像画を、E・Sの行われている部屋に掲げさせた。晩年のマリー・フォン・ジーフェルス＝シュタイナーは、この二人のチベットのマイスターの肖像画の印象を次のように回想している。――「何人もの人がこれらの絵を前にして言葉を失い、時の経つのを忘れ、呆然自失の状態になったのを思い出します。あの頃、これらの絵はまったく秘せられ、ただエソテリックな時間に見ることができるだけでしたが、今では複製がいろいろ出廻っていますね」（一九四八年九月二九日付の手紙より）。

けれども本書を一読すれば明らかなように、シュタイナーは始めから、ブラヴァツキーやアニー・ベサントの意向に反して、東洋の叡智ではなく、西洋の叡智をE・Sの中に流し込もうとしていた。ヨーロッパの生み出した産業社会の中の精神の荒廃に立ち向かうには、ヨーロッパそのものに内在する叡智を甦らせる以外に道はない、と彼は考えていたのである。西洋の叡智は、言葉と形象（イメージ）と生命の統一性を教える。「形象は事物の真の原因です。形象は私たちを取り巻くすべての背後に存在します。霊的な原根拠について語ったすべての人は、そのような形象のことを述べていたのです」（本書一一ページ参照）

この西洋の叡智は神話や伝承を通して伝えられてきたが、それを今に生かすために、シュタイナーはE・Sを神智学協会の伝統と結びつけず、西洋オカルティズムの本流であるフリーメーソンの伝統と結びつけることを考えた。このことを彼がはっきりと表に打ち出したのは、一九〇七年五月のミュンヒェンにおける神智学国際会議でのことである。シュタイナーはその折にインドから帰国したばかりのアニー・ベサントと話し合い、彼のエソテリックなグループ活動をこれまでのE・Sとは異なる方向で行いたい、と申し出た。E・Sを東洋派と西洋派の二つに分けたい、と言うのである。黙ってそれを聴いていたベサントは、ロンドンへ戻ってから、それを公に認めた。一九〇七年六月七日、彼女はドイツの指導的な神智学者ヴィルヘルム・ヒュベ＝シュライデンに宛てて、次のように書いている。——「シュタイナー博士の神秘修行は、私たちの場合と非常に違っています。彼は東洋の道を知りません。ですからそれを指導することができません。彼はキリスト教＝ローゼンクロイツ派の道を指導します。この道はある人たちには役立つでしょうが、私たちの道とは違います。彼は彼自身のスクールを持ち、その責任を背負っています。私は彼自身の方向においては、彼が非常に良い師であり、本当の知識を身につけた人物だと思っています。彼と私とは完全な友情と調和との中で仕事をしていますが、異なった方向においてなのです」。

シュタイナーが彼の指導するE・Sをなぜフリーメーソンの、特に高位メーソンと結びつけようとしたのかについては、本書が詳しく述べているが、この点で特にわれわれの関心を呼び起こすのは、古代エジプト文化に対する彼の認識の仕方である。彼はE・Sの第二、第三部門、つまり言葉とフォルムと生命の統一性の上に打ち立てられるべき「認識・儀礼」部門をエジプト・メーソンの儀礼に従って行ったが、フリーメーソンの言い伝えの中では、エジプト・メーソンは古代エジプトの伝説的な初代王メネスにまで遡る。メネスはヘブライ語でミスライムと呼ばれ、聖書のノアの子ハムと同一視されている。そしてミスライムはエジプトの古名でもある。メネスに始まるエジプトの秘儀は、その後、聖マルコによってキリスト教に改宗したエジプトの祭司オルムスの手でキリスト教に結びつけられ、そこからエジプト・メーソンが始まったという。シュタイナーによれば、ミスライム王に始まるエジプトの秘儀は、実はアトランティス大陸に由来するものであり、ここから一連の長い伝統が生じた。そしてシュタイナーの行おうとしている新しいE・Sのメーソン的儀礼は、この最古の秘儀の継続なのである（一九〇八年八月一六日の講義）。シュタイナーは古代エジプト文化について、さらに次のようにも語っている。——「私たちの近代文化を全体として眺めてみますと、それが古代エジプトの思い出のように見えるのです。現代における秘儀参入の原則の中にさえ、その面影を見るのです」（一九〇八年八月一六日の講義）。

　シュタイナーの思想「人智学」の系譜を遡っていくと、薔薇十字会（ローゼンクロイツ）に行きつくが、その薔薇十字会は古代エジプトの叡智とキリスト教の救済思想との結びつきから生じた。だから人智学とは、新しい時代のための新しいイシス叡智のことに他ならない。シュタイナーはローゼンクロイツ的な神秘劇四部作を書き、それを上演するための劇場として「ゲーテアヌム」（ゲーテ館）を建立したが（一九二三年大晦日の夜に焼失）、その東方主祭壇に当る場所のために木彫「人類の代表」像をみずから制作したとき、この木彫の背後には、もうひとつの、眼に見えぬ像が立っている、それは新しい時代のための新しいイシス像である、と語ったことがある（一九一八年一月六日）。

シュタイナーはエジプト・メーソンに加入するために、神智学協会の名誉会員であり、エジプト・メーソンの代表であり、イギリスとアイルランドのメンフィス・ミスライム儀礼を指導しているジョン・ヤーカーとコンタクトをとった。ヤーカーはイタリアの国民的英雄ガリバルディや革命家マッツィーニとも親交のあった人物で、マリー・フォン・ジーフェルスとシュタイナーが彼を通してメンフィス・ミスライム結社に加入したのは、一九〇五年一一月二四日、ドイツにおけるメンフィス・ミスライム儀礼を独自に行う資格をテオドール・ロイスから得たのは、一九〇六年一月三日のことだった。エジプト・メーソンの高位制である大東社（グラントリアン）の機関誌『王旗（オリフラム）』一九〇六年一号によれば、「兄弟ルドルフ・シュタイナー」のグラントリアンでの位階は三三位、九五位であり、ドイツにおけるメンフィス・ミスライム儀礼の指導者テオドール・ロイスは三三位、九〇位、九六位であるという。

さて、すでに「五旬祭」との関連で、シュタイナーが人類の中に二つの霊統を見ていた、と述べたが、大自然の有機的側面を尊重し、環境に対しては畏敬をもってむしろ受身の態度をとり、人間の生きがいを人間相互の共感共苦の中に見ようとするエコロジー的な生き方と、自然環境を人間の手で限りなく改造していこうとする物質中心主義的な生き方という、対極的な人間性の原型を、シュタイナーはフリーメーソンの二大伝承とも言うべき神殿伝説と十字架の木の伝説（黄金伝説）の中に見出した。そしてこの二つの方向を統一する「新しい形式の帝王術」の獲得を神智学協会並びにＥ・Ｓの目標に据えようとした。けれども、その後間もなく神智学協会の内部に根本的な意見の対立が生じ、一九一三年の初頭には、シュタイナーと彼のグループは神智学協会を退会し、新たに人智学協会を組織しなければならなくなった。さらにまた、一九一四年六月のサラエボ事件をきっかけに始まった第一次世界大戦の経過を通して、フリーメーソンの陰の側面とも対決せざるを得なくなった。

ここで、かなり長い引用になるが、シュタイナーとフリーメーソンとのもう一つの関係を明らかにするために、大戦中に行われた一九一七年一月八日の講義の一部を引用して、大戦後のシュタイナーの方向を確認しておこう。――「すでに述べたように、近代フリーメーソンはイギリスにおいて、もちろんそれまでの伝統をふまえた上で、一八世紀初頭にはじめて設立されました。以来、大英帝国内ではなく、イギリス王国内でのフリーメーソンは、非常に尊敬すべき在り方を続けてきました。けれども、他の多くの地域でのフリーメーソンは、主として、またはもっぱら、政治的な利害打算の中だけで動いているのです。そのような政治的な利害打算をもっとも顕著にあらわしているのは、フランスの大東社(グラントリアン)ですが、フランス以外の大東社にもこのことは多かれ少かれ当てはまります。

イギリス人は言うかもしれません。〝他の諸国において、オカルト的な背景をもつフリーメーソン結社が政治的な傾向をもっているからといって、われわれに何のかかわりがあるというのか〟。しかしさまざまな事実を相互に関連づけてみると、パリにおける最初の大東社ロッジは、フランス人ではなく、イギリス人の手によって創設され、イギリス人がフランス人をそこへ加入させたのだ、ということがわかります。それは一七二五年のことでした。一七二九年には、この大東社の承認の下に、最初のロッジの一つが同じくパリに創られました。次いで、同じくイギリス人の手で、一七二九年ジブラルタルに、一七二八年マドリッドに、一七三六年リスボンに、一七三五年フィレンツェに、一七三一年モスクワに、一七二六年ストックホルムに、一七三五年ジュネーブに、一七三九年ローザンヌに、一七三七年ハンブルクに創られました。こう述べていくと、きりがなくなります。私が言いたいのは、たとえイギリス王国の場合とは違った性格をもっているとしても、イギリス人による同じネットワークの一環として、これらのロッジが創られ、特定のオカルト的＝政治的な衝動のための外的な道具にされている、ということです。……

もしもこの政治的衝動の深い根拠を問おうとするのなら、近世史をもう少し広く展望する必要があります。この衝動は一七世紀以来――すでに一六世紀から――準備されて、民主化運動となって普及していきました。ある国ではより速く、別の国ではよりゆっくりと、少数の者の手から権力が取り上げられ、大衆の手に委ねられるようになりました。

私は政治的な立場から申し上げているのではありません。ですから、民主主義を擁護するつもりで語っているのでもありません。ただ事実だけを取り上げるなら、この民主化の衝動は、近世史を通じて、加速度的に、テンポを速めて普及していきました。けれどもその際、もう一つの流れも、それと一緒に形成されたのです。複数の流れが現れているときに、その中の一つだけを取り上げて考察すると、判断を誤ってしまいます。

ひとつの流れが世界中に拡がっていくとき、常にもう一方の流れがあって、はじめの流れを補完しているのです。歴史の上に緑の流れと赤い流れとが並んで存在するとき、人びとは通常、その一方の流れだけを見るように、暗示にかけられているのです。にわとりの口ばしで地面に線を引けば、そのにわとりは線に沿って歩きます。そのように人びとは、特に大学の歴史研究者は、一方の側だけに寄り沿って歩いて、歴史の歩み全体を洞察する余裕を失っているのです。

民主化の流れの背後に、さまざまな結社の、特にフリーメーソン結社の、オカルト的な力を利用しようとする流れが見え隠れしているのです。オカルト的な力を利用しようとする動機は決して精神的であるとは言えないのに、一見精神的なふりをしている貴族主義が、フランス革命で大きな役割を演じたあの民主主義と、手に手をとって発展してきたのです。ロッジの貴族主義がひそかに出現したのです。私たちが現代人にふさわしく、社会に参加し、社会の仕組みに通じたいと思うのなら、民主主義の進歩についてのきまり文句に目を眩まされてはなりません。ロッジの儀礼とその暗示的な力とによって、支配力を少数者だけのものにしておこうとする働きに、眼をしっかりと向けなければなりません。……

西洋近代の世界は、ロッジの支配力から解放されたことが一度もなかったのです。常にロッジの影響が強力に作用していました。人びとの考え方を一定の方向へ向けるにはどうしたらいいのか、ロッジの人びとはよく心得ています。今日はそのようなロッジのネットワークの一つひとつの結び目のことを述べたにすぎませんでしたが、このようなネットワークはすでに出来上っています。ですから、自分の好む方向へ社会をもっていこうと思ったら、ただテーブルのボタンを押しさえすればいいような体制が出来上っているのです」（一九一七年一月八日の講義より）。

第一次世界大戦後、シュタイナーはただちに「社会有機体三分節化」の思想をひっさげて社会運動の実践に乗り出した。自由ヴァルドルフ学校を創立し、新しい医学や農法の方向づけを与え、オイリュトミー芸術を育成し、一般人智学協会を新しい規約の下に設立した。もはやフリーメーソンとの結びつきを保とうとはしなくなった。「現代では、このような事柄はもはや時宜にかなっているとは言えません。なぜなら、このような事柄の何を拒否しなければならないのでしょうか。差別をです。存在してはならないはずの精神的貴族主義が、すぐにそこから立ち現れてくるからです。民主的な原則がますます重要になるのです。この原則は、フリーメーソン結社とも、特定の祭司制とも、まったく両立しません」（一九二四年六月四日）。

しかしそれにもかかわらず、儀礼象徴の理解は、人類が本来の目標を見失なわないために、今後ますます必要になる、とシュタイナーは考えた。それ故、一九二四年から、新しいエソテリック・スクール「霊学のための自由大学の第一クラス」を始めた。ふたたびこのスクールは三つのクラスから成り立つはずであったが、第一クラスのみを残して、一九二五年三月末に、彼はこの世を去った。

*

本書の内容は、久しく出版されることがなく、断片的に当時のエソテリック・スクールに参加した人たちから思い出としてきくことができるだけだった。シュタイナーは一切ノートをとらないように求めていたため、参加者はあとで集まり、記憶をたよりに確かめ合い、覚え書を残したそうである。それらをできるだけ集めて、このように充実した内容にまとめたのは、ルドルフ・シュタイナー遺稿刊行会のヘラ・ヴィースベルガー女史の功績である。そして一九七九年ようやく初版が刊行された。

本書の翻訳は、国書刊行会編集部の古川順弘さんの慫慂を受けて始めたのだが、われわれ翻訳者三人の共同作業を約一年半続けて、やっと完成させることができた。第一、第三、第五、第七、第九、第一一、第一三、第一五、第一七、第一八、第一九の講義を竹腰が、他の諸講を笠井が担当して訳出し、高橋がそれに思う存分手を加え、出来上った分をあらためて三人で集まって検討し合い、最後にもう一度それぞれで全体を検討した上で、このような形にまとめた。その過程で古川さんからもいろいろと貴重な示唆を受けた。

この解説を記すに当って、竹腰から貴重な協力を受けた。彼女と笠井からは、それぞれ次のような読者へのメッセージが送られて来たので、ここで紹介させていただく。

「この本にこめられたオカルティズムの途方もない深遠さには、ただ圧倒されるばかりです。しかし、日々の些細な行為や感情、人との何気ない関わりが、私たちだけでなく、大宇宙にとってさえもかけがえのない大きな意味を持っている、というシュタイナーの観点に思いをいたすとき、このオカルティズムはすべての人間の内部に脈々と波打ち、生きているのだ、と思わざるをえないのです」(竹腰郁子)。

「私たち人間一人ひとりが無限の可能性を秘めて未来へ向って生きていく、という本書の基本思想は、人間不信に陥りがちな私たち現代人に大きな励ましを与えてくれるのではないでしょうか」(笠井久子)。

本書は四〇歳を過ぎて大きな方向転換を遂げたばかりのシュタイナーがオカルティストとしての姿勢をはっきりと打ち出している点で、彼の全著作の中でも特別重要な位置を占めている。これを日本の読者に紹介する機会を与えていただいたことを、心から感謝している。

高橋　巖

一九九七年八月九日　町田にて

人名索引

(歴史的人物)

著 者 略 歴

ルドルフ・シュタイナー　Rudolf Steiner

1861－1925年。ハンガリーのクラリエヴェック（現クロアチア領）に生まれる。ウィーン工科大学卒業。ゲーテ学者、哲学者として活躍したのち、「人間存在のなかの精神的なものを宇宙のなかの霊的なものに導こうとするひとつの認識の道」である人智学を樹立。霊学的観点から新たな総合文化の必要性を説き、その影響は宗教、芸術、教育、医療、農法など広範な分野に及ぶ。『神智学』『アカシャ年代記より』『ルカ福音書』など著書、講演録多数。

訳 者 略 歴

高橋巖（たかはしいわお）

東京代々木に生まれる。慶應義塾大学文学部大学院修了後、DAADならびにフンボルト財団の給費生としてドイツに留学、シュタイナー思想に出会う。1972年まで慶應義塾大学文学部美学、西洋美術史教授。1985年日本人智学協会を設立。著書に『若きシュタイナーとその時代』（平河出版社）『神秘学講義』（角川選書）他。訳書にシュタイナー『アカシャ年代記より』（国書刊行会）他。

笠井久子（かさいひさこ）

東京に生まれる。立教大学日本文学科卒業。昭森社に入社。雑誌編集に携わる。1980年渡独。1985から86年シュトゥットガルトのキリスト者共同体祭司ゼミナールに参加。1995年から97年、日本人智学協会機関誌『人智学』の編集に携わる。

竹腰郁子（たけこしいくこ）

東京に生まれる。神奈川県の治療教育施設で働いていたとき高橋巖に出会い、渡独。共同体村キャンプヒルで、人智学的な治療教育を学ぶ。帰国後、舞台芸術オイリュトミーを笠井叡に師事。1995年同氏主宰のオイリュトミーシューレ天使館を卒業。

新装版
神殿伝説と黄金伝説
シュタイナー秘教講義より

1997年 9月22日　　　　初版第1刷発行
2015年12月15日　新装版　初版第1刷印刷
2015年12月20日　新装版　初版第1刷発行

著　者　ルドルフ・シュタイナー

訳　者　高橋巖／笠井久子／竹腰郁子

発行者　佐藤今朝夫

発行所　株式会社国書刊行会
〒174-0056　東京都板橋区志村1-13-15
電話：03-5970-7421　FAX：03-5970-7427
HP：http://www.kokusho.co.jp

装　幀　小林剛

印刷所　株式会社エーヴィスシステムズ

製本所　株式会社ブックアート

ISBN 978-4-336-05984-0
乱丁・落丁本はお取り替えいたします。